ROMEO FRANZ
ALEXANDRA SENFFT
Großonkel Pauls Geigenbogen

ROMEO FRANZ
ALEXANDRA SENFFT

Großonkel Pauls Geigenbogen

Die Familiengeschichte
eines preußischen Sinto

Mit einem Vorwort
von Claudia Roth

GOLDMANN

Wir haben uns bemüht, alle Rechteinhaber ausfindig zu machen, verlagsüblich zu nennen und zu honorieren. Sollte uns dies im Einzelfall aufgrund der schlechten Quellenlage bedauerlicherweise einmal nicht möglich gewesen sein, werden wir begründete Ansprüche selbstverständlich erfüllen.

Der Verlag behält sich die Verwertung der urheberrechtlich geschützten Inhalte dieses Werkes für Zwecke des Text- und Data-Minings nach § 44 b UrhG ausdrücklich vor.
Jegliche unbefugte Nutzung ist hiermit ausgeschlossen.

Penguin Random House Verlagsgruppe FSC® N001967

1. Auflage
Originalausgabe März 2024
Copyright © 2024: Wilhelm Goldmann Verlag, München,
in der Penguin Random House Verlagsgruppe GmbH,
Neumarkter Str. 28, 81673 München
Redaktion: Regina Carstensen
Historisches Lektorat: Jana Mechelhoff-Herezi
Umschlag: Uno Werbeagentur, München
Umschlagmotiv: (Geige) Gettyimages Nr. 1285610888 (RF) | 1/3 U1 |
© A. Martin UW Photography / Gettyimages |
(Composing Fotorahmen / Struktur) FinePic | 1/2 U1 | FinePic®, München |
Copyright Bildteil: © privat
Mit Ausnahme von Bildteil-Seite 17: © Hinrich Wulff, 2023/2007
Karten der Fluchtrouten: © Peter Palm, Berlin
Satz: Buch-Werkstatt GmbH, Bad Aibling
Druck und Bindung: GGP Media GmbH, Pößneck
Printed in Germany
JE · CF
ISBN 978-3-442-31707-3

www.goldmann-verlag.de

Im Andenken an Mami, meine Großmutter Ursula
Für meine Kinder

Inhalt

Anmerkungen zum Gebrauch des Romanes 9
Vorwort Claudia Roth 13
Stammbaum der Familie Romeo Franz 16

1. Anglerglück 19
2. Das rollende Kino 37
3. Aufspiel in den Ostseebädern 71
4. Pankow, Thulestraße 13 91
5. Die Liebe hört nimmer auf 115
6. Verraten und vermessen 139
7. Vom Adlon nach Auschwitz 163
8. Der störrische Esel oder der bissige Hund ist tot 205
9. Wiedersehen in München 229
10. Menschen können zweimal sterben 251
11. Großonkel Pauls Geigenbogen 289
12. Mare Manuschenge – für unsere Menschen 307

Nachwort 329
Anmerkungen 340
Zeittafel 361
Glossar 370
Literaturauswahl 372
Danksagung 374
Register 377

Anmerkungen zum Gebrauch des Romanes

»Rakeren tumhea romanes?« – Sprechen Sie Romanes? Vermutlich nicht, es sei denn, Sie gehören der Minderheit der Sinti und Roma an, sind mit jemandem aus der Community verwandt oder arbeiten im Kulturbereich mit Sinti und Roma eng zusammen. Oder Sie haben sich linguistisch intensiv mit der Sprache befasst. Tatsächlich gibt es nur sehr wenige Menschen, die des Romanes mächtig sind; das hat historische Gründe. In diesem Buch über die Geschichte einer preußischen Sinti-Familie finden sich manche Worte oder Redewendungen in Romanes, die hier in einer standardisierten Schreibweise wiedergegeben werden. Sie finden diese auch im Glossar.

Romanes ist eine indogermanische Sprache und verbindet Romanes-sprachige Menschen seit 2000 Jahren weltweit. Sie ist vermutlich im Norden Indiens (Provinz Sindh, heute Pakistan) entstanden und mit dem Sanskrit verwandt. Mit der Bezeichnung »Romanes-sprachige Menschen« (engl. Romani People) sind alle Gruppen gemeint, die sich unter der politischen Selbstbezeichnung »Sinti und Roma« unabhängig ihrer Nationalstaatlichkeit wiederfinden.

Je nach Herkunft haben sich in vielen Ländern unterschiedliche Dialekte entwickelt, etwa Krim-Romanes, nordmakedonisches Romanes, Welsh-Romanes oder Sinti-Romanes, um nur einige wenige zu nennen. Diese Variationen unterscheiden sich oft so stark, dass Sinti und Roma sich nicht überall problemlos untereinander verständigen können. Vergleichbar ist das in etwa mit den Ausprägungen deutscher, österreichischer und schweizerdeutscher Dialekte. Für Romanes gibt es bislang keine vereinheitlichte Schriftsprache; sie wird noch immer überwiegend mündlich übermittelt und als Lautschrift verschriftlicht. Entsprechend unterschiedlich wird Romanes in Literatur, Fachliteratur oder bei Eigenbezeichnungen und sogar Namen geschrieben. So existieren zum Beispiel Schreibweisen der weiblichen Form der Sinti als »Sintez(z)a«, »Sintiz(z)a«, »Sintizze«, »Sinta« oder »Sintitsa«.

Die frühesten Nachweise erster Verschriftlichungen reichen bis 1542 zurück, 1755 entstanden Ansätze eines Wörterbuchs. 1927 wurde Romanes erstmals in der Sowjetunion als Nationalsprache anerkannt, nachdem sich dort eine starke literarische Szene gebildet hatte, durch die dessen Verschriftlichung vorangetrieben wurde. Diese Forschungsfortschritte sind von der sowjetischen Nationalitätenpolitik und vom Zweiten Weltkrieg weitgehend unterbrochen worden. In einigen Ländern wurden Sinti und Roma zwangsassimiliert und der Gebrauch ihrer Sprache sogar verboten. Vor allem der von den Nationalsozialist:innen verübte Völkermord führte dazu, dass die Sprachvermittlung durch ältere an jüngere Generationen oft ein jähes Ende fand.

Sinti und Roma sprechen neben Romanes die Nationalsprache der Länder, in denen sie geboren und ansässig sind. Aus diesen und anderen Gründen ist Romanes mitunter verdrängt und vergessen worden, da dessen Pflege nicht aufrechterhalten werden konnte. All diese Aspekte nähren bis heute das Vorurteil, Sinti und Roma seien Analphabeten. Analphabetismus trat indes überwiegend dort auf, wo sie durch die nationalsozialistische Verfolgung vom Bildungssystem ausgeschlossen waren. Heute existiert er in vielen europäischen Ländern aufgrund struktureller Diskriminierungen im Bildungswesen, aufgrund von Benachteiligungen, die sogar in der Bundesrepublik Deutschland noch nicht ganz ausgeräumt sind.

Seit 1999 ist Romanes im Rahmen der Europäischen Charta der Regional- und Minderheitensprachen (kurz: Sprachencharta) als deutsche Minderheitensprache anerkannt und als Teil des europäischen Kulturerbes geschützt. Dessen Vermittlung ist dennoch lange vernachlässigt worden. Die Sprachkommission der Internationalen Roma Union (IRU) bemüht sich seit den 1980er-Jahren um eine sprachlich standardisierte Schriftsprache. An der Ruhr-Universität Bochum und anderenorts haben Sprachforscher:innen Romani-Dialekte kategorisiert, in Manchester entstand das Romani Project, eine Datenbank des Romanes. An der Universität Graz existiert mit ROMLex eine lexikale Datenbank. Wegen der Verfolgungserfahrungen und besonders wegen des Völkermords während des Nationalsozialismus vertreten viele deutsche Angehörige der Sinti-Minderheit die Auffassung, Romanes solle ausschließlich in Community-eigenen Bildungseinrichtungen unterrichtet werden. Dahinter steht ein berechtigtes Schutzbedürfnis infolge von Traumatisierungen in der Vergangenheit. Der dringende Wunsch jüngerer Generationen, die eigene Sprache als Identifikationsmerkmal zu erlernen und zu pflegen, ist unterdessen spürbar stark gewachsen.

Für das Sinti-Romanes existierte bislang kein Dialekt, der auf verschriftlichtem Lehrmaterial beruht. Dies änderte sich 2021 mit einer Bibelübersetzung ins Sinti-Romanes. Die auf diesem Wege standardisierte Sprachbasis ermöglichte die Entwicklung eines Rahmenplans für »Romanes als Identitätssprache« entsprechend dem Gemeinsamen Europäischen Referenzrahmen für Sprachen (GER). Der professionelle Spracherwerb und -ausbau mit entsprechendem Lehrmaterial ist somit möglich geworden. Der Rahmenplan mit Handreichungen für Romanes im Unterricht ist vom Verband Deutscher Sinti & Roma, Landesverband Baden-Württemberg, unterstützt von der Stiftung »Erinnerung, Verantwortung und Zukunft« (EVZ), entwickelt und herausgegeben worden. Darauf aufbauend, entsteht in der Bundesrepublik ein Netzwerk von muttersprachlichen Sprachlehrenden und Sprachschulen.[1] An diesem Lehrmaterial orientiert sich die in diesem Buch wiedergegebene Schreibweise des Sinti-Romanes.

Vorwort
Claudia Roth

Die Familiengeschichte von Romeo Franz ist eine Geschichte voller Hoffnung und Zuversicht, aber eben auch von Diskriminierung, Ausgrenzung und Verfolgung im Leben von Sinti und Roma. Sie ist ein Zeitzeugnis deutscher und europäischer Geschichte.

In der Rückschau wird deutlich, wie die Familie das, was wir heute »Empowerment« nennen, entscheidend prägte und festigte. Es gelang den verschiedenen Linien der Familie Franz bereits seit dem 17. Jahrhundert, sei es aufgrund handwerklicher Fähigkeiten, eines preußischen Selbstverständnisses, besonderer musikalischer oder unternehmerischer Stärken, sich eine überlebenswichtige Resilienz anzueignen. Erreichte eine Generation eine gewisse Teilhabe, Anerkennung und Emanzipation, so waren diese Errungenschaften stets fragil für folgende Generationen. Glückliche Momente liebevoller Gemeinschaft, hier insbesondere mit der lebensbejahenden Großmutter Ursula, waren immer auch verbunden mit Trauer und Schmerz um jene Familienmitglieder, die die NS-Verfolgung nicht überlebten, aber in Erzählungen präsent gehalten wurden und werden.

Dieses sehr lebhafte und persönlich geprägte Buch benennt auch Schicksale anderer Sinti und Roma und stellt historisch fundiert ein gemeinsames Schicksal der Minderheit heraus. Eigene Familiengeschichte und die der Minderheit verbinden parallele Leidenswege, die mit den historischen Gegebenheiten der deutschen Geschichte eng verzahnt sind.

Seit etwa fünf Jahrzehnten ist in diesem Sinne ein kultureller Schatz von Autobiografien oder autobiografisch motivierten Romanen entstanden, die die eigene Geschichte der Sinti und Roma authentisch reflektieren. Sie können sich als Eigendarstellung gegenüber bisherigen Stereotypen in Literatur und Geschichte behaupten. Eine Familiengeschichte baut dort literarisch Brücken, wo die Zeitzeugen des Völkermords weniger werden und die Enkel- und Urenkelgeneration sich in ihrer gesellschaftlichen Rolle und Wahrnehmung auszudrücken beginnt.

Mit den historischen Bezügen zur Musik-, Film-, Kino- und Sportgeschichte wird mit diesem Werk nachvollziehbar, welche Einflüsse und Erlebnisse das individuelle Kulturschaffen der Familie Franz prägten. Damit werden Talente und Interessen der Familienmitglieder in einen Kontext gesetzt, der wiederum aufräumt mit ethnisch-folkloristischen oder romantisierenden Stereotypen. Sinti prägen seit rund 600 Jahren die deutsche, Sinti und Roma seit rund 1000 Jahren die europäische Kunst und Kultur. Seit Beginn der zeitgenössischen Bürgerrechtsarbeit in den 1970er-Jahren gestalten sie auch die Politik der Mehrheitsgesellschaft in Deutschland aktiv mit. Romeo Franz' eigener Weg in der Bürgerrechtsarbeit und seine politische Laufbahn werden in diesem Buch biografisch mit den Meilensteinen der Erinnerungspolitik der vergangenen Jahrzehnte verknüpft. Es zeugt vor allem von den Verfolgungserfahrungen und dem Verlustschmerz, ebenso von der faktenverzerrenden und diskriminierenden Praxis von Behörden und Rechtsprechung in der Nachkriegsgeschichte der Bundesrepublik.

Es ist unser aller Aufgabe, uralte Stigmata und Vorurteile zu überwinden. Dazu gehört die konsequente Bekämpfung von Diskriminierung und gruppenbezogener Menschenfeindlichkeit auf allen Ebenen. Als Staatsministerin für Kultur und Medien unterstütze ich die kulturelle Förderung der Sinti und Roma in Deutschland und hier insbesondere das Dokumentations- und Kulturzentrum in Heidelberg, um die Minderheit der Sinti und Roma in ihrer Gesamtheit stärker sichtbar zu machen. Mein Engagement als Kulturstaatsministerin, ebenso wie mein parteipolitisches Engagement als Bundestagsabgeordnete von Bündnis 90/Die Grünen verbindet mich mit Romeo Franz, dem es gelingt, Politiker, Musiker, Sinto, Deutscher und Europäer zu sein, kurz: ein Brückenbauer.

Von diesen benötigen wir viele in unserer Gesellschaft, sei es in Parteien, Vereinen, Kultureinrichtungen oder Schulen. Sie sorgen dafür, dass wir miteinander statt gegeneinander agieren, dass eine Gesellschaft wachsen kann, die sich ihres kulturellen Reichtums aller, besonders ihrer Minderheiten, bewusst ist.

Claudia Roth MdB
Staatsministerin für Kultur und Medien
Berlin, im November 2023

Generation 1 (Ururgroßeltern)

Ururgroßvater Hoff
Johann

⚭

Ururgroßmutter Hoff geb. Bill
Dorothea

Ururgroßvater Hoff
Waidemann Wilhelm
* 13.05.1871 Stolzenhagen/Brandenburg
† 11.07.1945 Berlin

⚭

Ururgroßmutter Hoff
Klara
»Die kluge Klare«

Generation 2 (Urgroßeltern)

Urgroßvater Franz
Robert »Pilli, der schöne Pilli«
* 20.09.1867 Makunischken, Kr. Goldap Ostpreußen
† 18.09.1941 Kattowitz/Polen

⚭

Urgroßmutter Franz
Bertha
* 05.11.1875 Rehden (Reda/Reden) Westpreußen
† 06.06.1949 Kaiserslautern

Urgroßmutter Braun
»Donne«

⚭

Urgroßvater Braun
Julius »Keglo«
* 24.05.1880 Landeck
† ? KZ Auschwitz

Urgroßonkel Hoff
Hugo
* ? ?
† ? Berlin

Generation 3 (Groß-Generation)

Stiefgroßonkel Winter
Walter Max »Strampeli«
* 21.06.1913 Dresden
† 21.06.1973 Nürnberg

Großtante Pohl
Mabel Erika
* 23.04.1928 Cummersdorf Storkow
† 26.05.2007 Nürnberg

Großtante Pohl
Bärbel »Afra«
* 01.04.1927 Ferneuendorf/Kr. Teltow (später Zossen)/Sperenberg
† 1944/1945 vermutl. KZ-Ravensbrück o. Todesmarsch aus Ravensbrück

Großonkel Pohl
Joschi
* 08.02.1926 Berlin
† 20.06.1948 München

Großtante Rosenbach geb. Pohl
Nana Angelika
* 04.03.1925 Berlin
† 11.01.2011 Fürth

Großonkel Franz
Paul »Vinko«
* 16.10.1896 Tuszkowy (Tuschkau), Landgem. Lippusch/Berent/Pommern/W.preußen
† 11.07.1943 KZ Auschwitz

Großonkel Franz
Albert »Schanno«
* 28.12.1898 Kutten, Kr. Angerburg, Ostpreußen
† ? KZ Auschwitz

Großtante Blum geb. Franz*
Helene »Patschka«
* 03.02.1902 Buttstädt, Ostpreußen
† 23.04.1968 Kaiserslautern

Großtante Franz
Maria »Fitzela«
* 18.04.1906 Gaisdorf Kr. Wagstadt (österr.-ungar.) heute Kyžlířov Tschechische Republik
† 07.09.1980 Karlsruhe

Großonkel Franz
Hugo »Moritz«
* 01.08.1908 Tychau (Tychy)/Kreis Pleß Oberschlesien
† 1981 Kaiserslautern

Generation 4 (Onkel/Tanten zweiten Grades)

Onkel zweiten Grades
Robert Pohl
* 14.07.1956 München

Onkel zweiten Grades
Renaldi Pohl
* 15.09.1965 Kaiserslautern
† 02.09.2002 Nürnberg

Tante zweiten Grades
Regina Herzberg, geb. Rosenbach
* 23.06.1945 Weißensee

Generation 5

Tante Franz
Maria Ursula »Beere«
* 10.06.1936 Bernburg (Saale)
† ? Minden

Onkel Franz
Wolfgang Amadeus »Sischo«
* 09.09.1940 Nitra Slowakei
† 25.02.2013 bei Heidelberg

Tante Blum geb. Franz
Celona Celina »Cilli«
* 27.07.1942 Cilli/Slowenien einst Steiermark Kaisertum Österreich

Tante Franz
Angiola »Grazia«
* 20.10.1944 Adrara San Martino/Italie
† 16.12.2019 Minden

Stammbaum
der Familie Romeo Franz

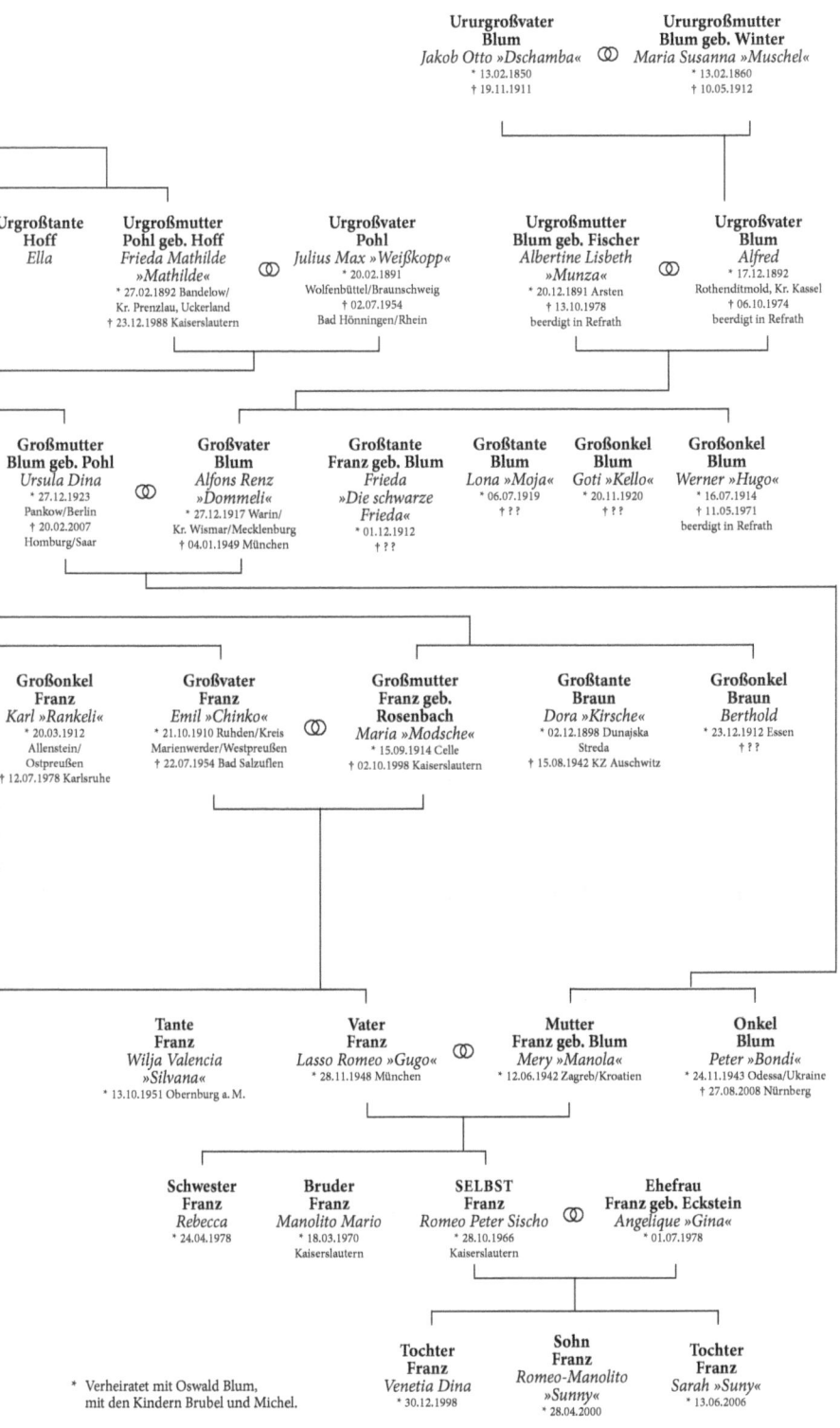

1

Anglerglück

Romeo Franz und Familie (1976)

Die Ernte war prächtig: Fette Regenwürmer räkelten sich in der Kaffeedose, ineinander verschlungen zu einem glitschigen Knäuel. Die Würmer hatte ich an einem verregneten Abend auf unserem Sportplatz mit der Taschenlampe aus dem Boden gelockt und tagelang mit Kaffeesatz gepflegt. Nun waren sie schön dick, und ich konnte es kaum erwarten, zum Angeln aufzubrechen. Schon vor dem Einschlafen bereitete ich alles vor – Angel, Plastiktüte, Köder. »Petri Heil«, sagte Tate noch beim Einschlafen zu mir, und Mama deckte mich zu und gab mir einen Kuss. Meine Eltern beschützten mich gut, aber sie wussten auch, dass ich morgen einen Ausflug plante, und trauten mir das zu. Angesichts meines bevorstehenden Abenteuers dauerte es, bis ich einschlief.

Am Samstag wachte ich ohne Wecker mit den ersten Sonnenstrahlen auf, zog mich rasch an und machte mich auf die Socken. Ich schlich mich aus unserem Haus in der Spesbacher Talstraße, sachte, um niemanden zu wecken. Meine Eltern hatten es 1973 gebaut, wir besaßen auch einen Garten. Obwohl es hier sehr ländlich war, kam mir unser frisch gebautes Zuhause beeindruckend modern vor. Im unteren Stockwerk schliefen Großmutter Ursula und Onkel Peter, darüber ich mit meinen Eltern und meinem jüngeren Bruder. Unser Grundstück lag nahe dem Wald, doch um ihn zu erreichen, musste ich zunächst entlang der Talstraße an unseren Nachbarn vorbei zu einem Feldweg gelangen, an dessen Rand hohe Bäume standen. Eine lange Strecke führte mich quer durch den Wald; er duftete im Morgengrauen intensiv. Kühle, feuchte Luft stieg vom weichen Boden auf. Ich hörte nichts außer meinen eigenen Schritten, hie und da einen Vogel, eine Eule vielleicht.

Ich war zwar erst zehn Jahre alt, aber ich hatte keine Angst davor, allein unterwegs zu sein – hier auf dem Land fühlte sich alles sicher an. Für mich zu sein, war ich gewohnt. Ich war lediglich aufgeregt – es war die Vorfreude aufs Angeln. Frühmorgens beißen die Fische besonders gut an. Das hatte Tate mir beigebracht, der mir auch das Angeln zeigte. Mein Ziel waren die beiden Löschweiher, die die Feuerwehr einst nach einem Waldbrand angelegt hatte. Ich hatte sie auf einer meiner Fahrten mit Onkel Peter ins Kino nach Kaiserslautern von der Autobahn aus erblickt und später mit meinem Vater gefunden. Gemeinsam fischten wir dann unser Abendessen. Den Weg kannte ich deshalb bereits. Ich fühlte mich sehr erwachsen.

Jetzt unterquerte ich die Autobahn und bog links ab. Eine Pause kam nicht infrage, bloß keine Zeit verlieren. Nach einem weiteren Kilometer erreichte ich die Teiche. Fast zu hastig bestückte ich den Haken mit dem ersten Regenwurm und warf ihn weit aus. Der Schwimmer wippte auf dem Wasser, ich setzte mich an die Böschung und wartete. Leise summte ich eine Melodie vor mich hin. Es dauerte nicht lange, da bewegte sich der Schwimmer, die Schnur zuckte, ich griff die Angel fester. Nun kurbelte ich an der Rolle und zog, kurbelte aufs Neue, holte ein und zog wieder. Eine zappelnde Forelle durchbrach die Wasseroberfläche: Was für ein Brocken! Mit einer leichten Schleuderbewegung beförderte ich sie an Land. Meine Freude war unfassbar. Das Tier schaute mich mit großen Augen an, einen

Augenblick zögerte ich, bevor ich es mit einem Schlag auf den Kopf erledigte, »waidgerecht« würde Tate sagen.

Nun fädelte ich die Forelle an einem Ast auf und hängte diesen in den Busch neben mir. Da baumelte sie nun, meine Beute. Ein Fisch allein reichte für meine Familie nicht – das war erst der Anfang, und ich übte mich in Geduld. »Wenn man sein Ziel entschlossen verfolgt, zahlt sich das Warten meist aus, ein echter Angler braucht Gelassenheit.« Tate sagte immer, das sei auch sonst im Leben eine nützliche Eigenschaft. In der Dose hob ein Regenwurm sein Haupt, ich spießte ihn auf, und ab ins Wasser mit dem Haken! Drei Stunden später, die Sonne wärmte mittlerweile meinen Rücken mit kräftigen Strahlen, war ich mit meinem Fang zufrieden. Meine Geduld hatte sich ausgezahlt. Ich packte meine Siebensachen und wanderte die drei Kilometer nach Hause zurück – die Forellen am Ast trug ich wie eine Trophäe auf meiner Schulter.

Als Erstes ging ich zu Großmutter Ursula, die ich »Mami« – mit einem lang gezogenen a – nannte. Mein Herz klopfte, ich war mächtig stolz. Sie empfing mich in der Küche in ihrer blau geblümten Kittelschürze, unter der sie Bluse und Rock trug. Diesen Kittel, der in meinen Augen so typisch für die 1970er-Jahre war, trug sie fast ständig, um sich beim Kochen und Werkeln nicht schmutzig zu machen. Sie blickte erst mich an, dann über meine Schulter auf den Ast mit seinem fischigen Schmuck, der bald im Kühlschrank landen würde. »Mein Junge, die schönen Forellen, ach, wie sind die schön!«, rief sie entzückt. Sie fragte mich gar nicht, woher ich die Fische hatte oder wie weit ich dafür gelaufen sein könnte, als wäre es das Normalste der Welt, dass ein Kind allein im Morgengrauen angeln geht. Ich nahm die größte Forelle vom Ast und überreichte sie ihr feierlich. Sie nahm das Tier mit den eintrübenden Augen entgegen, behutsam, damit es ihr nicht aus den Händen glitt. »Shukar, parkrau man«, murmelte sie auf Romanes, »schön, vielen Dank«, und lächelte breit. Sie spülte den Fisch ab, nahm ihn aus und säuberte ihn, ja, zelebrierte diese Handlung und wurde währenddessen immer ernster und konzentrierter. Ich saß am Küchentisch und beobachtete schweigsam jede ihrer Bewegungen. Als Nächstes wendete sie den Fisch in Salz und Mehl, briet ihn schließlich mit einer reichlichen Portion Butter goldbraun und knusprig in der Pfanne.

Sobald die Ursel-Mami sich zu Tisch setzte, war Schluss mit lustig, spätestens jetzt durfte ich sie garantiert nicht mehr stören. Das kannte ich schon von ihr. Gebratene Forelle auf Butterstulle und dazu ein Becher pechschwarzer Kaffee waren für sie ein Gaumenschmaus, gleichgültig zu welcher Tageszeit, selbst am Morgen. Mami setzte ihre Brille auf und tranchierte den Fisch sorgfältig, schweigsam in die Tätigkeit vertieft. Ich selbst war nicht erpicht auf dieses deftige Frühstück, obwohl der Duft von gebratener Forelle jedes Mal so köstlich war, dass ich ihn bereits in meinen Geschmacksnerven gespeichert hatte. Es erfüllte mich stattdessen mit unendlicher Genugtuung, einem geradezu wonnig-warmen Gefühl, ihr beim Essen zuzusehen und zu spüren, welche Freude ich ihr bereitet hatte. Sie hatte zum Frühstück ein mit Käse dick belegtes Brot vor mich auf den Tisch gestellt und meinen Lieblingstee, in den sie, das war eine ihrer Spezialitäten, Obst hineintat – Apfelstückchen, Zitronenscheiben oder zerkleinerte Erdbeeren. Heute schwammen einige Kirschen im Becher, vermutlich weil meine Großmutter anlässlich des morgigen Familienbesuchs ihren berühmten Kirschstreuselkuchen backen würde. Darauf freute ich mich jetzt schon. Mami benutzte dafür so viel Butter, dass ein einziges Stück fast so viel wog wie normalerweise ein ganzer Kuchen. Mir lief das Wasser im Mund zusammen. Bei uns zu Hause maßen wir gutem Essen viel Bedeutung bei. Meine Mami sagte immer, wir feierten täglich, dass wir diese furchtbaren Zeiten der Verfolgung durch die Nazis überlebt hatten.

Erst als meine Großmutter den letzten Bissen genossen hatte, wandte sie sich mir abermals aufmerksam zu. »Dein Großvater, der Papo Alfons, hat gebackene Forellen auch über alles geliebt, weißt du«, sagte sie, und in ihrer Stimme schwang ein tiefer, etwas wackeliger Ton. Einen Moment schaute sie gedankenverloren zum Fenster hinaus, bevor sie ihren Blick wieder auf mich richtete. Und dann erzählte sie mir von Papo, meinem »schönen Papo«, der 1949 mit nur 31 Jahren an einem Herzversagen starb. Mami und er hatten sich 1941 in Berlin kennengelernt, sie eine echte Berlinerin, er stammte aus dem Kreis Wismar in Mecklenburg; gemeinsam waren sie vor den Nazis geflohen. Weil Ursula und Alfons Blum Sinti waren, erklärten die Nationalsozialist:innen mit ihrer rassistischen Ideologie sie und meine restliche Familie zu unerwünschten Fremden, zu »asozialen und kriminellen Elementen«. Unsere Menschen, was auf Romanes »Mare Manusha« bedeutet, wurden amtlich erfasst und ausgegrenzt. Wer nicht floh, wurde deportiert, in sogenannte Zigeunerlager gesperrt und umgebracht. Zum diskriminierenden Begriff »Zigeuner« werde ich später noch ausführlicher etwas sagen.[1] Bis zu einer halben Million Romanessprachige Menschen sind in der Zeit des NS-Faschismus von den Nationalsozialist:innen und ihren Kompliz:innen ermordet worden: Sinti und Roma, deren gemeinsame Sprache Romanes ist, weshalb ich von Romanes-sprachigen Menschen spreche, um auch die ethnischen Gruppen mit einzubeziehen, die weder Sinti noch Roma sind. Von den ungefähr 30 000 deutschen und 11 000 österreichischen Sinti und Roma starben etwa 25 000[2] durch Zwangsarbeit, Totschlag sowie gezielte Morde durch Gas in den Konzentrations- und Vernichtungslagern. Schätzungen zufolge kehrten nach dem Krieg und dem Völkermord »O Baro Marepen« (Sinti-Romanes für »Das große Morden«)[3], wie viele von uns Sinti den Völkermord an unseren Menschen nennen, nur zehn Prozent aller deutschen Sinti wieder nach Hause zurück, vollkommen mittellos und traumatisiert. Meine Menschen fingen wieder ganz von vorne an, obwohl wir seit dem 15. Jahrhundert in Deutschland sesshaft sind.

Die Strapazen der vierjährigen Flucht quer durch den Balkan bis nach Südrussland und schließlich zurück in die Heimat hatten meinen Papo Alfons gebrochen. Immerzu auf der Hut, die Familie ernähren, die Pferde versorgen, die Kutsche warten, Routen planen und oft im letzten Moment dem Tod entkommen – es war ein einziges Gejagtsein und Verstecken, fast täglich ging es ums Ganze. Alfons war laut Mami ein sehr angespannter, nervöser Mensch, obwohl er als Artist, wenn er auf Pferden ritt, vollkommen in sich ruhte. Mein Großvater war ein fantastischer Kunstreiter, ein hoch attraktiver Mann mit feinen Zügen, drahtig und athletisch wie ein Tänzer – und wohl auch ein Draufgänger. In dem Punkt war er seinem Vater Alfred Blum, der die Familienflucht leitete, ganz ähnlich. Urgroßvater Alfred war ein herrisches, strenges Familienoberhaupt, der klassische Patriarch. Dabei war er jedoch klug und voller Lebenserfahrung, wenigstens wird das in meiner Familie so übermittelt. Deshalb genoss er im Ansehen vieler Sinti große Bewunderung und Autorität. Er fungierte als Rechtsprecher, der Streitigkeiten schlichtete; sein Wort hatte Wirkung. Vater und Sohn sind öfter aneinandergeraten, weil sie ein ähnliches Temperament hatten. Alfons war offenbar sehr dünnhäutig, regte sich leicht auf und fuhr schnell aus der Haut, weshalb er es am Herzen hatte. Nachdem mein Papo nach Kriegsende mit seiner Familie in München mühsam wieder Fuß gefasst hatte, fand Mami Ursula ihn eines Morgens tot neben sich im Bett. Sein Herz hatte im Schlaf aufgehört zu schlagen.

Es gibt ein Foto von Alfons, auf dem kniet er neben meiner Mama Mery und Onkel Peter vor ihrem Wohnwagen, kurz nach der Rückkehr in München 1945. Sein Blick ist so ernst, dass mir beinahe unheimlich wird, wenn ich ihn betrachte. Unter Papos Augen erkenne ich dunkle Ränder, was seinem markanten Aussehen eine Note von Zerbrechlichkeit verleiht. Mami meinte, auf dem Bild erkenne man deutlich, wie gezeichnet er war. Sie war zum Zeitpunkt seines Todes erst 25 Jahre alt, und dass sie, von der erfolgreichen Flucht vor den Faschist:innen physisch und seelisch vollkommen erschöpft, nun plötzlich mutterseelenallein dastand, war für sie ein schwerer Schicksalsschlag. Kurz darauf starb ihr Bruder Joschi infolge seiner KZ-Aufenthalte – ein Entsetzen folgte dem nächsten. Alle erzählen, dass meine hübsche Mami damals viel älter aussah, als sie war. Sie musste meine Mutter Mery und meinen Onkel Peter von nun an allein großziehen, wenngleich ihre Eltern und der Rest der Familie sie unterstützten. Alfons wurde in München beigesetzt. Sein Begräbnis hat seine junge Witwe organisiert und finanziert, sie war schon immer durchsetzungsfähig und selbstbewusst. Das Grab ist weiterhin auf dem Friedhof zu finden – ein unverrückbarer Hinweis auf unsere jahrhundertelange Existenz als Deutsche. Alfons ist 1917 während des Ersten Weltkriegs geboren, den Zweiten überlebte er nur haarscharf, es war besonders bitter, dass er so jung starb. Er war und blieb Ursulas große Liebe. Immer wieder sprach sie so gegenwärtig und lebendig von Alfons, dass ich ein klares Bild von ihm habe. Sie erzählte mir auch bei jeder Gelegenheit über unsere familiäre Vergangenheit in Preußen und vor allem in Berlin. Dabei war sie so detailgenau, dass ich mit dem Gefühl aufwuchs, selbst ein Preuße zu sein.

Heute war Mami indes vorrangig mit den Fischen beschäftigt: der Höhepunkt ihres Tages! Sie stand vom Tisch auf und rief über die Treppe, die ihre Einliegerwohnung mit dem Rest des Hauses verband, zu meiner Mutter hinauf: »Mery, unser Meole hat Forellen für uns gefangen!« »Meole«, als verniedlichte Abkürzung von Romeo, war ein Kosename, den meine Papos, die Onkel meines Vaters aus der Familie Franz, für mich geschaffen hatten. Ich holte den restlichen Fang aus dem Kühlschrank und ging zu meinen Eltern hinauf.

»Lass mal sehen, Romeo«, sagte Tate, und ich ahnte, dass mein Vater morgen der gesamten Familie stolz erzählen würde, »mein Junge hat uns Forellen gebracht«, als wäre das ein riesiges Ereignis. Auch Mery, meine Mama, schenkte mir einen anerkennenden Blick, während sie das Frühstück vom Tisch räumte, das meine Eltern mit meinem jüngeren Bruder zu sich genommen hatten. Es erfüllte mich, meiner Familie etwas Gutes zu tun. Da war stets dieses unbestimmte, dumpfe Gefühl, sie glücklich machen zu wollen, um ihren Blicken, dem Ausdruck in ihren Augen, etwas entgegenzusetzen: Ich verspürte darin stets etwas Trauriges. Es fühlte sich für mich an, als trüge ich die Verantwortung, ihnen eine Last abzunehmen und ihren Kummer zu lindern. Ich weiß nicht, warum, aber so war es.

Tate bat mich gelegentlich, auf dem Klavier vorzuspielen, das wir seit einigen Jahren besaßen. An Wochenenden rief er häufig unsere Verwandten an, legte nach einem kurzen Gespräch den Hörer beiseite, nickte mir zu, und ich begann zu spielen. Am anderen Ende der Leitung lauschten die Tanten und Onkel, bis ich das Stück beendet hatte. Ich spielte ihnen »Für Elise« nach Noten vor; die Begeisterung meiner Verwandten beflügelte mich: »Hört mal, wie der Junge spielt, aus dem wird noch was, ist der aber musikalisch«, quasselten die Großtanten durcheinander. Das Klavierspiel hatte ich mir anfangs selbst beigebracht, unterstützt von meiner Großmutter Ursula, später bekam ich Unterricht. Mami selbst beherrschte zwar kein Instrument, jedoch war sie außerordentlich musikalisch, wie die meisten meiner Angehörigen. Vor allem die Franzens haben eine starke musikalische Tradition: Mein Urgroßvater Robert Franz gründete mit seinen Söhnen die »Kapelle Franzens« und trat bis zur Verfolgung durch die Nationalsozialist:innen regelmäßig in den Ostseebädern auf. Meine Großonkel Hugo und Karl Franz brachten mir musikalisch viel bei. Beide waren wie Großväter für mich, weil mein eigentlicher Großvater Emil Franz, der Vater meines Vaters, lange vor meiner Geburt bereits verstorben war. Sie sagten, dass ich, wenn ich älter sei, den Geigenbogen ihres Bruders Paul erben würde. Welche Bedeutung dieser Bogen in unserer Familie hat, erfuhr ich erst mit den Jahren.

Der kommende Tag war Sonntag, der Tag, den ich am meisten verabscheute, weil ich wusste, dass ich am nächsten Morgen wieder zur Schule gehen musste. Ich wurde 1973 in der Fischerrückschule in Kaiserslautern eingeschult, bis wir kurz danach nach Spesbach bei Ramstein ins eigene Haus umzogen. In Kaiserslautern lebten wir zunächst in der Buchenlochstraße und dann im Lothringer Dell 76 in einer Vierzimmerwohnung unter dem Dach eines neuen Zweifamilienhauses. An diese Wohnung kann ich mich noch sehr gut erinnern, vor allem an die Familie Schmitz, unsere Vermieter, und ihre Kinder Sybille und Günter. Das waren ganz liebe Leute und kein bisschen rassistisch. Sie wussten, dass wir Sinti waren und hatten keine Vorurteile. Mit Diskriminierung rechnen wir ständig, deshalb verbarg ich schon als kleiner Junge, dass ich ein Sinto bin. Doch die Familie Schmitz war ganz anders. Mami traf sich mit Frau Schmitz oft zu Kaffee und Kuchen, derweil Herr Schmitz mit meinem Tate am Blechhammer Weiher angelte.

Ich war ein echtes Einzelkind, umhegt von meinen Eltern, meinen Großmüttern und Verwandten. Doch das änderte sich bald, denn 1970 sagte eines Tages mein Tate: »Du hast jetzt einen Bruder!«, mit einem Ausdruck großer Freude zu mir. Wenn ich mich recht erinnere, so antwortete ich prompt, »er soll Manolito heißen«, denn trotz meines jungen Alters kannte ich bereits die Westernserie *The High Chaparral*, in der Henry Darrow den mexikanischen Ranger Manolito Mantoya verkörperte. Meine Eltern hörten damals sehr gern den US-amerikanischen Opernsänger und Hollywoodfilmstar Mario Lanza, Sohn italienischer Einwanderer. »Be my love, for no one else can end this yearning«, der Tenor klingt in meiner akustischen Erinnerung unvergesslich. So kam es, dass mein Bruder Manolito Mario Franz getauft wurde. Wir Franz-Kinder sind alle evangelisch getauft, mein Taufpate war mein Onkel Peter.

Im Wohnzimmer hatten wir eine große Couch, die mit dunkelgrünem Samt bezogen war. Im Wohnzimmerschrank stand neben den Büchern das Danziger Goldwasser mit Schnapsgläsern. Das Besondere an diesem Gewürzlikör war, dass darin Blattgoldflocken schwammen, die Flasche faszinierte mich deshalb wie eine Schneekugel. Sobald Tante Trulla, die Freundin meiner Großmutter Ursula, zu Besuch kam – und das war meistens am Wochenende der Fall, wenn meine Eltern und mein Onkel sich herausgeputzt hatten und zum Tanzen gegangen waren –, haben die Frauen Likör schlürfend schier endlos geplaudert. Die Ursel-Mami – so nannte ich sie mitunter auch – hütete meinen Bruder und mich, wenn die Erwachsenen feiern gingen, und verwöhnte mich nach Strich und Faden. Trulla, die rot gefärbtes, hochgestecktes Haar trug, war manchmal an Weihnachten bei uns und naschte am essbaren Weihnachtsbaumschmuck, insbesondere an den Schnapspralinen. Meine Mami war zu diesem Zeitpunkt gerade von ihrem zweiten Mann, dem Geiger Gori Kaufmann, verlassen worden, mit dem sie zwölf Jahre verheiratet gewesen war. Als Alfons starb, war sie noch so jung gewesen und hat es zehn Jahre später noch einmal mit einer Beziehung versucht. Doch mit Gori ging es in die Brüche, ihre Ehe blieb kinderlos. Mami meinte, dass sie im Herzen eben immer Alfons treu und ihrer gemeinsamen Zeit in Berlin und auf der Flucht verhaftet geblieben sei.

Zur Einschulung in die »Fischerrück« trug ich meinen schönsten Pullover, den mit den geringelten Ärmeln, meine Haare waren länger als die der anderen Jungs. Auf dem Klassenfoto sieht man mich mittig in der obersten Reihe. Man hat mich dort für die Aufnahme hingestellt, weil ich das größte Kind war – bei mir schlagen wohl die Gene der »Pommerschen Riesen« durch, wie das bei uns zu Hause hieß. Das war eine Anspielung auf die »Langen Kerls« des altpreußischen Infanterieregiments, dessen Soldaten überdurchschnittlich groß sein mussten; unter 1,88 Meter Körpergröße war man für den Dienst nicht tauglich. Ein Ire dieses Regiments soll stolze 2,17 Meter gemessen haben. So riesenhaft waren die Vorfahren meiner Mama zwar nicht, doch sie waren alle ungewöhnlich groß. Meine Größe schützte mich allerdings vor den Gemeinheiten meiner Mitschüler:innen nicht.

In Kaiserslautern holte Mami Ursula mich im ersten Schuljahr nach Schulschluss täglich am Eingang ab, um mich sicher nach Hause zu geleiten. Das Wort »geleiten« passt irgendwie gut, denn sie hütete mich wie ihren Augapfel. Ihr Misstrauen gegen deutsche Institutionen saß tief, wie bei den meisten Sinti und Roma, deren Leben von Diskriminierung und Verfolgung geprägt ist. Dabei wäre meine Großmutter leidenschaftlich gern selbst Grundschullehrerin geworden – die Begabung hatte sie, belesen und klug, wie sie war, eine regelrechte Leseratte. Doch die Nazis vereitelten ihr diesen Wunsch, selbst ihre Lehre als Schreibwarenhändlerin musste sie abbrechen. Ihr verdankte ich es, dass ich in der Schule gut mitkam, weil sie mir bei den Hausaufgaben half, während meine Eltern arbeiteten. Sie tat alles dafür, um mich vor der Bildungsbenachteiligung zu schützen, die eine Folge des strukturellen Rassismus gegen Sinti und Roma ist. Mami war zu jenem Zeitpunkt 53 Jahre alt und trotz ihrer traumatischen Belastungen ein lustiger Mensch geblieben. Sie spielte mit mir und meinem Bruder bis zum Umfallen, immer war sie für uns da. Oft robbte sie auf allen vieren durch das Wohnzimmer, und wir taten so, als ritten wir auf einem Pferd. Das spielte sie sogar noch als 80-Jährige mit meinen Kindern. Meine Großmutter, die Mami, war einzigartig: diese Geduld, diese Liebe! Ich habe dem Einfluss dieser starken Frau viel zu verdanken. Sie hat mich entscheidend geprägt; wie die Frauen in meiner Familie überhaupt.

Mami war öfter einige Tage unterwegs und verdiente als Textilwarenhändlerin recht ordentlich, was nicht zuletzt ihrem Sohn Peter zugutekam. Sie schenkte meinem Onkel hin und wieder glatt Autos, einmal sogar den neuen Jahreswagen von Mercedes, da staunten wir alle nicht schlecht. Ihren Buben behandelte sie wie ein rohes Ei, verwöhnte und schonte ihn. Das lag gewiss daran, dass er nach seiner Geburt in der Sowjetunion mitten im Krieg so viel durchmachen musste. Peter war erst sieben Jahre alt, als sein Vater starb, aber er erinnert sich gut an ihn. Alfons hatte ihm kleine Kunststücke beigebracht: Wie auf einem Drahtseil balancierte Peter auf einem Fuß stehend auf der Hand seines Vaters. Er blieb selbst dann sicher stehen, wenn sein Tate sich vorwärtsbewegte oder drehte. Da gab es kein Wackeln oder Schwanken. Vielleicht wäre auch aus Peter ein Artist geworden, wäre mein Papo nicht so früh gestorben. Mein Onkel führte die Kunst seines Vaters nicht fort, sondern unterstützte seine Mutter im Textilhandel.

Peter war für mich eine starke Bezugsperson. Seit meiner Geburt 1966 war er um mich herum, unser Verhältnis war sehr eng. Er nahm mich oft ins Autokino mit und brachte mich später zum Musikunterricht. Nie beschwerte sich Peter, und selten war er schlecht gelaunt, mit Ausnahme am frühen Morgen. Mit 33 Jahren war er noch ledig, aber das mit dem Heiraten konnte ja noch werden. Ich hatte Glück, dass er und Mami sich so gut um mich kümmerten, weil meine Eltern sehr hart im Textilgewerbe arbeiteten, von früh bis spät waren sie beschäftigt. Bei uns in der Familie herrschte ein Ehrenkodex, der lautete, niemals auf Arbeitslosenhilfe angewiesen zu sein – »die Stütze« war in meiner Familie verpönt. Meine Angehörigen nannten das Arbeitsamt ganz altmodisch »die Wohlfahrt«. »Ich geh doch nicht zur Wohlfahrt!«, gehörte bei uns zu den Standardsätzen, die geradezu entrüstet geäußert wurden, als wäre es eine Schande, dem Staat auf der Tasche zu liegen. Stand hinter dieser fast vehementen Haltung Angst, die Angst aufgrund der feindseligen äußeren Umstände sozial abzustürzen oder gar Not zu leiden? Wir verließen uns seit jeher auf die in unserer Familie tradierten Berufe, und wenn es sein musste, arbeiteten wir eben doppelt so hart und in verschiedenen Berufen zugleich. Meine Eltern bauten unser schönes Haus in der Spesbacher Talstraße von ihrem Ersparten. Wirtschaftlich ging es uns so gut wie einst unseren Vorfahren, deren bürgerlichen Existenzen die Nationalsozialist:innen ein Ende setzten.

Schon in der ersten Klasse fingen die Diskriminierungen an, und hier in der Spesbacher Grundschule ging es weiter. Viele meiner Mitschüler:innen fremdelten mit mir und hänselten mich, da konnten meine Eltern sich noch so sehr für mich einsetzen, das hörte einfach nicht auf. Am ersten Schultag setzte man mich als Einzigen auf die hinterste Schulbank, ganz nach dem Motto: »Aus dem wird eh nichts!« Unser Rektor stellte uns Fragen, und wir sollten einen Schüler oder eine Schülerin in der Klasse benennen, die antworten sollte. Ralf, der flachsblonde Sohn vom Bürgermeister, suchte mich aus: »Der da hinne, mit de schwoaze Hoar.« Einer unserer Lehrer schien noch so richtig von der alten Garde zu sein, wenn man nicht spurte, gab's was hinters Genick oder mit dem Zeichenstock auf die Finger. Es kam auch schon mal vor, dass meine Mitschüler:innen mich »dreckiger Zigeuner« schimpften. Bei der Auswahl zur Fußballmannschaft rissen die Jungs sich nicht gerade um mich: »Nimsch du den Zischeuner, nimsch du'n?!«, wurde ich wie saures Bier angeboten. Das versetzte mir jedes Mal einen Stich, aber ich manövrierte mich so durch. Hätte es nicht einige Schüler:innen gegeben, die dennoch meine Freunde wurden, hätte ich mich geweigert, weiter zur Schule zu gehen.

Es gab auch schöne Seiten in meiner Kindheit. Da war zum Beispiel meine Musiklehrerin, Frau Kühlwetter, eine liebe ältere Dame, die ich sehr mochte. Im Musikunterricht langweilte ich mich oft. Meist wurden Orff-Instrumente ausgeteilt, und ich musste die Blockflöte oder das Tamburin spielen. Ich empfand das als emotionslos, ja, fast träge. Irgendwann beichtete ich das meiner Lehrerin. Ob ich denn schon ein Instrument spiele, fragte Frau Kühlwetter, und ich erzählte ihr, dass ich neben dem Klavier nun auch die Geige lernte. Daraufhin antwortete sie: »Dann bringscht mol die Geisch mit, Romeo, dann gucke mer mol.« Und als ich das schließlich tat, löste das ein großes Erstaunen aus.

Da waren ferner unsere Nachbarn, zu denen wir ein sehr gutes Verhältnis hatten. Mit einer Familie waren wir so eng befreundet, dass der Kontakt noch jahrzehntelang hielt. Ich spielte regelmäßig mit den drei Nachbarsjungen draußen in unserem Garten oder im Dorf. Wir beobachteten den Bach, um darin Fische oder Ratten an der Böschung zu entdecken, kletterten im Wald auf Bäume und versteckten uns in Büschen. Mit meinem Klassenkameraden Stefan baute ich im Wald eine Höhle; wir gruben ein tiefes Loch und deckten es mit Ästen ab. Das war unser ganz geheimer Ort. Gleich um die Ecke von unserem Haus befand sich der Schützenverein »Enzian«. An den Wochenenden knallte es dort ordentlich, weil die Vereinsmitglieder mit Kleinkalibern trainierten. Tate war schon Mitglied geworden und als Schütze anerkannt. Ich traute mich schließlich zu fragen, ob ich zusehen durfte. Man ließ mich ein Luftgewehr ausprobieren, und da waren einige Kinder, die ich aus der Nachbarschaft und der Schule kannte. Die Atmosphäre im Verein war freundlich, ganz anders als in der Schule. Im Schützenverein gehörten Tate und ich schnell richtig dazu, und bald machte ich bei Wettkämpfen mit.

Eigentlich war das Leben in Spesbach ganz in Ordnung. Am Ende der Oberen Talstraße, am Friedhof, lebte Lena, eine alte Dame, die alle »das Lensche« nannten. Wenn ich zu Kirmeszeiten an ihrem Haus vorbeiging, trat das Lensche in ihrer Schürze und mit Kopftuch aus dem Haus.

»Wo gehsch den hi?«, fragte sie mich.

Und ich antwortete: »Auf die Kepp.«

»Dann musch i dir ebbes gebe«, erwiderte sie und steckte mir zwei Mark zu. Sie war ein ganz liebes Mütterchen, das Lensche, wie aus dem Märchen.

Das Schöne und das Hässliche wechselten einander ab. Eines Tages hatte ich es mir, wie so oft, mit einem Buch in einem der Gebüsche gemütlich gemacht und wartete auf Stefan, der sich verspätete. Plötzlich hörte ich die berüchtigte Gruppe Jugendlicher aus unserem Ort mit ihren Mopeds herbeiknattern. Sie waren einige Jahre älter als ich, viel größer und kräftiger. Ich kauerte mich tiefer in den Strauch, damit sie mich nicht entdeckten, doch vergeblich. »Da isch der kleine ~~Zischeuner~~ drinne«, sagte einer, und schon zerrten sie mich heraus, traten, schubsten und beschimpften mich. Gegen vier ältere Jungs konnte ich mich nicht wehren, das Gefühl der Machtlosigkeit überwältigte mich. Irgendwann schaffte ich es, gedemütigt, leicht blutend und mit Prellungen nach Hause zu kommen. Tate und Mama waren sehr aufgebracht und fuhren umgehend zu den Eltern der Jungen, um sich zu beschweren. Doch es nützte nichts, diese Bande Halbstarker hatte mich auf dem Kieker; sobald sie mich allein im Ort sahen, und sei es auch nur auf dem Weg zum Einkaufen, begann der Spießrutenlauf. Ich entwickelte eine regelrechte Panik, die mich von zu Hause zum Schulbus und umgekehrt verfolgte. »Woher weiß ich denn, ob die mich nicht eines Tages umbringen werden?«, fragte ich mich. Ich rannte um mein Leben. Die Angst vor den körperlichen Angriffen begann mich zu lähmen. In der Schule fiel es mir immer schwerer, mich zu konzentrieren.

Mein Anglerausflug hatte mich müde gemacht, ich war am Abend sofort eingeschlafen. Nun war es Sonntag, und Mamis Mutter, meine Urgroßmutter Frieda Pohl, wurde zu Besuch erwartet. Frieda ist in Brandenburg aufgewachsen und als Kind mit ihren Eltern nach Berlin gezogen, wo sie bis nach dem Zweiten Weltkrieg blieb. Obwohl sie jetzt schon so lang in Rheinland-Pfalz lebte, war sie durch und durch Berlinerin geblieben. Tate oder Onkel Peter holten sie am späten Vormittag in Kaiserslautern ab. Wir nannten Frieda die »alte Mami«, wobei das Adjektiv »alt« nicht abwertend zu verstehen ist, sondern ganz im Gegenteil als Würdigung ihres Lebens. Die alte Mami war jetzt 84 Jahre alt, sie war sehr klein und tat sich schwer mit dem Laufen. Die paar Treppen ins Haus und in die Küche hinein: Es dauerte jedes Mal ewig, bis sie endlich Platz nahm, das fand ich ziemlich langweilig.

Wenn Frieda kam, kochten entweder Mama oder Mami, und bis das Essen zum Auftischen bereit war, saßen die Frauen in der Küche und klatschten. Da flogen die Geschichten nur so durch den Raum! Wir Sinti sind echte Geschichtenerzähler:innen, das gehört zu unserer Tradition. Mama hatte ein üppiges Essen zubereitet, und nun saß die gesamte Familie beisammen, und alle redeten durcheinander. Den Kirschstreuselkuchen gab es anschließend im Wohnzimmer. War das wieder ein Zeitaufwand, bis die alte Mami Frieda in ihren Pantoffeln im Trippelschritt von einem zum anderen Raum geschlurft war und auf das Sofa plumpste! Nach Kaffee und Kuchen blickte meine Urgroßmutter mich an und sagte: »Spiel doch mal einen Ländler, Meo!«, und schon machte sie es sich bequem. Diese ländliche Tanzmusik, die Märsche und Walzer der Jahrhundertwende vom 19. zum 20. Jahrhundert, waren ganz ihre Sache. Mir gefiel Jazz viel besser, aber der war ihr zu modern. Dabei hatte Frieda in den 1920er-Jahren ihren Mann Julius in dessen fahrendem Kino bei Vorstellungen auf der Bassgitarre begleitet, was für Frauen damals sehr progressiv war.

Ich setzte mich für die alte Mami also ans Klavier und spielte ihr etwas vor. Doch je länger ich spielte, umso trübsinniger wurde sie. »Mein Junge Joschi hat so fabelhaft Akkordeon gespielt«, stieß sie unvermittelt aus. Joschi war neben ihren vier Töchtern – die älteste davon war meine Großmutter Ursula –

ihr einziger Sohn gewesen. Er starb kurz nach meinem Großvater Alfons an den Folgen seiner KZ-Aufenthalte und der Zwangsarbeit an Tuberkulose. Frieda ließ ihn auf dem Waldfriedhof von Freising begraben.

Natürlich lobte die alte Mami mich überschwänglich für mein Vorspiel, das vergaß sie nie. Doch das Gespräch wendete sich dann schnell ihrer Tochter Bärbel zu, die die Nazis aus Berlin deportierten, und schließlich zu den Onkeln meines Vaters, Albert und Paul Franz. Auch sie fielen dem Baro Marepen, dem Völkermord, zum Opfer. Es war immer das Gleiche: Spätestens beim Kaffee kamen die Gespräche über die toten Verwandten auf, und dann war die Stimmung schlagartig dahin. Für die Älteren waren die Verfolgung und der Krieg gerade mal ein paar Jahrzehnte her, die Ereignisse waren für sie noch ganz frisch. Die fehlenden Verwandten kamen aber schließlich nicht wieder. Alle diese Erzählungen blieben mir im Gedächtnis. Ich bin den ermordeten Angehörigen nie begegnet, durch die vielen Geschichten über sie habe ich jedoch das Gefühl, sie sehr gut zu kennen. Die Toten leben weiter unter uns. Ich wuchs mit ihnen auf.

2

Das rollende Kino
Familie Hoff und Pohl (1871–1928)

Die alte Mami Frieda war am Nachmittag erschöpft. »Ursula, dein Kuchen war wieder mal famos«, sagte sie zu meiner Großmutter, ihrem ältesten Kind. Sie legte die Beine hoch und nickte mehrfach auf der Couch ein. Wir ließen sie schlafen, damit sie sich erholen konnte, bevor Tate sie wieder in ihre Wohnung nach Kaiserslautern zurückfuhr. »Nach so einem harten Leben hat sie sich ihre Päuschen verdient«, sagte die junge Mami verständnisvoll. »Decke ihre Füße mit der Baumwolldecke zu, Meole«, bat sie mich.

Mami hatte nach Alfons' Tod meist an der Seite ihrer Mutter gelebt, sie hielten eng zusammen und stritten nur selten; das war erstaunlich, weil beide starke Persönlichkeiten waren und leicht aneinandergeraten konnten. Meine Mutter Mery ist nicht minder resolut, sie kommt ganz nach Ursula und Frieda. Unterwürfig ist bei uns wirklich niemand, die Frauen schon gar nicht. Im Gegenteil, wir sind alle ein bisschen dickköpfig und dominant. Meine Angehörigen haben gelernt, nie aufzugeben, immer einen Weg zu suchen, jedoch in einer Auseinandersetzung eben auch nicht nachzugeben. Ich würde erst später lernen, dass das nicht immer konstruktiv ist. Wenn man etwas erreichen will, muss man auch Kompromisse eingehen und sich in andere Perspektiven einfühlen.

Die drei Generationen von Frauen in meiner Familie sind für

mich stark präsent. Manchmal zogen meine Verwandten mich liebevoll auf und nannten mich »Mami-Kind« – weil meine Großmutter Ursula mir so viel Aufmerksamkeit schenkte. Das lag daran, dass sie selbst ein Papo-Kind war.

Denke ich an die Kindheit und an Urgroßmutter Friedas Besuche zurück, so sehe ich mich jetzt, wie ich auf dem Bauch am Boden liege und meine Murmeln über den Teppich rollen lasse. Ich setze mein Kinn auf die weiche Unterlage, bedecke ein Auge mit der Hand und fixiere mit dem anderen die Murmel. Das Farbspiel der Glaskugel verändert sich im Licht der Sonne, die einen breiten Strahl auf den Teppich wirft. Die Farben ziehen mich in ihren Bann, je mehr ich blinzele und das Auge wieder öffne, umso unterschiedlicher sind die Farbkombinationen. Es ist alles eine Frage der Perspektive. Die Erinnerung kommt mir heute vor wie ein komplexes Gewebe mit vielfältigen Mustern und Farben. Manche Fäden sind zart und gerissen, andere treten robust hervor. Manche Motive sind verblasst, andere strahlen farbenprächtig.

Ich entsinne mich intensiv meiner Kindheit, sie ist dicht verwoben mit den Erzählungen von meinen Vorfahren, ihren Erfahrungen und Prägungen. Ihre Vergangenheit ist meine Gegenwart und Zukunft. Ich empfinde mich als Teil des familiären Ganzen und zugleich als ganz eigenen Faden in diesem einzigartigen Tuch, das unsere Geschichte darstellt. Es fließt wie Seide, bindet, wärmt und schützt vor äußeren Einflüssen. Ich habe gelernt, mit unserem transgenerationellen Erbe umzugehen – mit dem, was durch vergangene Ereignisse an Gefühlserbschaften an die nächsten Generationen weitergegeben wurde: so wie die Liebe, die Loyalität, aber auch die Ängste und fortwirkenden Traumata. Ich habe mich mit diesem Erbe konfrontiert, ich muss die belastenden Dinge nicht verdrängen oder kompensieren, sondern habe sie als Teil meiner familiären Vergangenheit und deren Prägungen integriert. Deshalb weiß ich auch das Gute zu schätzen, das bei allem Leid stets vorhanden war. So kann ich offen zu meiner Herkunft stehen, ohne Angst, Scham, Ohnmachts- oder Rachegefühle. Ich bin verblüfft, verzaubert, mitunter auch bedrängt davon, dass in meiner Familie so vieles bewahrt wurde – an Erzählungen, an Fotos, Dokumenten, an Wissen, Instrumenten und Melodien. Die biografischen Kontinuitäten, aber auch die Brüche der Personen in unserer Familie bilden die vielen Facetten meines jetzigen Daseins. Meine Erinnerung beruht auf gesicherten Fakten und Forschung, jedoch auch auf subjektiven Eindrücken, die über die Generationen weitergereicht wurden – Gerüche, Bilder und Gefühle.

Im Wohnzimmer ist es plötzlich sehr still geworden. Die alte Mami schnarcht leise im Schlaf. Ursula, ihre Tochter, hat es sich im Sessel gemütlich gemacht. Meine Mutter Mery hält meinen Bruder im Arm, Manolito hat sich an sie gelehnt und träumt vor sich hin. Tate und Peter haben die Gelegenheit genutzt, um sich Luft zu verschaffen: Mein Vater ist im Garten verschwunden, mein Onkel sitzt in der Küche und blättert in einer Zeitschrift. Ich sehe ein Stillleben vor mir: Urgroßmutter, Großmutter und Mutter im Wohnzimmer in einem Augenblick vollkommener Ruhe. In ihren Gesichtern zeichnen sich die Geschichten ihrer Leben ab, die tiefen Linien und die zarten. Ich versetze mich in die Vergangenheit der drei, und vielleicht vermengen sich die zeitlichen Ebenen an manchen Stellen: Ist es gerade das Kind, der Jugendliche oder der Erwachsene, der sich erinnert? Doch spielt das eigentlich eine Rolle? Es ist meine, es ist unsere Geschichte.

Wir gedenken unserer Menschen: Mare Manuschenge. Wie viele andere diskriminierte und ausgegrenzte Minderheiten blieben die Sinti und Roma meist untereinander, die Gemeinschaft bot ihnen Sicherheit vor den Anfeindungen der Gesellschaft. Und da, wo sie dieselben Berufe ausübten und sich in denselben Schichten bewegten, wuchs oft die Liebe. Deshalb kannten sich die Familien Hoff, Pohl, Blum und Franz, deren Nachkomme ich bin, teilweise schon seit Anfang des vorletzten Jahrhunderts. Seit dem Zweiten Weltkrieg geht es bei unseren Menschen um das kollektive Gedenken an alle Sinti und Roma, die von den Nationalsozialist:innen ermordet wurden.

Ich beginne die Erzählung mit der mütterlichen Linie, mit meiner Urgroßmutter Frieda Mathilde Pohl. Frieda ist eine geborene Hoff, 1892 in Bandelow in Uckerland zur Welt gekommen. »Ick bin 'ne Brandenburgerin«, sagte sie bis an ihr Lebensende; und tatsächlich verbrachte sie den entscheidenden Teil ihres Lebens in Brandenburg und in der Hauptstadt. Das Berlinern legte nicht nur Frieda, sondern auch meine Großmutter Ursula nie ab. Friedas Vater war Waidemann Wilhelm Hoff, ebenfalls ein gebürtiger Brandenburger, der 1871 in Stolzenhagen im Kreis Angermünde zur Welt kam. Schon vier Tage später ließen ihn seine Eltern, Dorothea (geborene Bill) und Johann Hoff, taufen, der Eintrag im Kirchenbuch Stolzenhagen ist erhalten. Bei den meisten Sinti haben die amtlichen Namen eine geringere Bedeutung als traditionelle Namen. Im Innenverhältnis identifizieren wir uns über unsere traditionellen Namen und darüber, aus welcher Region unsere Vorfahren stammen. Bereits im Kaiserreich waren die Sinti eine stark diskriminierte Minderheit. So etwa gab es »Zigeunererhebungen«.

1886 zählten die preußischen Behörden 1057 ortsansässige Romanes-sprachige Menschen – darunter vermutlich auch meine Vorfahren. Ein preußischer Ministerialerlass vom 29. September 1887 ordnete an, dass Sinti und Roma, die nicht beweisen konnten, dass sie preußischer oder deutscher Abstammung waren, wie Ausländer zu behandeln seien. Der britische Historiker Simon Constantine konstatiert die Schwierigkeiten dieser Dokumentierung, denn die Betroffenen mussten belegen, dass sie oder ihre Eltern bereits vor 1870 in einem der deutschen Staaten ansässig gewesen waren, lediglich eine Geburtsurkunde reichte nicht. Dies habe in vielen Fällen dazu geführt, dass ihnen die Staatsangehörigkeit entzogen wurde und die Ausbürgerung die Folge war, so Constantin.[1]

Der Reichstag verschärfte die Reichsgewerbeordnung zudem mehrfach, um es Sinti und Roma besonders schwer zu machen, an Arbeitsgenehmigungen und Wandergewerbescheine zu kommen. Ziel war dabei auch, den gewerblichen Mittelstand vor Konkurrenz zu schützen.[2] Diese Einschränkungen für bestimmte Menschengruppen verstießen gegen das Gesetz über die Freizügigkeit vom 1. November 1867.[3] In München entstand 1899 der »Zigeunernachrichtendienst«, um Sinti und Roma in einem Zentralregister zu erfassen, und schon sieben Jahre später wurden »Zigeunerlizenzen« eingeführt.[4] Laut den preußischen »Anweisungen zur Bekämpfung des Zigeunerunwesens« vom 16. Februar 1906 sollte nicht-deutschen Sinti und Roma nun die Einreise ins Deutsche Reich verwehrt werden. Die Behörden wollten nicht sesshafte Sinti, die nachweisen konnten, dass sie deutsche Bürger:innen waren, zwingen, sich fest anzusiedeln. Nur so kamen diese überhaupt an Ausweispapiere oder Gewerbescheine, doch die Behörden legten ihnen Hindernisse in den Weg, wo es nur ging.[5] Damit schränkten sie das Bleiberecht ein, um Sinti und Roma aus dem Land zu vertreiben. Da die Hoffs einen festen Wohnsitz und ein Steuerkonto nachweisen konnten, ereilte sie dieses Schicksal nicht. Die rassistische Behandlung unserer Minderheit ging in der Weimarer

Republik nahtlos weiter. Doch das war nichts gegen das, was später unter den Nationalsozialist:innen kam.

Das Wort »~~Zigeuner~~« lehnt die überwältigende Mehrheit der Sinti und Roma strikt ab, wir empfinden es als »Schimpf- und Schmähwort«.[6] Bis heute ist etymologisch nicht abschließend geklärt, ob es ursprünglich aus dem Persischen oder dem Griechischen entstanden ist. Dieser Begriff ist insbesondere aber die Fremdbezeichnung, die die Nationalsozialist:innen für ihre Politik der Verfolgung und Vernichtung benutzten. Er ist rassistisch und stigmatisierend aufgeladen. Die Unabhängige Kommission Antiziganismus bemerkte in ihrem Bericht von 2021, dass sich dieses Wort im deutschen Sprachraum »mehrheitsgesellschaftlich unhinterfragt und unhinterfragbar« konkurrenzlos durchgesetzt habe.[7] Dabei verwiesen sämtliche »Herleitungsversuche beziehungsweise Thesen zur Herkunft und Entstehung des Wortes ~~Zigeuner~~ ... auf die hierarchisierenden und vor allem abwertenden Zuschreibungen und Unterscheidungspraktiken«, so die Wissenschaftler:innen.[8] Die Kommission kommt in ihren sehr lesenswerten Ausführungen über diese »diskriminierende und diffamierende Fremdbezeichnung«[9] zu einem klaren Urteil: »In der Zeit des Nationalsozialismus wurde die Verfolgung und Ermordung unter dem Begriff ~~Zigeuner~~ organisiert, mit der Abkürzung ›Z‹ wurde er in die Körper der im Konzentrations- und Vernichtungslager Auschwitz-Birkenau inhaftierten Sinti_ze und Rom_nja eingeschrieben, als Tätowierung auf dem Arm und bei den Säuglingen auf den Oberschenkel. ~~Zigeuner~~ ist demnach nicht nur eine abwertende Bezeichnung und ein pejorativer Begriff, ~~Zigeuner~~ ist zudem kollektiv und individuell mit Gewalterfahrungen der so Bezeichneten verwoben. ~~Zigeuner~~ ist also ›nicht nur eine Fremdbezeichnung, sondern eine im Zuge der Umsetzung des

Völkermords an Sinti und Roma ... entscheidende Kategorie: eine Täterkategorie‹.«[10]

Aus genau diesem Grund folge ich in diesem Buch dem Vorbild der Unabhängigen Kommission und streiche das besagte Wort aus, wann immer es im Kontext der historischen Erzählung beziehungsweise in Dokumenten der NS-Täter:innen auftaucht. Sprache prägt unser Bewusstsein, und die Benutzung der Eigenbezeichnungen hat politische Strahlkraft, die wir brauchen, wenn wir den rassistischen Sprachgebrauch abschaffen wollen. Es ist ein großes Verdienst der Bürgerrechtsbewegung und des Vorsitzenden des Zentralrats Deutscher Sinti und Roma, Romani Rose, dass sich in der Praxis im Allgemeinen schon viel verändert hat.

»Die Eigenbezeichnung Sinti und Roma ist wesentlicher Teil unserer Identität als Minderheit. In unserer pluralistischen Gesellschaft sollte dieses ureigenste Recht auf Selbstbestimmung respektiert werden«, so erklärt es der Zentralrat.[11]

Ich will zusätzlich noch betonen, dass dieses Wort in unserer Herkunftssprache Romanes überhaupt nicht existiert und wir es untereinander auch in der deutschen Sprache niemals verwenden. Der Zentralrat bemerkt auch richtig, dass die Begriffe Sinti und Roma keineswegs, wie häufig unterstellt, »politisch korrekte« Erfindungen der Bürgerrechtsbewegung (sind), sondern ... in Quellen bereits seit dem 18. Jahrhundert auftauchen.[12] Kritik gibt es am Doppelbegriff Sinti und Roma vor allem deshalb, weil er die Heterogenität unserer Minderheit nicht darstellt und vielmehr sogar suggeriert, dass es sich hier um eine homogene Gruppe handele, Sinti und Roma also ein und dasselbe seien. Sinti und Roma, die sich gegenüber Vertreter:innen der Mehrheitsgesellschaft selbst weiter mit dieser stigmatisierenden Fremdbezeichnung benennen, tun dies in der Regel, um es ihrem Gegenüber zu ersparen, sich mit den

Begrifflichkeiten auseinanderzusetzen, sofern das Wort wertneutral benutzt wird. Gelegentlich bedeutet dessen Verwendung auch eine Form von internalisiertem Antiziganismus, oder er wird für kulturelles Marketing in romantisierender Weise eingesetzt.

Wir Sinti leben in diversen Gruppen mit Eigenbezeichnungen seit Anfang des 15. Jahrhunderts in Mitteleuropa, wir sind seit sechs Jahrhunderten ein fester Bestandteil der deutschen Geschichte und Kultur. Doch das glauben uns viele Menschen nicht, weil sie nur Sinti oder Roma wahrnehmen, die aufgrund ihrer prekären Lebensverhältnisse gezwungen sind, unterwegs zu sein. Dabei wissen sie kaum je zu unterscheiden zwischen Sinti und Roma oder halten Jenische oder Pavees – die irischen Landfahrer – für unsere Menschen, obwohl wir ethnisch nicht miteinander verwandt sind. Auch ist der Oberbegriff »Sinti und Roma« in Wahrheit nicht präzise, weil dieser die vielen anderen Gruppen derselben ethnischen Herkunft negiert. Ich verwende deshalb »Menschen mit Romanes-Hintergrund«, um da, wo es sie betrifft, *alle* Angehörigen dieser Minderheiten einzuschließen. Im Englischen fasst es der Begriff »Romani People« griffig zusammen.

Uns pauschal als Nicht-Sesshafte zu bezeichnen, hat mit der Realität nichts zu tun. Aber es ist dadurch vermutlich einfacher, uns als Nicht-Dazugehörige, als ewig Fremde abzutun und sich gar nicht erst mit uns auseinanderzusetzen. Das liegt im jahrhundertealten Antiziganismus begründet. 1498 beschloss der Reichstag zu Freiburg, die Minderheit des Landes zu verweisen und für »vogelfrei« zu erklären. Es war also rechtens, gegen ~~Zigeuner~~ Straftaten zu begehen, ja, sogar sie zu töten. Bis 1774 folgten in den deutschen Kleinstaaten über 146 Edikte, die sich gegen sie richteten und sie sogar zur Versklavung freigaben. Es war ihnen verboten, in Städten zu wohnen, sie waren ausgeschlossen von Bildung und dem Erlernen von zunftgebundenen Berufen. Der Ausschluss aus den Zünften führte dazu, dass Sinti und Roma zum Überleben auf Wanderberufe ausweichen oder sich als Soldaten dem Militär anschließen mussten. Ihre Nicht-Sesshaftigkeit wurde somit erzwungen und setzte sich über die Jahrhunderte fort. Doch wo die gesellschaftspolitische Situation es zeitgeschichtlich ermöglichte, siedelten sie sich fest an. Bis heute sind viele europäische Sinti und Roma aufgrund ihrer sozialen Situation genötigt, in abgesonderten Vierteln zu leben und ihren Lebensunterhalt durch ambulante Berufe zu verdienen. Das heißt jedoch nicht, dass der Großteil mittlerweile nicht dauerhaft ansässig wäre.

Das Klischee, dass Menschen mit Romanes-Hintergrund keine festen Wohnsitze besäßen, sitzt aufgrund dieser historischen Entwicklungen und des politischen Antiziganismus unbeschreiblich tief. Außerdem nimmt die Mehrheitsgesellschaft meist nur diejenigen wahr, die aus der Rolle fallen, weil sie aufgrund struktureller Armut besonders auffällig sind. Die stille Mehrheit der Sinti und Roma aber, die ihr Leben so wie alle anderen Deutschen lebt, existiert in dieser vorurteilsbehafteten Sichtweise nicht. Man will uns nicht sehen, wie wir wirklich sind. An uns haftet das Stigma des Negativen, oder wir werden romantisiert, zum Beispiel wegen unserer schönen Musik. Doch das ist nur die Kehrseite desselben Antiziganismus, einem gesellschaftlich etablierten Rassismus gegenüber sozialen Gruppen, die als ~~Zigeuner~~ oder mit anderen verwandten Bezeichnungen identifiziert werden. Dieser seit Jahrhunderten bestehende Antiziganismus hat dazu geführt, dass viele von uns nicht sichtbar werden wollen und sich als Menschen mit italienischer, spanischer oder türkischer Biografie ausgeben: Zu groß ist die berechtigte Angst vor Nachteilen in allen Bereichen des Lebens.

Die Sinti leben seit über 600 Jahren in Europa, insbesondere in Deutschland und Österreich. Doch viele auch in Italien, Frankreich, den Niederlanden und Schweden sowie einige in der Slowakei oder Ungarn. Sinti und Roma – also Menschen mit Romanes-Hintergrund – kamen um das vierte und fünfte Jahrhundert nach Christus aus dem nordwestlichen Indien, genauer aus dem Punjab, nach Persien und wanderten ab dem siebten Jahrhundert nach Armenien. Sie waren Teil des indischen Kastensystems, von dem sie sich später durch neue Berufe und neue Gruppen trennten. Historiker:innen gehen davon aus, dass Sinti und Roma seit dem 13. Jahrhundert in Griechenland und seit dem 14. auf dem Balkan ansässig waren. Im 19. Jahrhundert gab es unter ihnen auch einige Amerika-Auswander:innen, die auf dem anderen Kontinent ihr Glück versuchten. Roma emigrierten erst im 19. und 20. Jahrhundert in größerer Zahl nach Deutschland. Andere kamen in den 1950er-Jahren aus Polen, der Tschechoslowakei und Österreich in die BRD, und in den 1960ern folgten jugoslawische Roma als Gastarbeiter. Später flüchteten sie vor dem Bürgerkrieg aus dem zerbrechenden Jugoslawien und suchten Zuflucht in der BRD. Unsere Menschen gingen in höchst unterschiedliche Umgebungen nach Asien, Europa, Amerika und Australien ins Exil. Diese Ortswechsel waren zumeist durch Not begründet, seien es wirtschaftliche Probleme, Kriege, Bürgerkriege, Verfolgung oder gezielte Vertreibung.

»Sinti und Roma«, was sich als Bezeichnung mittlerweile etabliert hat, ist ein politischer Sammelbegriff für unsere Minderheit, die außerordentlich heterogen ist. Zu den vielen verwandten Gruppen, sesshaften oder nicht sesshaften, die laut der International Holocaust Remembrance Alliance (IHRA) unter den Begriff »Roma« fallen, zählen unter anderen auch die Travellers, Gens du Voyage, Resandefolket, Camminanti,

Manush, Kalé, Romanichels, Boyash/Rudari, Aschkali, Ägypter, Dom, Lom oder Abdal – obwohl sie traditionell, kulturell und von der Lebensweise her unterschiedlich sind.[13]

Deshalb etwa grenzt sich zum Beispiel die Mehrheit der Sinti von dieser Kategorisierung ab, weil sie sich mit dem Oberbegriff »Roma« nicht identifiziert. Unsere vielen ethnischen Gruppen sind allerdings durch die gemeinsame Sprache, das Romanes – mit all seinen regionalen und rund 200 überregionalen Dialekten –, miteinander verbunden. Unsere Sprache ist mit dem Sanskrit verwandt und hat sich über die Jahrhunderte innerhalb von Familien und der unterschiedlichen nationalen und regionalen Gemeinschaften überwiegend mündlich weiterentwickelt. Romanes wurde erstmals 1927 in der Sowjetunion als Nationalsprache anerkannt, und es gab erste Anstrengungen, sie zu verschriftlichen, eine Entwicklung, die durch die Nationalsozialist:innen unterbrochen wurde und erst in den 1970er-Jahren wieder fortgesetzt wurde.[14] Romanes betrachten wir als elementares Kulturgut, mit dem wir unsere Traditionen und Konventionen übermitteln.

Sinti sind keine Roma, historisch und geografisch existieren große Unterschiede. Zum Beispiel definieren wir Sinti uns anders als die Roma selten über unsere Berufe, sondern über unsere Herkunft: Wer war dein Vater oder deine Großmutter? Aus welcher Region stammst du? Bei uns ist die familiäre Linie ausschlaggebend. Unter uns deutschen Sinti gibt es darüber hinaus allerhand regionale Unterschiede, so etwa legen Berliner oder bayerische Sinti starken Wert auf ihre jeweiligen Eigenheiten – nicht anders als bei allen anderen deutschen Bürger:innen. Wir schwäbeln, sprechen Bairisch oder Platt, und wenn wir uns auf Romanes unterhalten, gibt es auch da große Unterschiede. Aus diesem Grund empfinden wir, meine Familie, uns als preußische Sinti-Familie, als echte Preußen, ungeachtet der Tatsache, dass wir seit den 1950er-Jahren überwiegend in Rheinland-Pfalz ansässig sind. Wir stehen zu unserer Herkunft.

Als junger Mann war mein Ururgroßvater Waidemann Wilhelm Hoff mit seinen Brüdern nach Russland ausgewandert, doch während diese dort blieben, kehrte er zurück ins Deutsche Reich. Waidemanns dokumentierte Spuren in Berlin gehen zurück bis ins Jahr 1911. Er besaß einen Wandergewerbeschein, um dem Beruf des Kammerjägers nachzugehen. Ich bin noch heute verblüfft, dass mein Ururgroßvater diesen Schein im Juli 1911 an die Behörden zurückgab, mit der Forderung, darin die Bezeichnung »inländischer Zigeuner« zu löschen. Diese wirke sich nämlich negativ auf seinen Beruf aus! Wer wolle ihm damit Arbeit geben? Er gab an, aus einer Familie von Zinngießern zu stammen, die seit jeher im vorpommerschen Louisenhof bei Borckenfriede in der Gemeinde Altwigshagen ansässig gewesen war.[15] Die Behörden setzten daraufhin allerhand Brief- und Schreibverkehr in Gang, um seinen Lebenswandel zu überprüfen – es sind eindrückliche Zeugnisse institutionellen Antiziganismus. Im August desselben Jahres wurde Waidemann auf einem Berliner Polizeirevier verhört. Er legte den Totenschein seines Großvaters sowie den Taufschein seines Vaters vor, um zu beweisen, dass er aus Louisenhof stammte. 1901 sei er nach Bromberg in Westpreußen umgezogen und habe dort kontinuierlich acht Jahre gelebt. Eine Erklärung, deren Richtigkeit die Bromberger Behörden bestätigten. Herr Hoff habe seinen Unterhalt dort »auf Zigeunerart durch Musizieren in Kneipen verdient«.[16] Die Polizei war dennoch nicht bereit, Waidemanns Forderung zu erfüllen – es liege ja auf der Hand, dass die Bewohner einen ~~Zigeuner~~ nicht in ihre Wohnung lassen wollten.[17] Ab Ende des Jahres 1911 observierte die Polizei meine Familie. Hoff arbeite als Musiker, so fanden die Beamten 1912 heraus, immer allein unterwegs, mit der Harfe von Schank- zu Schanklokal in Pankow.

1912 war das Jahr, in dem die Berliner Polizei Sinti und Roma verbot, in Gruppen durch die Vororte Charlottenburg, Schöneberg, Neukölln, Wilmersdorf und Stralau zu reisen.[18] Aufgrund dieser Maßnahmen durften Sinti und Roma nun nur noch als einzelne Familie auf Reisen gehen; Familienoberhaupte, die gegen diese Direktive verstießen und »in Horden« unterwegs waren, und sei es, dass nur zwei Familien gemeinsam reisten, wurden bis zu zwei Wochen inhaftiert.[19] Sinti und Roma waren vom Recht auf Freizügigkeit ausgeschlossen.

Wilhelm Hoffs Lebensverhältnisse seien bescheiden, die Wohnung aber sauber, außerdem gingen seine Kinder zur Schule, urteilten die Polizisten des 88. Reviers. Zunächst war er in der Pappelallee 43 gemeldet gewesen, in der drei Jahre vor ihm das Sinti-Ehepaar Weiss gelebt hatte. Doch der Verwalter kündigte ihm am 15. September 1911, als er festzustellen meinte, dass Hoff ein Sinto sei. Waidemann zog ein paar Häuser weiter in die Pappelallee 77.[20] Die Beamten des 97. Berliner Polizeireviers vermerkten in ihren Akten, dass der Verwalter der Pappelallee 43, ein gewisser Herr Hoffmann, keinen weiteren Grund zur Auflösung des Mietverhältnisses gehabt habe, als dass ihm »lediglich der Zigeunerverkehr« nicht gepasst habe.[21] Ein Jahr nach Beginn der Polizeiuntersuchungen stellte der Amtsvorsteher von Pankow fest, dass mein Urururgroßvater den für das Jahr 1912 aufs Neue beantragten Wandergewerbeschein abgelehnt hätte, weil darin noch immer »Inhaber inländischer ~~Zigeuner~~« vermerkt sei.[22]

Mein Vorfahre wehrte sich gegen die behördliche Stigmatisierung und Diskriminierung – schon damals begann er den Kampf, den ich heute weiterführe. Diese Dokumente, die ich

2023 erstmals sehen werde, 111 Jahre später, berühren mich sehr. Haben sie doch so unmittelbar mit meinem späteren Leben als Bürgerrechtsaktivist und Politiker zu tun.

Vom 20. Februar 1912 an lebte Waidemann also mit seinen Kindern, meiner Urgroßmutter Frieda und ihren beiden Geschwistern Ella und Hugo, in Berlin-Pankow in der Kaiser-Friedrich-Straße 70, in einem großen Wohnhaus mit Hinterhof. Auf den diversen Fotos, die ich aus dem Nachlass von Waidemann habe, sehe ich einen bürgerlichen Mann von Format, stattlich und kräftig. Mit seinen 1,90 Metern Körpergröße war er noch der zierlichste der Hoffs, die mit ihren zwei Metern bei uns eben »Pommersche Riesen« genannt wurden. Er trug stets Anzug, Krawatte und feine Schuhe und legte großen Wert auf seinen Bart; mal trug er einen gepflegten Moustache, oft auch einen Spitzbart, den er je nach Laune in einen Vollbart übergehen ließ.

Waidemann war durch und durch Musiker, er sang und spielte mehrere Instrumente – ganz besonders glänzte er an der Harfe. Auf einem Bild, vermutlich aus den frühen 1930er-Jahren, steht er in einem sehr modischen Streifenanzug neben seiner Konzertharfe. Er trägt einen Siegelring und schaut fast gebrochen in die Kamera. Warum war er so traurig? Die Musik war seine ganze Leidenschaft, und er hatte sie sich zum Beruf gemacht. Waidemann war zugleich ein recht erfolgreicher Amateurringer im griechisch-römischen Stil, was seine stämmige Statur aus früheren Jahren erklärt. In der hoffschen Wohnung in der Kaiser-Friedrich-Straße 70 wurde immerzu musiziert. Frieda erzählte oft, dass es dort ein Klavier, eine Harfe und andere Instrumente gab.

Waidemanns Ehefrau, meine Ururgroßmutter, war »die kluge Klare«. Sie war viele Jahre älter als ihr Mann, doch wann sie geboren wurde und wo, wissen wir nicht mehr. Sie starb jedenfalls in Uckerland noch vor dem Umzug nach Berlin. ›Klare‹ war ihr traditioneller Name, eigentlich hieß sie Berta Afra, geborene Roes. Sie war eine hübsche Frau mit einem zarten Gesicht, das im Kontrast zu ihren großen, kräftigen Händen stand. Davon zeugt ein einziges Foto, das von ihr erhalten ist. Klares erster Ehemann war ein Oskar Holz aus Stralsund. Der als ›Otto‹ gerufene Sinto soll über die Maßen geizig gewesen sein, weshalb die selbstbewusste Klare ihn recht früh verließ. Bis heute gibt es in unserer Familie das geflügelte Wort »geiziger Otto Holz«, wenn sich jemand knauserig benimmt. Klare musste ihre drei Kinder aus dieser Ehe zurücklassen, denn der Geizhals gab sie nicht her. Mit Waidemann bekam meine Ururgroßmutter drei weitere Kinder, die alte Mami Frieda, Ella und Hugo. Frieda hat mir einmal erzählt, dass eines ihrer Halbgeschwister, Gertrud ›Meitel‹ Holz, gelegentlich zu Besuch kam, und sie gestand, dass sie auf die ältere Schwester aus der ersten Ehe ihrer Mutter etwas eifersüchtig war.

Meine Ururgroßmutter Klare hatte enormes Wissen und war eine erfolgreiche Geschäftsfrau. In Brandenburg handelte sie mit Handarbeiten und baute sich einen bemerkenswerten Kundenstamm auf, der bis nach Berlin reichte. Sie verkaufte überwiegend gehäkelte oder geklöppelte Tischdecken in Übergröße. »Das war seinerzeit etwas ganz Besonderes, gerade die Herrschaften in den feinen Wohnvierteln der Hauptstadt waren auf diese Tischdecken ganz scharf«, erinnerte sich Frieda. Ihre Mutter handelte mit Spitzen, Kräutern und Tees und hatte stets Weisheiten auf Lager, die sie ihren dankbaren Kund:innen mit auf den Weg gab. Während Waidemann musizierte, war die emanzipierte Klare mit ihrer Ware buchstäblich auf Achse. Das wird nicht einfach gewesen sein, weil die Behörden beharrlich daran arbeiteten, die »Zigeunerplage« zu bekämpfen und die herkömmlichen Einkommensquellen von Sinti und Roma mit Verboten und Einschränkungen zu zerstören. Die Schikanen trafen besonders diejenigen, die aufgrund ihrer Berufe mobil bleiben mussten und viel unterwegs waren.

Leider ist nicht überliefert, wie Klare mit den wachsenden Einschränkungen durch die Behörden und die Polizei zurechtkam. Ihren Haushalt delegierte sie in ihrer Abwesenheit jedenfalls an ihre Töchter Frieda und Ella. Tatsächlich konnte die kluge Klare wohl kaum kochen, sie verstand sich nur aufs Geldverdienen! Und aufs Musizieren. Wenn sie zu Hause war, saß sie am liebsten auf dem Sofa und spielte Gitarre. Dazu rauchte sie ihre Pfeife. Frieda hat erzählt, dass ihre Mama sie oft zum Metzger um die Ecke schickte, um Fleisch einzukaufen und daraus ein gutes Gericht zu kochen. Ich bin mir sicher, dass die alte Mami deshalb eine so vorzügliche Köchin geworden ist, weil sie schon damals anstelle ihrer Mutter den Haushalt führen musste. Von der hat sie neben der Musikalität auch das Textilgeschäft erlernt, und aus diesem Grund war Frieda später selbstständig erfolgreich als Händlerin unterwegs. Frieda konnte sehr gut lesen und schreiben, denn Bildung war im Hause Hoff großgeschrieben.

Wirtschaftlich passten Sinti und Roma sich, wie alle anderen auch, den Veränderungen der Zeit an. Zwar gingen sie, wo immer es noch möglich war, ihren traditionellen Berufen nach. Doch sie erschlossen sich auch neue Berufszweige wie etwa im damals brandneuen Filmgewerbe.[23] Die traditionelleren Beschäftigungen waren meist solche, die sie zu verschiedenen Jahreszeiten und Orten flexibel ausüben konnten: Sie verdienten ihr Geld als selbstständige Händler:innen, Musiker:innen, Schleifer:innen, Korbflechter:innen und Kesselflicker:innen, als Instrumentenhändler:innen oder Artist:innen. Viele Sinti sowie auch Juden handelten mit Pferden und waren vor allem als Berufsmusikant:innen tätig. Einige der üblichen Handwerkszweige starben durch die Veränderungen der Zeit allmählich aus, so war auch mit Pferden bald kein Geld mehr zu machen, denn sie wurden zunehmend durch Autos und Maschinen ersetzt. Es war um die Jahrhundertwende bis in die 1960er-Jahre durchaus üblich, dass die Frauen die Hauptverdienerinnen der Sinti-Familie waren.

Die Klare soll ein echter Charakter mit viel natürlicher Autorität gewesen sein, das erzählte die alte Mami immer wieder. Sie gab dem Metzger gelegentlich Geld mit der Anweisung, wenn andere Sintitsas bei ihm einkauften, solle er ihnen Extraportionen Fleisch zustecken, ohne zu erwähnen, wer dafür gezahlt habe. Wenn die Frau Hoff Pfeife quarzend auf seinen Laden zuging, das begriff der Metzger, war sie gerade wieder von einer erfolgreichen Geschäftsreise zurückgekehrt und spendabel gestimmt. Um Klares Ehe mit Waidemann war es jedoch nicht besonders gut bestellt. Ich nehme an, dass das daran lag, weil sie stark getrennte Leben führten und der Altersunterschied so groß war. Das Paar lebte sehr gleichberechtigt, und natürlich gab es auch öfter unterschiedliche Ansichten, weil sie beide sehr selbstbewusst waren. Einmal soll ein Musikstudent an ihrer Haustür geklingelt und um Unterstützung für sein Studium gebeten haben. Waidemann öffnete ihm die Tür. »Da ist einer, der will Geld«, rief er seiner Frau auf Romanes zu, damit der junge Mann ihn nicht verstehen könne. Er gab ihm eine Münze und war im Begriff, ihn wegzuschicken. »Moment!«, schallte es aus dem Wohnzimmer zurück, Klare kam hervor und gab dem Studenten ostentativ einen Geldschein. Das tat sie angeblich nur, um ihren Mann zu triezen, davon war Frieda, meine alte Mami, fest überzeugt. Keine Frage, ihre Mutter demonstrierte damit ihre Unabhängigkeit und ihren Status als Gutverdienerin.

Dass Klare großzügig war, scheint mir auf der Hand zu liegen. Sie ließ sich jedenfalls nicht die Butter vom Brot nehmen. Waidemann war aber nicht minder willensstark. Dazu gehört eine weitere überlieferte Geschichte, die bei uns erzählt wurde. Waidemann saß einmal mit einigen anderen Männern im Wirtshaus, und sie sprachen über sehr ernste Themen. Es muss wohl eine innenpolitische Diskussion gewesen sein, die sehr hitzig wurde. Mein Ururgroßvater regte sich dermaßen auf, dass er mit der Faust fürchterlich auf den Tisch schlug – und der brach zusammen. Mein Papo war körperlich sehr stark.

Nach Klares Tod nahm Waidemanns Tochter Frieda den Platz ihrer Mutter ein, schon sehr früh trug sie viel Verantwortung. Obwohl sie physisch und seelisch belastet gewesen sein muss, hatte die alte Mami eine beachtliche Resilienz, denn sie brach unter den Lasten nie zusammen. Es ist erstaunlich, wie positiv sie zum Leben eingestellt blieb, obwohl es sie später mit schweren Verlusten und noch mehr Kummer peinigen würde.

Friedas Schwester Ella, das jüngste der drei Hoff-Kinder, war eine Schönheit. Sie hatte pechschwarze Haare und eine herausragende Stimme, und sie begleitete sich selbst virtuos auf dem Klavier. Ella erkrankte an schwarzen Blattern, einer gefährlicheren und aggressiveren Form der Pocken. Ihr Gesicht war fortan von Narben schwer gezeichnet. Vielleicht hat sie deshalb nie geheiratet, sie blieb bis zu ihrem Tod allein und kinderlos in Berlin. Ihr Bruder Hugo war ein Brocken von Kerl. Er war kolossal kräftig und wurde später ein noch erfolgreicherer Amateurringer als sein Vater Waidemann, der ihm diese Disziplin nahegebracht hatte. Das Ringen war seinerzeit ebenso wie der Boxkampf höchst populär. Zu den ganz großen Boxern zählte der Niedersachse Johann Trollmann, der schon als Kind mit dem Boxen begonnen hatte. In den 1920er-Jahren kämpfte er sich zur Deutschen Meisterschaft der Amateurboxer hoch. Trollmann mit dem traditionellen Namen ›Rukeli‹, was auf Romanes »Bäumchen« bedeutet, war ein Sinto. Wegen seines unkonventionellen Boxstils, mit dem er angeblich als Erster eine Technik anwendete, für die später Cassius Clay, besser bekannt unter dem Namen Muhammad Ali, berühmt werden sollte, wurde er in der Presse als »tänzelnder Zigeuner« mit einem »undeutschen« Kampfstil, ja, wegen »zigeunerhaften Flitzens« verhöhnt. Trotz Rukelis großer Erfolge und seiner Beliebtheit beim Publikum sperrte ihn der Deutsche Boxverband 1929 für die Teilnahme an den Olympischen Spielen in Amsterdam, weil er Sinto war.[24] Auch Waidemann und Hugo waren von Rukelis Boxkunst begeistert und nahmen an seinem späteren schrecklichen Schicksal Anteil. Letztendlich war es auch ihres.

Doch noch kamen die Hoffs gut zurecht. Auf Fotos hat Hugos Blick etwas Lässiges, leicht Schläfriges. Er handelte mit Pferden und hatte im Umgang mit ihnen eine entspannte und zugleich bestimmende Art. Zu den vielen lustigen Anekdoten in meiner Familie gehören Hugos Reisen im Einspänner, die sich jedes Mal zu einer Herausforderung gestalteten. Denn beim Einsteigen in die Kutsche riss Hugo wegen seiner enormen Statur manchmal beinahe Tür und Rahmen heraus. Und wenn er endlich drinnen war und neben seinem Tate Waidemann Platz genommen hatte, »sah es so aus, als verliere das arme Pferd den Boden unter den Füßen«, sagte Frieda und lachte jedes Mal schallend, wenn sie uns von ihrem Bruder erzählte.

Sie war mittlerweile aus ihrem Nachmittagsschlaf erwacht und putzmunter. Meine Mami Ursula öffnete ein Fenster, warme Sommerluft strömte herein. Draußen knatterte der Rasenmäher, er spuckte und rotzte, fiel aus und wurde wieder angeschmissen. Es war zwar Sonntag, aber in der Nachbarschaft nahm man es mit den Ruhezeiten nicht so genau.

Meiner Familie Hoff ging es in Berlin auch deshalb gut, weil sie zur wohlhabenden Schicht der damals rund 30 000 im Deutschen Reich, der Ostmark und dem Sudetenland lebenden Sinti und Roma zählten. Doch auch sie stand unter Dauerbeobachtung. In der Frühen Neuzeit hielt man unsere Menschen für Teufel und Dämonen, für Gottlose; das war der religiöse Antiziganismus. Im 15. Jahrhundert hieß es, wir seien Spione der Türken, Feinde der christlichen Welt – obwohl wir Sinti und auch die meisten Roma keine Muslime, sondern Christen waren. Dazu kam das Feindbild der »notorischen Diebe und Kinderräuber als sozialer Antiziganismus und der romantische Antiziganismus (Neid auf das angeblich lustige ›Zigeunerleben‹)«, so der Historiker Wolfgang Wippermann.[25] Seit dem 19. Jahrhundert herrschte eine »kriminalbiologische Tradition«, die auf dem Glauben beruhte, bestimmte Menschen, darunter auch Sinti und Roma, seien aufgrund ihrer Herkunft und Eigenschaften geborene Verbrecher.[26]

Nicht nur in Deutschland, auch in Österreich und Frankreich wurde unsere Minderheit polizeilich erfasst und nachrichtendienstlich überwacht. Von denen, die wegen ihres Gewerbes fuhren, wurden zahlreiche ungewöhnliche Dokumente verlangt, dazu zählten unter anderem spezifische Reisepapiere, Gesundheitszeugnisse oder Wandergewerbescheine. Diese Maßnahmen sorgten systematisch dafür, Sinti und Roma zu kriminalisieren, ihnen das Leben möglichst schwer zu machen und sie als potenziell gefährliche Außenseiter zu stigmatisieren.[27] Das hatte bereits eine lange Tradition, die bis ins Mittelalter zurückreicht.[28] 1842 legte das preußische Staatsangehörigkeitsrecht die nationale Zugehörigkeit durch die biologische Abstammung eines Menschen und nicht etwa seinen Geburtsort fest. Wer nicht zur selben Blutlinie gehörte, galt auch nicht als vollwertiger Bürger. Diese völkische Definition von Abstammung wurde 1871 im Reichsrecht festgeschrieben und mündete im Reichs- und Staatsangehörigkeitsgesetz von 1913. Wer die passenden Nachweise nicht erbringen konnte, wurde kurzerhand für staatenlos erklärt.[29] Im *Handbuch für den praktischen Kriminaldienst* von 1922 wurden Sinti und Roma »sittliche Eigenschaften« zugeschrieben, die als verbrechertypisch erklärt wurden. Ihnen wurden alle nur denkbaren schlechten Eigenschaften angedichtet, eine Projektionsfläche für alle Charakterschwächen. Sehr träge seien sie, »genußsüchtig, und eitel, sinnlich, schamlos, sehr rachsüchtig, grausam«; und dessen nicht genug, angeblich »sehr feige, äußerst verlogen, trotz schwach entwickelten Verstandes stets ihren Vorteil suchend, sehr listig, untertänig, mit äußerst entwickeltem Sinn, sich überall sehr rasch und verlässlich zurechtzufinden«.[30] Laut dem italienischen Gerichtsmediziner Cesare Lombroso seien Sinti und Roma »das lebende Beispiel einer ganzen Rasse von Verbrechern«.[31]

Ungeachtet dessen blieben Hugo und Waidemann Wilhelm Hoff Patrioten. Es war für sie keine Frage, dass sie im Ersten Weltkrieg als deutsche Soldaten an der Flak dienten. Zu Weihnachten und anderen Anlässen schickte Waidemann Postkarten und Fotos von seiner Kompanie nach Hause. Diese Aufnahmen geben mir viel Aufschluss über die damalige Zeit, sie sind sehr anschaulich. Es ist ein Schatz, sie in den Händen zu halten und meine Vorfahren darauf zu sehen. Ich erkenne, wie die Soldaten mit Pferden und Hunden unterwegs waren. Zu Ostern ließ Waidemanns Truppe eigens ein Foto für die Angehörigen machen, am Rande des Bildes hält ein Soldat ein selbst gemaltes Schild mit der Aufschrift »Fröhliche Ostern«. Mittig thronen die Kameraden, die tatsächlich echte weiße Hasen auf dem Arm halten! Ein großer schwarzer Hund sitzt bei Fuß neben einem der stehenden Soldaten. Vor den Männern fressen zwei junge Schweine aus einem Trog. Dahinter ein Zweispänner mit Pferden, und darauf hockt mein Ururgroßvater Waidemann. Es ist ein sorgfältig komponiertes Bild, das die Männer von der Front zu ihren Liebsten schickten.

Waidemann hatte eindeutig einen hohen Rang in seiner Kompanie, denn er ist auf allen Abbildungen im Vordergrund oder prominent im Hintergrund zu sehen und macht den Eindruck einer Führungspersönlichkeit. Ein anderes Foto zeigt die Truppe von 32 Männern an einem sehr langen Biertisch mitten in der Landschaft. Die Männer erheben ihre Biergläser und prosten dem Fotografen zu. Hinter ihnen spielt Waidemann auf der Geige und blickt direkt in die Kamera. Und dann ist da noch ein Porträt des stolzen Soldaten: Waidemann zünftig im Militärmantel, den Revolver im Holster am Gürtel, die Handschuhe in einer Hand und den Helm des Deutschen Kaiserreichs auf dem Kopf.

Mein Ururgroßvater hatte seine Geige im Ersten Weltkrieg immer dabei und spielte den Kameraden vor, häufig musizierten sie gemeinsam, um sich von den Grauen des Krieges abzulenken. Einer brachte sein Akkordeon mit, da kam musikalisch ordentlich was zustande. Auf allen Fotos, die unsere Familie bereits über hundert Jahre aufbewahrt, strahlt mein Ururgroßvater fast Zufriedenheit aus, als fühle er sich in der Truppe gut aufgehoben. Hier wirkt er nicht so, als sei er wegen seiner Herkunft diskriminiert worden. Kein Vergleich zu den späteren Bildern aus der NS-Zeit, auf denen er äußerst sorgenvoll blickt.

1917 schrieb Waidemann an seine Tochter Frieda aus Schwalbach-Griesborn nahe der französischen Grenze nach Berlin, weil sie vorgeschlagen hatte, ihn an der Front zu besuchen: »Das unterlass, du! Denn es ist eine weite Reise, die hältst du gar nicht aus. Es hat auch keinen Zweck, weil ich aus der Stellung nicht hinausdarf. Ich verbiete dir das damit«, antwortete er harsch. Seine Handschrift ist ordentlich und hat etwas Bestimmendes. So Gott wolle, werde er wieder nach Hause kommen, tröstete er sie und fügte hinzu, von ihrem Bruder Hugo habe er leider keine Nachricht. Sein Sohn diente in einer anderen Kompanie.

Der Krieg sollte noch ein Jahr dauern, Waidemann mit einer tiefen Schussverletzung am Rücken Ende November 1918 schließlich nach Berlin heimkehren. Auch Hugo überlebte, die Hoffs waren wieder vereint. Für Frieda war es eine große Erleichterung, dass die Männer der Familie endlich wieder in Berlin waren.

Ruhe sollte indes nicht einkehren, denn in der nun folgenden Um- und Aufbruchszeit ging es im ganzen Land hoch her. Die Novemberrevolution von 1918 mündete zwar in der Gründung der Weimarer Republik, aber ihr Anfang war von Gewalt geprägt: Zu wenige Akteur:innen waren in die Neugründung eingebunden, zu viele blieben schier verzweifelt auf der Suche nach einer anderen, für sie besseren Form, sich gesellschaftlich neu zu organisieren. Auf der linken wie der rechten Seite des Spektrums war die Gewaltbereitschaft hoch, und es kam zu häufigen Straßenschlachten zwischen verfeindeten Gruppen. Sogar politische Morde erschienen als gerechtfertigt, was 1919 zur Ermordung von Rosa Luxemburg und Karl Liebknecht führte – das heizte die Gewaltspirale weiter an. Im ersten Jahr der Weimarer Republik wurden in vielen großen Städten Räte eingesetzt und Räterepubliken proklamiert, die allerdings allesamt keinen Bestand hatten. Schließlich sollte, nur 14 Jahre später, die neu entstandene Demokratie in einer weiteren, diesmal faschistischen »Revolution« gleichsam getilgt werden, mit unheilvollen Folgen.

Die neue Republik brachte zahlreiche Veränderungen mit sich, unter anderem waren Frauen nun wenigstens ansatzweise demokratisch repräsentiert und erlangten neue Selbstständigkeit, die am althergebrachten Geschlechterverständnis und -verhältnis rüttelte. Ende 1920 trat das Groß-Berlin-Gesetz in Kraft – es wurden die umliegenden Städte, Landgemeinden und Gutsbezirke der Hauptstadt eingegliedert. Berlin avancierte damit zur drittgrößten Metropole der Welt, nach New York und London. Die Stadt hatte mit vier Millionen nun doppelt so viele Einwohner wie zuvor. Und meine Familie Hoff gehörte dazu.

Die schon während des Ersten Weltkriegs entstandene und durch die Kriegsfolgen schnell steigende Geldentwertung machte den Menschen nun zu schaffen. Zwar versuchte Reichsfinanzminister Matthias Erzberger der Entwicklung mit Steuerreformen entgegenzuwirken, jedoch musste der Staat ständig neue Kredite aufnehmen, um die Haushaltslöcher zu stopfen. Die Geldmenge wuchs, weil Unternehmen Sachwerte auf Kredit kauften und diese später mit dem entwerteten Geld tilgten. Ab 1921 verfiel die Mark rasant, nicht zuletzt auch getrieben von den anstehenden Reparationsforderungen. »Jedermann begann, sein Geld, aber auch zinsgünstig aufgenommene Kredite, immer schneller bis fluchtartig in Sachwerte anzulegen; damit stieg die Umschlagshäufigkeit.«[32] 1922/1923 glitt das Land in eine Hyperinflation. Die Verlierer:innen waren nicht nur die Inhaber:innen von Kriegsanleihen, sondern insbesondere auch Lohn- und Gehaltsempfänger:innen. Die Ernährungslage wurde immer dramatischer, Hunger, Armut und Arbeitslosigkeit führten zur sozialen Verelendung. Krankheiten breiteten sich aus, darunter vor allem Tuberkulose und Rachitis. »Es war ein Jahr, in dem die Geldentwertung schwindelerregende Ausmaße annahm, in dem faktisch ein Ausnahmezustand in Permanenz herrschte, das politische System dem Kollaps nahe war, rechte und linke Extremisten zum Sturm auf die Republik ansetzten und separatistische Bewegungen den Bestand des Reiches bedrohten. Hinzu kam massiver Druck von außen ... Schon Zeitgenossen erschien es fast wie ein Wunder, dass die erste deutsche Demokratie diese existentielle Gefährdung überlebte«, fasst der Historiker Volker Ullrich das Jahr in seinem Buch *Deutschland 1923* zusammen.[33]

Mir ist nicht bekannt, wie meine Verwandten diese Zeit bewältigten, doch sie überlebten sie. Eines Tages kam mein Urgroßonkel Hugo mit einem Baby nach Hause, seinem Sohn Werner. Dessen Mutter war eine Frau aus der Mehrheitsgesellschaft, eine Gadji (Romanes für eine Nicht-Sintitsa) namens Ani, vermutlich Anita Andrick. Frieda sagte dazu: »Ich war erbost und auf meinen Bruder länger nicht gut zu sprechen. Was, wenn die Nachbarn es für mein Kind hielten und sich den Mund zerrissen?« Sie regte sich damals furchtbar auf, weil sie noch ledig war und Sorge um ihren Ruf hatte, schließlich gab es schon genug Tratsch und Gerüchte über uns Sinti. Ein Riesentheater war das im Hause Hoff! Werner, den alle Atzo nannten, blieb aber natürlich bei uns in der Kaiser-Friedrich-Straße und wuchs zunächst bei meiner Familie auf. Hugo und Ani heirateten schließlich auf traditionelle Art, also nicht standesamtlich, sondern nur durch ihre eigenen Vereinbarungen miteinander und mit dem Segen der Eltern. Unter den Sinti war diese Form der Eheschließung der ordentlichen, der rechtlich abgesicherten Form des Zusammenlebens in der Bedeutung gleichgestellt.

Sie zogen mit dem kleinen Werner Atzo in ihre eigene Wohnung. Hugo blieb in Berlin, bis er dort Anfang der 1960er-Jahre starb. Atzo wurde der Lieblingscousin meiner Großmutter Mami Ursula, und sie schickte ihm bis zu seinem Tod kurz vor dem Mauerfall regelmäßig Pakete nach Ost-Berlin.

Am Ende des Ersten Weltkriegs war meine Urgroßmutter Frieda bereits 26 Jahre alt und noch immer nicht verheiratet, was zu damaliger Zeit eher ungewöhnlich war. Mitunter frage ich mich, ob sie durch den frühen Tod ihrer Mutter etwas zu lange an ihren Vater gebunden war. Als selbstbewusste junge Frau, der nicht viele Männer das Wasser reichen konnten, war sie wählerisch. Schon lange hatte sie auf Julius Max Pohl ein Auge geworfen, der aber liiert war und schon Kinder aus anderen Beziehungen hatte. Trotzdem wurde er später mein Urgroßvater. Er kam am 20. Februar 1891 in Wolfenbüttel bei Braunschweig in einer Zirkusfamilie zur Welt und wuchs in Schlesien auf. Weil sein Vater starb, als er noch ein Säugling war, lebte er bei seinem Bruder, der den Zirkus übernahm und ihn zum Artisten ausbildete. Seine Mutter Albertine Pohl, eine geborene Großhans, kam 1920 bei einem schweren Unfall ums Leben. Sie verschüttete beim Kochen versehentlich Spiritus, der sich entzündete. Sie wurde in Klingenberg am Main in einer Gruft beigesetzt, auf der ihr Geburtsjahr 1847 vermerkt ist. Auf dem Grabstein steht ein Spruch aus Goethes Gedicht »Mignon«:

> *Kennst du das Land, wo die Zitronen blühn,*
> *Im dunkeln Laub die Goldorangen glühn, ...*
> *Dahin! Dahin*
> *Geht unser Weg; o Vater, laß uns ziehn!*

Meine Ururgroßmutter hinterließ neun Kinder. Ihr Sohn Julius, dessen traditioneller Name ›Weißkopf‹ war – wir sagten auf Berlinerisch ›Weißkopp‹ –, war in geschäftlichen Dingen sehr tüchtig, in Liebesdingen jedoch wechselhaft. Er war ein attraktiver Mann mit heller Haut, fast blonden, gewellten Haaren, auf die vermutlich sein Spitzname zurückzuführen ist, und großen, auffällig runden Augen. Er verstand es, sich zu gegebenem Anlass in Schale zu werfen, und fiel mit seinem Charisma auf: Wen wundert es, dass meine alte Mami Frieda für ihn schwärmte. Ihre Erzählungen über Julius Weißkopp waren stets so lebhaft, dass ich ihn geradezu vor mir sehen kann. Er ging bereits als junger Mann nach Berlin. Möglicherweise hatte der 17-Jährige sich infolge der preußischen Anweisungen gegen die Sinti und Roma von 1906 in der Hauptstadt angesiedelt. 1908 war er als Musiker in der Bellermannstraße 73/43 gemeldet, 1909 zog er in die Steinstraße 5.[34] In der Hauptstadt ließ er sich zum Kinooperateur ausbilden und arbeitete fortan als Filmvorführer. Mit Fug und Recht kann man behaupten, dass er und Waidemann Wilhelm Hoff zu jenen geschätzt 1600 Berliner Sinti[35] gehörten, die schon Anfang des 20. Jahrhunderts zur Urbanisierung beitrugen, den multiethnischen Charakter der Stadt verstärkten und daran beteiligt waren, sie zu einer modernen Metropole zu gestalten.[36] Wie die US-amerikanische Historikerin für deutsche Geschichte, Eve Rosenhaft, feststellt, siedelten sich Sinti und Roma ab 1890 und vor allem nach 1900 zunehmend in Berlin an.[37]

So bindungsschwach Weißkopp gewesen sein mag, so entschlossen war er jedenfalls bei der hübschen, patenten Frieda Hoff. Er gab seiner Frieda am 22. März 1923 in Amsterdam das Ja-Wort. Sie war die einzige Frau, die er je standesamtlich heiratete. In die Ehe brachte er seinen Sohn ›Strampeli‹, 1913 als Walter Winter in Dresden geboren, mit. Frieda nahm den Zehnjährigen wie ihr eigenes Kind auf. Von Strampeli wird später noch die Rede sein, denn er spielte in unserer Familie in der Nachkriegszeit eine prägende Rolle.

Das frisch vermählte Paar zog zunächst zur Untermiete in die Pankower Mühlenstraße 41. Am 27. Dezember 1923 gebar meine Urgroßmutter dort im Alter von 31 Jahren ihr erstes

Kind: Ursula Dina – meine Großmutter. Frieda beharrte darauf, dass Weißkopp und sie sich am 10. Januar 1924 in der Evangelischen Hoffnungskirche von Pankow zusätzlich noch kirchlich trauen ließen. Dabei tauften die Eltern ihre Tochter gleich mit. Vermutlich war die in Holland geschlossene Ehe in Deutschland nicht anerkannt, denn Frieda und Julius ließen diese am 18. Juni 1924 in Berlin-Niederschönhausen ein weiteres Mal standesamtlich besiegeln. Die Dokumente, in Sütterlinschrift verfasst, besitzen wir noch. Nun hieß Friedas Erstgeborene mit Nachnamen nicht mehr Hoff, sondern Pohl wie ihr Vater: Ursula Pohl, meine geliebte Mami. Die kleine Familie zog bald zurück zu Waidemann in die Kaiser-Friedrich-Straße 70. Dort kam am 3. März 1925 meine Großtante Nana Angelika zur Welt und am 8. Februar 1926 mein Großonkel Joschi.

1922 war im Kino Alhambra in der Kurfürstenstraße der erste Tonfilm der Welt gelaufen, und neben den vielen anderen Schauplätzen für Unterhaltung und Vergnügen war auch das Kaffee Vaterland am Potsdamer Bahnhof ein starker Anziehungspunkt. Das überdimensional große Etablissement im Erdgeschoss des sechsstöckigen Gebäudes hieß zuvor Café Piccadilly und wurde 1914 aus Hurra-Patriotismus in Kaffee Vaterland umgetauft. Vermutlich hat Julius Weißkopp dort zum ersten Mal Georges Boulanger auf der Violine spielen gehört. Vielleicht war es auch das Försters, ein Restaurant in der Dunckerstraße am Prenzlauer Berg: Die russische Aristokratie speiste dort zu den Klängen des genialen Stehgeigers. Georges Boulanger war ein Rom aus Rumänien. Er war 1922 aus Russland in die aufstrebende Reichshauptstadt gekommen, nachdem er in Sankt Petersburg im legendären Café Chantant mit viel Erfolg die erste Geige gespielt hatte. Boulanger musizierte auf dem Instrument seines Mäzens Leopold von Auer, dem berühmten Geiger und Musikpädagogen, der ihn in Dresden ausgebildet hatte. In seinen Kompositionen schuf Boulanger aus Roma-Musik, Balkanklängen und dem Wiener Walzer eine ganz eigene moderne Unterhaltungsmusik. Er leitete bald ein Salon- und Jazz-Orchester und galt als bedeutendster Salon-Geiger zwischen den beiden Weltkriegen. Er war der »King of the Gypsy«. Zu seinen berühmtesten Stücken zählte ab 1927 »Avant de mourir«, das als »My Prayer« in den späten 1950er-Jahren in den USA zu einem großen Hit wurde. Weißkopp war fasziniert von ihm und nutzte jede Gelegenheit, sein Idol spielen zu hören, die beiden Männer freundeten sich an. Nach der Trennung von Frieda taufte Weißkopp einen späteren Sohn mit traditionellen Vornamen Boulanger – und der Taufpate war kein Geringerer als der Namensgeber Georges Boulanger selbst. Wirtsa, die Mutter des Neugeborenen, die neue Partnerin von Weißkopp, wurde später im KZ ermordet.

1926 wurde die Münchner »Zigeunerzentrale« in »Zigeunerpolizeistelle« umbenannt, wo die Beamten bereits die persönlichen Daten von 14 000 Personen erfasst hatten.[38] Bayern erließ das »Gesetz zur Bekämpfung von Zigeunern, Landfahrern und Arbeitsscheuen«, das polizeilicher Willkür gegen Sinti und Roma radikal Tür und Tor öffnete und bald zur Vorlage der Gesetze unter den Nationalsozialist:innen werden würde.[39] Ziel aller Maßnahmen im Deutschen Reich war die Zwangsansiedlung unserer Menschen und die Einschulung unserer Kinder, allen voran der besonders Armen. Was aussehen könnte wie eine Maßnahme zur Bekämpfung von Armut und Förderung von Bildung, diente praktisch jedoch der weiteren Ausgrenzung. Man betrachtete uns fortwährend als fremd, primitiv und kulturlos. Der Historiker Michael Zimmermann schrieb, dass die Politik der »Seßhaftmachung« in Wahrheit ein Synonym für Vertreibungspolitik war,[40] hinter der mit Ausnahme der SPD alle Parteien mit Nachdruck standen.[41] Und das, obwohl die Vorschriften gegen die »Zigeuner« oder »nach Zigeunerart umherziehenden Personen« gegen den Gleichheitsgrundsatz der Weimarer Verfassung verstießen.[42] Die Diskriminierung richtete sich einerseits gegen unsere Minderheit als Ethnie und andererseits gegen all jene, die als Fahrende unterwegs waren.[43] Zimmermann verweist jedoch auf den Widerspruch, dass die deutschen Gemeinden sich trotz dieser Politik massiv dagegen sträubten, Sinti und Roma bei sich anzusiedeln oder deren Kinder gleichberechtigt in ihren Schulen zu empfangen. Vielmehr wurden die Kinder von Fahrenden in den Schulen von Lehrer:innen und Mitschüler:innen außerordentlich schlecht behandelt und oft in gesonderten »Zigeunerklassen« fern der anderen Kinder unterrichtet. »Stigmatisierung und Konfrontation stärkten nur das Außenseiter- und Gruppenbewusstsein«, so Zimmermann.[44] Es war ein Teufelskreis, in dem die Minderheit der Sinti und Roma stets den Kürzeren zog, in dem Vorurteile und Klischees sich noch weiter verhärteten. Auch jetzt konnte meine Familie einen festen Wohnsitz nachweisen, somit waren sie zunächst nicht im Fokus der Polizei. Doch wie lebt es sich, allein der Herkunft wegen unter Pauschalverdacht zu stehen?

Weißkopp, mein Urgroßvater Julius Pohl, verdiente sein Geld unterdes erfolgreich als Stoffhändler und fahrender Kinobesitzer. 1927 bereits lieferte er mit seinem eigenen Wohnmobil Stoffe an seine Kunden aus. Dieses Wohnmobil, ein Transporter mit Aufbau, hatte er mit einem multifunktionalen Anhänger eigens für sich anfertigen lassen und war damit seiner Zeit voraus, denn motorbetriebene Wohnmobile kamen erst später in Mode. Im Anhänger befand sich der Filmprojektor, ferner eine Küche. Damit reiste mein Urgroßvater mit seiner Familie über die Dörfer im Umkreis von Berlin umher, oft war er aber allein auf Geschäftsreise und lagerte seine Stoffe dann im Anhänger. Das Wanderkino der Pohls war sehr beliebt. In Sälen und Wirtschaften zeigte Weißkopp Stummfilme, die er über seinen Projektor abspielte – Buster Keaton und Charlie Chaplin gehörten zum Programm.

Chaplin selbst stammte von Roma ab. Wie die meisten meiner Menschen sprach er jedoch aus Sorge vor Diskriminierung eher nicht darüber. In seiner Autobiografie eröffnet er, dass eines der Elternteile seiner Großmutter Roma gewesen war, »die Leiche im Keller der Familie«.[45] Doch zusätzlich hatte der großartige englische Komödiant, Schauspieler und Filmemacher auch väterlicherseits eine Roma-Herkunft.[46] Erst 15 Jahre nach Chaplins Tod (1977) erfuhren seine Kinder weitere Details, die nahelegen, dass ihr Vater mit ziemlicher Sicherheit in Black Patch, einer Wohnwagensiedlung von Sinti und Roma in Smethwick nahe der englischen Stadt Birmingham, geboren wurde.[47]

Bei den pohlschen Filmvorführungen saß Frieda an der Kasse und machte den Einlass. Damen, die aus ihrer Sicht nicht angemessen gekleidet waren – und bereits kurze Ärmel führten zu diesem Urteil –, forderte sie forsch auf, sich doch bitte schön dem Anlass gemäß etwas überzuziehen, ansonsten könne sie diese nicht zur Vorführung einlassen. Während Weißkopp den Stummfilm abspielte, musizierte Frieda, manchmal sogar auf der Bassgitarre. Das vierte und vorletzte Kind der Pohls, meine Großtante Bärbel Afra, kam 1927 zur Welt, 1928 schließlich Großtante Mabel Erika. Bärbels Geburtsort ist Fernneuendorf im Kreis Teltow (später Zossen), wie das Standesamt Sperenberg beurkundete, und Erikas ist in Kummersdorf/Storkow verzeichnet. Alle fünf Pohl-Kinder wurden nach und nach in

Pankow eingeschult, die Mädchen vermutlich um die Ecke in der Grundschule am Eschengraben und Joschi in der Thule-Grundschule, die 2005 gemeinsam zur Trelleborg-Schule wurden. Zusätzlich bekamen sie eine musikalische Ausbildung, Joschi etwa spielte schon ausgezeichnet das Akkordeon. Auf einem Foto strahlen die Kinder stolz in die Kamera; wie die Orgelpfeifen nach Größe aufgereiht, Schulranzen auf dem Rücken, solide Schuhe und Socken, die Mädchen Bubikopf-Frisuren, wie es die Mode der Zeit gebietet. Solche Fotos ihrer heranwachsenden Kinder versendete Frieda an die Verwandtschaft, denn sie legte Wert auf Konventionen samt dazugehöriger Rituale und war sichtlich stolz auf ihre Familie.

    Es gibt noch ein anderes Foto von Waidemann mit seiner Tochter Ella vor dem hypermodernen Wohnmobil. Frieda steht hinten abseits und wirkt etwas mürrisch. Ganz vorn positioniert ist Weißkopp in einem Arbeitsanzug, ein Mann, der Aura, Autorität und Tatkraft ausstrahlt. Daneben steht der jugendliche Strampeli in Anzug und Krawatte, den rechten Arm in die Hüfte gestemmt, den linken entspannt auf dem Kotflügel. Seine hellen Haare haben einen zauberhaften Wellenschwung, mit dem er für eine Werbung der Haarkosmetikfirma Schwarzkopf hätte posieren können. Das in Berlin-Tempelhof ansässige Unternehmen hatte just das erste flüssige Shampoo auf den Markt gebracht. Unterhalb der Erwachsenen sitzen auf dem Foto Friedas und Weißkopps Kinder. Die Kleinste, meine Großtante Erika, sitzt mit ihren gekrümmten O-Beinchen am Boden. Sie hatte die »englische Krankheit«, auch Rachitis genannt, die durch einen Vitamin-D-Mangel entsteht; eine der klassischen Erkrankungen dieser entbehrungsreichen Zeit. Erika war Friedas Sorgenkind, das vor allem in der NS-Zeit besonderen Schutzes bedurfte. Meine Mami Ursula lehnt stehend an ihrem sitzenden Papo Waidemann und lächelt verschmitzt. Dessen Uhrenkette schmückt den linken Teil seiner Weste, die er unter dem Sakko trägt. Für die Familie waren das trotz der äußeren Umstände glückliche Zeiten. Es war ungemein schwer, sich in dieser rauen und sich rasch wandelnden Gesellschaft zu behaupten. Gerade als Minderheit. Meine Vorfahren waren starke Persönlichkeiten, die solide wirtschafteten, hart arbeiteten und dafür sorgten, dass sie ihren Kindern Bildung und Können vermittelten. Frieda empfinde ich als Ehrenfrau, die den festen Rahmen für ihre Familie schuf. Auf die sich alle verlassen konnten, auch ihr Vater Waidemann und sogar später ich, ihr Urenkel.

Der Rasen war gemäht, der Motor aus. Vögel trillerten, trällerten, zwitscherten in unserem Garten, dass es eine Freude war, ihnen zuzuhören. In meiner Fantasie legte ich ihnen Worte in den Mund und versuchte, ihren Melodien Sinn zu geben. Es gibt in meiner Familie unendlich viele Lebenslinien aus der Vergangenheit, sodass es nie langweilig wurde, wenn wir zusammen waren. Irgendjemand erzählte immer etwas, die Geschichten rissen nicht ab. Erst nach und nach lernte ich, den gesamten Verlauf unserer Familiengeschichte zu ordnen und die vielen verschiedenen Fäden miteinander zu verbinden. Je älter ich wurde, umso öfter bat ich meine Großmutter und andere Verwandte, mir von damals zu berichten.

Frieda sprach nach ihrem Nachmittagsschlaf munter weiter, Ursula ergänzte durch eigene Erinnerungen. Tate war unterdessen wieder ins Haus gekommen und ruhte sich nach seiner Gartenarbeit mit einem Glas Wasser auf einem Sessel aus. Mein Bruder und ich tobten nach draußen und spielten noch Einkriegen, doch nach kurzer Zeit hatten wir keine Lust mehr und kehrten ins Haus zurück.

Nun begann der Aufbruch, ganz gemächlich. Meine alte Mami tuckerte in die Küche, vorsichtig setzte sie Schritt vor

Schritt. Als trage sie auf ihren schweren Beinen die ganze Last der Erinnerungen mit sich herum. Sie packte ihre Tasche, die auf der Küchenbank lag, und tauschte noch ein paar Worte mit ihrer Enkelin Mery, meiner Mutter. Meine Mama war indessen damit beschäftigt, das Abendbrot für uns Kinder vorzubereiten, morgen früh begann die neue Woche, die uns alle auf Trab halten würde.

Onkel Peter und Tate halfen der alten Mami ins Auto. Sie verabschiedete sich von uns, als sei es das letzte Mal: Abschiede haben bei uns immer einen Hauch von Drama, man weiß ja nie, wann man sich wiedersieht. Und es ist bei uns üblich, sich stets eine gute Reise zu wünschen, gleichgültig, wie kurz die Strecke ist. Die, die davonfahren, müssen unbedingt ihre Ankunft melden, damit alle beruhigt sein können. Onkel Peter war so lieb und fuhr seine Großmutter Frieda allein nach Hause zurück, damit Tate noch etwas Zeit für sich hatte, bevor er morgen wieder in sein Textilgeschäft gehen würde. Meine Eltern waren mit der Zeit gegangen und hatten ihren Handel auf Textilien und Bekleidung umgestellt. In ihrem Laden verkauften sie außerdem noch Lederwaren. Ich verstand schon allerhand davon – vielleicht würde ich später Kaufmann werden und das Geschäft übernehmen. Für mich ging es morgen wieder zur Schule, doch das verdrängte ich noch ein wenig. Ich setzte mich ans Klavier und spielte, bis Mama mich zum Abendbrot rief.

3

Aufspiel in den Ostseebädern
Familie Franz (1867–1927)

Tate hatte eine Truhe Modell Gelsenkirchener Barock angeschafft. In dem etwas wuchtigen Möbel, ein Imitat des altdeutschen Stils, brachte er die eigentliche neue Investition unter: ein Radio, einen Kassettenrekorder und einen Plattenspieler. Wir hatten jetzt eine Musikanlage, die sich sehen – und vor allem hören – lassen konnte. Wir Kinder lauschten gebannt dem »Rübezahl« und anderen Märchen. Meine Eltern legten die Schallplatten der gegenwärtigen Stars auf, darunter der aus Berlin stammende »Zaubergeiger« Helmut Zacharias, der italienische Sänger Fred Bongusto oder natürlich Dean Martin. Die Musik des legendären Mitbegründers des europäischen Jazz, Django Reinhardt, durfte selbstverständlich auch nicht fehlen. Reinhardt, der weltberühmte Gitarrist, war ein Sinto, der von den französischen Sinti, den Manush, abstammte und den Zweiten Weltkrieg allein wegen seines hohen Bekanntheitsgrads in Paris überlebte. Sein Cousin, der deutsche Geiger Franz ›Schnuckenack‹ Reinhardt, der Verfolgung durch die Nazis nur knapp entronnen, gehörte ebenfalls zu unserer Plattensammlung. Dass Schnuckenack dereinst mein musikalisches Vorbild werden würde, ahnte ich jedoch noch nicht.

Auf dem Klavier, das Tate gekauft hatte, erhielten Manolito und ich Unterricht. Vorgesehen war eigentlich, dass mein Bruder Klavier und ich Geige lernten, damit wir zusammen musizieren konnten. Tatsächlich lernte ich längst beides. Manolito sang zudem außerordentlich schön. »Buon Giorno, Signorina« von Bobby Solo war sein Ohrwurm – und meiner auch. Ich spielte bald die Stücke des Komponisten Paul Lincke, der als Vater der Berliner Operette und Gegenstück zum Wiener Johann Strauss gilt. Wenn ich Harmonien beherrschte, konnte ich in Wahrheit fast jedes Stück spielen, das begriff ich zügig. Zu den Stücken, die ich besonders schätzte, zählte »Smile«, der Soundtrack zu Charlie Chaplins Film *Modern Times*, eingespielt von Nat King Cole, der mich mein ganzes Leben begleiten würde.

Musik ist ein Bestandteil unseres Daseins, und schon zu diesem Zeitpunkt hatte ich eine Art Hochachtung davor, dass unsere Menschen zu jeder Gelegenheit musizieren und an jedem Ort improvisieren können. Dass sie es schaffen, sich zu amüsieren und lustig zu sein, als wäre das die völlig natürliche Kehrseite ihrer seit Generationen belasteten Existenz. Unsere Minderheit sticht musikalisch tatsächlich bis heute hervor. Das liegt allerdings nicht etwa daran, dass die Musikalität bei uns genetisch angelegt ist, sondern daran, dass viele von uns mit Musik bereits im Kindesalter vertraut gemacht und durch Übung zu guten Musiker:innen werden. Dass uns die Musik »im Blut liege«, drückt eine positive, romantisierende Form des Antiziganismus aus. Solange wir Romanes-sprachigen Menschen »traditionelle Musik« spielen, werden wir toleriert oder auf rassistische Art idealisiert. Doch auch diese Haltung schränkt unsere Freiheit ein. Sobald wir eine andere Musik vortragen als die, die man von uns erwartet, bringen wir die Landkarte des Gegenübers durcheinander. In den Opernhäusern wird *Carmen* aufgeführt, die antiziganistische Bilder transportiert, ohne dass zugleich über den Antiziganismus der Zeit, in der der Franzose Georges Bizet diese Oper komponierte, aufgeklärt wird. Dabei ist es so wichtig, die Menschen zu sensibilisieren und den Kontext zu erklären. Da dies viel zu selten geschieht, ist Antiziganismus selbst im Kunstbetrieb weiterhin stark verbreitet.

War damals bei uns zu Hause Musik zu hören, gab es oft Tränen. Als Kind dachte ich, das liege wohl an der Musik, wenn die Erwachsenen weinten. Ich verstand noch nicht, dass die Musik die tief vergrabene Trauer und so viele andere unterdrückte Gefühle an die Oberfläche brachte und bringt. Die Entbehrungen aus den schweren Zeiten kompensierten meine Angehörigen im Alltag zugleich mit kulinarischen Genüssen. Meine Familie fuhr jeden Samstag auf den Wochenmarkt in Kaiserslautern und kaufte dort neben Gemüse und anderen Köstlichkeiten frisch geschlachtete Hühner – welch Ärger war es, wenn wir zu spät kamen und alles ausverkauft war! Von den Hühnern kochten wir die leckersten Suppen, auf die saure Hühnersuppe war ich besonders erpicht. Hühnerfrikassee oder Grillhähnchen mit Petersilie und Knoblauch gehörten zu unseren Standardgerichten. Das Hühnerfett kam in eine blau gepunktete böhmische Tasse aus Keramik, dann ab damit in den Kühlschrank. Doch mein unübertroffenes Lieblingsessen blieb der Sauerbraten mit gefüllten Knödeln, Pflaumen und gerösteten Toastvierteln. Ihn servierte meine Mama Mery sonntags oft, den gibt es nur einmal auf Erden. Und zum Nachtisch gab es Rote Grütze, getränkt in Vanillesauce mit Sago. Das natürliche Verdickungsmittel aus dem Stamm der Echten Sagopalme kennt heute kaum noch jemand. Meine Mami Ursula mochte die Haut nicht, die sich beim Erkalten an der Oberfläche bildet, das erinnerte sie an Haut auf der Milch, vor der sie sich regelrecht ekelte. Sie schnitt zum Spaß gelegentlich Grimassen, voll übertrieben gespielter Abscheu, über die ich jedes Mal lachen musste. Die Haut der Sauce durfte im Übrigen dann ich essen.

Wir schmausten auch, wenn wir Kinder Sommerferien hatten. Meine Eltern schlossen dann ihren Laden, der sich im Keller unseres Spesbacher Hauses befand, wobei sie Ware mitnahmen, die sie direkt an ihre Kund:innen auslieferten. Wir nennen das »auf die Reise fahren«. Oft trafen sich unsere Verwandten und andere Sinti-Familien mit ihren Wohnwagen auf demselben Campingplatz an verschiedenen Stellen in Deutschland. Frankreich, Italien und Österreich gehörten aber ebenso zu unseren Reisezielen. Besonders gern fuhren wir zum Gasthof Zum Kreuz in Überlingen am Ried nahe dem Bodensee – eine Tradition, die ich bis in die 1990er-Jahre fortführen würde. Wir waren dort an Wasser und Strom angeschlossen. Der Gastwirt hatte kein Problem damit, weil wir sehr oft bei ihm zu Abend aßen und anschließend seine Kegelbahn benutzten. Tagsüber waren die meisten Sinti beruflich unterwegs, um ihre Handarbeiten oder Teppiche an die meist bereits wartenden Kund:innen zu verkaufen – es war ein Broterwerb, der wie viele andere Berufszweige durch den Internethandel bald aussterben würde. Sobald sie von der Arbeit zurückkamen, angelten die Männer im Rhein. Die gefangenen Aale wurden gekonnt vorbereitet, und die Köch:innen brieten sie knusprig in der Pfanne oder verarbeiteten sie zu Fischsuppe. Der herrliche Duft zog über den Platz hinweg und machte Appetit.

»Meo, an mange i Stammi, me kamab man beschell«, bat mich Mama Mery, »Meo, hole mir bitte einen Stuhl, ich will mich setzen«, wenn sie mit dem Kochen fertig war, und dann ruhte sie sich erst mal aus. Oft waren über 20 Wohnwagen am Ort, viele Familien mit ihren Kindern, das war für uns ein riesiger Spaß. Wir tobten um den uralten Nussbaum und die Wohnwagen herum, spielten Verstecken und waren sehr ausgelassen.

Manchmal fingen die Männer beim Angeln auch Flussbarben, so echte Kaventsmänner von mehreren Kilogramm. Die wollte aber keiner wirklich gern essen. Mein Cousin Orsini und ich inspizierten also frühmorgens, wenn die Erwachsenen noch schliefen, den Fang der letzten Nacht. Wenn eine Barbe dabei war, durften wir sie uns nehmen. Wir fädelten sie auf einem kräftigen Ast auf, gingen damit ins Dorf und klingelten an den Haustüren: »Wollen Sie einen Edelfisch kaufen?«, priesen wir die Barbe an. Oft hatten wir Glück, und jemand gab uns fünf oder sogar zehn D-Mark dafür. Davon kauften wir uns sofort Eis im Zum Kreuz oder Süßigkeiten im Krämerladen.

Die Sommerferien bleiben unvergesslich, weil sie so gesellig waren und die Wärme der Gemeinschaft guttat. Abends wurden Gruselgeschichten erzählt, und wenn wir Kinder im Bett lagen, lauschten wir den Gesprächen der Erwachsenen, bis wir einschliefen. Sie unterhielten sich angeregt, dabei vermischten sich Deutsch und Romanes zu einer Art eigener Sprache, die Worte flogen nur so durcheinander. »Sastepen, Prost, mein Lieber, nun erzähl doch mal ...«, und die Gläser klangen. Viele jüngere Sinti haben Romanes nie gelernt, weil ihre Angehörigen ausschließlich Deutsch sprachen und ihr Romanes nicht pflegten. Meine Eltern, vor allem aber meine Mami Ursula, legten großen Wert darauf, dass wir Kinder ein gutes Romanes beherrschten und es nicht mit deutschen Worten zu einem umgangssprachlichen Romanes vermischten. Wir sollten keine »Faulwörter« benutzen, die dann Apfel (»Pawi«) zu »Äpplo« oder Wagen (»Wurdin«) zu »Wago« verballhornten. Erst sehr viel später würde ich mich für den Erhalt unserer mündlich überlieferten Sprache interessieren.

Mittlerweile war auch meine Schwester Rebecca zur Welt gekommen, nun waren wir zu fünft, mit meiner Mami und Onkel

Peter im selben Haus zu siebt. Der Altersunterschied zwischen meiner Schwester und mir war so groß, dass wir einander nie so nahe waren. Eines Sonntags im Jahr 1978, ich war fast zwölf Jahre alt, kam mein Großonkel Hugo Franz aus Karlsruhe mal wieder zu Besuch. Hugo mit dem traditionellen Namen ›Moritz‹ ist einer der Onkel meines Vaters. Er spielte mir oft vor und vermittelte mir viele Feinheiten auf der Geige, das Instrument, mit dem ich mich besonders angefreundet hatte; Moritz brachte mich weit voran, und ich mochte ihn mit seiner beeindruckenden Aura furchtbar gern.

Plötzlich bemerkte ich, dass etwas Ungewöhnliches vor sich ging. Tate und Moritz hatten sich ins Wohnzimmer zurückgezogen und waren sehr ernst ins Gespräch vertieft. Mein Vater kam anschließend zu mir und forderte mich auf, ihn und meinen Papo zu begleiten. Wir stiegen ins Auto und fuhren zu einem der Löschteiche, an denen ich so gern angelte. Das Cello meines gerade verstorbenen Großonkels Karl ›Rankeli‹ hockte wie ein Passagier neben mir auf dem Rücksitz, daneben dessen Bögen. Ich stützte den Cellokoffer, damit das Instrument in den Kurven nicht umkippte und Schaden nahm. Wir hielten an einem Feld, das an einen der Teiche grenzte. Tate und Moritz hoben Rankelis italienisches Cello behutsam aus dem Auto und legten es auf den Boden. Ich traute meinen Augen nicht, als Tate nun mit einem schweren Hammer auf das außerordentlich wertvolle Instrument einschlug und es systematisch zertrümmerte! Papo Moritz stand mit vor Kummer erstarrtem Gesicht daneben und beobachtete das Geschehen. Es krachte und splitterte, mein Vater arbeitete konzentriert und schnell. Nun brach er auch noch die Bögen entzwei und machte ein Feuer. Dann warf er den Trümmerhaufen, all das, was das Leben des Karl Rankeli Franz ausgemacht hatte, in die Flammen. Mir war mulmig zumute, ich fühlte mich beklommen. Doch da war nichts zu machen. Nach Rankelis Tod sollte auch sein Instrument gehen. Obwohl ich inständig flehte – vielleicht hätte ja ich eines Tages darauf musizieren können! –, sagte Papo Moritz mit Bestimmtheit: »Niemand außer Rankeli soll es spielen.« Mein Großonkel Rankeli war, das war mir bewusst, ein hochbegabter Musiker und extrem sensibler und introvertierter Mensch gewesen. Ich hing auch an diesem Papo, als wäre er mein Großvater, er hatte mich musikalisch geprägt. Doch warum das feine Cello zerstören, anstatt es weiterzuvererben?

Wir warteten wortlos, bis das Feuer alles verschlungen hatte und nichts als ein Haufen Asche übrig blieb. Schweigend stiegen wir ins Auto und fuhren heim. Ich begriff damals nicht, was an diesem Tag wirklich geschah. Eines ist jedenfalls klar: Das hatte mit dem Schicksal der Familie meines Vaters zu tun, der Familie Franz. Rankeli rettete sein Cello über den Zweiten Weltkrieg hinweg, es hatte ihn auf der Flucht stets begleitet. Hier hatte gerade eine Art zweites Begräbnis stattgefunden.

Wie bei den Vorfahren meiner Mutter Mery lässt sich die familiäre Linie meines Tates Lasso Romeo Franz weit zurückverfolgen. Mein Urgroßvater Robert Franz, genannt ›der schöne Pilli‹ oder einfach ›Pilli‹, kam am 20. September 1867 in Ostpreußen im Kreis Goldap in einem Ort zur Welt, der sich Makunischken (Tokarewka) nannte, eine Gemeinde, die heute zu Russland gehört. Er heiratete die acht Jahre jüngere Bertha, eine geborene Franz, die vermutlich aus derselben Großfamilie stammte. Meine Urgroßmutter Bertha kam aus Rehden, einer westpreußischen Kleinstadt, die seit dem 14. Jahrhundert abwechselnd entweder deutsch oder polnisch war. Seit 1945 gehört Rehden zum Kulmerland (Ziemia chełmińska) in Polen und nennt sich seither Radzyń Chełmiński. In amtlichen Papieren wird Robert meist als Schausteller bezeichnet, doch vor allem war er Musiker, ein voll ausgebildeter Geiger, und ein staatlich geprüfter Filmvorführer. Er war ein schmaler, mittelgroßer Mann mit einem feinen Gesicht, das teilweise von einem gepflegten Knebelbart verdeckt war. Auf fast allen Fotos trägt er einen dunklen Anzug und darunter ein weißes Hemd. Seine Bertha war ebenfalls dezent und elegant gekleidet, eine Schönheit. Meine noch lebende Tante Celona Celina Blum, genannt ›Cilli‹, empfand ihre Großmutter »wie eine Gräfin«: gebildet, vornehm, traditionsbewusst.

Am 16. Oktober 1896 brachte meine alte Mami Bertha Franz im pommerschen Tuschkau (Tuszkowy), Landgemeinde Lippusch (Lipusz), mit 21 Jahren ihr erstes Kind zur Welt: meinen Großonkel Paul. Sie ließ ihn bereits fünf Tage später in der evangelischen Kirche Neu Paleschken (Nowe Polaszki) in Berent (Kościerzyna) taufen. Zwei Jahre später folgte ihr Sohn Albert und 1902 ihre erste Tochter Helene, für die sich ebenfalls ein Taufeintrag finden lässt. Paul bekam den Sinto-Namen ›Vinko‹, Albert wurde ›Schanno‹ gerufen, und Helene war die ›Patschka‹. Die Franzens ließen sich vier Jahre Zeit, dann wurden 1906 meine Großtante Maria (›Fitzela‹), 1908 Großonkel Hugo, genannt ›Moritz‹, und 1910 Emil (mit traditionellem Namen ›Chinko‹), der mein Großvater werden würde, geboren. Und schließlich gab es 1912 noch einen Nachzügler, meinen Papo Rankeli, mit amtlichem Namen Karl. Alle Kinder waren in Ost- oder Westpreußen geboren, allein Moritz in Schlesien, bevor die Familie sich in Bütow (Bytów) niederließ. Doch es gab noch eine weitere Tochter. Auf einem Foto steht sie Hand in Hand zwischen ihrem Vater und ihrem ältesten Bruder Vinko, der schon ein hochgewachsener junger Mann ist. Sie ist so winzig, dass sie die Tochter ihres Bruders sein könnte. Eine Halskette mit großen Perlen reicht ihr bis zum Bauch. Diese Großtante ist schon als Kleinkind an einer Lungenentzündung gestorben, keiner von uns weiß mehr, wie sie hieß. Tante Cilli erinnert sich gut, dass dieser Verlust ihre Großmutter stark getroffen hat und darüber nie wieder gesprochen wurde.

Am 22. Juli 1914 stellte das Königreich Preußen, Teil des Deutschen Reichs, meinem Papo einen Reisepass aus. Darin sind Bertha und seine sieben Kinder vermerkt. Sechs Tage später brach der Erste Weltkrieg aus. Der Krieg stellte meine Vorfahren vor neue Herausforderungen, da die Möglichkeiten zum Geldverdienen nun immer schlechter wurden. Livemusik war weniger gefragt. Auch der Pelzhandel, den Robert Pilli als Pelzspezialist in den Wintermonaten nebenher betrieb, lief schlechter. Meine Familie musste improvisieren, um zu überleben. Die Kinder meiner Urgroßeltern besuchten die Volksschule in Bütow. Robert bildete seine Söhne ferner musikalisch selbst aus, die zwei Ältesten, Paul Vinko und Albert Schanno, konnten später das Konservatorium in Danzig (Gdańsk) besuchen. Vinko lernte dort an der Geige, Schanno an der Harfe. In der Familie wurde viel gelesen und vorgelesen, darunter *Ein Kampf um Rom*, der populärhistorische Roman von Felix Dahn, und immerzu auch die Bibel, denn meine Angehörigen waren strenggläubige evangelische Christen.

1915 forderte mein Urgroßvater ein Führungsattest an. Während seines Aufenthalts in Schwerin von Oktober 1914 bis Mai 1915 sei über »den Schausteller Robert Franz ... Nachteiliges zu amtlicher Kenntnis nicht gelangt«, vermerkte die dort ansässige Polizeiverwaltung. Vermutlich sicherte mein Urgroßvater sich mit dieser Bestätigung gegen die allenthalben stattfindenden Kontrollen ab, um nicht schlecht behandelt zu werden. Es waren schwierige Zeiten, er schaffte es dennoch, sich und seine Familie durch musikalische Darbietungen sowie nun auch als Kammerjäger über Wasser zu halten. Ein Jahr nach Kriegsbeginn trafen sich einige Familienmitglieder zu einem geselligen Beisammensein in Schwerin an der Warthe (Skwierzyna). Davon zeugt eine Postkarte mit Foto, auf dem mein Großonkel Paul Vinko zu sehen ist; er hat sie wohl als Andenken aufgehoben.

1916 war die gesamte Familie Franz in die Kreisstadt Bütow in der gleichnamigen Stadt-und-Land-Gemeinde in Hinterpommern in eine Wohnung in der Schulstraße 1 gezogen. 1916 war ihr ältester Sohn Vinko 20 Jahre alt und wehrpflichtig, auch Albert Schanno wurde bald eingezogen. Auf einem eindrucksvollen Bild sitzt Vinko mit einem schmalen feinen Schnurrbart in großbürgerlichem Ambiente auf einem Stuhl und blickt sehr ernst direkt in die Kamera. Neben ihm steht sein Tate Robert im Wohnzimmer an einem Tisch mit geblümter Tischdecke und Blumenvase. Pilli wirkt wie ein englischer Lord, fein zur Jagd gekleidet, seinen Hut hat er auf dem Tisch abgelegt. Seine linke Hand mit Handschuh ruht auf einem Stock, über seinem Arm hängt ein leichter, heller Mantel. Dass mein Urgroßvater Jäger war, weiß ich, weil noch ein Jagdschein erhalten ist, den er sich 1924 vom Landrat in Bütow ausstellen ließ. Pilli entrichtete dafür eine Abgabe von 15 Goldmark und zusätzlich eine Verwaltungsgebühr von 10 Goldmark. Die rechte Hand hat mein Vorfahre in einer liebevollen Geste auf die Schulter seines Sohnes gelegt. Das Foto hat etwas Inniges. Handelte es sich hier um einen Heimaturlaub, oder war das, kurz bevor Paul im Dienste Deutschlands ins Feld zog? Mein Großonkel erlitt im Gefecht eine Verletzung, denn wenige Tage vor Silvester 1917 schrieb er seinen Eltern aus einem Krankenhaus im westpreußischen Landkreis Thorn (Toruń), das 1920 im Zuge des Versailler Vertrags Teil des neu gegründeten Polen wurde, es werde noch dauern, bis er entlassen werde. Auf einem dazugehörigen Gruppenfoto vor dem Weihnachtsbaum posiert Vinko, sitzend mit der Geige unterm Arm und mit dem Bogen in der Hand, mit anderen Patienten und zwei Krankenschwestern vor der

Kamera. Ein Patient hält ein Akkordeon, hier wurde offenbar auch viel musiziert.

Mit dem Musizieren ging es in der Nachkriegszeit erst so richtig los. Nach der Währungsreform 1923 wurde in der Öffentlichkeit bald überall musiziert und getanzt, in den Etablissements war Livemusik wieder gefragt. Allmählich strömten die US-amerikanischen Einflüsse ins Land: Jazz und Foxtrott und Charleston waren angesagt. Wer Geschäfte machen wollte, kam gar nicht darum herum, Musiker:innen zu engagieren, selbst beim Friseur wurde musiziert. Die Franz-Kinder besaßen wie ihre Eltern Charisma und Begabung. Mein Urgroßvater hatte sich schon länger seinen Lebenstraum erfüllt: Er hatte die »Kapelle Franzens« gegründet, eine eigene Kapelle mit Gesang, Cello, Schlagzeug, Geige und Klavier. Helene, Patschka, die Drittälteste, assistierte ihrem Vater, sie machte die Buchhaltung und regelte für ihn den Briefverkehr. Häufig traten sie an ihrem Wohnort in Bütow auf, insbesondere im Bütow-Hof, einem Lokal mit Kino. Sie galten als angesehene Bürger:innen, die Kapelle war sehr bekannt. In der Sommersaison spielte meine Familie in den Kurhäusern der Ostseebäder auf.

Seebäder als Ferienorte waren Ende des 19. Jahrhunderts stark in Mode gekommen und erlebten durch den Bau von Straßen und Eisenbahnschienen bald einen regelrechten Boom. Imposante Villen und Kurhäuser wurden gebaut, Casinos und Strandburgen entstanden. Schwimmen konnten viele Besucher:innen zwar nicht, sich öffentlich im Badeanzug zu zeigen, galt außerdem noch nicht als angemessen. Doch das sollte sich bald radikal ändern. 1920 war als letzter Schrei das Badetrikot auf den Markt gekommen, die Bademode entwickelte nun rasch einen farbigen und freizügigeren Stil, der immer mehr Haut sichtbar werden ließ. Die Tourist:innen lernten schwimmen, wanderten und genossen ihre Freizeit in der Natur.

Zu den beliebtesten deutschen Badeorten gehörte der Badeort Łeba an der pommerschen Ostseeküste im Kreis Lauenburg. In der zweiten Hälfte der 1920er-Jahre hatte der Ort 2500 Einwohner und jeweils an die tausend Kurgäste. An der Küste gab es einen breiten Sandstrand mit herrlichen Dünen, drum herum Seen und Wälder zum Lustwandeln. Außerdem wartete der pittoreske Ort mit heißen Entspannungsbädern im Badehaus auf, unter professioneller Badeaufsicht wohlgemerkt. Am Strand konnten die Urlauber:innen großzügige Strandkörbe mieten und die Umkleidekabinen benutzen. Eine Angestellte verkaufte die Eintrittskarten und sorgte dafür, dass der Strandbetrieb ordnungsgemäß ablief und die Gäste sich anständig benahmen. Hotels, Restaurants und Cafés rundeten das Angebot ab. Łeba wurde als »Badeort der Zukunft« beworben und zog die Wohlhabenden an, die mit einer Eisenbahnverbindung direkt dorthin reisen konnten. Der bedeutende Expressionist Max Pechstein entdeckte Łeba Anfang 1921 für sich und heiratete eine gebürtige Łebaerin. Eine besondere Attraktion für die Reichen war das Kurhaus Nitschke, gebaut im Stil eines Schlosses, später Burg Łeba genannt. Nach der schweren Sturmflut 1914 war es umgebaut und vor den Fluten abgesichert worden. Es lag unmittelbar am Strand und bot einen fantastischen Blick aufs Meer.

Auch hier gab es regelmäßig Kurkonzerte: Zum Tee sowie zum Abendessen spielten Salonorchester zum Tanz auf. Neben den angestellten Orchestern prägten viele freie Kapellen wie die meiner Familie das musikalische Bild der Zeit. Sogenannte ~~Zigeuner~~kapellen hatten ihren Ursprung bereits im 18. Jahrhundert in Ungarn – neben dem von den Kalé in Spanien entwickelten Flamenco oder der von Roma mitgegründeten russischen Chortradition.[1] Die Musik der Roma ging weit über die traditionelle Volksmusik hinaus, vielmehr spielte sie in der Klassik stets eine große Rolle und beeinflusste Komponisten wie Liszt, Bizet, Brahms oder Strauss. Schon im 19. Jahrhundert prägte der ungarische Komponist und Geiger, der Rom János Bihari, die klassische Musik. Und seit dem 20. Jahrhundert waren Sinti und Roma maßgeblich daran beteiligt, den Jazz mitzubeeinflussen, angefangen mit dem schon erwähnten Django Reinhardt.

Zu den besonders populären Kapellmeistern zählte nach dem Ersten Weltkrieg zum Beispiel der russisch-jüdische Geiger und Tanzkapellenleiter Dajos Béla, der mit Tanzmusik und leichter klassischer Musik begeisterte. Es existierten mittlerweile sogar Frauenkapellen, die als exotisch und besonders aufregend galten. Die erfolgreichsten Kapellmusiker:innen waren hoch dotiert, während die Gagen im Allgemeinen jedoch stark differierten und für die Musiker:innen oft enorme steuerliche und andere Abgaben fällig waren. Auch die Vergnügungssteuer, die die Gemeinden von den Veranstalter:innen und Gastwirt:innen erhoben, wirkte sich negativ auf die Honorare der Musiker:innen aus.[2]

Unter den freien Musiker:innen herrschte erwartungsgemäß ein starker Konkurrenzkampf um die begehrten Engagements; wer sich durchsetzen wollte, musste also einiges bieten. Klassische Musik wurde bald vom neuen Musikgeschmack verdrängt, klassisch ausgebildete Künstler:innen sahen sich deshalb häufig gezwungen, ihr Repertoire entsprechend der Nachfrage anzupassen. Die Weltwirtschaftskrise von 1929 und die folgende Inflation erschwerten das Leben aller Musiker:innen erheblich – am meisten litten jene aus gesellschaftlichen Minderheiten. Ihre Arbeitszeiten an den Spielorten wurden immer länger, ferner umgingen viele Veranstalter den tariflich festgelegten Stundenlohn durch Pauschalzahlungen. Sie ließen die Künstler:innen oft sogar Geld vom Publikum einsammeln, mit anderen Worten, sie mussten um ihre Gage regelrecht betteln.[3]

Die Musiker der Kapelle Franzens, meine Papos, unterstützt von meinen Großtanten, sparten sich im Sommer jedoch genug Geld an, um im Winter mit kleineren Engagements über die Runden zu kommen. In Łeba traten sie in der gesamten Sommersaison stets vor vollem Haus auf, sonntags zum Konzert, mittwochs zum Tanz. Eine Zeitzeugin erinnerte sich: »Ich weiß, daß die Kapelle Franzens damals sehr belieb war und daß ihre Konzerte immer gut besucht waren. Die Gebrüder Franz selbst waren als vermögend und freigiebig bekannt; sie waren auch stets gut gekleidet. Ich kann mich auch erinnern, daß sie Schmuckstücke (große Siegelringe) trugen ... Ich glaube auch, daß ihre Musikinstrumente wertvoll waren; denn soviel kann auch ich als Laie sagen, daß die Geigen z. Bsp. einen guten Klang hatten.«[4]

Verbürgt ist auch, dass die Franzens im Strandhotel Conrad Moeller auftraten. Es existieren sogar noch Fotos von meinen Ahnen aus den 1920er-Jahren in Łeba. Diese Bilder zeugen von großer Heiterkeit; die nun erwachsenen Kinder Franz wirken gelöst. Sie posieren mit Cousins und Musikerkolleg:innen und strotzen nur so vor Energie. Auf einem Bild stehen die Franz-Söhne in Hemd und Krawatte bei einer guten Brise, die ihnen das ordentlich gekämmte Haar zerzaust, an Land in einem kleinen Boot und halten zwei Paddel aufrecht. Hinter ihnen ragt imposant das Kurhaus Łeba in den Himmel. Berthas und Roberts Kinder sind attraktive Personen: klassische Gesichter, fesch gekleidet in weißen Blusen und weißen Hemden. Auf einer anderen Abbildung sitzt Paul Vinko in einem dunklen Trägerhemd am Strand und strahlt, ihm blitzt der Schalk aus den Augen. Junge Menschen in ihrem besten Alter, die die Aufbruchszeit der 1920er-Jahre an einem schönen Ferienort neben ihrer Arbeit offensichtlich genießen.

Meine Tante Cilli erinnert sich bis heute lebhaft, dass

Erzählungen über diese Sommer weit über ein Jahrzehnt an der Ostsee stets mit Glück verbunden waren. Mein Großonkel Albert Schanno brachte seine Harfe und sein Cello im Wohnwagen mit, die anderen Angehörigen hatten ihre eigenen liebevoll ausgestatteten Wohnwagen, in denen sie in den Badekurorten in den Sommermonaten wohnten. Von Nachbarn aus Bütow ist übermittelt, dass diese Wohnwagen besonders schön eingerichtet waren.[5] Auf diese Weise sparten die Franzens sich weitere teure Abstriche von ihren Gagen für die Unterkunft und hatten es zudem auch noch gemütlich. Emil, mein Großvater Chinko, war ein begnadeter Tenor. Er sang nach seinem Vorbild, dem bis heute unvergesslichen, faszinierenden italienischen Opernsänger Enrico Caruso. Chinko trug auch die »Mattinata« des italienischen Komponisten Ruggero Leoncavallo vor, die Luciano Pavarotti später sehr populär machen sollte. Mein späterer Großvater gab nicht zuletzt den in den 1920er-Jahren populären Schlager »Veronika, der Lenz ist da« zum Besten. Der Refrain »Die ganze Welt ist wie verhext / Veronika der Spargel wächst« war mutmaßlich Ausdruck der sexuellen Ausschweifungen in dieser Aufbruchszeit, raus aus der Prüderie der Kaiserzeit.

Die Franzens musizierten mit einer soliden klassischen Ausbildung, doch beugten auch sie sich den Wünschen ihres nach Veränderung lechzenden Publikums und spielten, was aktuell gefragt war. Die Kapelle meiner Vorfahren war so erfolgreich, dass sie 1927 sogar von der Enkelin des Automobilfabrikanten Adam Opel für ihre Hochzeit gebucht wurde. Tatsächlich soll ihnen das Publikum teils nachgereist sein, um sie spielen zu hören. Zu ihren Fans gehörte die seinerzeit führende Stummfilmschauspielerin Lil Dagover, die einen Narren an den Franzens gefressen hatte, oft zu ihren Darbietungen auftauchte und die hübschen jungen Männer anhimmelte. Mein Urgroßvater

Robert Pilli hatte stets auch seine Tonfilmanlage und den Kinovorführapparat in seinem eigens dafür ausgestatteten Wohnwagen dabei und zeigte dem Kurpublikum Stummfilme mit Konzertbegleitung, seinen Söhnen. Das Geschäft lief gut, die Familienangehörigen zahlten ihre Steuern an das Finanzamt Bütow. Mein Großonkel Hugo Moritz legte wie sein Tate die Prüfung zum amtlich geprüften Filmvorführer ab, am 5. Februar 1930 wurde dem stolzen 22-Jährigen der amtliche Ausweis ausgehändigt.

Die Zukunft lag vor meinen Großtanten und Papos, ihnen stand die Welt scheinbar noch offen. Doch gerade in den Nord- und Ostseebädern herrschten schon in der Weimarer Zeit ein unverhohlener Antisemitismus und eine Feindseligkeit gegen alle, die nicht als »deutschvölkisch« angesehen wurden. Der Antisemitismus in den Kurorten lässt vermuten, dass Antiziganismus hier ebenso zum Alltag gehört haben könnte. Jedoch – anders als bei den Juden – ist über die Lage der Sinti in den Ostseegebieten und im Speziellen über die freischaffenden Musiker nichts erforscht worden. Der Antisemitismus hatte hier laut dem Historiker Michael Wildt schon während der Weimarer Republik eine »verfassungsfeindliche Dimension, die er im übrigen Reich erst im Laufe der 30er-Jahre gewann«.[6] In den Kurbädern »wurde bereits in den Jahren der Weimarer Republik die Vertreibung der deutschen Juden geplant und in die Tat umgesetzt, die für das Deutsche Reich insgesamt erst mit der nationalsozialistischen Machtübernahme einsetzte«, so Wildt.[7]

Noch ausführlicher beschrieben hat diesen ungebremsten Bäder-Antisemitismus der Historiker Frank Bajohr in seinem Buch »*Unser Hotel ist judenfrei*«.[8] Die Ostseebäder konkurrierten regelrecht darum, welcher Ort am »judenfreisten« war. Das Kurhaus in Łeba gehörte zu jenen Orten, die sich sogar schon vor dem Ersten Weltkrieg deutlich antisemitisch positionierten und jüdische Gäste bald kategorisch ablehnten.⁹ Am Strand flatterte die schwarz-weiß-rote Flagge der nach der Revolution von 1918 untergegangenen Hohenzollernmonarchie, darunter das Banner der Wehrorganisation »Pommerntreue«. Diese Flagge war das Symbol der antirepublikanischen Gegner der Weimarer Republik, deren schwarz-rot-goldene Flagge sie gern als »Judenlappen« verhöhnten.¹⁰ Meine Familienangehörigen musizierten im Schatten des wachsenden Nationalismus, und noch ahnen sie nicht, welche Tragödie bald über sie hereinbrechen würde. Das Kurhaus Łeba sollte im Zweiten Weltkrieg einen ganz besonderen Gast empfangen: Reichswirtschaftsminister Hermann Göring – manche nannten das Kurhaus daraufhin »Villa Göring«.

Das ist alles scheinbar ewig her und doch für mich so präsent, als wäre es gestern gewesen. Je älter ich werde und begreife, was damals passiert ist, umso erschütterter bin ich. Ich wünschte, ich wüsste noch mehr über meine Familie Franz zwischen den beiden Weltkriegen, doch leider ist über die Zeit viel Wissen verloren gegangen. Als Kind streifte mich der üble Geist des Faschismus immer wieder und verdeutlichte mir, dass die Vergangenheit noch längst nicht vergangen war. Seit 1977 ging ich in die Hauptschule Ramstein-Miesenbach. Mein Freund Stefan kam in dieselbe Klasse, und wir fuhren gemeinsam mit dem Bus. Da er wegen seines Wohnorts zuerst einstieg, hielt er mir stets einen Platz frei, damit wir nebeneinandersitzen konnten. Meine Mitschüler:innen wohnten in verschiedenen Gemeinden, die meisten kannte ich nicht. Neben mir auf der Schulbank saß Özcan; er war gerade erst mit seinen Eltern aus der Türkei eingewandert und sprach kaum Deutsch. Sein Vater arbeitete bei Opel in Kaiserslautern. Özcan war sich in der Schule völlig selbst überlassen, die Lehrer kümmerte es nicht, dass er sich noch gar nicht ausdrücken konnte. Er lernte die neue Sprache trotzdem innerhalb kürzester Zeit. Özcan hatte schwarze Haare wie ich, seine waren dazu noch lockig. Wir wurden dicke Freunde und beide Fans der US-amerikanischen Polizeiserie *Starsky & Hutch*. Das sind diese Kerle, die mit den tollen rot-weißen De-Tomaso-»Amischlitten« herumfahren und komplizierte Fälle aufklären. Wir identifizierten uns stark mit den Hauptfiguren und spielten viele Szenen nach: Ich Starsky, er Hutch, das machte unglaublich Spaß.

Natürlich gab es auch an der Hauptschule Konflikte, doch ich lernte allmählich, mich zu wehren. Unsere Lehrer:innen griffen Streitereien oder Gemeinheiten selten konstruktiv auf, sie wiegelten ab, sagten: »Hört auf und geht zurück ins Klassenzimmer.« Wirkliche Schlichtungsversuche unternahmen sie nicht. Wir mussten das also alles mehr oder weniger untereinander ausmachen. Ganz schrecklich war es für mich, als Stefan mir eines Morgens im Bus eröffnete, er könne mir meinen Platz leider nicht mehr freihalten: »Wegen der anderen.« Mitschüler hatten ihm gesagt: »Schämst du dich nicht, einem ~~Zigeuner~~ einen Platz zu reservieren, auf dem einer von uns sitzen sollte?« Sie setzten meinen Freund so unter Druck, dass er nicht anders handeln konnte. Ich war ihm deshalb nicht böse, aber dieser Vorfall brannte sich in mein Hirn ein.

Genauso wie diese Geschichte mit den Namensschildern, die eines Tages plötzlich auf den Pulten einiger Schüler standen. Darauf waren nicht die Namen der Jungen zu lesen, sondern die von Nazigrößen wie Eichmann, Hitler oder Goebbels. Ich war schockiert, vor allem, weil keine:r der Lehrer:innen etwas sagte, als wäre das normal! Es wurde geschwiegen und darüber hinweggesehen. Tagelang standen die selbst gemalten Schilder wie eine Drohung sichtbar im Klassenzimmer herum, ohne dass etwas passierte. Nicht einmal, als zwei Schüler behaupteten, ihre Großväter seien bei der SS gewesen und das auch noch heroisierten, schritt jemand ein. Dabei sagten sie das ganz offen und stolz, und wohl alle bekamen es mit.

Durch meine Familie bin ich in dieser Hinsicht sensibilisiert. Außer mit meinen Verwandten, vor allem der Mami, konnte ich damals jedoch mit niemandem darüber sprechen. Solche Ereignisse führten mir immer wieder vor Augen, wie zerbrechlich alles ist – und wie widersprüchlich. Gerade für Widersprüchlichkeiten entwickelte ich feine Antennen. Eines Morgens, unsere Klassenlehrerin war noch nicht im Klassenraum, setzte ich mich im Musikunterricht ohne nachzudenken ans Klavier. »Hey, Romeo, das darfst du nicht«, maßregelten mich sogleich einige Mitschüler:innen altklug, »da darf keiner dran.« Doch ich hörte nicht auf sie und spielte auswendig mein Lieblingsstück von Beethoven vor. Weil plötzlich alles mucksmäuschenstill war, setzte ich noch eins drauf und gab die »Ballade pour Adeline« zum Besten, was gerade der Superhit von Richard Clayderman war. Auf einmal war ich ein Star, die Mädchen waren total begeistert und erzählten unserer Lehrerin: »Der Romeo, der kann richtig gut Klavier spielen!«

Plötzlich war ich anerkannt, der Rektor bat mich sogar, zur Verabschiedung einer Kollegin in der Aula zu spielen, und befreite mich dafür für eine Schulstunde vom Unterricht. Natürlich erledigte ich diese Aufgabe, und alle klatschten eifrig. Irgendetwas fühlte sich für mich jedoch falsch an: Als Musiker bekam ich Zuwendung, da erfüllte ich das Klischee der musikalischen Sinti und Roma, ja, in dieser Rolle war ich für meine Umgebung akzeptabel. Aber im Grunde blieb ich für die meisten stets »der Zigeuner«.

4

Pankow, Thulestraße 13

Familie Hoff-Pohl (1930–1938)

Der Papst, ich habe den Papst gesehen! Ich war zehn Jahre alt, als wir nach Rom reisten. Das Kirchenoberhaupt gab für die Sinti und Roma im Petersdom eine Audienz, denn viele von uns sind Katholiken und sehr fromm. Obwohl meine Familie evangelisch und nicht besonders gläubig ist, empfanden wir diese Fahrt als bedeutungsvoll. Wir fuhren mit unserem Wohnwagen Marke Tabbert von Spesbach nach Rom, dazwischen machten wir ein paar Tage Halt am Gardasee. In Rom fuhr Tate so lange durch einige Stadtteile, bis wir am Straßenrand ein selbst gemaltes Hinweisschild mit der Aufschrift »Sinti« fanden – damals war ohne Navigationsgeräte Orientierungssinn gefragt. Auf einer großen Wiese, die als Parkplatz diente, hatten bereits französische Manush mit ihren Wohnwagen Quartier genommen. Am Rande des Platzes entdeckten wir unsere Sinti, die Deutschen, und stellten uns zu ihnen. Am kommenden Tag besichtigten wir alle gemeinsam die Katakomben und andere Sehenswürdigkeiten. Wir Kinder aßen Eis, tollten in einem Park herum und genossen die Zeit miteinander. Die Mahlzeiten in den Trattorien und Pizzerien waren vorzüglich, angeregt beobachteten wir das geschäftige Leben der Römer.

Das große Ereignis fand in der Audienzhalle des Vatikans statt. Unsere Menschen saßen und standen auf den Bänken – welch eine Mischung von Europäer:innen da versammelt war! – und riefen begeistert: »Il Papa! Il Papa!« Es herrschte eine überwältigende Stimmung, deren Emotionen sich kaum einer entziehen konnte, und ja, der Weihrauch tat sein Übriges, es war ein sinnliches Erleben. Tatsächlich trat nun Papst Paul VI. auf, eindrucksvoll mit seiner Aura absoluter Autorität und dem Glanz der Würde. Gebannt verfolgte ich, wie er ganz in unserer Nähe sprach und dann die Rosenkränze und Marienfiguren der Gäste segnete. Mein Vater, daran erinnere ich mich gut, bekam eine silberne Münze in einem Etui überreicht – es war alles sehr aufregend. Tate war erwartungsgemäß berührt. Auch wenn der Papst nicht das Oberhaupt unserer Konfession war, nahm er uns alle gleichermaßen wahr und schenkte uns in diesem Augenblick einen Teil seiner Würde.

Begegnungen zwischen unseren Menschen und der Kirche waren seinerzeit noch recht neu. Elf Jahre zuvor, im Jahr 1965, hatte dieser Papst sich zum ersten Mal unserer Minderheit zugewandt. In einer Zeltstadt in Pomezia, außerhalb der italienischen Hauptstadt, gab er 3000 europäischen Sinti und Roma die Ehre. Das hatte neben dem religiösen Aspekt vor allem eine historisch-politische Dimension: Die Kirche hatte sich uns gegenüber nie mit Ruhm bekleckert, am wenigsten während des Faschismus. Deshalb schlossen sich viele unserer Menschen, von der Kirche enttäuscht, verschiedenen Freikirchen an. Papst Paul VI. versprach den Anwesenden damals Hilfe, gepaart jedoch mit der Ermahnung, ihre Kinder zur Schule zu schicken und sich anzupassen. Trotz dieser Geste, mit der er auf meine Menschen zuging, war seine Ansprache gespickt mit eklatanten antiziganistischen Klischees: »Gruß (sic) euch, die ihr euren kleinen Stamm, eure Karawane, als eure abgeschiedene und geheime Welt gewählt habt. Euch, die ihr die Welt misstrauisch beobachtet und von allen misstrauisch beobachtet werdet, euch, die ihr immer und überall Fremde sein wolltet, isoliert, fremd, ausgeschlossen aus jedem gesellschaftlichen Kreis, euch, die ihr seit Jahrhunderten auf dem Marsch seid und noch nicht wisst, wo ankommen und wo bleiben«, sagte er.[1] Seine Worte suggerierten, unsere Menschen seien an ihrem Schicksal selbst schuld: kein Wort über die jahrhundertelange Verfolgung und strukturelle Diskriminierung, kein Ton über die Vernichtung während der Zeit des Faschismus. Wusste er es wirklich nicht besser? Spätere Päpste übernahmen die stereotype Rhetorik von Paul VI. unhinterfragt.

Das Ereignis in Pomezia war allerdings zumindest ein Anfang, eine vorsichtige Annäherung und ein Schritt hin zu Veränderungen im Umgang mit unserer Minderheit. Unter den Gästen befand sich sogar Schnuckenack Reinhardt. Papst Paul VI. überreichte dem begnadeten Musiker eine Geige mit eingravierter Widmung für den »deutschen Zigeunerprimas«.[2] Reinhardt hatte im selben Jahr in Altenberg im Erzgebirge an einer großen Wallfahrt teilgenommen, mit der die Kölner Sinti auf ihre Situation aufmerksam machen und »wieder Vertrauen zur katholischen Kirche ... gewinnen wollten«, so die Historikerin Karola Fings. Viele Überlebende aus dem In- und Ausland waren angereist, sogar Django Reinhardts Bruder Josef Reinhardt. Er betrat anlässlich dieser Zusammenkunft erstmals wieder deutschen Boden.[3] Wallfahrten hatten deshalb auch einen Hauch von Trost und Heilung.

1955 setzte der römisch-katholische Pfarrer Arnold Fortuin in Illingen an der Saar auf Initiative des dort ansässigen Sinto Franz Lehmann die Wallfahrt zur Illinger Bergkapelle durch. Fortuin war den Nationalsozialist:innen durch seine kritische Haltung ein Dorn im Auge gewesen, hatte er doch 1932 eine Schule für Sinti gegründet und sich für ihre Belange eingesetzt. Damit handelte der Geistliche sich die Zwangsversetzung nach

Beuren im Hunsrück ein. Während des Zweiten Weltkriegs verhalf er vielen unserer Menschen zur Flucht nach Frankreich und rettete ihnen damit das Leben. Noch Jahre danach trat er in Wiedergutmachungsverfahren als Anwalt der Sinti auf; 1965 ernannte ihn die Deutsche Bischofskonferenz zum Seelsorger der deutschen Sinti und Roma. Es gibt nicht viele solcher Geschichten von Gadje, die sich in diesem Maße für unsere Minderheit einsetzten und dafür weitreichende persönliche Nachteile in Kauf nahmen. Vielleicht war Arnold Fortuin so engagiert, weil er viele Sinti gut kennengelernt und sich mit manchen angefreundet hatte? Seine Gläubigkeit gebot es ihm jedenfalls offensichtlich, uns als Menschen und nicht als Feindbilder zu betrachten.[4]

Der Widerstand am Ort war zunächst groß, als Fortuin und Lehmann die Illinger Wallfahrt etablierten, die Bürger:innen wollten die »Fremden« nicht. Allmählich setzte sich der Pilgerort jedoch als feste Größe durch. Das war vermutlich der Grund, warum viele Sinti-Familien in die Region zogen. In Illingen gibt es die Kerpenschule. 2022 erarbeiteten Sinti-Schüler:innen dort ein Schulabschlussprojekt zum Thema Fortuin.[5] Dieses kam auch deshalb zustande, weil der Schulleiter feststellte, dass einige von ihnen mit Rukeli, dem legendären Boxer Johann Trollmann, verwandt sind. Das Projekt wurde 2022 mit dem Margot-Friedländer-Preis ausgezeichnet.

Auch wir Franzens fuhren früher ab und zu nach Illingen, mit dem Auto war das von zu Hause keine weite Strecke. Dort trafen wir viele Sinti wieder, denen wir auf unseren Sommerreisen begegnet waren. Die Lehmanns organisierten die Wallfahrt weiter, und ich lernte sie als außerordentlich liebenswerte Menschen kennen. Bereits eine Woche vor der großen Prozession zur Kapelle wurde in der Festhalle musiziert, das hatte den Charakter eines Musikfestivals. Hier hörte ich zum ersten

Mal Künstler wie Titi Winterstein oder Alfred Lora von der Gruppe La Romanderie aus Dortmund, grandiose Musiker des Sinti-Swing und -Jazz, beides Söhne von Überlebenden der NS-Verfolgung, die viele Angehörige im Baro Marepen, dem NS-Völkermord, verloren hatten. Auch der Sinti-Jazzer und Geiger Wedeli Köhler trat zu seinen Glanzzeiten in Illingen auf. In den Pausen wurde mit Geigen und anderen Instrumenten gehandelt, es wurde geplaudert, gescherzt, geherzt, gegessen, getrunken und immer wieder gespielt. Der Hauptgrund nach Illingen zu pilgern, war für die meisten die Gelegenheit, sich untereinander auszutauschen, verbal ebenso wie musikalisch, und ein Gefühl des Miteinanders zu entwickeln. Das war in der Nachkriegszeit ganz besonders wichtig. Hatten die Verfolger und Kriegstreiber uns doch den Boden unter den Füßen weggezogen und uns in alle Himmelsrichtungen auseinandergetrieben, was uns der feindseligen Umgebung noch schutzloser aussetzte. Gemeinschaft wird da zum Überlebensfaktor.

Der wohl berühmteste Pilgerort für die Menschen mit Romanes-Hintergrund ist der französische Küstenort Saintes-Maries-de-la-Mer. »Schaut euch die wunderschönen Pferde an!«, rief Mama verzückt, als wir im Mai 1977 die Camargue erreichten. Tate hielt auf der Landstraße an und machte den Motor aus. Die Abwechslung kam Manolito und mir nach der langen Fahrt gerade recht; gespannt lehnten wir uns aus dem geöffneten Fenster. Wir sahen weiße Pferde auf einer Koppel, wunderschöne Tiere. Der Morgentau hatte ihre Konturen weich gezeichnet, sie wirkten wie Fabelwesen; ganz ruhig blickten sie uns an und wir zurück. Es waren Vögel zu hören, sonst nichts, es war ein magischer Moment. Als wir die Küstenstraße von Saintes-Maries-de-la-Mer an der südfranzösischen Mittelmeerküste erreichten, ging es mit dem Zauber gleich weiter:

allenthalben Wohnwagen und ein Lokal neben dem anderen, in jedem war laut Musik zu hören. Hier spielten Kalé Flamenco, im Café daneben boten Manush Variationen des französischen Musette-Walzers, ein Restaurant weiter erklang deutscher Sinti-Jazz, im nächsten war das Royal Tata Mirando Gypsy Orchestra aus den Niederlanden zu hören. Die Geschichte von Tata Mirando aka Josef Weiss und seinem Ensemble ist typisch für viele Sinti-Musiker: Vor dem Ersten Weltkrieg noch von der Großherzogin von Baden, Luise von Preußen, als königliches Hoforchester geehrt, wurden dessen Mitglieder von den Nationalsozialist:innen später mit Schimpf und Schande verfolgt. Tata Mirando steht heute unter der Leitung von Djangela Mirando, dem Enkel des Gründers, und ist dem holländischen Königshaus weiter verbunden.

Die Wallfahrt war ein regelrechtes Musikspektakel, das sich über viele Tage erstreckte, ein überraschendes, inspirierendes und meist sehr friedliches Miteinander. Wir waren alle sehr neugierig aufeinander, hörten uns gegenseitig beim Musizieren zu, tauschten uns auf Romanes aus, genossen das Meer und die Sonne. Neben vielen anderen Bekannten und entfernten Verwandten trafen wir auch auf Lippo, einen Sohn von Tates Onkel Bernhard Braun, dem Bruder meiner Großmutter Marie Franz.

Saintes-Maries-de-la-Mer ist ein berühmter Pilgerort, weil hier »Kali Sara«, der Schwarzen Sara, gehuldigt wird, die als Schutzpatronin der Reisenden gilt. Den Überlieferungen nach stammte die heilige Sara aus Ägypten oder Palästina; es heißt, sie sei die Dienerin von Maria Salome und Maria Jakobäa gewesen, die Mütter zweier Apostel, Zeuginnen der Auferstehung Jesu. Auf der Flucht vor den Römern soll die Kali Sara mit den beiden Jesu-Jüngerinnen ungefähr im Jahr 50 nach Christus vor der Küste gestrandet und gerettet worden sein. Die Frauen begannen von dort aus ihre Mission, Frankreich zu christianisieren. Seit Ende des 19. Jahrhunderts existiert der Brauch, Kali Sara immer am 24. Mai aus der Kirche zum Meer zu tragen und dort ihre Füße mit Wasser zu befeuchten. Die nur einen Meter hohe Holzstatue mit schwarzem Kopf wird mit farbenprächtigen Umhängen kunstvoll umhüllt. Anschließend tragen vier Männer sie auf den Schultern durch eine Menge von Tausenden Pilgern und Besuchern zum Strand. Die Gardians, Cowboys auf weißen Camargue-Pferden, bahnen den Trägern den Weg bis ins Wasser. »Vive Sainte Sara!«, rufen die Menschen, bis die Prozession wieder in der Kirche endet und die Feierlichkeiten weitergehen.

Es waren damals schon so viele Menschen am Ort, dass wir von der eigentlichen Zeremonie sehr wenig mitbekamen. Das tat der Sache allerdings keinen Abbruch, denn für uns stand die Begegnung mit anderen Romanes-sprachigen Menschen aus ganz Europa im Vordergrund. Mir ist erst sehr viel später deutlich geworden, dass ich hier nicht nur ein überwältigend schönes Festival erlebt hatte, sondern auch eine beeindruckende Vielfalt unserer Kulturen: Sinti und Roma verschiedener Länder brachten ihre Musik, ihre Sprache und Lebensarten mit und zelebrierten ihre Unterschiede – heterogen in einem großen Ganzen.

Zu jener Zeit wurde die Fête des Gitans immer populärer, folkloristischer, touristischer – und ein bedeutsamer lokaler Wirtschaftsfaktor. Monica Rüthers beschreibt, wie Saintes-Maries-de-la-Mer in den 1980er-Jahren zunehmend gentrifiziert wurde und die Wallfahrt einen kommerziellen Festivalcharakter bekam. Die Schweizer Historikerin weist auf eine paradoxe Situation hin, die verdeutlicht, wie Ausgrenzung und Rassismus im Alltag funktionieren: Die Camargue sei als »Gypsy« vermarktet worden, während die Sinti und Roma gleichzeitig vom Zentrum an den Rand des Geschehens gedrängt wurden.[6] Europa treffe an diesem Ort auf eine »Schwellenzone des exotischen Anderen«, so Rüthers. Sinti und Roma seien in der Gesellschaft nur als Künstler, Artisten oder Musiker akzeptiert; ergo nicht einfach als Menschen wie du und ich. Im Vergleich mit jüdischen Musikfestivals stellt sie fest, dass man Juden in diesem Zusammenhang »als andere Europäer, Sinti und Roma hingegen als nicht-europäische Andere« betrachte.[7] Beide Minderheiten indes würden auf ihren jeweiligen Festivals als exotische, marginale Personengruppen betrachtet: aus der Zeit gefallen, prä-modern, archaisch.[8]

Oft unternahmen wir diese Pilgerreisen nicht, denn ab und zu kollidierten die Termine mit unseren Schulzeiten. Meine Eltern achteten darauf, dass wir nur selten in der Schule fehlten. Waren wir Franzens auf Reisen, blieb die Ursel-Mami, meine Großmutter Ursula, meist zu Hause in Spesbach. Sie hatte mit ihrem Mitarbeiter, Onkel Peter, schließlich Stammkundschaft zu versorgen; ihr war es sehr wichtig, eigenständig und unabhängig zu bleiben und ihrer Familie nicht auf der Tasche zu liegen. Ich war jedes Mal tieftraurig, wenn ich mich von den beiden trennen musste. Als ich noch kleiner war, habe ich vor der Abfahrt in den Urlaub mitunter richtig Theater gemacht, so stark war mein Trennungsschmerz. Mami und Peter sind mit ihrer Tischdeckenware in mancher Saison bis nach Österreich und noch weiter gefahren. Wie habe ich mich gefreut, wenn sie uns an unseren Ferienorten besuchten und ein oder zwei Wochen zum Arbeiten geblieben sind. Ich durfte die beiden dabei gelegentlich begleiten. Während Mami ihre Kund:innen besuchte, blieb ich mit meinem allerliebsten Onkel Peter, der mich über das Taufbecken gehoben hatte, im Auto sitzen. Wir hörten Musik, tauschten uns über sie aus (»Latcho

Bashepen« – Romanes für »Gute Musik«) oder unterhielten uns. Ihm konnte ich viel anvertrauen, selbst wenn ich Kummer in der Schule hatte. Er nahm sich meiner liebevoll an. Ein sehr schweigsamer Mann war mein Onkel, selten verlor er viele Worte, wenig konnte ihn aus der Ruhe bringen. Mami dagegen erzählte dauernd über früher, sogar auf solchen Fahrten fiel ihr stets etwas ein, was sie uns vermittelte. Und doch wünschte ich heute, ich hätte meine Großmutter rechtzeitig systematisch interviewt, um noch mehr über unsere Familiengeschichte zu erfahren. So geht es den meisten von uns: Erst nach dem Tod der geliebten Menschen begreifen wir, dass wir sie noch viel mehr hätten befragen und von ihnen hätten lernen können. Aber eines ist sicher: Der bewusst oder unbewusst verinnerlichte Auftrag, nicht zu vergessen, bleibt.

Wie ging es mit meinem Ururgroßvater Waidemann Hoff, den Pohls und ihren Kindern in Berlin weiter? Sie waren wahrlich nicht die einzigen Sinti in der Stadt, die nicht anders lebten als die Bürger:innen aus der Mehrheitsgesellschaft. Die Historikerin Patricia Pientka stellt fest, dass die Wohnadressen von Sinti und Roma lange vor der Machtergreifung der Nationalsozialist:innen über das gesamte Stadtgebiet und die ländlichen Randbezirke verteilt waren. Sie arbeiteten in »heterogenen Betätigungsfeldern als Angestellte, Arbeiter und Arbeiterinnen sowie als Selbstständige. Unter den selbstständig Tätigen gab es Händler, Musiker und Schausteller.«[9] Berlin sei auch für neu zugereiste Sinti und Roma attraktiv gewesen, weil es »eine Vielfalt an Arbeitsplätzen (bot), einen guten Absatzmarkt für Händler sowie Verdienstmöglichkeiten für Künstler«.[10] Musiker verdienten in der Hauptstadt recht gut, denn »~~Zigeuner~~musik« war weiter gefragt; sie hatten oft sogar Engagements mit Verträgen, die immerhin bis zu einem Monat dauern konnten.¹¹ Für Waidemann, seinen Sohn Hugo sowie das Ehepaar Frieda und Julius Weißkopp Pohl bedeutete das, wirtschaftlich komfortabel zu leben.

Mit dem weiteren Aufstieg der Nationalsozialist:innen im Laufe der 1920er- und Anfang der 1930er-Jahre verschlimmerte sich jedoch die Lage für die Minderheiten von Jahr zu Jahr, Berlin wurde zu einem der Zentren der stetig wachsenden Verfolgung. Auf Parteitagen, begleitet von Aufmärschen und Ansprachen, demonstrierte die NSDAP Entschlossenheit und Macht. Die Faschist:innen richteten ihre Politik des Ausschlusses und der Verfolgung zunächst gegen deutsche Jüdinnen und Juden, sehr bald sollten ihre Maßnahmen Sinti und Roma genauso treffen.

Meine Vorfahren Pohl waren evangelisch, kirchlich getraut und ihre Kinder getauft. Deshalb kamen sie mit der »Zigeunermission« in Weißensee vermutlich nie in Kontakt. Seit 1910 arbeiteten hier »Zigeunermissionar:innen« in einem Wagen der Berliner Stadtmission, um die angeblich heidnischen Kinder der Sinti und Roma zu gläubigen Christ:innen umzuerziehen. Unter den evangelischen Missionar:innen war die Autorin Sophie Marianne Frieda Zeller-Plinzner sehr aktiv. Sie hielt von ihren Schützlingen nicht viel, bezeichnete sie als »Fremdlinge« und war der Ansicht, dass »Zigeunerkinder alle ein krankes Gewissen« hätten.¹² Eines ihrer »Erziehungsopfer« war Erna Lauenburger, die mit Sintitsa-Namen ›Unku‹ hieß. 1932 wurde Zeller-Plinzner die Patin der zwölfjährigen Unku und ließ sie im Missionswagen taufen. Doch das konnte das Mädchen vor den Nationalsozialist:innen nicht retten. Die Kinder- und Jugendbuchautorin Margarete Weiskopf lernte Unku als Kind kennen und veröffentlichte 1931 unter dem Pseudonym Alex Wedding deren Geschichte. In *Ede und Unku* geht es um die Freundschaft von Unku mit dem Gadjo-Jungen Ede im Berlin der 1920er-Jahre. 1933 verbrannten die Nationalsozialist:innen Weiskopfs Werk, die jüdisch-kommunistische Autorin floh über Prag und Paris nach New York und kehrte später in die DDR zurück. Dort wurde *Ede und Unku* neu aufgelegt und offizielle Schullektüre.

Meine Mami Ursula kam drei Jahre nach Unku zur Welt, 1923, die beiden hätten sich fast begegnen können. Doch da sie in unterschiedlichen gesellschaftlichen Verhältnissen aufwuchsen, kreuzten sich ihre Wege wohl nicht. Der Nachkomme einer der wenigen Überlebenden aus Unkus Familie ist Janko Stachlengro Lauenberger. Wegen der Schlamperei eines Beamten heißt er mit Nachnamen nicht wie seine Urgroßcousine Unku Lauenburger, sondern Lauenberger.[13] Anders als unsere Vorfahren haben Stachl und ich uns nicht nur kennengelernt, sondern sogar zusammen in einem Berliner Theater musiziert. Im Sommer 1936 wurde Erna Unku Lauenburger mit ihrer Familie von Dessau, wo sie mittlerweile lebte, in das Magdeburger Zwangslager am Holzweg verschleppt, bevor sie 1943 ins Konzentrationslager Auschwitz deportiert wurde. Dort wurde die lebhafte junge Frau, gerade 24 Jahre alt, mit ihren beiden Kindern zwischen dem 23. März und 15. April 1944 ermordet.

»Mein Tate war viel auf Reisen«, erzählte meine Großmutter auf einer der Arbeitstouren über ihren Vater Weißkopp. Ich bin mir nicht sicher, ob das eine rein sachliche Feststellung war oder ob darin ein leichter Vorwurf mitschwang. Mein Urgroßvater hatte sich 1931 oder 1932 einen eigenen Zirkus angeschafft und war damit in Deutschland auf Tournee. In Vorahnung dessen, was sich politisch zusammenbraute, trat er am 1. Mai 1933 der NSDAP bei, Mitgliedsnummer 3 460 477. Dies war gewiss nicht seiner Gesinnung zuzurechnen, sondern vielmehr seinem Bedürfnis, sich der Mehrheitsgesellschaft anzupassen und nicht aufzufallen. Möglicherweise meinte er auch, dass dieser Schritt ihm sein berufliches Fortkommen erleichtern könnte. Der Gau Baden schloss ihn allerdings wegen unbekannten Aufenthalts im Oktober 1934 gleich wieder aus der Partei aus.[14]

Die Tatsache, dass er beigetreten war, sollte ihm, der er bald ein Verfolgter sein würde, nach dem Krieg zum Schaden gereichen. Da Weißkopp schon früh die Gefahren der sich veränderten politischen Lage witterte, hatte er Frieda gedrängt, mit ihm und den Kindern in die USA auszuwandern, offenbar hatte er sich bereits um Dokumente für die Ausreise gekümmert. Meine alte Mami weigerte sich jedoch, sie brachte es wohl nicht übers Herz, ihren geliebten Vater und ihre Geschwister zurückzulassen. Die Ehe der beiden lief ganz offensichtlich nicht mehr gut. Erwiesen ist, dass Weißkopp ab 1933 getrennt von Frieda lebte und noch im selben Jahr in Breitengüßbach bei Bamberg eine Vierzimmerwohnung bezog.[15] Seine neue Partnerin und die Mutter seiner letzten beiden Kinder wurde Wirtsa Rose. Frieda sagte gegenüber den Entschädigungsbehörden nach dem Krieg aus, er habe sie und ihre Kinder dennoch weiter unterstützt.

»Mama Frieda schaffte es mit Papo Waidemanns Unterstützung, uns Kinder gut zu versorgen«, betonte meine Großmutter bis ins hohe Alter. Ihr Onkel, Friedas Bruder Hugo, handelte in Berlin-Weißensee weiter auf dem offiziellen Pferdemarkt; Sinti und Roma waren hier marktbeherrschend und genossen als Händler mit Sachverstand unter Gadje einen guten Ruf. Diese Einnahmequelle war nach der Machtergreifung indessen unmittelbar bedroht: Am 1. April 1933, ab dem Tag, an dem die Nationalsozialist:innen deutschlandweit jüdische Geschäfte, Warenhäuser, Ärzt:innen und Rechtsanwält:innen boykottierten, übernahm die Verwaltung von Weißensee den Pferdemarkt und schränkte dessen Fläche erheblich ein, offenbar mit dem Ziel, Sinti und Roma die Geschäftsbasis zu entziehen.[16] Hugo wich auf andere Märkte in Spandau und Charlottenburg oder auf die privaten Pferdemärkte in der Stadt und deren Randgebiete aus.

Meinem Urururgroßvater Waidemann Hoff fiel es als Musiker schwerer, Engagements zu finden; ob er weiterhin als Kammerjäger Geld verdiente, ist nicht bekannt. Frieda trug ebenfalls zum Familienerhalt bei, indem sie als Textilhändlerin unterwegs war. Dafür musste sie jährlich einen Wandergewerbeschein beantragen: Er wurde ihr einstweilen weiter bewilligt. Laut dem Finanzamt Pankow hatte sie ihre Steuern nachweislich stets korrekt und pünktlich bezahlt sowie ihre Umsatzsteuerhefte ordentlich geführt, es lag nichts Nachteiliges gegen sie vor, außerdem konnte sie einen festen Wohnsitz nachweisen.[17]

Meine alte Mami legte großen Wert darauf, dass ihre Kinder regelmäßig zur Schule gingen. Ein Foto zeigt Joschi im Februar 1934 mit seinen über 40 Mitschülern und seinem Lehrer im Klassenzimmer. Erwartungsgemäß entwickelte sich jedoch auch der Schulbesuch zu einer wachsenden Belastung, denn einerseits herrschte Schulpflicht, andererseits wurde die Atmosphäre in den Schulen wie in der übrigen Umgebung immer aggressiver und feindseliger. Friedas bereits schulpflichtige Kinder Ursula, Nana, Joschi und Bärbel wurden gewiss gehänselt und beschimpft, Joschi musste Prügel auf dem Schulhof einstecken. Die Kinder der Gadje durften nun oft nicht mehr mit ihnen spielen und schnitten sie, das hatten deren Eltern so bestimmt. So erging es den meisten Kindern aus den Minderheiten, Juden, Sinti oder Roma, unabhängig von ihrem sozialen Hintergrund. Kurzum, in Berlin wurde es für Waidemann, Frieda und ihre Kinder allmählich gefährlich.

Deutsche Juden hatten in der Weimarer Republik ein hohes Maß an Emanzipation, Teilhabe und Anerkennung erreicht. Doch 1935 erließ der Reichstag die »Nürnberger Gesetze«, mit denen dessen Vertreter:innen der seit 1871 gesetzlich verankerten gesellschaftlichen Gleichstellung der Juden ein Ende setzten.[18] Ab 1935 galt, dass nur noch Angehörige »deutschen und artverwandten Blutes« politische Rechte beanspruchen können sollten, gemeint waren damit zunächst nur die deutschen Juden. Für Sinti und Roma hatte die Gleichstellung in der Weimarer Republik formal zwar existiert, allerdings nur auf dem Papier und nicht in der Praxis. Am 3. Januar 1936 stellten die Nationalsozialist:innen sie Jüdinnen und Juden im Sinne der Diskriminierung gesetzlich gleich. Auf dem Wege der Durchführungsverordnung wurden die »Nürnberger Gesetze« auch auf sie angewandt. Sinti und Roma galten jetzt offiziell als »Artfremde«, sie waren auf gesetzlicher Grundlage zu Paria verurteilt. Eheschließungen und nichteheliche Beziehungen mit »Deutschblütigen« standen ebenso für Sinti und Roma fortan unter Strafe. Die Nationalsozialist:innen wollten Jüdinnen, Juden, Sinti und Roma beiseiteschaffen, in ihren Augen waren sie störende »Elemente« im deutschen »Volkskörper«.

In deutschen Großstädten entstanden seit 1935 allenthalben Zwangslager. Dorthin verschleppten die Nationalsozialist:innen nach und nach die angeblichen »Fremdlinge«. Die *Neue Tempelhofer Zeitung* kündigte schon am 8. August 1935 das »Ende der Zigeunerherrlichkeit« an, wie der Historiker Wolfgang Benz zu berichten weiß.[19] Die Olympischen Spiele von 1936 boten »nur den Anlass zur Umsetzung einer mindestens zwei Jahre geplanten räumlichen und sozialen Segregation und Isolation der als ›Zigeuner‹ betrachteten Hauptstadtbewohner und -bewohnerinnen«, so Patricia Pientka – die Vorbereitungen liefen also schon seit mindestens 1934.[20] Das Lager hatte keinerlei Rechtsgrundlage und »erfolgte auf Initiative kommunaler Behörden in Zusammenarbeit mit Dienststellen der NSDAP«, belegt Benz.[21] Als Folge dieser mangelnden Rechtsgrundlage, wegen rein formaler Gründe also, sind die meisten Sinti und Roma später nicht für »Freiheitsberaubung und Zwangsarbeit, Existenzverlust und Gesundheitsschaden« entschädigt worden.[22] Auf die Entschädigungsprozesse komme ich später noch zu sprechen.

Am 15. Juli 1936 bestimmte eine Polizeiverordnung, »Zigeuner und nach Zigeunerart umherziehende Personen« zu verhaften und ins Zwangslager Marzahn zu schaffen. Die Nationalsozialist:innen bezeichneten die dortige menschenunwürdige Unterbringung euphemistisch als »Rastplatz«. Die Berliner Polizei ergriff einen Tag nach der Verordnung allerdings nicht nur jene, die in Wohnwagen oder von der Wohlfahrt lebten, sondern sie nahm auch Sinti und Roma mit, die schon lang Mieter:innen von Wohnungen und ansässig waren. Man habe, laut Patricia Pientka, Berliner festgenommen, »die seit langer Zeit fest auf privaten Grundstücken lebten und ihren Verfolgern bekannt waren«.[23] Die Polizisten gingen vollkommen willkürlich vor: Sie transportierten all diejenigen in das Zwangslager, die sie für »zigeunertypisch« hielten – »entlang sozialer Kriterien wie Beruf, Wohnform, Anzahl der Kinder«.[24] Nach diversen Quellen waren ins Marzahner Lager schon zu Beginn über 600 Personen verschleppt worden. Dabei war die Ausgangslage für die, die mit ihren Wohnwagen nach Marzahn verschleppt worden waren – es waren anfangs etwa 130 – paradoxerweise günstiger als für die, die aus ihren Wohnungen geholt und dorthin gezwungen wurden. Denn Letztere mussten unter freiem Himmel oder unter den Wohnwagen der anderen schlafen.

Das Gelände grenzte an einen Friedhof und an ein oft grauenhaft stinkendes Rieselfeld. Mit der zwangsweisen Ansiedlung an solch einem Ort nötigten die Täter:innen Sinti und Roma laut Wolfgang Benz dazu, »gegen ihre Sittengesetze zu verstoßen«.[25] In der folgenden Zeit waren bis zu 1000 Menschen, manche Quellen sprechen von 1200 Menschen, im Lager konzentriert. Es gibt bislang noch immer keine abschließenden Schätzungen, wie viele der Berliner Sinti und Roma in das Lager geschafft wurden; es ist noch nicht einmal klar, wie hoch deren Gesamtzahl in Berlin überhaupt war.[26] Es gab lediglich zwei Wasserklosetts und drei Wasserstellen, die Menschen hatten große Mühe, ihre Vorstellungen von Sauberkeit umzusetzen. Manche schafften es dennoch, wie aus dem Ei gepellt auszusehen.[27] In der Anfangszeit durften die Bewohner:innen das Lager noch verlassen, arbeiten und in der Nachbarschaft einkaufen. Gleichwohl standen sie unter strenger Kontrolle und mussten bis spätestens 22:00 Uhr wieder zurück sein. Die Lebensumstände wurden unterdessen immer unerträglicher, bald wurden Sinti und Roma zur Zwangsarbeit missbraucht und schließlich in Konzentrationslager deportiert.

Ich möchte mir gar nicht vorstellen, was meine Vorfahren erlitten hätten, wären sie ebenfalls in Berlin-Marzahn zwangsinterniert worden. Vielleicht gehörten Waidemann und seine Nachkommen nicht zur ersten Welle der Erfassten, weil sie nicht in das polizeilich vorgegebene »Zigeuner-Bild« passten; wahrscheinlich war es jedoch reiner Zufall. Die Behörden verschleppten auch Menschen nach Marzahn, die das Lager in den ersten sechs Monaten laut Pientka wieder verlassen durften, »weil sich herausstellte, dass sie ›der Rasse nach‹ keine Sinti und Roma waren«.[28] Zum Zeitpunkt der Machtergreifung hatten die Nazis weder einen genauen Plan noch klare Kriterien, mit denen sie gegen die Minderheiten vorgingen. Das änderte sich rasch, in Kürze überschlugen sich die Ereignisse durch immer weitere Entwicklungen, mit denen die Faschist:innen den Druck erhöhten. Auch meine Angehörigen sollten nicht verschont bleiben.

Im November 1936 richtete das Reichsgesundheitsamt die »Rassenhygienische und bevölkerungsbiologische Forschungsstelle« (RHF) ein, die sich unter Leitung des Psychiaters und Rassentheoretikers Robert Ritter sogleich an die Arbeit machte. Die RHF war mitnichten ein unabhängiges wissenschaftliches Institut, vielmehr arbeitete sie eng mit der Polizei, insbesondere mit der »Reichszentrale zur Bekämpfung des Zigeunerunwesens« und anderen exekutiven Einrichtungen zusammen. Sinti und Roma wurden nun mit Unterstützung des Polizeiapparats klassifiziert. Das zog völlig grenzüberschreitende, teils gewaltsame körperliche Untersuchungen nach sich. Kinder, Frauen und Männer wurden »anthropologisch« vermessen. Pseudowissenschaftler:innen maßen ihre Körpergröße und die Größe ihrer Schädel, bestimmten ihre Haut- und Augenfarbe und ihre Blutgruppe, ordneten sie genealogisch und charakterlich ein, ja, durchleuchteten sogar ihre soziale Stellung und ihre Einkommensverhältnisse. Berlin-Marzahn bot sich als praktisches Übungsfeld für die rassistisch motivierten Studien an, die der Vorbereitung des Völkermords dienten. Es war nur noch eine Frage der Zeit, bis auch meine Familie ins Visier der Fahnder geriet.

1937 schlossen die Behörden die Pferdemärkte von Weißensee und Charlottenburg ganz, allein Spandau blieb noch offen. Wie mein Urgroßonkel Hugo seine Frau, sich und ihren Sohn Atzo anschließend versorgte, ist mir nicht bekannt. Begegnungsräume wie die Pferdemärkte, auf denen die Minderheiten und die Mehrheit der Bevölkerung fast symmetrisch interagiert hatten, wurden nun beseitigt. Auch die Betreiber:innen von Konzert- und Musikorten, an denen die Besucher:innen ihrem positiv besetzten »~~Zigeuner~~-Bild« frönen konnten, schlossen Sinti und Roma – ebenso wie Jüdinnen und Juden – immer häufiger aus.

Die systematische Absonderung unserer Minderheit leistete weiteren Feindbildern Vorschub, denn da, wo man sich persönlich nicht mehr begegnet, sind der Fantasie Tür und Tor geöffnet. Vorurteile und Hetze gegen andere wirken bekanntlich dort am besten, wo die Menschen gar nicht mehr persönlich in Kontakt miteinander kommen. Allerdings waren die Erfahrungswelten der Angehörigen der Mehrheitsgesellschaft und der Minderheit durch die jahrhundertelange Ausgrenzung wohl so weit voneinander entfernt, dass es keiner großen Überzeugungsarbeit bedurfte, um in der Gesellschaft den Hass gegen die Minderheit zu schüren. Der Schriftsteller, Forscher und Menschenrechtsaktivist Reimar Gilsenbach war der Erste, der – in der DDR – ab 1960 das Schicksal der Sinti und Roma in Berlin-Marzahn recherchierte. Treffend formulierte er 1988: »Der soziale Abstand, den die Bevölkerung gegenüber den ›Zigeunern‹ empfand und der sie wohl auch wirklich voneinander trennte, war größer als der zu irgendeiner anderen Minderheit. Die Vorurteile saßen tiefer, die Abneigung war verhärtet. Das Feindbild ›Zigeuner‹ war altüberliefert, die Nazis brauchten es nicht zu entwerfen, es war in der Masse der Deutschen stärker verinnerlicht als das Feindbild ›Jude‹.«[29] Bis heute ist der Antiziganismus eine uralte Form des Rassismus, der so tief sitzt, dass er meist kaum als solcher erkannt wird.

Während die Welt sich rundherum radikalisierte und die Minderheiten bereits massiv verfolgt wurden, verlief das Leben meiner Familie Pohl in Pankow noch einigermaßen erträglich. Die Kaiser-Friedrich-Straße 70, in der meine Angehörigen wohnten, wurde 1938 in Thulestraße 13 umbenannt. Noch waren Waidemann und seine Nachkommen hier scheinbar sicher. Im selben Haus hatte die 63-jährige Jüdin Dubianca Breitfeld ihre Wohnung. Ob sie wohl einen guten Kontakt zu ihr pflegten? Zeitzeugen haben immer wieder ausgesagt, dass man sich untereinander half; so etwa riefen Sinti und Roma lieber jüdische als nicht jüdische Ärzte, wenn es gesundheitliche Probleme gab.

Im Zuge der Zentralisierung durch die NS-Behörden zog die Münchner »Zigeunerzentrale« 1938 in die neu gegründete »Reichszentrale zur Bekämpfung des Zigeunerunwesens« nach Berlin um. Die Nationalsozialist:innen führten im Juni die ersten Deportationen vermeintlich »arbeitsscheuer«, »asozialer« Sinti und Roma durch. Dass die meisten der so Bezeichneten jedoch hart arbeiteten und weitgehend in die jeweiligen beruflichen und sozialen Milieus integriert waren, ist vielfach belegt. Die Fanatiker:innen verschleppten alsbald sogar Jugendliche aus dem Zwangslager Berlin-Marzahn ins KZ Sachsenhausen. Nur wenige der deportierten Männer wurden unter Auflagen wieder entlassen – ihre Angehörigen erkannten sie bei der Rückkehr zunächst gar nicht wieder, so zugerichtet waren die Männer: Zähne eingeschlagen, bis zur Taubheit verprügelt und abgemagert.[30]

Die Ereignisse von damals haben in den Verfolgten tiefe Spuren hinterlassen. Aus der Trauma-Forschung ist bekannt, dass Nachkommen die Erfahrungen ihrer Angehörigen oft in gewisser Form miterleiden, ohne dass sie die Verbrechen selbst erlebt haben. Traumata können sich epigenetisch vererben. Psychische Belastungen und Lebenserfahrungen der Eltern sowie die Umwelt beeinflussen dabei die Aktivität der

Gene und wirken sich auf die Seele und das Erbgut aus. Was Menschen angetan wird, hat Folgen über Generationen hinweg. Mami Ursula und meine alte Mami Frieda konnten manches verbal ausdrücken, und das half ihnen, das Geschehen teilweise zu verarbeiten.

Die posttraumatischen Folgen dessen, was meine Angehörigen im Zuge der Verfolgung erlebten, konnte ich damals noch nicht verstehen. Saß ich bei Mami, und sie erzählte mir von früher, war mir diese psychische Dimension noch nicht bewusst, und somit erkannte ich auch nicht die Schäden, die meine Großmutter davongetragen hatte. Ihr Redefluss, ihre Berichte, die vielen Worte vermochten das Leid dahinter meist gut zu verbergen. Doch es wurde auch viel geschwiegen, Onkel Peter war ein Beispiel dafür. Was nicht verarbeitet werden kann, weil es zu traumatisch ist oder wo die entsprechende professionelle Unterstützung fehlt, wird an die Kinder und Kindeskinder weitergegeben. Traumata ebenso wie Gewalterfahrungen wirken häufig destruktiv weiter, und es kommt oft vor, dass die Betroffenen sich selbst oder anderen schaden – psychisch oder sogar physisch.

1981 zogen wir Kinder mit meinen Eltern um nach Homburg im Saarland. Mami und Peter kamen selbstverständlich mit. Unsere unmittelbaren Spesbacher Nachbar:innen bedauerten unseren Wegzug, und auch wir waren darüber traurig. Doch Mama und Tate wollten sich verändern und fanden es für uns Kinder wegen unserer Ausbildung und des Musikunterrichts besser, dass wir vom Land weg in eine städtischere Umgebung kamen; dorthin also, wo es bessere Angebote gab. Zunächst wohnten wir nebeneinander in Reihenhäusern in der Unteren Allee Nr. 49 und 50. Tate hatte in Homburg ein Grundstück gekauft, um darauf ein sehr großes Haus zu bauen, in das er abermals den Laden, nun mit zwei Geschäftsräumen, integrieren wollte. Meine Eltern verkauften Lederbekleidung, die damals sehr gefragt war; der Laden lief famos. Da gingen auch mal Pelze für viele Tausende D-Mark über den Tresen, und wer sich so etwas leisten konnte, kaufte mitunter gleich auch noch einen schönen Teppich. Ich half im Geschäft viel aus. Dass wir zum gehobenen Mittelstand gehörten, schützte uns vor offenem antiziganistischem Benehmen, andersherum gab es aber dennoch Vorurteile. Es hieß im Ort mitunter: »Warum haben die so viel Geld, wie können die sich so große Häuser und teure Autos leisten?«

Wir waren keine Kinder von Traurigkeit und hatten viel Spaß. Und wir waren musikverrückt. Bei Familienfeiern wurden tatsächlich Künstler wie Sándor Lakatos, der ungarische Geiger, nach Homburg geholt; seine Söhne, der Saxofonist Sándor Lakatos[*] sowie Roby Lakatos, der zu jener Zeit noch Geige am Konservatorium studierte, waren auch dabei. Roby wurde später mein Freund. Die Familie Lakatos, Roma aus Ungarn, geht auf den Komponisten János Bihari aus dem 18. und 19. Jahrhundert zurück, dessen kompositorische Schöpfungen für Franz Liszt und andere klassische Komponisten Inspiration waren.[31] An Ostern wurde natürlich auch musiziert, einmal war der wunderbare Akkordeonspieler Johann ›Raufeli‹ Weiss zu Gast. Er sprach mich an und sagte: »Komm, setz dich zu uns ans Klavier, spiel mit.« Ich zögerte etwas schüchtern, doch er forderte mich aufs Neue auf: »Hör einfach zu, dann findest du schon rein.« Und dann habe ich den gesamten Abend mitgespielt. Auch diese Erfahrung hat meinen musikalischen Werdegang stark geprägt.

Sonntags, nach dem Mittagessen, durften wir Jungen mit unseren Vätern manchmal nach Kirkel zum Kegeln. Das war

---

[*] Vater und Sohn tragen denselben Namen.

eine richtige Ehre für uns. Die Frauen waren oft froh, einige Stunden Ruhe vor uns zu haben, und trafen sich währenddessen zum Kuchen mit Eierlikör und Danziger Goldwasser. Ursel-Mami backte für diese Anlässe, zu denen immer verschiedene Angehörige und Freundinnen kamen, ihren kolossal schweren, aber wunderbaren Streuselkuchen. In der Kegelbahn saßen wir mittlerweile Halbstarken im Restaurant, während unten die Alten kegelten, und wir bestellten, wonach uns der Sinn war. »Schreiben Sie es einfach auf die Rechnung«, krächzten wir mit pubertären Stimmen und nahmen uns albern wichtig. Wir spielten das Kartenspiel Klammerjass, und ab und zu sind wir ins Kino gegangen und haben uns Filme angesehen, die Teenager eben gern sehen – Filme mit Bud Spencer, *Rocky* oder *Eis am Stiel*. Wir setzten uns auch in die Autos unserer Väter; die ganz Mutigen unter uns bedienten die Zündung, das durften die Alten natürlich keinesfalls mitbekommen.

Beim Kegeln räumte Wolfgang ›Sischo‹ Franz, der Bruder meines Tate, meist alles ab, er war der geborene Kegler. War die Spieleranzahl mal ungerade, wurde einer von uns Jungen einbezogen: Mann, war das ein Druck, nicht alles zu versemmeln und die Kugel bloß nicht in die Mitte zu spielen!

Gelegentlich wurden aus solchen Kegelabenden spontane »Amüsierungen«, wie man solche Partys bei uns nannte. Ihnen ging voran, dass die Frauen beschlossen, zur Kegelbahn nachzukommen. Ihre Männer, von Bier oder Wein schon etwas angeheitert, freuten sich riesig, und dann wurde in der Gaststätte gegessen. Irgendeiner fand sich immer, der dem Wirt plötzlich eine Musikkassette für die Stereoanlage in die Hand drückte, und dann erklang italienische Musik à la Fred Bongusto, häufig auch Soul. Es kam vor, dass Verwandte wie mein Onkel Dimon ›Männele‹ Franz und sein Bruder Hamlet unsere Zusammenkünfte mit Akkordeon und Gitarre begleiteten. Sie spielten so gefühlvoll, ganz mit Liebe, dass alle berührt waren und manchem die Tränen kamen. Diese Amüsierungen waren voller Freude, Spaß und Innigkeit. Und wir Kinder waren immer gern mit den Erwachsenen zusammen, langweilig fand ich das nie, ganz im Gegenteil. Ich habe einen Kloß im Hals, wenn ich mich an diese Zeiten erinnere.

Peter war zwar meistens aktiv dabei, doch ihn umgab stets eine Stille. Er war ein so zärtlicher, zugewandter Onkel. Was tief vergraben in ihm vorging, verstand ich damals noch nicht. Heute weiß ich, dass seine Zurückgezogenheit auf die Kriegsjahre zurückging, in denen er als Kleinkind mit Mami Ursula, ihrem Mann Alfons und meiner Mama Mery auf der Flucht durch Südosteuropa war. Davon sollte mir meine Großmutter bald erzählen, nachdem Peter 1981 mit 38 Jahren endlich geheiratet hatte und ausgezogen war.

5

Die Liebe hört nimmer auf
Familie Franz (1937–1941)

Schlagartig war in meinem Leben alles anders. Wir wohnten noch nebeneinander, aber nicht mehr im selben Haus. Onkel Peter stellte uns eines Tages plötzlich Christa vor – ziemlich überraschend für einen eingefleischten Junggesellen, wir waren darauf nicht vorbereitet. Ich freute mich sehr für Peter. Mami war dagegen schon bald enttäuscht, weil ihr Sohn mit seiner Frau nicht bei ihr leben wollte, sondern nach Nürnberg umzog. Mit bald 60 Jahren war Ursula nun wieder auf sich allein gestellt. Sie hatte sich zu sehr daran gewöhnt, Peter stets in ihrer Nähe zu haben; schließlich arbeiteten sie ja sogar zusammen. Es fiel ihr schwer, loszulassen. Rückblickend sieht es so aus, als befreite mein Onkel sich aus einer fast symbiotischen Beziehung zu seiner Mutter.

Auch für mich war der Wegzug von Peter ein starker Einschnitt – eine meiner wichtigsten Bezugspersonen war nicht mehr nahe bei mir. Niemand mehr, der mit mir ins Kino fuhr, der Peters unendliche Geduld für mich aufbrachte und stets ein Ohr für mich hatte. »Mein Junge, du spielst so schön«, bestärkte er mich häufig mit sanfter Stimme, wenn ich am Klavier saß, und gab mir einen Schmatz auf die Wange. In Spesbach hatte Peter mich regelmäßig zum Geigenunterricht nach Landstuhl gefahren, grundsätzlich in Weste, Krawatte und Sakko gekleidet, das Haar ordentlich gekämmt, der Schnauzer in Schwung gebracht. Während ich mit meinem Lehrer übte, wartete er in der Konditorei Goldinger in seine Zeitung versunken. »Na, möchtest du auch noch etwas essen?«, fragte mein Onkel mich, wenn ich zu ihm zurückkam. Dann gab's köstlichen Kakao und Kuchen.

Peter trug eine Schirmmütze, die mir gefiel. Ehe ich michs versah, hatte ich auch so ein schickes Teil auf dem Kopf! Schirmbemützt fuhren wir nebeneinander im Mercedes heim, wie zwei Figuren in einem altmodischen Film. Trotz meiner knapp 15 Jahre war ich schon so groß wie Peter, hatte ich doch eine gute Portion Wachstum von den »Pommerschen Riesen« geerbt. Ich sah für mein Alter zwar schon recht reif aus, in mir steckte aber trotzdem noch ein Junge – verspielt, verträumt und in vielen Dingen unerfahren. Mädchen interessierten mich bislang wenig, die Musik dafür umso mehr.

Auf dem Heimweg bettelte ich Peter an, lenken zu dürfen. »Lass nach!«, antwortete Peter streng. Aber er ließ sich jedes Mal aufs Neue erweichen, und ich durfte auf einer ruhigen Landstraße vom Beifahrersitz aus ins Lenkrad greifen und steuern. Erst später begriff ich, dass er das Lenkrad klammheimlich links festhielt, damit nichts passierte. Dabei konnte ich bereits ganz passabel Auto fahren. Der liebe gute Peter. Manchmal habe ich ihn gehänselt, bin um ihn herumgetanzt, um ihn aus der Reserve zu locken. Er sprühte einmal gerade seine Stiefel mit dunkelbrauner Lederpflege ein und hinterließ vor lauter Ablenkung einen fettigen Abdruck mitten auf dem Teppich. Und ich habe ihn auch noch bei Mami verpetzt. Da warf er schimpfend einen Pantoffel hinter mir her: »Du Klatschmaul!« Wir haben uns rasch wieder vertragen, Peter hatte eine unglaubliche Langmut. Häufig schlief er bis mittags und war nach dem Aufstehen ein Muffel, da sprach man ihn besser nicht an. Erst wenn er sein Brot auf dem Zwiebelmuster-Teller und einen Kaffee in der böhmischen Tasse zu sich genommen hatte, tauchte er wieder aus der nächtlichen Versenkung auf. Ich glaube, ihn plagten oft Albträume. Wie akkurat er die Butter mit dem wellengeschliffenen Messer auf dem Brot verteilte, wie in Zeitlupe, meditativ! Fasziniert schaute ich zu: eine Butterwellen-Stulle.

Christa und Peter bekamen einen Sohn, der ihr ganzes Glück war. Von nun an sah ich ihn nur noch selten. Das ganze familiäre Gefüge rüttelte, schüttelte und mischte sich neu. Auch Mami gewöhnte sich an die neue Situation und wandte sich noch mehr ihren Enkel:innen zu. Sie hatte seit dem Fortgang von Peter keinen Fahrer mehr, um ihre Ware auszuliefern, deshalb blieb sie zu Hause. Ich arbeitete jetzt verstärkt im Geschäft mit, um meinen Eltern nicht auf der Tasche zu liegen, das lag mir ganz und gar nicht. Es hatte sich nach unserem Umzug nach Homburg noch etwas anderes in meinem Leben entscheidend geändert: Ich hatte die Schule geschmissen. Es drängte mich hinaus – mein eigenes Geld verdienen, den Führerschein machen und unabhängig sein. Vor allem aber: musizieren! Besonders Mami war gar nicht begeistert, dass ich keinen Abschluss machte. Insgeheim sah sie in mir aber vielleicht schon ihren zukünftigen Fahrer, nun da Peter nicht mehr zur Verfügung stand.

An Pfingsten 1981, wir waren gerade erst nach Homburg gezogen, fuhren wir in den Kurort Bad Windsheim westlich von Nürnberg. Wieder eine feine Gelegenheit, sich mit Verwandten und Freund:innen zu treffen und das Beisammensein zu feiern. An die 50 Wohnwagen standen bei unserer Ankunft bereits da, Tate manövrierte uns dazwischen. Er bat mich, unseren Mercedes 450 SE abzuhängen und neben unseren Wohnwagen zu parken. Ich war stolz, mit dieser Aufgabe betraut zu werden. Drumherum schauten mir alle zu, wie ich, halbstarker Bursche, ins Auto stieg und startete. Doch unter so viel Beobachtung verlor ich offenbar etwas die Nerven, und anstelle des ersten Gangs legte ich den Rückwärtsgang ein. Mit Schwung fuhr ich krachend in die Deichsel, sodass es Mama im Wohnwagen aus dem Sofa hob. »Halt, halt!«, schrie Tate entsetzt. Mit hochrotem Kopf stieg ich aus, um mir die Bescherung anzusehen. Welch eine Blamage! Ich erwartete ein Donnerwetter, aber Tate blieb souverän. Mit zu Schlitzen verkleinerten Augen sagte er durch zusammengepresste Lippen, jedes Wort einzeln betonend: »Fahr das Auto weg!« Gesagt, getan. Doch dann verschlimmbesserte ich alles, indem ich mit einem Schraubenschlüssel die Beulen aus dem Blech hebeln wollte und dabei noch mehr Dellen schuf. Nun war es meinem Vater endgültig zu viel, enerviert schickte er mich zu den anderen Jugendlichen. Ein paar Tage war er noch etwas säuerlich mit mir, sein geschätztes, elegantes Auto! Unser Lackierer hat den Schaden schnell behoben, und dann war alles wieder gut. Tate ist nur 18 Jahre älter als ich und war damals selbst noch jung. Er konnte streng sein, jedoch war er nie aufbrausend oder gar unfair. Mama reagierte dagegen rascher erregt, wenn wir Jungs wieder etwas angerichtet hatten.

 Statt Schule gab es jetzt nur noch Musik. Nach unserem Pfingstausflug suchte ich mir sofort einen neuen Geigenlehrer. Meine Wahl fiel auf Hiroshi Gibe, einen jungen Japaner aus dem Dirigentenkurs von Otmar Suitner. 1977 war er auf der Internationalen Sommerakademie in Salzburg für eine Uraufführung des schwedischen Dirigenten und Komponisten Torbjörn Iwan Lundquist mit dem Kapellmeister-Preis ausgezeichnet worden. Er lehrte an der Homburger Musikschule die Suzuki-Methode, die der japanische Violinenpädagoge Shinichi Suzuki entwickelt hatte. Sie beruht allem voran auf dem

Hören und Nachahmen. Zu jener Zeit faszinierte es mich sehr, nur nach dem Gehör spielen zu können.

Mit Hiroshi verstand ich mich gut, er gab mir Bücher zum Lesen und lehrte mich Stücke von Vivaldi und Berlioz. Bald spielte ich in seinem Orchester mit. Weil es mich manchmal langweilte, stur nach den Noten zu spielen, variierte ich bei den Proben manche Passagen und improvisierte. »Nein, nein, nein«, rief Hiroshi, »den Vivaldi spielt man so nicht!«, korrigierte er mich aufgeregt. Ich musste mich also wieder anpassen. Schon damals hatte ich den Drang, neue Wege zu gehen. Leider lebt Hiroshi Gibe nicht mehr, ich habe ihm viel zu verdanken.

1981 war ein Jahr der Abschiede. Mein Großonkel Hugo Moritz Franz verließ uns im Sommer mit 73 Jahren für immer. Er war der letzte meiner Papos und Tanten aus der Franz-Linie, der Kinder von Bertha und Robert Pilli Franz, und das letzte Mitglied der Kapelle Franzens. Drei Jahre zuvor war Moritz' Bruder Karl Rankeli in Karlsruhe gestorben. Allmählich begann ich zu begreifen, warum Tate und Moritz sein Cello am See zerstört hatten. Wäre es nicht wirklich ein Sakrileg gewesen, es ohne seinen Eigentümer weiter am Leben zu erhalten, der so ein inniges Verhältnis zu seinem Instrument pflegte? Rankeli wurde nur 66 Jahre alt, aber lange vor seinem Tod sah er mit seinem weißen Vollbart, der ihm bis zur Brust reichte, wie ein alter Weiser aus. Hinter seinem Rauschebart trachtete mein Papo, seine Traurigkeit zu verbergen. In seinen Augen war sie indes nicht zu übersehen, Rankeli war durch und durch melancholisch. Ich erinnere mich, dass er manchmal eine große Sonnenbrille trug, hinter der sein gesamtes Gesicht verschwand. Man hätte ihn in seiner Aufmachung auch für einen orthodoxen Priester halten können. Sein Cello war wie eine Partnerin für ihn. Die Nationalsozialist:innen hatten ihm schon als jungem

Mann die Freude am Leben genommen. Er erkrankte schwer an Diabetes und schwächelte viele Jahre. Acht Jahre vor seinem Tod fand er schließlich seine Erfüllung in der Religion, er war tiefgläubig geworden. Wie so viele Sinti und Roma von den Staatskirchen enttäuscht, schloss er sich einer Freikirche an. In Karlsruhe trat er 1968 als einer der Ersten der kurz zuvor gegründeten »Internationalen Zigeunermission« bei, die sich heute online »Internationales Hilfswerk für Sinti und Roma« nennt. Auf dem Karlsruher Messplatz stand periodisch eine Zeltkirche. Dieses Zelt reiste mit dem deutschen Missionsgründer, dem Theologen Gerhard Heinzmann, und dessen Familie, durch Deutschland, um Sinti »mit der Botschaft von Jesus Christus bekannt zu machen«.[1] Wobei die meisten unserer Menschen recht gut mit dieser Botschaft vertraut waren und die Haltung der Missionar:innen meist recht paternalistisch war.

1970 ließ Rankeli sich im Taufbecken im Herzen des Missionszelts taufen, ein Foto der Missionszeitung *Stimme der Zigeuner* zeugt vom Taufgottesdienst. Mein Papo sitzt in weißem Oberhemd bekleidet im Wasserbecken, um ihn herum drei Männer, im Hintergrund eine Gruppe Sinti, die die Zeremonie beobachten.[2] Dem freikirchlichen Ritus nach wurde Rankeli vom Täufer und seinen Helfern einmal kurz vollständig im Becken untergetaucht. Diese Handlung symbolisiert für die Gläubigen das Sterben und die Auferstehung Jesu Christi; der Untergetauchte wird dabei von seinen Sünden befreit und taucht als reiner Mensch wieder auf. Mein Papo wünschte sich offenbar sehr dringlich ein neues Leben. Oder ahnte er bereits, dass er nur noch wenige Jahre zu leben hatte, und hoffte, sich dadurch von der Last der Vergangenheit zu befreien? Nach der Zeremonie sangen die anwesenden Sinti religiöse Lieder, und der frisch Getaufte hielt eine kleine Ansprache. Aus heutiger Sicht schmerzt es nachzulesen, was Rankeli äußerte: Sein Narrativ war durchzogen von der Sehnsucht nach Läuterung und Erlösung, von Worten wie Sünde, Schuld und Gnade Gottes. »Wir Zigeuner haben einen König, den herrlichsten von allen ... Er heißt Jesus Christus«, sprach er in die Runde. Er berichtete, seinen »Heiland schon als kleiner Bub« gekannt zu haben: »Auch als ich älter wurde, habe ich meinem Heiland gedient. Doch dann kam eine böse Zeit, in der ich ihm den Rücken kehrte.«[3] Nun sei er zu Jesus zurückgekehrt, er danke ihm für die Gnade, an ihn glauben zu dürfen, denn er habe es nicht verdient, »daß Er sich um mich so viel Mühe gemacht hat«.[4]

In einer weiteren Ausgabe der Missionszeitung sieht man Rankeli 1971 im evangelischen Gemeindesaal Karlsruhe als Mitglied der »Zigeunermission« am Cello mit anderen Musikern, vermutlich bei einem Gottesdienst. Über den Musikern hängen Stoffbanner mit frommen Botschaften.[5] Im Jahr darauf spielte mein Großonkel eine Schallplatte mit dem Lied »Der Mann aus Galilä (sic)« ein. Er hatte es nicht nur komponiert, sondern sang die Begleitung dazu selbst. Man sieht ihn auf dem Cover, seine besonders große linke Hand ruht auf dem Kopf des Cellos. Der Freundeskreis der Mission bot seinen Mitgliedern die Vinylschallplatte für 6 D-Mark an.[6] Rankeli singt davon, durch Jesu endlich seinen Frieden und eine Heimat gefunden zu haben, »brauch mich nicht mehr zu fürchten, wo ich auch geh und steh«.[7] Ich wünsche ihm so sehr, dass er in Frieden sterben konnte, ihm, der von der Verfolgung im Faschismus so getroffen worden war.

Mein Großonkel Hugo Moritz Franz war ein gänzlich anderer Charakter gewesen: extrovertiert, lebensbejahend und offenherzig. Im Gegensatz zu Rankeli war er schlank und schmal, seine Gesichtszüge waren außerordentlich fein. Auch er war ein brillanter Musiker und ein Multitalent. Wie Rankeli hatte er nie geheiratet, anders als dieser hatte er allerdings stets Damen an seiner Seite. Nach seinem Ableben hinterließ er keine Kinder; seine Geigen und Geigenbögen erbte deshalb ich. Dass sich unter diesem Schatz auch der Bogen von Großonkel Paul Vinko, seinem Bruder befand, war mir in seiner ganzen Tragweite seinerzeit noch nicht bewusst. Einzig wusste ich, dass es ein echter Pfretzschner-Bogen war. Der Bogenmacher Hermann Richard Pfretzschner stammte aus Markneukirchen im sächsischen Vogtland. 1872 verließ er seine Geburtsstadt, um in Paris im Geigen- und Bogenbau bei Jean-Baptiste Vuillaume zu lernen und zu arbeiten, eine der ersten Adressen in Europa. 1880 machte er sich in der väterlichen Werkstatt selbstständig, entwarf seine legendären Geigenbögen und entwickelte sie sein Leben lang weiter. Mit so einem wertvollen Bogen spielte Großonkel Vinko in der Kapelle Franzens.

Mit dem Aufstieg der Nationalsozialist:innen war es für meine Angehörigen zunehmend schwieriger geworden, noch lukrative Engagements zu finden – die schönen Zeiten in den Ostseebädern waren vorbei. Ein letztes Mal sollen sie am 29. Dezember 1935 im Kurort Łeba aufgetreten sein, so erinnerte sich später eine Einheimische. Trotz des alltäglichen Antiziganismus waren sie gut zurechtgekommen und lebten in sehr komfortablen Verhältnissen. Mein Urgroßvater Robert Pilli Franz hatte sich 1934 in der Berliner Bendlerstraße 33a (heute: Stauffenbergstraße) eine Mitgliedskarte der Reichsvereinigung Deutscher Lichtspielstellen ausstellen lassen. Er besaß einen Wohnwagen – weniger modern, aber vielleicht eleganter als der meines Urgroßvaters Weißkopp Pohl –, der von Pferden gezogen wurde und groß aufgemacht die Aufschrift »Lichtspiele« trug. Die Nationalsozialist:innen hatten die Reichsfilmkammer schon im Juli 1933 als Instrument der gesellschaftlichen

Gleichschaltung eingerichtet. Wer in ihr mangels eines »Ariernachweises« keine Aufnahme fand oder ausgeschlossen wurde, durfte seinen Beruf nicht mehr ausüben. Nur mit diesem Mitgliedsausweis war es Pilli erlaubt, mit seinem Wanderkino Filme zu zeigen – die Nazis hatten offenbar noch nicht spitzgekriegt, dass er ein Sinto war, weil die Erfassung der Romanes-sprachigen Minderheit durch die »Reichszentrale zur Bekämpfung des Zigeunerunwesens« noch nicht eingesetzt hatte.

Auf einem Foto sieht man ihn mit seiner Tochter Maria, mit traditionellem Namen ›Fitzela‹, vor seinem Wohnwagen an einem gedeckten Tisch sitzen; er wirkt sichtlich zufrieden. Der Mitgliedsausweis berechtigte Pilli allerdings lediglich, Filme im Bereich Nordost-Berlin zu zeigen. Die Metropole hatte auch ihn und seine Familie angezogen. Zugleich trat er aber weiter mit seiner Kapelle auf: Aufnahmen zeigen Robert in einem Lokal mit dem Violoncello, dicht hinter ihm steht eine Harfe, auf einem Stuhl liegt seine Geige. Auf einem weiteren Foto vom selben Ort sieht man meinen Großvater Emil Chinko an der Harfe, neben ihm spielt Rankeli das Cello – in kniehohen Schnürstiefeln und mit Fliege. Über den beiden wirbt ein Schild für die Sektmarke »Henkell Trocken«. Die Berliner Niederlassung des Schaumweinproduzenten hatte Joachim von Ribbentrop nach der Einheirat in die Familie Henkell von 1920 bis 1924 aufgebaut und geleitet. 1932 trat der Getränkespezialist der NSDAP bei, sechs Jahre später stieg er zum Reichsminister des Auswärtigen auf. 1946 wurde Ribbentrop als Kriegsverbrecher hingerichtet.

Mein Großonkel Moritz betrieb ebenfalls ein fahrendes Kino, außerdem handelte er mit Pferden. Auf diese Weise hatte er mehrere Einnahmequellen und konnte in diesen ungewissen und zunehmend gefährlichen Zeiten einigermaßen flexibel reagieren. Ich nehme an, dass die Familie Franz schon damals der Familie Pohl in Berlin begegnet ist, denn man kannte sich ja. Ihre Wege dürften sich beim Musizieren oder auf Pferdemärkten gekreuzt haben, schließlich bewegten sich auch Waidemann, sein Sohn Hugo und sein Schwiegersohn Weißkopp in denselben Kreisen. Pilli Franz ließ sich auch 1935 für das folgende Geschäftsjahr einen Mitgliedsausweis für Filmvorstellungen ausstellen, nun indes mit der ausdrücklichen Maßgabe, Filme nur im »Bereich der Gaustelle Pommern« vorzuführen.

Mein Großvater Emil Chinko Franz heiratete 1935 seine Frau Marie auf Sinti-Art, eine geborene Rosenbach. Eine standesamtliche Heirat kam unter den politischen Umständen für sie noch nicht in Frage, erzählte meine Mami später. Ihr traditioneller Name war ›Modsche‹ – meine Modsche-Mami. Begegnet waren sich die beiden, weil ihre Familien eines Tages am selben Platz standen. Chinko spielte und sang in einem Saal in der Nähe. Modsche hörte seine zauberhaft schöne Tenor-Stimme, lief zu einem der geöffneten Saalfenster und verfolgte seine Darbietung schwärmerisch von draußen. In der Pause erblickte mein Großvater sie, steuerte direkt auf sie zu und sagte draufgängerisch: »Du wirst meine Frau!« Er war sofort hingerissen von ihr. »Was ist mit dem denn los, ist der verrückt?«, stieß Modsche aus, doch da war es wohl auch um sie schon geschehen.

Emil Chinko und Marie Modsche wurden meine Großeltern. Robert Pilli war vernarrt in deren erstes Kind, meine Tante ›Beere‹, mit amtlichem Vornamen Maria Ursula. Sie kam 1936 in Bernburg (Saale) zur Welt. Pilli trug sie viel auf den Armen herum und lächelte sie verzückt an. Bertha unterhielt ihre Enkelin Beere mit Fingerspielen; auf einem Foto blickt die Kleine konzentriert auf Berthas Hände. Modsche-Mami war eine Kauffrau und besaß einen Wandergewerbeschein. Sie handelte mit Textilien, Klöppeldecken und -spitzen, ihre Ware bezog sie von den Firmen Ackermann und August Biermann in Wuppertal. Meine Großtante Helene Patschka heiratete unterdessen Oswald Blum und brachte ihren ersten Sohn namens ›Brubel‹ zur Welt. Ein späteres Foto zeigt Cousine und Cousin Beere und Brubel nebeneinander auf einer Düne sitzend, zwei eindrucksvolle junge Menschen.

Im Gebiet des Landesarbeitsamts Rheinland wurden im Oktober 1936 alle Musikveranstalter verpflichtet, Musiker:innen ausschließlich über das Arbeitsamt zu buchen. Das galt sogar für die Buchung von Hochzeitsmusik. Selbstständige Vertragsabschlüsse waren damit grundsätzlich nicht mehr erlaubt. Kontrolleur:innen des Arbeitsamts und der Reichsmusikkammer stellten sicher, dass diese Bestimmungen eingehalten wurden. Zur Jahreswende 1937/1938 war die Mitgliedschaft in der Reichskulturkammer beziehungsweise der Reichsmusikkammer im gesamten Land erforderlich, um zum Gelderwerb überhaupt noch musizieren zu dürfen. Da meine Angehörigen weder für die Reichsfilm- noch die Reichsmusikkammer einen »Ariernachweis« vorlegen konnten, waren sie von der Mitgliedschaft fortan ausgeschlossen. Die Erwerbsmöglichkeiten des Filmvorführens oder Musizierens waren für sie nun verboten. Hätten sie diese Vorgaben nicht beachtet, wären sie als Kriminelle behandelt worden. Dabei hatte mein Papo Moritz sich für sein Reisetonfilmgeschäft gerade erst ein eigenes nagelneues Wanderkino, dazu ein neues Tonfilmgerät, einen neuen Wohnwagen und eine gebrauchte Zugmaschine der Marke Lanz Bulldog in einem Gesamtwert von 15 000 Reichsmark gekauft!

Diese Entwicklungen waren der Grund, warum Robert Pilli Franz vorausschauend schon im Jahr 1937 für sich und seine Frau einen Reisepass beantragte; der Pass ist übrigens bis heute erhalten. Auch ihre Kinder beschafften sich umgehend Pässe. Die Lebensbedingungen in der wachsend feindseligen und bedrohlichen Atmosphäre im Deutschen Reich veranlasste sie zu dem Schritt, Bütow zu verlassen. Der neue Pass wurde Pilli am 11. März vom Bürgermeister Bütows ausgehändigt, gültig für fünf Jahre. Bertha und Pilli wollten mit ihren Kindern und Enkeln nach Polen reisen und besorgten sich folglich im polnischen Konsulat in Stettin (Szczecin) ein Visum, nutzten es jedoch nicht. Im Sommer 1937 beantragten sie abermals ein Visum und verließen das Deutsche Reich nun wirklich. Eine Zeitzeugin und Nachbarin erinnerte sich zwei Jahrzehnte später, dass die Familie Franz in Bütow »sehr beliebt und geachtet (war). Es handelte sich um ordentliche Leute«, sagte sie, und als »die Familie aus Bütow weg mußte, wurde dies von den Bewohnern bedauert«.[8]

Über den Grenzposten Strebielin (Strzebielino), etwa 60 Kilometer entfernt von Bütow, fuhren meine Ahnen durch polnisches Gebiet nach Danzig, das als Freistadt unter dem Schutz des Völkerbunds stand. Bei der Ankunft am Ort tauschte Robert sogleich fünf Reichsmark in Gulden um, das musste im Pass vermerkt werden. Meine Familie hoffte, in der Freien Stadt Danzig sicherer zu sein, und bezog im Ostseebad Zoppot (Sopot) Wohnungen in der Bergstraße 5 und in der Wegenerstraße. Ihr Erspartes hatte sie mitgenommen, außerdem spielten meine Großonkel ab und zu inoffiziell in den Cafés von Zoppot, um ihren Lebensunterhalt zu sichern. Doch die Hoffnung auf Sicherheit war ein Trugschluss, denn just in diesem Jahr verschärften die Nationalsozialist:innen ihre Maßnahmen gegen die Danziger Jüdinnen und Juden dermaßen, dass fast die Hälfte der 10 000 jüdischen Bürger:innen umgehend auswanderte.

Der »Asozialenerlaß«, der im Dezember 1937 in Kraft trat, hatte der Polizei freie Hand gegeben, Sinti und Roma als unerwünschte »Elemente« in Konzentrationslager zu deportieren. Die Aktion »Arbeitsscheu Reich« (ASR) vom Juni 1938 führte dazu, dass reichsweit 10 000 »Zigeuner« abtransportiert wurden: Sie galten als »arbeitsscheu«, lediglich weil sie ihre Gewerbe fahrenderweise und selbstständig ausübten, ja, historisch begründet ausüben mussten. Im Zuge der Reichspogromnacht vom 9. auf den 10. November 1938 steckte ein brauner Mob auch die Danziger Synagogen in Brand, was unter Jüdinnen und Juden Panik und weitere Fluchtwellen auslöste.[9] Der Großteil der in der Region ansässigen jüdischen Männer wurde ins Konzentrationslager Stutthof und dessen Außenlager deportiert.

Meine Urgroßeltern und ihre Nachkommen lebten jetzt in ständiger Angst. Am 8. Dezember 1938 ordnete Heinrich Himmler, Reichsführer SS und zugleich Chef der deutschen Polizei, den Erlass »zur Bekämpfung der Zigeunerplage« an, mit dem er die vollständige Erfassung aller Sinti und Roma in Deutschland einläutete. Er begründete das mit der »endgültigen Lösung der Zigeunerfrage«. Einen gezielt eliminatorischen Charakter hatte der Erlass zwar noch nicht, darauf lief es letztendlich allerdings hinaus. Der Erlass war das Ergebnis einer Zusammenarbeit der »Reichszentrale zur Bekämpfung des Zigeunerunwesens«, welche Teil des Reichskriminalpolizeiamts war, und der dem Reichsgesundheitsamt angegliederten »Rassenhygienischen Forschungsstelle«. Er legte den Grundstein für die Vernichtung der Sinti und Roma. Die Regelung begründete Himmler »aus dem Wesen der Rasse heraus«. Die Motive der Nationalsozialist:innen waren klar rassistische, obgleich die Verfolgung der Sinti und Roma mit deren angeblich kriminellen Machenschaften begründet wurde. Wolfgang Wippermann verglich die Shoah und den NS-Völkermord an Sinti und Roma und kam zu dem Schluss: »Beide ›Endlösungen‹ waren ... Teil eines umfassenden Programms der Nationalsozialist:innen, das im Innern eine ›Reinigung des Volkskörpers‹ von allen ›rassefremden‹ (aber auch ›kranken‹ und ›asozialen‹) ›Elementen‹ und im Äußeren die Gewinnung von ›Lebensraum im Osten‹ vorsah, der ebenfalls von den Angehörigen ›minderwertiger Rassen‹, allen voran wiederum Juden und Sinti und Roma ›gereinigt‹ werden sollte. Die Nationalsozialist:innen nannten das ›ethnische Flurbereinigung‹.«[10]

Die Struktur der Argumentation macht ein wichtiges Merkmal des Faschismus sichtbar: Die Bevölkerung eines Landes wird nicht mehr als Ansammlung von Individuen verstanden, die zum Beispiel individuelle Rechte haben könnten, sondern sie wird als ein einziges Wesen aufgefasst – das nannten die Nazis dann »Volkskörper«. Eine Krankheit im Körper wollte, ja, musste man selbstverständlich loswerden – schon stand die Argumentation für millionenfaches Morden.

Allenthalben wurden regionale »Dienststellen für Zigeunerfragen« geschaffen, die der »Reichszentrale zur Bekämpfung des Zigeunerunwesens« im Reichskriminalpolizeiamt (RKPA) untergeordnet und damit betraut waren, »alle seßhaften und nichtseßhaften Zigeuner« sowie »nach Zigeunerart umerziehende Personen« zu erfassen und, wo möglich, als Staatenlose auszuweisen. Sinti und Roma sollten im gesamten Reich Sonderausweise bekommen, die sie als »Zigeuner«, »Zigeunermischlinge« oder »nach Zigeunerart umherziehende Personen« klassifizierten. Diese Differenzierung herzustellen, war Aufgabe der »Rassenhygienischen Forschungsstelle« unter Robert Ritter. Er sollte »stammechte Nomaden indischer Herkunft« von »Mischlingen« unterscheiden. Seiner wissenschaftlich völlig unbegründeten, dafür aber ideologischen Ansicht nach war die ~~Zigeuner~~-Frage vor allem ein »Mischlingsproblem«.

Am 1. September 1939 begann Deutschland mit dem Angriff auf die Westerplatte – einer Danzig vorgelagerten Halbinsel – den Zweiten Weltkrieg. Die Wehrmacht überfiel Polen in einem Vernichtungsfeldzug. Danzig war nun annektiert und dem Reichsgau Danzig-Westpreußen zugeordnet. Am 27. September berief Reinhard Heydrich, Leiter des Reichssicherheitshauptamts (RSHA) eine Besprechung ein, in der er mit den Amtschefs der SS und Einsatzgruppenleitern darüber diskutierte, die Juden und restlichen 30 000 ~~Zigeuner~~ aus dem Reich nach Polen zu deportieren. Im Juni hatte Heinrich Himmler bereits die burgenländischen Roma in »polizeiliche Vorbeugehaft« nehmen und in Konzentrationslager schaffen lassen.[11] Der Generalgouverneur der von der Wehrmacht besetzten Teile Polens, Hans Frank, stellte sich jedoch gegen diesen Vorschlag, weil er bereits mit den polnischen Jüdinnen und Juden aus den annektierten Gebieten zu tun hatte und nicht noch weitere Juden, Sinti und Roma aufnehmen wollte.

Der Rassenhygieniker Robert Ritter und sein Kollege Leonardo Conti, Staatssekretär für Gesundheitswesen im Reichsministerium des Innern, sahen die Lösung ohnehin eher darin, Sinti und Roma unfruchtbar zu machen. Seit Juli 1933 existierte das »Gesetz zur Verhütung erbkranken Nachwuchses«, auf dessen Basis Zwangssterilisationen durchgeführt werden konnten. Dieses Gesetz richtete sich zunächst gezielt gegen Jüdinnen und Juden, bot den Täter:innen jedoch auch eine willkommene Handhabe gegen Sinti und Roma: Zwangssterilisationen sollten bald Teil des praktizierten Vernichtungsprogramms werden.[12] Im Februar 1940 einigten die Zuständigen sich darauf, lediglich alle deutschen Juden aus Stettin und dem übrigen Pommern ins Generalgouvernement zu deportieren: aus genau der Region, in der meine Familie Franz zu Hause war. Im Zuge dieses Beschlusses schob die Kriminalpolizei im Mai 1940 2800 Sinti und Roma aus den Zuständigkeitsbereichen der Kripoleitstellen Hamburg, Bremen, Hannover, Köln, Frankfurt am Main und Stuttgart in das Herrschaftsgebiet unter Hans Frank ab. Seit dem 17. Oktober 1939 galt zudem Himmlers »Festsetzungserlaß«. Der sah vor, dass Sinti und Roma unter Androhung von KZ-Haft dazu gezwungen waren, in den Landkreisen und Ortschaften zu bleiben, in denen sie sich gerade aufgehalten hatten, gleichgültig, ob sie dort überhaupt gemeldet oder heimatberechtigt waren. Weil sie an den Orten, an denen sie festgesetzt waren, nicht arbeiten durften, fielen sie den Gemeinden zur Last. Das wiederum schürte den ohnehin virulenten Antiziganismus: Man solle die Leute doch an die Orte schaffen, die ihnen gebührten, hieß es. Gemeint waren Zwangslager und KZs.

Schon einen Monat später, im November 1939, stand nachts die Gestapo vor der Tür der Familie Franz. Sie schaffte sie von Zoppot (Sobot) nach Danzig. Dort wurden meine Verwandten erkennungsdienstlich erfasst – man nahm ihre Fingerabdrücke, fotografierte und nummerierte sie. Und natürlich entzogen die Beamten ihnen ihre Gewerbescheine, auch meiner Großtante Fitzela, die als Textilhändlerin tätig war. Sie waren nun in Danzig festgesetzt, bei Zuwiderhandlung drohte ihnen zur Strafe die Einweisung ins Lager. Im Mai 1940 hieß es, ein Mitarbeiter der »Rassenhygienischen Forschungsstelle« sei auf dem Weg aus Berlin, meine Familie solle sich bereithalten.

Mit kühlem Kopf beantragte mein Urgroßvater Pilli Franz daraufhin am 16. Mai 1940 bei der deutschen Polizei und im italienischen Konsulat von Danzig, das nun zum Deutschen Reich zählte, ein Ausreisevisum für das »Königreich Italien«. Unvorstellbar, was für ein Spießrutenlauf das für meine Verwandten buchstäblich gewesen sein muss. Ihre drei Schaustellerwagen mit jeweils drei Zugmaschinen, das gesamte Inventar sowie ein Automobil, mithin also einen Großteil ihres Vermögens, mussten sie zurücklassen, alles wurde alsbald beschlagnahmt. Sie flohen mit einem Kraftwagen der Marke Adler Standard und einem Wohnwagen, gut ausgestattet mit Benzin, das sie vorsorglich gehortet hatten. Außerdem führten sie ein Barvermögen in Höhe von 10 000 Reichsmark sowie ihre Schmucksachen mit, von dem sie eine Weile zehren konnten. Es ging zunächst nach Innsbruck, wo sie ihren Reisefreibetrag von je fünf Reichsmark pro Person ausnutzten, wie ihnen eine Behörde mit Stempel im Pass quittierte.

Am 29. Mai passierten sie die Grenzstelle Nauders und reisten über den Reschenpass nach Italien ein. Sie hatten innerhalb von weniger als 13 Tagen eine Strecke von mindestens 1400 Kilometern zurückgelegt – bemerkenswert, als Verfolgte mitten im Krieg. Sie waren in Oberitalien unterwegs, passierten Meran, Bozen, Lecco und andere Ortschaften. Da es unmöglich war, Konzessionen zum Auftreten zu bekommen, arbeiteten meine Großonkel und Großtanten in italienischen Schauunternehmen mit.

Im Sommer 1940 waren nicht nur ihre Reisepässe abgelaufen, auch war Italien in den Krieg eingetreten. So machten sie einen erheblichen Umweg, um sich in Bozen nochmals eine einmalige Einreisegenehmigung ins Deutsche Reich zu beschaffen – die nur eine Woche gültig war –, und verließen Südtirol nach nur sechs Wochen. Über Brünn (Brno) kamen sie ins »Protektorat Böhmen und Mähren«. In Nitra (Neutra) nahe Preßburg (Bratislava), in der Republik Slowakei, kam im September 1940 mein Onkel Wolfgang Amadeus Sischo zur Welt, Chinko und Modsches zweites Kind. Meine Vorfahren blieben nur kurz in der Slowakei, denn auch hier hatte die Ausgrenzung der fast 100 000 überwiegend ansässigen Roma begonnen. In vielen Städten verwiesen Schilder sie aus dem öffentlichen Raum: »Juden, Zigeunern und Hunden Zutritt verboten.«[13] Den Roma dort wurde zunehmend die Einkommensgrundlage entzogen, diverse Verordnungen machten ihnen das Leben schwer.

Meine Familie Franz kehrte also kurzfristig ins »Protektorat Böhmen und Mähren« zurück. In der Kleinstadt Jitschin (Jičín) wurden sie im November 1940 festgenommen und aufs Neue festgesetzt; vier Monate lang mussten sie sich täglich bei der Polizei melden. Sie vollbrachten es, sich abermals abzusetzen, indem sie die Wachen bestachen. Ende April 1941 beschlossen meine Verwandten, wieder in die Slowakei aufzubrechen, und besorgten sich zu diesem Zweck vom Landrat in Pleß (Pszczyna) ein Visum. Kurze Zeit später reisten sie über Mosty (Mosty u Jablunkova) in die Slowakei ein, die einen pseudoautonomen Status hatte, ultranationalistisch ausgerichtet war und mit den Nationalsozialist:innen kollaborierte. Seit Januar war hier Hanns Ludin, der Großvater meiner Koautorin Alexandra Senfft, als Gesandter des Deutschen Reichs damit beauftragt, die »Endlösung« herbeizuführen.

Neben der antisemitischen Gesetzgebung in der Slowakei, die die slowakischen Juden zunehmend drangsalierte, wurden ab 1943 auch die Roma verfolgt.[14] Sie waren per Gesetz zu Zwangsarbeit verpflichtet, außerdem verfügten die kommunalen Behörden alsbald, sie alle aus ihren Wohngebieten in Dörfern und Städten auszuweisen. Die Repressalien und Maßnahmen gegen die Roma erreichten allerdings nie das brutale Ausmaß wie zum Beispiel in Böhmen und Mähren. Die britischen Autoren Donald Kenrick und Grattan Puxon, die als Pioniere in der Erforschung des Völkermords an Sinti und Roma gelten können, bemerkten: »Daher suchten auch viele Roma aus anderen Landesteilen Zuflucht in der Slowakei, obwohl der slowakische Faschistenführer Mach im Mai 1942 in einer Rede vor der Hitlerjugend unmissverständlich erklärt hatte, dass nach der Lösung des ›Judenproblems‹ auch das ›Zigeunerproblem‹ beseitigt würde.«[15]

Mag sein, dass das ein Grund war, warum meine Familie aufs Neue in die Slowakei reiste. Die slowakischen Roma beteiligten sich im weiteren Kriegsverlauf im Sommer 1944 aktiv am Aufstand gegen das slowakische Regime und die Nationalsozialist:innen; dabei wurden sie wie die Partisanen häufig Opfer von Vergeltung. Spätestens nach dem Nationalaufstand im Herbst 1944 sollten auch sie vollständig ausgelöscht werden, die deutschen Besatzer gingen gnadenlos gegen sie vor. In Dubnica nad Váhom wurde am 2. November ein Arbeitslager für »politisch unerwünschte Personen« in ein Konzentrationslager für Roma umgewandelt. Es war allein dem baldigen Ende des Krieges zu verdanken, dass »nur« einige Hundert slowakische Roma ermordet wurden und sie als ethnische Bevölkerungsgruppe in der Slowakei weitgehend überlebten. Ihre Vertreibung aus Dörfern und Städten, der Verlust ihrer Wohnungen, das aufgezwungene Lager- und Ghettoleben sowie die Tatsache, dass die Kinder von der Schule ausgeschlossen blieben, marginalisierte die slowakische Roma-Bevölkerung.[16] Die sozialen Spätfolgen der faschistischen Maßnahmen halten bis heute an – von den geschätzten 400 000 Roma, acht Prozent aller Slowaken, leben rund 150 000 in extremer Armut.

Die nur auf dem Papier autonome Slowakei scheinen meine Angehörigen auf dem Weg nach Schlesien (Śląsk) 1941 nur durchkreuzt zu haben. Sie bewegten sich nun zwischen Neumarkt (Środa Śląska), Zobten (Sobótka) und Krakau (Kraków) im Generalgouvernement für die besetzten polnischen Gebiete. Nahe Krakau wurden meine Großonkel und Großtanten im Mai 1941 abermals festgenommen und vier Monate festgesetzt. In dieser Zeit erlebten sie, dass ein Verwandter ins KZ deportiert wurde, was sie zur erneuten Flucht trieb. Sie blieben stets nur so lange, wie sie sich einigermaßen sicher fühlten, und brachen dann zum nächsten Ziel auf: »Immer in Bewegung bleiben«, lautete das Motto, um ihre Spuren vor den Verfolgern zu verwischen.

Im Juli waren Pilli und Bertha unterdessen in Schattmannsdorf (Častá) nahe Bratislava und kehrten am 1. August 1941 über Mosty abermals ins Deutsche Reich zurück. Es ging meinem 74-jährigen Urgroßvater Pilli bereits sehr schlecht; sein Herz litt unter den Strapazen der ständigen Flucht. Er starb am 18. September 1941 im Stadtteil Ochojetz (Ochojec) von Kattowitz (Katowice), wo die Familie sich wieder zusammengefunden hatte. Meine Angehörigen setzten ihn hier bei. »Hier ruht in Gott mein lieber Mann. Vater und Großvater der Familie Franz. Die Liebe hört nimmer auf«, steht auf seinem Grabstein. Die Familie Franz hatte mit Pilli ihr Oberhaupt verloren. Mein Großonkel Paul Vinko Franz war mit 45 Jahren nun der Älteste, sein Bruder Albert Schanno Franz gerade mal zwei Jahre jünger, Rankeli mit 29 Jahren der jüngste Franz – abgesehen von den kleinen Enkelkindern. Von den sieben Franz-Kindern waren nur Patschka (Helene) und mein Großvater Chinko verheiratet. Für alle war die Flucht vor den Nationalsozialisten noch lang nicht beendet, sie ging mit allen Strapazen bis zum Kriegsende weiter. Doch immerhin kannten sie nun den Weg in den Süden, und dorthin sollten sie alsbald wieder aufbrechen.

Als mein Großonkel Moritz starb, hatte ich noch nicht das Geschichtsbewusstsein, mich mit der Vergangenheit auseinanderzusetzen. Alles, was ich wollte, war, raus in die Welt zu kommen. Ich fing an, meinem Tate in den Ohren zu liegen, dass ich schon mit 17 Jahren den Führerschein machen wolle. Wie aber sollte ich das finanzieren? Meine Eltern hatten aus Spesbach noch allerhand Lederbekleidung aus einer älteren Kollektion nach Homburg mitgebracht: »Verkauf doch die Teile«, schlug mein Vater vor. Eine fabelhafte Idee, befand ich, und schon war ich mit ein paar Kleidungsstücken in einer Umhängetasche zu Fuß unterwegs, wild entschlossen, mir mein Geld zu verdienen.

In der Stadtmitte war ich des Öfteren im »Musikus«, einem Musikgeschäft, denn als angehender Musiker brauchte ich oft Kolophonium für den Geigenbogen, Noten und neue Saiten. Mit dem jungen Verkäufer verstand ich mich prächtig. Irgendwann traute ich mich, ihn zu fragen, ob er nicht an einer Lederjacke interessiert sei. War er, und kurz darauf kam sein Bekannter in den Laden und kaufte auch gleich eine! Sapperlot, das funktioniert, dachte ich und sah den Führerschein und mein eigenes Auto in greifbare Nähe rücken. Bald kannten mich in Homburg so allerlei Ladeninhaber, darunter der Antiquitätenhändler, und ich baute mir Stück für Stück meinen eigenen Kundenstamm auf. Immer zu Fuß unterwegs, verdiente ich ganz gut Geld. »Da ist nun der Romeo flüssig«, flötete ich fröhlich vor mich hin.

Eines Tages, wir lebten mittlerweile zwei Jahre in Homburg, sprach mich mein Kumpel im Musikgeschäft darauf an, dass ich doch auch Klavier spiele. Er hätte vielleicht einen Job für mich. Und dann durfte ich dem Direktor des feinsten Hotels am Platz vorspielen, der mich umgehend für die pompöse Hochzeit eines Architekten engagierte. Ich zog also meinen Stresemann an – schwarzes Jackett, graue Weste auf weißem Hemd und eine Hose mit dünnen Nadelstreifen –, dazu eine dunkelrote Schleife und Lackschuhe. Tate fuhr mich aufgebrezelten Teenager zu meinem ersten Auftritt gegen Gage. Ob er aufgeregter war als ich?

Alles lief wie am Schnürchen, und mit 16 Jahren hatte ich meine ersten 500 Mark verdient. Was soll ich sagen, ich war sehr zufrieden. Meine Entschlossenheit hatte sich ausgezahlt. Das war ein erbauliches Gefühl. Tates Argumente gegen den frühen Führerschein konnte ich immer erfolgreicher kontern. Das war auch bitter nötig – denn um schon mit 17 Auto fahren zu dürfen, selbstverständlich nur in erwachsener Begleitung, benötigte ich eine eigene Genehmigung; und die konnte ausschließlich mein Vater beantragen.

Irgendwann hatte ich ihn weichgekocht, ich durfte meinen Führerschein machen. Kürzlich hatte ein junges Ehepaar eine neue Fahrschule aufgemacht. Ich meldete mich dort an. Allerdings hatte ich immer noch nicht genug Geld gespart, um mir die Sache wirklich leisten zu können. Ich schlug den Inhabern also ein Gegengeschäft vor: Sie würden einige Teile meiner Lederwaren in Zahlung nehmen, und ich dürfte dafür bei ihnen lernen. Sie lachten, waren sympathisch und schlugen ein. Zur ersten Fahrstunde holte mich der Chef Thomas persönlich in einem Golf GTI ab, und er ließ mich gleich ans Steuer. »So ein alter Schwarzfahrer«, ulkte er. Ihm war schnell klar, dass ich schon Fahrkenntnisse hatte; ich hatte mit Tate und Onkel Peter ja bereits geübt. Ich musste nur ein paar Pflichtstunden erledigen, und im Januar 1984 war ich stolzer Besitzer meines Führerscheins. Tate schenkte mir einen Audi 100 aus zweiter Hand, nun war ich endlich mobil!

Wie ich das Fahren ausreichend üben konnte, hatte ich schnell heraus: Meine Mami Ursula hatte ja seit Peters Wegzug keinen Fahrer mehr und deshalb zu arbeiten aufgehört, zumal sie gut versorgt war. Doch zum alten Eisen wollte sie noch nicht gehören, und schon begleitete ich meine Großmutter gelegentlich auf Reisen. Manchmal waren wir bis zu drei Tagen unterwegs zu ihren Kund:innen, die sie seit vielen Jahren mit ihrer Ware versorgte, vor allem in der Region Pforzheim und Stuttgart, wo sie seit Langem Fabrikant:innen und Ärzt:innen als Kund:innen in ihrem Büchlein führte.

Bevor wir losfuhren, stellte sie mir ihren Fahrplan vor und erklärte mir, wen wir aus welchem Grund aufsuchen würden: Schuhfabrikantin Frau Soundso wartete auf diese oder jene übergroße Tischdecke und so weiter. Solange sie bei ihren Kund:innen war, lauschte ich meinen Musikkassetten oder verschlang Grusel-Heftromane wie *Die Nacht des Hexers* von John Sinclair, die mich damals begeisterten. Mami war die beste Navigatorin, die ich mir vorstellen konnte, sie kannte die Wege haargenau; aber auch die Gasthöfe, die auf der Route lagen. Sobald die Arbeit getan war – und wirklich grundsätzlich immer erst danach –, kam das Vergnügen: »So, Meole«, sagte sie dann, »jetzt gehen wir schön was essen.« Gutbürgerliche Küche in gediegenen Hotels war ihr Liebstes, die meisten Wirt:innen kannten sie schon. Nahe Pirmasens gibt es in Winzeln noch heute das Restaurant im Hotel Kunz, dort speisten wir lukullisch.

Meine Großmutter aß besonders gern Rahmschnitzel oder Zanderfilet in Rieslingsauce, und dazu durften die Salzkartoffeln nie fehlen. Es war ein wunderbares Arrangement – ich hatte meine Fahrübung, und sie konnte ihre alte Kundschaft wieder regelmäßig beliefern.

Wir redeten viel miteinander, die Mami war mir ein echter Kumpel. Manchmal kamen sogar die alte Mami Frieda und Großtante Erika mit ihrem Sohn Robert und Großonkel Strampeli mit auf Reisen. Die Frauen in der Familie meiner Mutter waren wirklich alle beeindruckend selbstständig und selbstbewusst, perfekte Geschäftsfrauen. Nach einem guten Jahr hatte ich aber andere Pläne, schließlich wollte ich mich weiterentwickeln und selbst Erfolg haben.

1985 zogen wir endlich in unser neues Haus in der Erikastraße in Schwarzenbach bei Homburg, direkt am Wald. Meine Eltern verkauften weiter Lederbekleidung. In der Freizeit legte unsere Familie großen Wert auf das Wohlbefinden. Schon als Kind in Spesbach begleitete ich meinen Vater gern in die Sauna, selbstverständlich in der Badehose und nach Geschlechtern getrennt, damals waren die Zeiten noch sehr prüde. Diese Angewohnheit führte ich nun selbstständig fort: Mit der Sporttasche über der Schulter ging es ab ins Hotel Stadt Homburg, für 10 D-Mark konnte man die Sauna und den Swimmingpool nutzen. Ich verbrachte oft viele Stunden dort, hing meinen Gedanken nach und probte im Kopf neue Musikstücke. Kurz nach meinem 19. Geburtstag saß ich mit einem Herrn in der Sauna, der schwitzend und gut gelaunt eine Melodie vor sich hin pfiff. »Das ist doch ›The Shadow Of Your Smile‹!«, platzte es prompt aus mir heraus. Ich kannte diese Filmballade aus Vincente Minellis Film ... *die alles begehren* von 1965 sehr gut, denn das Lied hatte sich seit den 1960er-Jahren rasant zum Jazzklassiker entwickelt.

»Woher kennsch denn du des?«, fragte mich der Mann erstaunt.

»Ich spiele das selbst«, erklärte ich, »auf dem Klavier und auf der Geige.«

Es stellte sich heraus, dass ich mit dem Schlagzeuger Jo Lauer von der Jo Lauer Band sprach – damals eine Größe der Unterhaltungsmusik und in der Branche gut etabliert.

»Du spielsch de Geich?«, erwiderte er und schlug zu meiner großen Überraschung gleich vor: »Dann kommsch mal vorbei, wenn mer probe, und du spielsch mit.«

Das war der Anfang meiner Musikkarriere. Von nun an ging es flugs weiter.

6

Verraten und vermessen
Familie Pohl (1938-1942)

Die Jo Lauer Band war im Saarland und in der Pfalz ein Knüller. Wo es ums Tanzen ging, war sie ganz besonders gefragt. Das erste Mal spielte ich nun also in einer Fünf-Personen-Band: Jürgen (Jo Lauer) übernahm Gesang und Schlagzeug, Hans Kiefer mit Kosenamen »Hänschen« saß am E-Piano, Alois Hess spielte Saxofon und Klarinette, Kurt Färber die Gitarre. Meine Kollegen hätten meine Väter sein können. Obwohl ich sie fast um einen Kopf überragte, war ich für sie »der Kleine«. Mit meinen 19 Jährchen war ich noch ein Babyface. Wir respektierten uns, und ich schätzte meine Mitspieler als wohlgesinnte Lehrmeister. Dass ich ein Sinto war, interessierte sie nicht, allein, dass ich die Geige gut spielte.

Ich fühlte mich unter diesen älteren Gadje wohl. Alles, was zählte, war die Musik. Jürgen war ein Perfektionist und Profi. Er wusste, wie man sich vermarktet und an Engagements kommt, wie wir uns zu kleiden und publikumswirksam zu verhalten hatten. Wir traten in Dinnerjackets und Hosen mit blitzgeraden Bügelfalten auf, sehr schnieke und farblich penibel aufeinander abgestimmt. Von Jürgen lernte ich, wie man sich Bühnenpräsenz erarbeitet und vor allem, wie das Musikgeschäft von der anderen, der geschäftlichen Seite aussieht; für Musiker ist das essenziell, um sich auf dem Markt behaupten zu können.

Die Abläufe auf der Bühne waren Schritt für Schritt geplant, alles war durchgetaktet und bis auf den letzten Ton geprobt. Wir hielten uns strikt an die Noten. Für die Bälle der Tanzschulverbände etwa mussten die Einsätze absolut präzise sitzen, um die Tanzenden nicht aus dem Takt zu bringen. Die Jo Lauer Band spielte auf Festivals, in Hotels, Lokalen und sehr oft im Radio. Mit Hänschen trat ich auch allein auf, denn Jürgen delegierte öfter kleinere Engagements an uns. Ich war gut eingespannt und sammelte mit meinen Kollegen viele wertvolle Erfahrungen. Darunter ganz besonders diejenige, dass ein gleichberechtigtes Miteinander möglich ist.

Im Bekleidungsladen meiner Eltern brummte das Geschäft nicht minder. Mama und Tate ermutigten mich, einen Namen für ihre Firma zu finden, und so taufte ich unseren Homburger Betrieb »Romeos Lederkeller«. Dreiviertljacken und Lederjacken mit gepolsterten Schultern waren zu der Zeit sehr in Mode. Weil sich das Geschäft in unserem eigenen Haus befand und wir ein Familienbetrieb waren, hatten wir wenig Unkosten. Wir konnten die Ware vom Großhändler also günstiger kalkulieren als der Einzelhandel. Kaum schalteten wir eine Anzeige im Kreisblatt, gab es einen Ansturm: Die meisten Jacken waren bis zum Wochenende ausverkauft, und schon fuhren wir abermals nach Düsseldorf oder Frankfurt, um die neue Kollektion einzukaufen.

Eines Mittags klingelte es außerhalb der Öffnungszeiten an der Tür. Draußen stand ein Herr und bat verschämt und unbeholfen um Einlass in den Lederkeller. Mir war sofort klar, dass er mit Leder andere Erwartungen als bloß Jacken verband, und ich prustete vor Lachen. Völlig verunsichert drehte der Mann sich auf dem Absatz um und verließ eiligen Schrittes das Grundstück. »Wer war das?«, rief Tate aus dem Nebenraum.

Ich klärte ihn auf, und wir amüsierten uns sehr. Der Laden lief wirklich famos.

Mittlerweile besaß ich einen Golf II und war stolz wie Bolle. Abends vor Ladenschluss klapperte ich meine Kundschaft ab. Es gab viele Ladenbesitzer:innen, wie etwa Friseur:innen, die nie Zeit zum Einkaufen hatten und dankbar waren, dass ich ihnen diesen Service bot; und ich war glücklich, mein Bankkonto aufzubessern.

Meinen gleichaltrigen Cousins und mir kam es nie in den Sinn, untätig zu sein, im Gegenteil. Einen faulen Lenz machen und lang ausschlafen, war bei uns nicht angesagt. Meine Eltern und meine beiden Mamis waren mir ein gutes Vorbild, denn sie waren immer sehr fleißig. Wir, die Kinder und Enkel verfolgter Sinti, waren strebsam und wollten etwas im Leben erreichen. Ich bin mit gutem Rückhalt aufgewachsen und hatte in meinem Umfeld Glück. Doch manch andere Sinti und Roma konnten sich aus den Fängen der Vergangenheit nie befreien. Sie hatten ihre Eltern seelisch und körperlich gebrochen erlebt, waren mutlos und resigniert, auf Traumata folgten Retraumatisierungen. Somit war das Scheitern für viele kaum vermeidbar.

Beim Golf II wollte ich es nicht belassen, ich hatte nämlich eine neue Leidenschaft entwickelt: schöne Autos. So träumte ich davon, bald meinen eigenen eleganten Schlitten zu fahren, am liebsten einen Oldtimer. Über dieses Hobby war ich in Homburg mit einigen anderen jungen Männern in Kontakt gekommen, die meine Freunde wurden. Der eine war Designer in einer Schuhfabrik in Pirmasens, der andere ein deutschrumänischer Bodybuilder mit Muskelpaketen wie Ivan Drago aus der Filmreihe *Rocky*. Dessen Familie stammte aus Siebenbürgen (Transilvania); sein Vater war beeindruckende zwei Meter groß, seine umso zierlichere Mutter arbeitete bei

Bosch. Wir Kumpels waren in unserer Freizeit viel gemeinsam unterwegs und warfen uns in Schale, als wären wir der US-amerikanischen Serie *Miami Vice* entsprungen. Wir trugen breitschultrige, legere Jacketts, gern weiß oder cremefarben, darunter pastellfarbene T-Shirts oder bunt gemusterte Sommerhemden. Unsere Hosen waren stilistisch abgestimmt, locker und am besten auch etwas schrill. Ich fühlte mich lässig wie Detective James Crockett, und zeitweilig trug ich meine Haare als Vokuhila wie dessen Darsteller Don Johnson. Ein Dreitagebart und eine breite Sonnenbrille durften auch nicht fehlen. Wir rochen wie ein ganzer Parfümladen und verströmten den Hauch der weiten Welt. So jedenfalls dachten wir, scheinbar selbstbewusst. Mit Ricardo Tubbs, Crocketts Kollegen, war ich nicht minder identifiziert, ich war hin- und hergerissen zwischen den beiden Helden der TV-Serie, der Weiße und der Schwarze, die gemeinsam gegen das Böse kämpften.

Jedoch lebten wir sehr strukturiert zwischen Arbeit, Familie und Vergnügen. Unsere Autos glänzten wie geschliffener Marmor in der Sonne, ständig polierten wir das Chrom und den Lack, die Felgen blitzten, sodass man sich darin spiegeln konnte. Frisch wie aus der Fabrik. Selbst bei schlechtem Wetter sah alles picobello aus: Mit Schwamm und Eimer im Kofferraum war jeglicher Dreck im Handumdrehen beseitigt. Was waren wir für Angeber. Aber wir hatten eine fantastische Zeit, für mich hatte sie etwas Befreiendes. Meine Gefährten wussten, dass ich Sinto bin, und hatten keinerlei Vorbehalte. Im Gegenteil, sie nahmen mich sofort in Schutz, wenn abfällige Kommentare wegen meiner Herkunft fielen. Wir unterstützten uns gegenseitig und hatten ein sehr offenes Verhältnis zueinander.

Es gab aber auch andere Erlebnisse. Zu meinen Bekanntschaften gehörte schon länger ein junges Ehepaar. Eines Tages luden sie mich aufs Neue zu einer Lederjackenparty ein, die so gestaltet wie die Tupperware-Partys war. Es war ein amüsanter Abend, und ich verkaufte einige Jacken. Am folgenden Tag fehlten die Ohrringe der Tochter, die angeblich im Bad gelegen hatten. Es hieß nun, auf dem Fest sei doch auch ein »Zigeuner« gewesen, sofort verdächtigte man mich. Ich war bestürzt, dass Leute, die ich schon lange kannte, mir so etwas zutrauten, und fühlte mich ohnmächtig: ohne Hilfe einem Vorwurf ausgeliefert, für den ich nichts konnte. Was blieb mir da noch zu sagen, konfrontiert mit den Fantasien und Emotionen der anderen, die keinerlei Realitätsbezug hatten? Die Ohrringe tauchten kurz darauf unter dem Bett des Mädchens auf. Das Paar entschuldigte sich bei mir, ich war jedoch zu enttäuscht, um wieder Vertrauen zu schöpfen, und zog mich zurück. So wirken Vorurteile und Rassismus. Sie zerstören zwischenmenschliche Beziehungen.

An den Wochenenden fuhren wir oft ins Marabu nach Zweibrücken, in der Region eine der ersten Großraumdiskotheken und ein Anziehungspunkt für Jung und Alt. Drei Coca-Cola kosteten dort 10 D-Mark, damit kamen wir gut durch den Abend. Meine Cousins und Cousinen, mit denen ich über meine Großmutter väterlicherseits, die Modsche-Mami Marie, sowie über Nana, die Schwester meiner Ursel-Mami, verwandt bin, begleiteten uns. Wir sehnten uns nach Leichtigkeit und fanden sie. In unserer Gruppe waren alle unbescholten, keine:r war argwöhnisch oder niederträchtig.

Ich war Anfang 20 und genoss mein autonomes Leben. Doch als gerade alles so schön war, musste ich von meiner alten Mami Abschied nehmen. Frieda starb 1988 mit stolzen 96 Jahren in Kaiserslautern. Sie wohnte bis zum Schluss bei Tante Erika, ihrer jüngsten Tochter. Seit einiger Zeit hatte sie begonnen, körperlich zu schwächeln, sie verweigerte zunehmend das Essen. Der Arzt wollte sie ins Krankenhaus bringen, doch wir insistierten, dass sie zu Hause sterben solle. Nun saß ich neben ihr am Bett und hielt ihre Hand. Sie war so klein, so zerbrechlich, es zerriss mir das Herz. Bis kurz vor ihrem Tod blieb sie glockenklar, völlig bei Sinnen. Je öfter ich sie in ihren letzten Tagen besuchte, umso seltener erkannte sie mich. Dass sie mich, ihren Lieblingsurenkel, nicht mehr wahrnahm, tat mir so weh, dass ich weinte. Ich liebte die alte Mami sehr.

Es war kurz vor Weihnachten, als wir spürten, dass sie jetzt bald ihren letzten Atemzug machen würde. Nun musste alles sehr schnell gehen und in Windeseile eine Gruft gemauert werden. Bei uns Sinti war und ist es bis heute teils noch üblich, Tote in einer gemauerten Gruft zu begraben. Frieda hatte sich einen möglichst großen Sarg gewünscht: »Wenn mir mal etwas passiert, will ich keinen flachen Sarg haben, weil ich darin keine Luft bekäme«, sagte sie entschlossen; ein kleiner Sarg wäre ihr zu stickig, der müsse hoch sein! Sie bestand darauf, in Kirkel begraben zu werden.

Ich ging mit meiner Mami Ursula in Kaiserslautern in ein Bestattungsunternehmen. Dort fanden wir einen Sarg aus Mahagoni, eine regelrechte Truhe für einen sehr großen Menschen. Dort hinein wurde die zierliche alte Mami gebettet. Bei der Beerdigung legte ich ihren Gehstock mit ins Grab. Ihr langes, aufreibendes, schweres Leben war zu Ende gegangen. Unser Weihnachtsfest war überschattet von Trauer. Ich begriff mit großer Wucht, was der Verlust eines geliebten Menschen bedeutet.

Nachdem ich fast vier Jahre in der Jo Lauer Band gespielt hatte, wies Mama mich eines Tages auf ein Quartett hin, dessen Auftritt in einer Studentenkneipe angekündigt war: das Lulu Weiss Quartett. Ich ging hin, lauschte begeistert und sprach Lulu in der Pause auf Romanes an. Er forderte mich kurzerhand auf, zwei Stücke mitzuspielen. Wir harmonierten sofort miteinander. Am kommenden Tag stellte sich heraus, dass ich mit Lulu Weiss verwandt bin: Er ist über meine Ursel-Mami mein Cousin dritten Grades.

Es gingen einige Wochen ins Land, da rief Lulu mich aufgeregt an: Sein Geiger habe sich beim Pizzaholen auf dem Fahrrad beide Arme gebrochen, ob ich für ihn einspringen könne? Und schon war ich mit der Band auf Tour. Lulu und Caruso Lehmann spielten die akustische Gitarre, am Bass war Thomas Stützel, der einzige Gadjo in der Band, er studierte in Saarbrücken Kunst. Geige und Klavier übernahm ich. Ich kannte das Programm der Band nicht, alles war improvisiert, völlig frei und unorthodox – das genaue Gegenteil dessen, was ich an strikt festgelegter Form bei Jürgen Lauer kennengelernt hatte; das konnte ich hier einstweilen über Bord werfen. Es wurde ohne Noten und Regeln spontan drauflosgespielt, intuitiv und ohne Korsett. Die Musiker waren gleich von null auf hundert, sie rissen mich mit, emotional war das intensiv, ich ging ganz im Ensemble auf, als wären wir eins.

Beim ersten Konzert dachte ich überwältigt, der Vorhang zur Welt geht auf: Diese Musik atmete ganz anders! So lernte ich eine weitere Seite des Musizierens kennen, die mich tief beeindruckte. Und ich blieb im Quartett. 1990 brachten wir die erste Schallplatte des Lulu Weiss Quartetts heraus: *Gypsy Dreams*. Ich war zufrieden, denn die Dinge entwickelten sich für mich so, wie ich sie mir gewünscht und wofür ich hart gearbeitet hatte.

Mami Ursula verfolgte meine Entwicklung mit Interesse und großer Anteilnahme. Sie war stolz auf mich. Täglich war sie bei uns in der Erikastraße, oft schon morgens zum Frühstück. Wir holten sie aus ihrem Reihenhäuschen in der Unteren Allee ab, und sie verbrachte viel Zeit im Geschäft meiner Eltern oder im Haus. Doch manchmal langweilte sie sich, sie fühlte sich zu jung, um schon Rentnerin zu sein. Wenn ich Zeit hatte, begleitete ich sie also wieder ab und zu auf ihren Geschäftsreisen. Wie üblich erzählte sie mir auf manchen langen Fahrten von früher. Und ich, der ich nun 24 Jahre alt war, konnte nicht nur manches viel besser verstehen und einordnen, sondern auch halbwegs vernünftige Fragen stellen. Zunehmend interessierte ich mich für die Geschichte und politische Gegenwart. »Was ist denn eigentlich mit euch geschehen, als die Nazis die Macht übernahmen und überall in Berlin präsent waren?«, wollte ich zum Beispiel wissen. Und meine Großmutter erzählte bereitwillig; es war ihr wichtig, mir diese Dinge weiterzugeben.

Mami war bei der Machtergreifung 1933 fast elf und bei Kriegsbeginn 16 Jahre alt. Die Erinnerungen an diese Zeit waren ihre eigenen, ihre Erzählungen sehr dicht. Vor allem die Zeit in der Thulestraße in Berlin-Pankow hatte sich in ihr Gedächtnis eingeprägt, weil sie hier ihre Kindheit und Jugend verbrachte. Öfter wusch sie ihrem Papo Waidemann den Rücken. Dazu besorgte sie sich die Waschschüssel, warmes Wasser und Seife. Sie krabbelte hinter ihn, den großen, starken und alten Mann, und begann ihm den Rücken zu schrubben. Waidemann hatte eine Delle im Rücken, die Schussverletzung aus dem Ersten Weltkrieg. Diese säuberte sie besonders sorgfältig und trocknete ihren Großvater hinterher ab. »Ach, mein Kindchen«, seufzte er. »Shukar, danke.« Meine Mami erzählte mir davon, um zu illustrieren, wie innig ihre Beziehung zu ihm war.

Sie und ihre vier jüngeren Geschwister wuchsen in den 1930er-Jahren noch einigermaßen behütet auf. Ihr Tate Weißkopp war seit 1932 mit seinem Zirkus und dem rollenden Kino unterwegs, führte aber auch in Berlin noch gelegentlich Filme vor, sodass sie ihn öfter sah. Außerdem schrieben sie sich gelegentlich Briefe. 1937 erklärten die Nationalsozialist:innen meine Urgroßmutter Frieda Pohl für staatenlos. Damit hatten sie nun die rechtliche Grundlage, sie wie eine Ausländerin zu behandeln. Ausgerechnet Frieda: sie, eine waschechte Brandenburgerin. Sie, die sie als Händlerin ihre Bücher stets penibel geführt und ihre Steuern ordentlich bezahlt hatte, was ihr selbst die Nazis aktenkundig attestierten. Sie, die Pankowerin, die dort standesamtlich geheiratet hatte und deren Kinder dort die Schule besuchten. Nun, da ihr Ehemann Weißkopp weg und mit einer neuen Frau liiert war, war es für sie fast unmöglich, sich der Ausgrenzung und drohenden Verfolgung zu entziehen, unmöglich konnte sie geschäftlich noch auf weite Reisen gehen. Außerdem war ihr Vater alt und hilfsbedürftig, und ihre Kinder waren überwiegend noch zu jung, um sich mit ihnen auf den Weg zu machen. Frieda war mit ihrer vertrauten Umgebung verwurzelt, die sie für ein ungewisses Wagnis nicht aufgeben wollte. Vielleicht konnte sie sich nicht vorstellen, was die Nationalsozialist:innen an Grausamkeiten für ihre und andere Menschen vorgesehen hatten – wie sollte sie auch! Sie war und blieb ortsgebunden und war nicht gewillt, ihre Heimat aufzugeben.

Ab 1939 steckte die gesamte Familie Hoff-Pohl in Berlin fest. Zur Erinnerung: Das Reichskriminalpolizeiamt hatte am 17. Oktober 1939 den Festsetzungserlass angeordnet, um Sinti und Roma vollständig zu deportieren. Sie bekamen die Auflage, »von sofort ab bis auf weiteres ihren Wohnsitz oder jetzigen Aufenthalt nicht zu verlassen«. Wer gegen diese Auflagen verstieß, wurde in einer Fahndungsliste des RKPAs erfasst.[1] Reisen ohne Erlaubnis waren demnach hochriskant und konnten unmittelbar im Konzentrationslager enden. Zu Hause sprachen meine Verwandten untereinander Romanes, sobald sie sich in der Öffentlichkeit bewegten, verwendeten sie ausschließlich Deutsch. Sie waren assimiliert und gingen Gefahren so gut es ging aus dem Weg, indem sie sich so unauffällig wie möglich verhielten. Mein Ururgroßvater Waidemann steckte sich irgendwann sogar das Hakenkreuzabzeichen ans Jackett, um nicht aufzufallen. Er nahm stark ab, auf Fotos wirkt er eingefallen, seine Wangen sind zerfurcht.

Mami Ursula hatte im selben Jahr in einem Papierwarengeschäft in der Prinzenallee eine Lehre begonnen, sie war ein Teenager voller Energie und Ehrgeiz. Eigentlich wollte sie Lehrerin werden, aber zunächst galt es, Geld zu verdienen. Ich weiß nicht, welchen Berufsweg ihre Schwester Nana einschlagen wollte. Die zierliche Bärbel, Mamis zweitjüngste Schwester, träumte von einer Ausbildung als Damenschneiderin, manchmal wollte sie wie ihre Mama Kauffrau werden. Sie spielte sehr schön Klavier und war eine wunderhübsche junge Frau. Die Jüngste, Erika, war wegen ihrer frühen Rachitis-Erkrankung mit körperlichen Folgeschäden viel zu Hause, sie war lediglich 1,40 Meter groß. Friedas und Weißkopps einziger Sohn Joschi, Jahrgang 1926, lernte das Akkordeonspiel und spielte oft gemeinsam mit seinem Großvater Waidemann und seiner Schwester Bärbel. Er ließ sich mit 14 Jahren im feinen Hotel Adlon zum Pagen ausbilden. In dem legendären Hotel am Brandenburger Tor verkehrten Persönlichkeiten wie Charlie Chaplin und Marlene Dietrich; Thomas Mann und seine Ehefrau Katia gehörten zu den Stammgäst:innen. Mein Großonkel Joschi war mächtig stolz auf seine blaue Pagenuniform mit den roten Paspeln und der farblich passenden Pagenkappe. Er war ein sehr fein aussehender Teenager, der stets korrekt gekleidet war und mit großem Ernst an seine Aufgaben ging. Er hätte im Hotelgewerbe gewiss eine vielversprechende Karriere machen können, wären da nicht die Nationalsozialist:innen gewesen.

Am 30. Januar 1940 hatte die staatliche Kriminalpolizei am Werderschen Markt in Berlin-Mitte die Personalien von Frieda und ihren fünf Kindern mitsamt ihren Fingerabdrücken erfasst, sie waren nun in der Kartei registriert und zunehmend exponiert. Urgroßvater Julius, mein Papo Weißkopp, war bereits seit Februar/März 1940 mit der Familie seiner Schwester Adelheid, traditionell ›Muschel‹ genannt, auf der Flucht. Zunächst war sein Sohn Strampeli (Walter Winter) aus München zu ihm gekommen und hatte ihn gewarnt, dass er gesucht werde. Später tauchte der Polizeiwachtmeister von Breitengüßbach auf und »machte mich darauf aufmerksam, dass er den Auftrag habe, mich mit meiner Familie wegzuschaffen«, weil ich ein »Zigeunermischling« sei, gab Julius Weißkopp nach dem Krieg zu Protokoll.[2] Er habe das allerdings bestritten und dem Polizisten daraufhin seine gut möblierte Wohnung gezeigt. Das habe den Mann verunsichert. Offenbar saß der Polizist dem Klischee auf, dass sesshafte Menschen niemals Sinti und Roma sein könnten. Laut Weißkopp habe dieser sich in Berlin dann nochmals erkundigen wollen und sei wieder gegangen. Das war meines schlauen Urgroßvaters Chance: Noch in derselben Nacht ergriff er mit seiner Frau Wirtsa und ihrem Neugeborenen die Flucht. Die erste Station war Hall in Südtirol, kurz vor Innsbruck. Seine Fluchtroute lässt sich aufgrund seiner und der Aussagen seiner Verwandten nach dem Krieg rekonstruieren.

Meine Mami Ursula wusste ebenfalls viel aus erster Hand zu berichten. Doch auch andere Familienmitglieder und Zeitzeugen haben dazu beigetragen, den Fluchtweg meiner Familienmitglieder nachzuvollziehen. Zu diesen Zeitzeugen zählt mein Onkel Mirano Cavaljeti-Richter. In seinem Buch *Auf der Flucht über den Balkan* erzählt er viel von unserem gemeinsamen Vorfahren Julius Weißkopp, dessen Schwester

Adelheid seine Großmutter war.³ Mirano maß meinem Urgroßvater hohe Intelligenz und große Wachsamkeit zu. Die Familienmitglieder, so erinnert er sich, erreichten irgendwann den Brenner. Die Pässe der meisten Flüchtenden waren bereits abgelaufen. Weißkopp »verlängerte« sie also kurzerhand gemeinsam mit Miranos Bruder Harry, indem sie aus einem Stück Schiefertafel einen Behördenstempel bastelten.⁴ Die Grenzer wollten sie dennoch nicht weiterreisen lassen.

Es war pures Glück, dass die aus Berlin stammende Schauspielerin Brigitte Horney intervenierte, die wegen Filmaufnahmen ebenfalls auf Reisen war und an der Grenze wartete. Sie gab dem Beamten zu verstehen, dass es sich hier um eine großartige Artisten-Varieté-Truppe handele, die in Italien für die deutsche Sache werben würde, und umarmte Miranos Großvater. Horney, Tochter einer Psychoanalytikerin und eines Industriellen, war eine in der NS-Zeit und darüber hinaus begehrte Schauspielerin. Sie hatte dennoch ihren eigenen Kopf und ließ sich nicht völlig von den Nationalsozialist:innen vereinnahmen. Einerseits schwamm sie mit dem Strom, andererseits widersetzte sie sich, indem sie jüdische Kolleg:innen und andere Verfolgte unterstützte. Sie lebte zwar in einer arisierten Villa in Neubabelsberg, in der sie aber Erich Kästner unterbrachte. Ihretwegen entkam Weißkopp mit seinen Mitflüchtenden, sie fuhren zunächst nach Monfalcone nördlich von Triest und schlossen sich einige Monate einem Zirkus an. Im Frühjahr 1941 machten sie sich selbstständig und reisten ein gutes Jahr durch Italien. Sie erfreuten die Italiener:innen mit ihren diversen Künsten und konnten sich so einigermaßen gut versorgen.

In Berlin wurden unterdessen Weißkopps Kinder konfirmiert; Frieda legte, wie erwähnt, Wert auf Konventionen. Es dürfte

1940 oder 1941 gewesen sein, Ursula, ihr Bruder Joschi und ihre Schwester Bärbel kleideten sich für den Anlass außerordentlich fein, comme il faut. Meine Mami trug ein elegantes, kurzärmeliges Kleid, und anstelle einer Brosche steckte eine weiße Blume an ihrem Ausschnitt. Ihre langen Haare waren hinten klassisch hochgesteckt, die Ohrringe betonten die eindrucksvollen Augen in ihrem anmutigen Gesicht. Dazu weiße Handschuhe und ein zarter Blumenstrauß. Bärbel hatte an ihrem Kleid einen weißen Kragen mit Schleife. Auf Fotos hält meine Großtante, die Hände ebenfalls in weißen Handschuhen, einen Blumenstrauß, den sie in einem weißen Spitzentuch vor sich trägt. Ihr Rock ist etwas kürzer als der ihrer älteren Schwester. Sie wird wohl ungefähr 14 Jahre sein. Ein Bild zeigt Joschi in dunklem Jackett mit weißem Hemd und weißer Fliege. Neben ihm auf dem Tisch liegt sein Hut, ein echter Gentleman. Das war die bürgerliche Ruhe vor dem brutalen Sturm, den die Nationalsozialist:innen bald auch bei uns losbrechen würden.

Im Mai 1941 wurde meine alte Mami Frieda Gegenstand eines regen behördlichen Schriftverkehrs. Möglicherweise hatten sogar Sinti sie denunziert, auch das gab es leider, weil sie noch einen Wandergewerbeschein besaß und diesen weiterhin eingeschränkt nutzte, um sich und ihre Kinder zu ernähren. Es gab bei der Pankower Polizei glücklicherweise einen Beamten, der es für juristisch fragwürdig oder vielleicht auch schlicht für zu mühsam hielt, ihr den Schein für das laufende Jahr zu entziehen, sodass Frieda ihn zunächst behalten konnte. Die fortlaufende Korrespondenz zeigt zugleich, dass sowohl Frieda als auch ihre Kinder am 9. Oktober 1941 von der »Rassenhygienischen Forschungsstelle« des Reichsgesundheitsamtes gutachterlich erfasst waren: Nase, Augen, Hände fotografiert, Gesicht vermessen, nach Verwandtschafts- und Lebensverhältnissen ausgefragt. Für die dergestalt Begutachteten war dies »ein undurchschaubarer Vorgang, der vor ihnen geheimgehalten wurde«, schrieb Reimar Gilsenbach 1993. Ihnen wäre nie mitgeteilt worden, wie sie eingestuft worden waren, sie konnten keinen Einspruch erheben oder »gar eine gerichtliche Überprüfung der für sie lebensbedrohlichen Einstufungsformel ... verlangen.«[5] Gilsenbach war in der DDR ein sehr engagierter Verfechter der Belange der Sinti und Roma und bemüht, aufzuklären und die Geschichte darzustellen, wie sie geschehen war. Er beschrieb, wie eine »Gutachterliche Äußerung«, die bei der »Dienststelle für Zigeunerfragen« einer Kriminalpolizeistelle einging, über einen Verteilerspiegel an diverse andere Behörden weitergeleitet wurde, die daraufhin tätig wurden: »Die Wehrmacht hatte sie aus dem Wehrdienst zu entlassen, das Arbeitsamt hatte sie zu Zwangsarbeit zu verpflichten und die ›Zigeunereigenschaft‹ in das Arbeitsbuch einzutragen, das Reichskriminalamt hatte einen besonderen ›Zigeunerausweis‹ für sie auszustellen, das Finanzamt hatte von ihnen eine Sondersteuer zu erheben und das Vermögen der nach Auschwitz Deportierten zu beschlagnahmen, die Standesämter mussten ›Ehetauglichkeitsbescheinigungen‹ verweigern, die Volksbildungsbehörden ›Zigeunerkinder‹ von den Schulen verweisen, die Gesundheitsämter hatten Sterilisierungsverfahren einzuleiten ...«[6]

Diese Auflistung veranschaulicht das Netz von Diskriminierung und Verfolgung, das immer enger gezogen wurde. Die Hauptarbeit, so Gilsenbach, habe indes in der Kompetenz der Kriminalpolizei gelegen: Sie habe darüber gewacht, dass Sinti und Roma die ihnen zugewiesenen Aufenthaltsorte nicht verließen, sie habe die »Zwangslager« (euphemistisch »Zigeunerrastplatz« genannt) kontrolliert. Außerdem sorgte die Kriminalpolizei dafür, dass Sinti und Roma keine Straßenbahnen benutzten, keine Haustiere hielten, keine Gaststätten besuchten, nicht mit »Deutschblütigen« verkehrten oder gar postlagernde Briefe empfingen. Die Maßnahmen gegen Sinti und Roma und deren Verfolgung wurde von Jahr zu Jahr systematischer, akribischer und manischer vorangetrieben. Manche Historiker:innen vermuten, dass der Massenmord an ihnen mit noch fanatischerem Eifer als bei den Juden verübt wurde, weil der Antiziganismus noch tiefer als der Antisemitismus verwurzelt gewesen sei.[7] »Jede einzelne ›Gutachterliche Äußerung‹«, fasst Gilsenbach es zusammen, »löste all diese Zwangsmaßnahmen und Schikanen aus, all dieses Elend und diese Ängste. Die Unterschriften sind immer dieselben: ›Dr. Ritter‹ oder ›i. A. Justin‹.«[8]

»Justin« war Eva Justin, Assistentin und Protegé von Robert Ritter, dem Leiter der »Rassenhygienischen Forschungsstelle«. Die Sinti und Roma, die im Zwangslager Marzahn festgehalten wurden, nannten sie Lolitchai, Romanes für »rothaariges Mädchen«, was gegenüber Eva Justin abschätzig verwendet wurde. Die Lolitchai erschlich sich im Lager und anderswo durch Freundlichkeiten und Bestechungsgaben wie Süßigkeiten sowie mit ihrem rudimentären Romanes die Gunst der Kinder. Eines davon war der Auschwitz-Überlebende Otto Rosenberg. Erst später, sagte er, sei ihm bewusst geworden, dass sie mit ihrer Scheinheiligkeit lediglich das Ziel verfolgte, ihre pseudoanthropologischen Studien an ihm durchzuführen. Dieser Betrug führte bei ihm und nicht wenigen anderen Betroffenen zu einem fundamentalen Vertrauensverlust, der bei vielen von ihnen eine dauerhafte Verunsicherung gegenüber Menschen aus der Mehrheitsgesellschaft zur Folge hatte. Rosenberg erinnert sich in seiner Autobiografie, dass er eine Tracht Prügel besser als diese Scheinfreundlichkeiten verkraftet hätte. »Bis heute frage ich mich: Wie konnte sie so etwas tun, obwohl sie so lieb und nett war? So etwas belastet einen mehr als eine Strafe«.[9]

Die Historikerin Eve Rosenhaft arbeitete heraus, dass bei Ritters Arbeit zwischen wissenschaftlicher »Forschung« und polizeilicher »Erfassung«, zwischen »Wissenschaft« und »Herrschaft« kaum zu unterscheiden war.[10] Man habe »Täuschung, Bestechung und verlogene Versprechungen« als probate Mittel zur Vertrauensgewinnung angesehen. Die Pseudoforscher:innen logen ihren Proband:innen sogar vor, die ärztlichen Untersuchungen seien eine Voraussetzung, um Sozialhilfe gewährt oder Wohnungen zu bekommen.[11] Ritter und seine Assistent:innen behandelten Sinti und Roma wie »Kolonialsubjekte«. Dass Ritter wie Eva Justin Romanes lernten, war laut Rosenhaft »eher ein Akt der Aggression als ein Mittel der Annäherung«; gegenüber seinen Forschungsobjekten habe er eine »durch und durch negative Haltung« eingenommen.[12] Das Ergebnis der Pseudostudien habe bereits vor der Untersuchung festgestanden, so vorurteilsbeladen waren die nationalsozialistisch gesinnten Herrschaften.

Robert Ritter und seine Assistentin Justin erfuhren nach dem Krieg keinerlei strafrechtliche Konsequenzen. Vielmehr stilisierte Ritter sich »zu einem regimekritischen Geist, ja fast zum Widerstandskämpfer ... der mit hohem persönlichem Einsatz nur darauf aus war, im Gewande der Wissenschaft Gutes zu tun und schlimmere humanitäre Katastrophen zu verhindern«, so der Psychiater Tobias Schmidt-Degenhard in seiner Dissertation über den Rassenhygieniker Ritter.[13] Ritter sei in Wahrheit der »*Spiritus Rector* einer gigantischen Erfassungsmaschinerie« gewesen, die die Grundlagen der Vernichtung und des Genozids an Sinti und Roma geliefert habe. Kaltblütig und selbstgerecht habe Ritter sich »zum Retter seiner faktischen Opfer« umgedichtet.[14] Schmidt-Degenhard beschreibt, wie schamlos »es Ritter durch den vielköpfigen Chor der Entlastungs- und Leumundszeugen gelungen ist, sich nach Ende der

Nazidiktatur quasi neu zu erschaffen und mit Hilfe der vorteilhaft belichteten und inszenierten Darstellungen seiner Persilschein-Aussteller moralisch neu zu erfinden.«[15]

Ritter wurde, das soll an dieser Stelle angemerkt sein, am 26. Juli 1947 zum Leiter der Fürsorgestelle für Gemüts- und Nervenkranke der Jugendpsychiatrie in Frankfurt am Main ernannt. Wie so viele Nationalsozialist:innen machte er nach dem Krieg als scheinbar unbescholtener Bürger weiter Karriere. Als Stadtarzt übertrug er »die kriminalbiologischen Gedankenfiguren und psychologischen Denkschemata« aus der NS-Zeit nahtlos auf delinquente Jugendliche. Der heutige Kinder- und Jugendpsychiater Schmidt-Degenhard bemerkt über den Umgang mit Ritters Opfern in der Nachkriegszeit: »Es ist ein moralisches Skandalon und eine beschämende doppelte Erniedrigung der Sinti und Roma, dass sich in der juristischen Praxis der Nachkriegszeit ihre Diskriminierung durch die grundsätzliche Entwürdigung und Delegitimierung als Zeugen vor Gericht bruchlos fortsetzte; denn wer, wenn nicht sie selbst, konnten für ihre Rechte und Rehabilitierung vor Gericht die Stimme als Gewaltopfer der nazistischen Rassenideologie ihre Stimme erheben?«[16] Auch meine Familie sollte in der Nachkriegszeit derlei Erniedrigungen und fortgesetztes Unrecht erfahren.

Die Historikerin Rosenhaft betont einen Punkt, der zwischen der Romanes-sprachigen Minderheit und der Mehrheitsgesellschaft bis heute eine starke Rolle spielt: Staatliche und staatsnahe Instanzen missbrauchten Sinti und Roma damals skrupellos als Forschungsobjekte – physisch und psychisch. »Das hatte auch zur Folge, dass das Bewusstsein, nicht nur missbraucht, sondern verraten worden zu sein, ein wichtiger Bestandteil des Traumas war, das die überlebenden Opfer in der Nachkriegszeit prägte.«[17] Auch bei Mitgliedern meiner Familie führte dies zu einem dauerhaften Grundgefühl von Unsicherheit und mitunter einer bewussten Abgrenzung von der als feindselig empfundenen Umgebung. Diese Traumata wirken in vielen Sinti und Roma über Generationen hinweg weiter. Wir hatten – und haben bis heute noch oft allen Grund, misstrauisch zu sein, denn die Ausgrenzungen und die rassistischen Anfeindungen durch die Behörden gingen nach dem Zweiten Weltkrieg kontinuierlich weiter. Dieser Mangel an Vertrauen äußert sich oft gegenüber Gadje und hier vor allem gegenüber jenen, die in staatlichen Institutionen, Schulen oder Krankenhäusern arbeiten. So ist zu verstehen, warum meine Mami lang darauf bestand, mich als Grundschüler täglich von der Schule abzuholen; sie lebte in ständiger Angst um mich.

Es existieren Durchschriften der »Gutachterlichen Äußerungen« für Frieda Pohl und ihre Kinder, datiert vom 9. Oktober 1941. Sie alle tragen die Unterschrift von Robert Ritter. Er stufte sie erwartungsgemäß nach der Formel »~~Zigeuner~~-Mischling (–)« ein. Die Formel mit dem Minuszeichen bedeutete in der NS-Behördensprache, dass sie angeblich nur ein Achtel »~~Zigeuner~~blut« besaßen. Bizarrer geht es nicht. Sie waren damit jedoch, wie fast alle deutschen Sinti, zur Ermordung oder Sterilisierung freigegeben.

Einstweilen verlief das Leben meiner Berliner Verwandten dennoch halbwegs normal – eine Normalität im Ausnahmezustand, in einer Welt, die gegenüber menschlichen Werten immer unnormaler wurde. Großtante Nana arbeitete mit ihren zarten 16 Jahren nun in einer Munitionsfabrik bei der Herstellung von Patronen. Im selben Jahr lernte meine 18-jährige Mami Ursula im Haus Vaterland am Potsdamer Platz Alfons Renz Blum aus Warin, Kreis Wismar, kennen. Alfons, genannt ›Dommeli‹, war ein Drahtseilartist, der stehend auf zwei Pferden reiten konnte. Er war ein ausgemacht schöner Mann mit einem schmalen Gesicht und drahtig schlanker Figur, der durch seine eleganten Bewegungen auffiel. Meine Mami war auch nicht von Pappe, sie sah entzückend aus, filigran von Gestalt, mit glänzender Ausstrahlung. Sie hatte die Wirkung einer feinen Dame. Als Dommeli Ursula wahrnahm, forderte er sie zum Tanz auf, und noch am selben Abend hielt er um ihre Hand an. »Du hast ja wohl 'ne Meise unterm Pony!«, erwiderte meine Mami in bestem Berlinerisch, entrüstet, aber wohl doch sehr geschmeichelt. Die Situation war ähnlich wie bei meinen Großeltern Chinko und Marie: Es war Liebe auf den ersten Blick. So trat die Familie Blum noch prominenter in unser Leben; familiäre Verbindungen gab es nämlich bereits seit dem 19. Jahrhundert. Dommeli und Ursula boten ein auffallend anmutiges junges Paar. Der Zufall wollte es, dass sie am selben Tag geboren waren, Dommeli sechs Jahre vor Ursula. Dommeli sollte mein Großvater mütterlicherseits werden. Von der Familie Blum, aus der er stammte, wird später noch die Rede sein.

Kurz vor Weihnachten 1941 nahm die »Dienststelle für Zigeunerfragen« Joschi ins Visier: Mein Großonkel, 15 Jahre alt, war am späten Abend im Café Danzug (sic) in der Danzigerstraße in Pankow mit einem anderen jungen Mann und einer jungen Frau gesehen und von der Polizei aufs Revier mitgenommen worden. Die Polizei verhörte die drei Jugendlichen. Es handelte sich bei Joschis Begleitung um seinen 18-jährigen Cousin Paul Hanstein[*] aus Pankow; Pauls Anschrift lautete »Baracke 3 in Marzahn«. Das *Deutsche Kriminalpolizeiblatt* Berlin listete ihn in seiner Ausgabe vom August 1940 unter »Überwachung von Zigeunern« in »Rastplatz 97«, wie die Nationalsozialist:innen das Zwangslager euphemistisch bezeichneten. Bei allen anderen Bekanntmachungen im Blatt

---

[*] Geboren am 14. November 1923 in Mecklenburg-Möllenhagen.

handelte es sich um leichte und schwere Straftaten.[18] Paul war also allein von seiner Herkunft her schon als »kriminell« eingestuft. Bei der Festnahme im Dezember 1941 betrachtete die Polizei es bereits als strafbar, dass Paul mit einer Nicht-Sintitsa, einer Gadji, angetroffen worden war. Zudem hatte Paul sich nach der Zwangsarbeit nicht wieder bis 22:00 Uhr ins Lager zurückbegeben, so wie die polizeilichen Vorschriften es geboten. Er hatte es gewagt, sich zu amüsieren. Gegen die Maßnahmen der Nationalsozialist:innen zu verstoßen, war brandgefährlich. Wer eine »Auflagenübertretung« beging, so nannten die Nazis das, wurde in der Regel sofort als Flüchtiger zur Fahndung ausgeschrieben.

Seit Kriegsbeginn war das Berliner Zwangslager Marzahn von Stacheldraht umzäunt und wurde noch schärfer bewacht. Die Lebensbedingungen und der Hunger wurden von Tag zu Tag unerträglicher. Es fehlte bald an allem, vor allem aber an Menschenwürde. Der Großteil der Zwangsinternierten bestand aus Kindern und Jugendlichen, die kaum anders als die Erwachsenen zur Arbeit gezwungen wurden. Viele von ihnen waren vorher regelmäßig zur Schule gegangen oder machten eine Ausbildung – durch die Zwangsverlegung wurden sie nun vollständig aus ihrem bisherigen Leben und ihrer vertrauten Umgebung gerissen. »Die Zwangsarbeit war häufig beim Straßen- und Tiefbauamt, aber manche mussten auch in eine Seifenfabrik in Neukölln. Die ungewöhnlichste Zwangsarbeit war sicher die als Statist für Leni Riefenstahls Film ›Tiefland‹«, so Patricia Pientka.[19]

1940 hatte die Regisseurin im Dienste Hitlers Roma aus dem österreichischen Zwangslager Salzburg-Maxglan als Statist:innen eingesetzt. Im April 1942 zwangsrekrutierte sie 68 Berliner Sinti aus dem Lager Berlin-Marzahn. Als ihre Produktionsfirma im darauffolgenden Jahr eine 15-prozentige »Sozialausgleichsabgabe« für die Berliner Komparsen abrechnete, waren die Menschen bereits nach Auschwitz deportiert worden, in den nahezu sicheren Tod.[20] Riefenstahl hatte Brigitte Horney die Hauptrolle in *Tiefland* angeboten, doch die lehnte ab.

Patricia Pientka stellt in ihrer Studie über das Berliner Zwangslager fest, dass die dort festgehaltenen Jugendlichen sich eine Weile noch Spielräume verschaffen konnten: »(sie) durchkreuzten die gegen ›Zigeuner‹ geltenden Maßnahmen und besuchten Gaststätten, in denen sie Billard spielten, und gingen ins Kino.«[21] Ihren Forschungen nach war die Mehrzahl der Zwangsinternierten Kinder und Jugendliche, deren Recht auf Bildung mit der Lagerinternierung vollständig negiert war, »was sich am deutlichsten an der Verpflichtung von Kindern und Jugendlichen zu Zwangsarbeiten sowie der erzwungenen Aufgabe von Lehrstellen zeigte«.[22]

Der Überlebende Ewald Hanstein schildert in seinen Erinnerungen, wie er, aus wohlbehüteten bürgerlichen Verhältnissen stammend, plötzlich mit der drangsalierenden Enge und der Not des Zwangslagers konfrontiert war: »Meine Geschwister und ich mußten uns gewaltig umstellen – nicht nur von einer gemütlichen Wohnung auf ein stinkendes Feld. In Breslau hatten wir wenig mit anderen Sinti zu tun gehabt – nun lebten wir von einem Tag auf den anderen im ›Zigeunerghetto‹ ... Nun standen mir fremde, hartgesottene Großstadtjungs gegenüber ... Wenn es früher Ärger zwischen Sinti gab, suchte man sich einfach einen neuen Platz und ließ sich in Ruhe. Hier konnte niemand weggehen, wenn ihm etwas nicht paßte. Das führte zu Spannungen, die in Prügeleien enden konnten. Auch unter Jugendlichen.«[23] Er verdeutlicht hier anschaulich, wie das Leben auch für Kinder und Jugendliche schon zur dauerhaften Anspannung und Bedrohung wurde.

Eine Flucht aus dem Lager war zwar möglich, jedoch lebensgefährlich, weil ein Aufgreifen die unmittelbare Deportation in ein KZ bedeutet hätte; im Übrigen wollte niemand durch Flucht das Leben seiner zurückbleibenden Verwandten aufs Spiel setzen. Fluchtversuche gab es deshalb wenige; so jedenfalls der momentane Forschungsstand. Joschi wird demnach sehr wohl gewusst haben, wie es im Zwangslager zuging. Er war bereits alt genug, um zu begreifen, welchen Gefahren er selbst ausgesetzt war: Vertreibung aus seiner »gemütlichen Wohnung« auf das »stinkende Feld«. Dass die Leben der meisten im Zwangslager Internierten in Auschwitz-Birkenau enden würden, konnte er zu jenem Zeitpunkt nicht wissen.

Die dritte Person im Café Danzug, mit der die Grünschnäbel Joschi und Paul kokettierten, war die um ein paar Jahre ältere Anni Dernow, geboren 1922. Eine Personenkontrolle ergab, dass die junge Frau Laborantin in einem Fotogeschäft und Mutter eines Babys war; ihr Mann war an der Front. Sie war vermutlich einsam und suchte vielleicht Zuneigung und Wärme oder wenigstens ein bisschen Spaß. Die Beamten notierten: »Die Dernow ist keine Zigeunerin.« Weil sie deren männliche Gesellschaft aber als genau dieses betrachteten, erhoben sie reflexhaft den Verdacht, sie müsse deshalb »geschlechtskrank« sein – und vermerkten auch diesen rassistischen Folgeschluss in ihrem Bericht. Frau Dernow musste beim Verhör schriftlich erklären, nie wieder solche Kontakte zu pflegen. »Sollte ich nochmal mit Zigeunern angetroffen werden, so habe ich mit pol. (sic) Maßnahmen zu rechnen. Ich versichere, daß ich mit keinem der Zigeuner Geschlechtsverkehr hatte«, gab sie der Polizei am 22. Dezember zu Protokoll. Demütigender ging es kaum mehr. Hintergrund der Polizeiaktion war das durch das Reichskriminalpolizeiamt durchgesetzte Verbot unehelicher Lebensgemeinschaften mit dem Ziel der vollständigen »Rassentrennung«. Die gegen Juden bereits angewandte Praxis der »Rassenschande« wurde nun auch zur Waffe gegen Sinti und Roma. Durch Androhung oder Anordnung von »Vorbeugungshaft« setzte die Kriminalpolizei in der Regel eine Trennung von Liebesbeziehungen zwischen »Deutschblütigen« und »Zigeunern« durch.[24]

Im Februar 1941 hatte das Oberkommando der Wehrmacht angeordnet, Sinti und Roma aus der Wehrmacht zu entlassen. Einen solchen Erlass hatte das Reichskriegsministerium bereits im November 1937 herausgegeben, er war jedoch noch nicht umgesetzt worden, zumal die Erfassung der deutschen Minderheit gerade erst begonnen hatte. Doch auch jetzt wollte die Umsetzung nicht richtig klappen, denn es gab Vorgesetzte, die sich für den Verbleib ihrer Männer in der Truppe einsetzten. Erst im Laufe des Jahres 1942 wurden dann die meisten Sinti und Roma, die in der Wehrmacht dienten, aus rassenpolitischen Gründen entlassen. Der Schulbesuch für Kinder, die bis dahin noch am Unterricht teilnehmen konnten, und sei es in segregierten Klassen, wurde nun nahezu unmöglich. Auf kommunaler Ebene waren die Schulen erpicht, ihre Schüler:innen mit Romanes-sprachigem Hintergrund loszuwerden. Es sind Erzählungen überliefert, nach denen Schüler:innen direkt von der Schulbank nach Auschwitz deportiert wurden.

1942 änderte sich alles radikal, auch für meine Familie Pohl. Ihre jüdische Nachbarin im Haus in der Thulestraße, Dubianca Breitfeld, wurde im Juli nach Theresienstadt deportiert und dort keine drei Monate später ermordet. Meine Mami Ursula hatte sich zu diesem Zeitpunkt bereits mit ihrem Ehemann Alfons und dessen Familie auf die Flucht begeben. Sie war in anderen Umständen.

Ich erinnere mich gut, dass Mami mir an diesem Punkt erst einmal nichts mehr erzählen wollte. Mir war das recht, denn ihre Berichte gingen mir an die Nieren, und ich musste mich von der Schwere ihrer Inhalte immer wieder durch Pausen entziehen, um das alles verarbeiten zu können. Ich freute mich nun auf meine Freunde und den nächsten Auftritt im Lulu Weiss Quartett. Wir spielten und spielten und spielten, verbunden mit der Gegenwart, als gebe es kein Gestern und kein Morgen. Und doch hing alles miteinander zusammen, denn oft durchströmte mich das Gefühl, nicht nur für mich und mein Publikum zu spielen, sondern ganz besonders auch für meine Menschen. Im Vibrato, den hohen, tiefen, lauten, leisen, schluchzenden, juchzenden und ärgerlichen Tönen schwang die Geschichte meiner Familie mit: All das, was ich über ihr Schicksal bereits faktisch erfahren hatte, all das, was meine Angehörigen mir darüber hinaus emotional vermittelten – oft nonverbal mit Gesten, dem Ausdruck in ihren Augen. Die Musik verband die Vergangenheit mit der Gegenwart. Sie löste den Schmerz aus und dämpfte ihn zugleich, sie artikulierte Wut und war besänftigend, mal war sie berstend vor Freude und Übermut, dann wieder getragen, verhalten, abwartend. Beim Musizieren erlebte ich sämtliche Ambivalenzen und die Spannungen, die sie verursachen. Immer besser vermochte ich es, diese widersprechenden Gefühle und Paradoxien anzunehmen, indem ich sie als Teil meines Lebens wahrnahm und akzeptierte. Die Dinge kamen in Fluss.

7

Vom Adlon nach Auschwitz
Familie Pohl-Blum (1942–1945)

»Romeo, ich habe nachgedacht, ich finde, du solltest deine eigene Band gründen«, sagte Lulu Weiss. Ich war verdutzt, das klang nach Trennung. Aber er hatte recht: Wir hatten uns auseinandergelebt. Ich hatte einige der Dinge, die ich in den Jahren zuvor bei Jürgen Lauer gelernt hatte, in Lulus Quartett umsetzen wollen. Mir schwebte ein Mittelweg zwischen den beiden Bands vor, ich wollte dem Improvisierten einen Rahmen geben, unsere Auftritte etwas einheitlicher gestalten. Das kam bei meinen Freunden und Bandkollegen nicht so gut an, sie waren zufrieden, so wie es war.

Lulu hatte indes weise erkannt, dass es mich weiterzog, ich suchte neue Herausforderungen. Auf einem Musikfestival war ich dem französischen Gitarristen Dorado Schmitt begegnet, international bekannt für seinen Swing Manouche. Wir verabredeten uns, um über die Gründung meiner Band zu sprechen. Von Anfang an dabei war Thomas Stützel mit seinem Bass. Wir waren mittlerweile gut befreundet und auf einer Wellenlänge. Dorado brachte beim ersten Treffen den Gitarristen Uli Bund mit. Uli hatte erst als junger Erwachsener mit der Gitarre angefangen, gleichwohl war er ein begnadeter Musiker. Wir probten einige Male miteinander und suchten dabei nach einem Namen für unsere Gruppe. Dorado stieg wegen anderer Interessen wieder aus. Jahre später würde er in New York spielen und 2018 auf Vermittlung des Schauspielers Leonardo DiCaprio mit seinen Söhnen und der US-amerikanischen Jazz-Sängerin Melody Gardot in dem berühmten Konzerthaus Carnegie Hall auftreten. Der Sinto Lolo Reinhardt* kam nun als Rhythmus-Gitarrist zu uns. Wir spielten bei kleineren Engagements in Lokalen und stellten fest, dass wir alle gut zusammenpassten. So kam es, dass meine Freunde und ich 1991 das Romeo Franz Ensemble gründeten. Ich war 25 Jahre alt und ganz in meinem Element.

Drei Jahre später engagierte uns ein großer Segelreisen-Anbieter für eine Kreuzfahrt. Die Tour ging bis Spitzbergen im Nordatlantik. Lolo kam nicht mit, er hatte gerade geheiratet und wollte sich ganz seiner Frau widmen. An seiner statt sprang mein Bruder Manolito ein. Wir schifften uns in Bremerhaven ein und machten es uns in einer Vierbettkabine gemütlich. Auf dem Kreuzfahrtschiff waren auch Musiker anderer Stilrichtungen, wir teilten unsere Auftritte fair untereinander auf. Deshalb hatte mein Ensemble nur einen Galaabend zu bestreiten, ansonsten spielten wir abwechselnd mal in der Bar oder im Restaurant. Manolito sang, doch wir tauschten häufig die Rollen, mal begleitete ich ihn am Klavier und legte die Geige dafür beiseite, mal übernahm er den Piano-Part, Uli an der Gitarre und Thomas mit dem Bass. Je nach Tageszeit und Anlass spielten wir Wiener Walzer oder Swing. Außerdem stellten wir einen italienischen Abend zusammen, dazu ließ Manolito seinen schönen Operntenor hören. In den drei Wochen auf See genossen wir das luxuriöse Essen mit Hummer, Scampi und Fisch. Und den Ausblick. Unvergesslich war die Einfahrt in die Inselgruppe Spitzbergen. Die Sonne ging gerade unter, im glühenden Abendrot sahen wir das erste Mal Gletscher und

---

* Nicht zu verwechseln mit Lulo Reinhardt.

sogar eine Eisbärmutter mit ihrem Jungen. Ich war tief beeindruckt. Es ist erschütternd, wie rasant die Gletscher durch den Klimawandel seither schmelzen, jährlich steigt die Durchschnittstemperatur weiter an.

Nach der Rückkehr fehlte uns immer noch der passende Rhythmus-Gitarrist, der Lolos Platz einnehmen konnte. Eine Weile unterstützte uns Janosch Dörr, der in Armin Heitz' Zigan Swing Trio spielte. »Ich habe den richtigen Mann gefunden!«, meldete Uli schließlich, und fortan spielte Unge Schmidt mit uns. Unge war ein außergewöhnlich versierter Sinto-Musiker am Zymbal, am Klavier und an der Gitarre. Er hatte mit großen Musikern wie Wedeli Köhler gespielt, komponierte selbst und war eine Offenbarung für mich. Als Unge noch ein Kind war, lernte er erst das Zymbal. Doch er hatte einen Klumpfuß, und seine Onkel, beide Musiker, beschlossen, dass dieses Instrument angesichts seiner Behinderung zu viel wog. Deshalb lernte er Klavier und Geige. Als Schulkind wurde sein Fuß operiert, doch nach dem Eingriff hing sein Leben am seidenen Faden. »Meine Familie wollte nahe bei mir sein und stand deshalb mit ihrem Wohnwagen nahe dem Krankenhaus«, erzählte er mir bei einer Probe. Eine Krankenschwester besaß die Güte, das Kind in einen Rollstuhl zu setzen und ihn darin immer wieder zu seinen Verwandten zu bringen. Sie dachte, Unge stürbe, und wollte ihm noch eine schöne Zeit mit seinen Liebsten bereiten. Das war eine so empathische Geste. Und wer weiß, ob nicht all die Fürsorge und die Liebe zu seiner Heilung beigetragen haben?

Unge und ich waren bald so aufeinander abgestimmt, dass wir sogar in zwei verschiedenen Räumen miteinander spielen konnten, ohne uns dabei zu sehen. Wir mussten nur auf die Sekunde genau gleichzeitig anfangen, dann musizierten wir das Stück bis zum Ende, als säßen wir nebeneinander; fast telepathisch verbunden. Zu Unge entwickelte sich eine tiefe

Freundschaft, fast wie ein Onkel. Mir wurde allmählich bewusst, wie sehr ich in der Tradition meiner Vorfahren stand. In meinem Selbstfindungsprozess und meiner persönlichen Entwicklung kehrte ich in Gedanken immer häufiger zu ihnen zurück. Wenn ich daran dachte, wie gern ich mit meinem Großvater Emil und seinen Brüdern musiziert hätte, wären sie den Nationalsozialist:innen nicht zum Opfer gefallen oder wegen der grausamen traumatischen Erlebnisse frühzeitig verstorben, ergriff mich manchmal eine starke Wehmut. Sah ich Unge an der Zymbal spielen, musste ich unweigerlich an meinen Urgroßvater Julius Weißkopf Pohl denken. Auf der Flucht spielte er bei Auftritten die Zither und die Geige. Seinen Erstgeborenen Walter Winter, Strampeli, hatte er auf die lange, gefährliche Reise mitgenommen.

Während der Rest ihrer Familie in Berlin festsaß, war meine Mami Ursula mit ihrem Mann Alfons Dommeli Blum und dessen Familie durch Österreich bis an die Adria geflohen. Die Blums, das will ich einführend erzählen, waren eine in Preußen ansässige Artistenfamilie, deren deutsche Wurzeln einige Jahrhunderte zurückreichen. Im saarländischen Merzig, ganz nah an der französischen Grenze, existiert bis heute ein Grab aus dem 19. Jahrhundert. Dort liegt Latchi (Lani) Blum begraben. Latchi bedeutet auf Romanes »die Gute«. Sie starb 1892 im Kindbett und hinterließ ihren Mann Lani und Gugl, ihren neugeborenen Sohn. Lani war der Bruder meines Ururgroßvaters Dschamba Jakob Blum, geboren 1850. Die *Merziger Zeitung* berichtete einen Tag nach Latchis Tod am 13. Januar 1892:

> Seit einigen Tagen hat eine Künstlergesellschaft mit 7 Wagen am hl. Kreuz dahier Standquartier. Man hat es hier nicht ... mit einer Zigeunerhorde zu thun, sondern

es sind Landsleute von uns, die sich durch künstlerische Aufführungen ec. ehrlich durchschlagen. Mehrere der männlichen Mitglieder haben ihrer Militärpflicht bei der deutschen Armee genügt und einer sogar in Berlin bei der Garde. Die Gesellschaft scheint gut »bei Groschen« zu sein, denn sie lebt gut und läßt viel Geld hier. Auffallend sind ihre schönen Pferde, für die sich schon mehrere Liebhaber gefunden haben. Einzelne Mitglieder der Truppe treiben nämlich auch Pferdehandel. Leider hat sie einen Todesfall zu verzeichnen. Eine junge Mutter hat das Zeitliche gesegnet; ihr 9 Tage altes Kind lebt ... Heute Nachmittag 2 Uhr wurde die Entschlafene auf dem katholischen Friedhof beerdigt. Schon vorgestern ist das Grab mit Backsteinen ausgemauert worden. Die Grabstätte kostet 60 Mk., welche der Ehemann im Voraus entrichtet hat. Auch wurde ein sehr schöner und werthvoller Sarg gekauft und es fehlte nicht an reichem Kranzschmuck. Wie gesagt, die Leute scheinen wohlhabend zu sein und wenn sie auch einen Typus haben, als seien sie Bewohner der Pusta, so sind es doch keine Zigeuner, was wir zur Ehre der Gesellschaft gerne bemerken wollen.[1]

Hier am Beispiel meiner preußischen Vorfahren zeigt sich, wie sehr die Sinti Teil der deutschen Gesellschaft waren. Zugleich ist der jahrhundertealte Antiziganismus anhand dieses Zeitungsberichts gut zu studieren: Wer Geld, schöne Pferde besitzt und im Militär gedient hat, kann kein »~~Zigeuner~~« sein! Dabei ist gerade dieser Text ein deutlicher Hinweis darauf, dass wir Sinti genauso fleißig, erfolgreich und wohlhabend sein konnten wie Gadje – er ist geradezu der Gegenbeweis zum Stereotyp des armen, bettelnden und verschlagenen »~~Zigeuners~~«. In seiner nächsten Ausgabe veränderte das Merziger Lokalblatt seine Aussage über den »Typus« und zeigte sich darüber hinaus verwundert, dass die Schaulustigen bei der Beerdigung sonderbare Bräuche statt katholischer Riten erwarteten. Dass Sinti und Roma seit jeher Christen unterschiedlicher Traditionen und je nach Herkunftsland oder Region muslimisch und mitunter auch von jüdischer Herkunft sind: Der Bericht belegt die Unkenntnis, aus der Vorurteile erwachsen. Es kam gar nicht selten vor, dass Sinti oder Roma eheliche Beziehungen mit Jüdinnen oder Juden eingingen, zumal sie sich in ähnlichen Berufen bewegten.

> Es haben hier schon Begräbnisse stattgefunden, die eine sehr große Beteiligung aufzuweisen hatten, aber keines von all' diesen zeigte so viele Theilnehmer als die vorgestern stattgehabte »Zigeuner-Beerdigung«. Da sah man Damen und Herren, die das ganze Jahr hindurch nicht auf dem Kirchhof gewesen sind. Natürlich trieb sie nur die Neugierde dorthin. Sie glaubten vielleicht, die »Zigeuner« würden irgendeinem Gebrauch huldigen und einen Totentanz oder sonst etwas aufführen. Man hat sich aber getäuscht; es soll ein sehr würdiges Begräbniß nach echt katholischer Art gewesen sein.[2]

Mein Urururgroßvater Jakob Dschamba, dessen zehn Jahre jüngere Frau Susanna Muschel und ihre Angehörigen waren im 19. Jahrhundert regelmäßig in Merzig. Sie reisten mit Fuhrwagen und Pferden von Berlin ins Saarland. Ihre Tiere, Karren und Wohnwagen luden sie auf Güterzüge und legten rund 800 Kilometer auf Schienen zurück. Den Rest der Strecke zogen die Pferde ihr Hab und Gut bis Merzig und Umgebung. Dort gastierten meine Vorfahren und gaben ihre Künste zum

Besten, bis sie nach ihren Tourneen auf demselben Weg zurück in die Hauptstadt reisten. Auf einem Foto ist Dschamba in jüngeren Jahren zu sehen, es wird wohl gegen Ende des 19. Jahrhunderts gewesen sein. Es zeigt einen großen Mann mit Schnurrbart in einem schweren, langen Wintermantel aus einem dicken Stoff mit Muster. Er trägt hohe schwarze Stiefel und sitzt auf einem Stuhl. Hinter ihm ein großes Gemälde, neben ihm stehen aufgereiht vier Bratschen, ein Cello liegt ihnen zu Füßen. An seiner linken Hand ist ein Ehering zu erkennen, rechts hält er die Decke einer Bratsche – ein Teil des Instrumentenkorpus. Baute er damals selbst Instrumente, oder war er beim Instrumentenbauer, um Bratschen zu erwerben?

Ein in unserer Familie noch erhaltenes Foto zeugt vom geselligen Beisammensein in ihrer Freizeit: An einem sehr langen Tisch sitzen rechts außen mein Urgroßvater Weißkopp mit seinem ersten Sohn Strampeli, in der Mitte meine Ururgroßeltern Dschamba und Muschel Blum, links drei ihrer Söhne sowie Weißkopps Schwester Adelheid mit ihrem Mann Hugo ›Pekell‹ Franz. Das sind die Großeltern von Mirano Cavaljeti-Richter. Miranos Mutter Luise, genannt ›Perle‹, ist noch ein kleines Kind und hockt ihren Eltern zu Füßen. Latchis Witwer Lani Blum heiratete später Weißkopps andere Schwester namens ›Tone‹, eine Tochter meiner Ururgroßeltern Heinrich und Albertine Pohl. Dschamba und Susanna sind in Berlin Adlershof in einer Gruft begraben, meine Ururgroßeltern starben kurz aufeinander in den Jahren 1911 und 1912.

Es ist für Außenstehende manchmal ziemlich schwierig, unseren Verwandtschaftsverhältnissen zu folgen, auf die wir großen Wert legen. Für uns Sinti und Roma ist es normal, große Familien zu haben und sich mit den Stammbäumen gut auszukennen. Das ist nicht nur Teil unserer Tradition, sondern sicherte von jeher unser Überleben als ethnische Minderheit. Es ist bis heute Usus bei Familientreffen, die familiären Linien zu analysieren und mit Stolz über die weiblichen und männlichen Ahnen zu erzählen. Dabei werden ständig Anekdoten ausgetauscht. Mit ihnen bin ich groß geworden und kann aus dem Kopf über mehrere Generationen hinweg Familienmitglieder aufzählen. Dieser Zusammenhalt ist für uns sehr wichtig. Urgroßvater Weißkopp hatte zwar von diversen Frauen Kinder, jedoch blieb er mit ihnen allen bis zu seinem Lebensende in gutem Kontakt. Das heißt allerdings nicht, dass durch die Familien von Sinti und Roma nicht auch tiefe Risse gehen, so wie in allen anderen Familien. Wenn Eltern zum Beispiel traumatisiert sind und von ihren Kindern als hilflos erlebt werden, verlieren sie oft ihre Autorität. In der Mehrheitsgesellschaft finden Kinder von Minderheiten aufgrund der Vorurteile und Ausgrenzung zudem häufig nicht die benötigte Anlehnung und Orientierung. Das kann zu psychischer Instabilität führen – die Kinder sind gefangen zwischen den Welten. Oft entstehen zudem Probleme innerhalb von Familien, wenn traditionellere und modernere Lebensweisen aufeinanderstoßen, ohne dass die unterschiedlichen Entwicklungen und Interessen wahrgenommen oder respektiert werden. Das fällt oft schwer, weil seit Generationen psychisch zu viel Schaden angerichtet wurde. Es entsteht ein Teufelskreis, der einen Dialog behindern kann oder sogar final scheitern lässt.

Die Blums und Pohls kannten sich also seit dem vorletzten Jahrhundert. Urgroßvater Weißkopp mit seiner Schwester Adelheid und deren Familien hielten sich 1942 noch in Italien auf. Mein Onkel Männele Franz ist der Enkel von Adelheid und deren Mann Hugo Pekell Franz. Er erzählte, dass unsere Vorfahren, jung und begabt, wie sie waren, rasch Italienisch lernten und sich mit Theateraufführungen und Musikdarbietungen über Wasser hielten.[3] Sie spielten Possen auf Italienisch. Onkel Mirano Cavaljeti-Richter weiß noch, dass sie zum Beispiel *Die Mondsüchtige* und *Die verliebte Rose* zum Besten gaben: »Die Italiener lachten und klatschten. Wir Kinder tanzten Stepp- und Kosakentanz vor«, so Mirano in seinem 2022 erschienenen Lebensbericht *Auf der Flucht über den Balkan*.[4] Weißkopp wurde von allen »Konsul« genannt.[5] Das lag daran, dass er Reisedokumente den Notwendigkeiten entsprechend fälschen konnte. So wie er für die Ausreise aus Nazi-Deutschland die Reisepässe mit Miranos Bruder Harry verlängert hatte, produzierte er für die Familie auch Papiere mit dem deutschen Hoheitszeichen, in denen sie sich als deutsche Artistengesellschaft ausgaben. »Sie sprachen kein Wort Romanes mehr untereinander und nutzten nur noch ihre amtlichen Nachnamen, um nicht als Minderheit erkannt zu werden«, sagt Männele.[6]

Doch auch im Land, wo die Zitronen blühen, wie Weißkopp gern zu sagen pflegte, waren die Faschist:innen unterwegs. Es wird oft vergessen, dass Mussolini bereits 1922, elf Jahre vor Hitler, an die Macht kam und ab 1925 als Diktator agierte. Hier war man mit faschistischen Strukturen also bereits lang vertraut. Meine Angehörigen waren ständig auf der Hut, nicht als Sinti erkannt zu werden. Sie musizierten gegen Geld, manchmal spontan auf der Straße, oft auch in Lokalen. Sie tarnten sich als »Kraft durch Freude«(KdF)-Theatergruppe und blieben nach Auftritten meist nicht lange an einem Ort. Sobald sie Gefahr witterten, brachen sie ihre Zelte ab und zogen rasch weiter. Sie übernachteten in Wäldern, wuschen sich an Flüssen oder im Meer. Sie fischten Fische, doch – daran erinnert sich Onkel Mirano – manchmal schwammen Leichen im Fluss, und es war ihnen unmöglich, die Fische zu essen.[7] Sie pflückten Beeren, bedienten sich an Obstbäumen und von den Äckern, auf denen Gemüse wuchs. Sonne und Mond waren ihr:e Begleiter:in, sie passten sich den Jahreszeiten an und wärmten sich gegenseitig, wenn es kalt war. Sie schützten sich vor Regen und Nässe, indem sie vor ihren Wohnwagen Überdachungen aus verschiedenen Materialien bauten. Wo es möglich war, kamen sie bei Bauern unter und halfen ihnen bei der Ernte oder anderen schweren Arbeiten, die es ihnen mit Nahrungsmitteln zahlten. Sie verkauften, was immer noch verkaufbar war, oder tauschten Wertdinge gegen Lebensmittel.

Nachdem mein Urgroßvater Weißkopp und seine Begleiter:innen kreuz und quer in Italien unterwegs gewesen waren, davon einige Tage in Rom, beschlossen sie im April 1942, nach Kroatien zu fliehen, weil sie überall Faschist:innen sahen. Ob sie dort sicherer sein konnten? Sie wussten es nicht. Das Einzige, was etwas Sicherheit versprach, war, in Bewegung zu bleiben. An der Grenze zu Kroatien hatten sie Glück, dass der Grenzsoldat kein Anhänger der faschistischen Ustascha war, der Regierungspartei im 1941 neu gegründeten Staat Kroatien. Miranos Mutter Perle sagte dem Beamten, dass sie deutsche Varieté-Artisten seien, die sich ihren Kolleg:innen in Zagreb anschließen wollten. »Sie machte ihm schöne Augen, sang ein Lied, und ich begann zu tanzen«, erzählt Mirano. Dem Grenzer habe die Vorführung offenbar gefallen, »seine Miene hellte sich auf«, anschließend ließ er die Gruppe »kommentarlos die Grenze passieren«.[8]

Bald erreichten sie Zagreb, wo die verschiedenen Familienzweige sich gegenseitig suchten und fanden: »Die Freude über das Wiedersehen war unbeschreiblich«, erinnert sich Mirano, damals noch ein Kind.[9] So fügte es sich, dass Ursula wieder mit ihrem Tate Weißkopp und ihrem Bruder Strampeli zusammentraf – gemeinsam auf der Flucht. Unter den Mitreisenden, es waren anfangs um die sechs Familien, befanden sich mein Urgroßvater Alfred Blum (der Sohn von Dschamba und Susanna) mit seiner Frau Albertina Lisbeth ›Munza‹, geborene Fischer. Das waren die Eltern meines späteren Großvaters Dommeli Alfons, dem Hochseiltänzer, der auch auf Pferden unglaubliche Akrobatik vollbrachte. Sie heirateten 1938 in Salzburg, vermutlich erst so spät, um auf der Flucht vor den Nationalsozialist:innen durch die Ehe zusammenbleiben zu können. Alfred war am 16. Dezember 1892 im Kreis Kassel zur Welt gekommen – er war also 24 Jahre alt, als mein Großvater Dommeli geboren wurde. Dessen vier Geschwister waren ebenfalls dabei: ›die schwarze Frieda‹ und ihre Schwester ›Moya‹ – beide waren talentierte Seiltänzerinnen, die außerdem grandios stepptanzen konnten – sowie deren Brüder Hugo und Kello. Die fünf Blum-Kinder gaben ein fulminantes Artistenteam ab, und sie traten auf, wo immer es möglich war.

Vor ihrer Flucht waren Dommeli, mein späterer Großvater, und seine Eltern in Dachau gemeldet gewesen. Der dortige Bürgermeister hatte ihnen die Erlaubnis erteilt, von Oktober bis Jahresende 1939 zu reisen, sodass die Artistenfamilie ein Engagement in Ungarn wahrnehmen konnte. Auch für die Jahre 1940, 1941 und 1942 erhielt die Truppe von der Reichskriminalpolizei die Genehmigung, in Österreich und Oberschlesien Vorstellungen zu geben. Im Juli 1941 erreichte meinen Großvater Dommeli Alfons Blum der Einberufungsbefehl für die Wehrmacht, dem er vermutlich nicht Folge leistete. Die Artist:innen traten im Frühjahr 1942 noch in Schlesien auf, das die Nationalsozialist:innen 1939 überfallen hatten, genauer im Kreis Rybnik, der heute wieder zu Polen gehört. Sie hatten die offizielle Genehmigung, dort artistische Vorführungen zu veranstalten. Doch dann war es auch für sie an der Zeit zu fliehen, mir ist nicht bekannt, welches spezifische Ereignis dieser Entscheidung zugrunde lag. Vermutlich standen sie bereits auf einer Fahndungsliste.

Da waren auf einmal viele bürgerliche Menschen auf die Straße gezwungen worden, entwurzelt und ihrer Habe entledigt: Die meisten ihrer feinen Kleider und Anzüge fehlten, ein Dach über dem Kopf, ein Zuhause, und ihre Möbel hatten sie ja ohnehin zurückgelassen. Der Mann meiner Urgroßtante Adelheid, Hugo Pekell Franz, war übrigens ein Halbbruder meines Urgroßvaters Alfred Blum. »Alfred war ein extrem strenger Mann, wir Kinder hatten Angst vor ihm«, erinnert sich Mirano Cavaljeti-Richter im Alter von fast 90 Jahren an meinen Urgroßvater Blum. »Wir nannten ihn ›der Sturm‹. Wenn er uns aus der Entfernung entgegenkam, riefen wir uns zu: ›Der Sturm kommt!‹ und versteckten uns in den Büschen.« Alfred sei eine Ehrfurcht einflößende Autoritätsperson gewesen und habe aufgrund seiner Weisheit die Rolle des Wortführers und Rechtsprechers in der Großfamilie innegehabt. Als alter Mann sei er jedoch milde und freundlich geworden, so Mirano.[10] Meine Mami Ursula litt unter der aufbrausenden und etwas bedrohlich wirkenden Art ihres Schwiegervaters, der sehr unnahbar war. Es muss wohl um 1973 gewesen sein, als ich als Siebenjähriger meinem Urgroßvater Alfred begegnete. Gerade war dessen Sohn Hugo Blum, der Bruder meines Großvaters Dommeli, begraben worden. Mami Ursula wollte dem trauernden Vater ihre Aufwartung machen. An ihrer Hand betrat ich seinen Wohnwagen der Marke Tabbert; das Gefährt war beeindruckende acht Meter lang und hatte zwei Eingangstüren. Papo Alfred saß etwas breitbeinig auf einer Bank, schwieg und rauchte seine Meerschaumpfeife. Gerade fragte Kello, der andere Bruder meines Großvaters, seinen Vater, wo er dereinst begraben werden wolle. Alfred schaute grimmig und antwortete nicht. »Gib deinem Papo einen Tchum«, sagte Mami nun und lächelte mir auffordernd zu, meinem Urgroßvater einen Kuss auf die Wange zu geben. »Latcho Diwes«, »Guten Tag«, war alles, was ich auf Romanes herauspresste. »Har djall tuke«, »Wie geht's dir?« Ich traute mich nicht, diesen imposanten Herrn mit Hut zu küssen, ich hatte Angst vor ihm. Mami drängte mich nicht weiter, und soweit ich mich erinnere, war es ein sehr kurzer Besuch. Schließlich war Alfred ihr wegen seiner strengen Art auch nie geheuer gewesen. Mein Großvater Dommeli hatte vor seinem Vater einen Mordsrespekt, er hatte es unter ihm sehr schwer gehabt. Es gab eine Zeit, da waren sie so zerstritten, dass sich ihre Wege trennten und mein Großvater den Namen Blum vor lauter Wut nicht benutzte. Stattdessen nannte er sich zeitweilig Johnnie Walker nach dem schottischen Whisky.

In Zagreb, was damals auf Deutsch Agram hieß, musste mein Urgroßvater Weißkopp monatelang stationär in einer Klinik behandelt werden. Die Strapazen der Reise hatten sein Herz massiv geschwächt, außerdem litt er beidseitig an schwerem Ischias. Bis zur Flucht war der 51-Jährige stets gesund gewesen. Er war sehr berührt, als seine Tochter Ursula mit ihrem Mann endlich angekommen war und plötzlich vor seinem Krankenbett stand. Am 18. April 1942 heiratete das junge Paar standesamtlich und kirchlich in Zagreb. Zwei Monate später kam dort ihr erstes Kind auf die Welt: meine Mama Mery Manola. Meine Großeltern machten ›Roller‹, Weißkopps Neffen, zum Patenonkel. Ursula sandte ihrem Papo Waidemann in Berlin ein gutes halbes Jahr später einen Brief mit einem Foto ihrer Tochter. Das Baby sitzt auf dem Schoß ihres Vater Dommeli, daneben Ursula, die die linke Hand ihres Kindchens hält. Die Eltern haben sich für die Aufnahme in Schale geworfen, Dommeli trägt einen hellen Anzug, weißes Hemd und Krawatte, meine Mami ein elegantes beigefarbene Jackett, die Haare anmutig geöffnet. Sie blicken alle drei in die Kamera, mein Großvater wirkt etwas melancholisch. Waidemann sollte wissen, dass es ihnen gut ging und sein Papo-Kind Ursula stolze Mutter geworden war. Es ist beeindruckend, wie sie es schafften, selbst unter Fluchtbedingungen ihre Würde zu bewahren und auf ihr Äußeres penibel zu achten. Mein Ururgroßvater, mittlerweile 71 Jahre alt, war jedoch ein gebrochener Mann und bereits stark geschwächt. Als er das Foto sah, soll er geweint und »Mein Mädchen, mein Mädchen« gewimmert haben, wobei er »Mächen«, »mein Mächen« sagte und das »d« verschluckte. Für ihn war eine Welt zerbrochen, der Verlust der Familie nahm ihm den Halt.

Meine Großeltern waren überglücklich über ihr erstes Kind, doch die Anspannung wollte nicht weichen: Täglich ging es darum, der SS oder deren kroatischen Verbündeten, den Ustascha, nicht in die Fänge zu geraten. »Furcht und Schrecken waren unsere Begleiter«, beschreibt es Onkel Mirano.[11] Sie bewegten sich zwischen allen Fronten, denn sie gerieten auch in Konflikt mit den Partisanen, die sie für deutschen Nationalsozialist:innen hielten und die sie vom Gegenteil überzeugen mussten. Gerade in Jugoslawien schlossen sich viele Roma den Partisanenverbänden an und kämpften gegen die Besatzer; in Polen und in der Sowjetunion taten sie dies zudem als Mitglieder der regulären Streitkräfte. Der Widerstand, den Sinti, Roma, Jüdinnen und Juden leisteten, ist noch wenig erforscht, neuere Arbeiten zeigen indes, wie vielfältig er war, nicht zuletzt in Kunst und Literatur.[12] Das Bild wehrhafter Romanes-sprachiger Menschen passt ähnlich wie bei Juden oft nicht in das Bild, das sich viele Menschen aus der Mehrheitsgesellschaft geschaffen haben und unter Gedenkkultur verstehen oder zu verstehen meinen. Für viele Nachkommen der Täter:innen und Mitläufer:innen ist es offenbar einfacher, Sinti und Roma zu ignorieren oder sie als Opfer kleinzuhalten. Oder schlimmer noch: ihren Widerstand in antiziganistischer Tradition zu kriminalisieren.

Auch Flüchten und Verstecken werten Wissenschaftler:innen in neueren Arbeiten durchaus als eine der vielen Formen von Widerstand.[13] Diesen leisteten meine Vorfahren, indem sie sich der Verhaftung entzogen und untertauchten. Oder indem sie sich, wie mein Urgroßvater Weißkopp, der pseudowissenschaftlichen Begutachtung durch die »Rassenhygienische Forschungsstelle« entzogen. Auf der Flucht durch Kroatien litten sie oft Hunger, vor allem die Heranwachsenden. Sie tauschten, was es noch zu tauschen gab. So gab jemand seinen Goldring für einen Topf Schmalz und Brot hin; oft blieb ihnen trotzdem nichts anderes übrig, als den Kindern zu erlauben, auf den Höfen oder Straßen zu betteln, um überhaupt überleben zu können. Oder selbst zu betteln. Sie waren, wie meine Mami es ausdrückte, auf die Gnade und Barmherzigkeit der Landbewohner angewiesen. Es war jedoch nicht leicht, die Guten zu finden, die menschlich blieben, jeder Kontakt zur Bevölkerung war riskant.

Es gab allerdings auch schöne Momente, am Strand an der Adria liegend, eine Waffel Eis in der Hand, den Wellen des Meeres lauschend. Urgroßvater Weißkopp war sehr findig: Er musizierte nicht nur, sondern zeigte mit seinem Wohnmobil weiter Filme, um Geld zu verdienen. Die Gruppe hielt sich an deutsche Soldaten und spielte Unterhaltungsprogramme meist auf Plätzen, auf denen sie eine Bühne improvisierten. Ständig hatten sie die Angst im Nacken, als Minderheit erkannt zu werden. Die Soldaten, gierig nach Ablenkung, bemerkten meist nichts.

Kroatien war ein sehr unsicheres Land: Seit dem 19. Mai 1942 verhafteten und verschleppten kroatische Militär- und Polizeibehörden alle Roma, derer sie auf kroatischem Gebiet habhaft werden konnten. Die in der »Kulturliga der Deutschstämmigen« organisierten Deutschen und der kroatische Heimatschutz unterstützten sie dabei. Der Großteil der Roma wurde in das Konzentrationslager Jasenovac deportiert. Dort starben »mindestens 10 000 Roma an Unterernährung und Krankheiten oder sie wurden von den Aufsehern systematisch umgebracht«, schreibt die Historikerin Annette Leo.[14] Die Bevölkerung der Roma im Unabhängigen Staat Kroatien (USK), der unter dem Einfluss deutscher und italienischer Faschisten stand, wurde im Zweiten Weltkrieg fast völlig ausgelöscht. Schätzungen gehen von einigen Tausend bis hin zu 60 000 Roma aus, nach dem Krieg konnten gerade noch 450 registriert werden.[15] Der kroatische Historiker Danijel Vojak betont, »dass Roma – anders als andere Gefangene – nicht offiziell und einzeln als Individuen registriert wurden, sondern summarisch als Teile von Eisenbahntransporten, weshalb es schwierig ist, die konkrete Zahl der Roma-Opfer im USK zu bestimmen«.[16] Sinti und Roma wurden als namenlose Masse behandelt, die Faschisten am Ort machten sich oft gar nicht erst die Mühe, sie einzeln zu erfassen. Am 25. Oktober 1942 konnte Ursula ihren Reisepass nachweislich in der deutschen Botschaft von Bukarest erneuern;[17] ein Reisepass bot Sicherheit.

Weißkopp hatte ein fast untrügliches Gespür dafür, wann es an der Zeit war, wieder aufzubrechen. Es ging weiter nach Bosnien. Die Arbeitsbedingungen dort waren jedoch so schlecht, dass die Familien nach zwei Wochen, ungefähr Anfang 1943, abermals nach Kroatien zurückkehren mussten, allenthalben waren SS und Gestapo unterwegs. Unterdessen suchte sie die Reichskriminalpolizei mit dem Ziel, die Flüchtigen, die die staatlich angeordnete Festsetzung ignoriert hatten, festzunehmen. Meine Vorfahren entschieden sich für die Weiterreise nach Rumänien, sie hofften, dort bessere Bedingungen vorzufinden. Sie verkauften ihre Pferde und luden in Vukovar ihre Wohnwagen auf einen Güterzug – dadurch fielen sie auf der Reise weniger auf und kamen schneller voran. Mirano, der später ein namhafter Opern- und Operettensänger werden würde, berichtet, wie es in Bukarest weiterging: Mein Urgroßvater Julius Weißkopp sei mutig gewesen und habe unbedingt Vorstellungen arrangieren wollen, um den Lebensunterhalt der Familien zu sichern. So klapperten sie Gaststätten ab, um an Auftritte zu kommen. »In einem der Lokale durften wir uns präsentieren. Julius spielte Geige, ich steppte und tanzte Kosak«, erinnert Mirano sich. »Danach nahm er seinen Hut und ging zu den Zuschauern. Ich hörte, wie er ›varog‹ (›bitte‹) sagte. Daraufhin warfen ihm die Leute ein bisschen Geld in seinen Hut.«[18]

Mami Ursula schwärmte mir oft vor, dass die Melonen von den Äckern Rumäniens köstlich fruchtig waren, später hätte sie in ihrem Leben nie wieder solche gegessen. Sie schob ihrer kleinen Tochter gelegentlich ein Stück davon in den Mund. Das Baby Mery kräuselte sein Näschen ob des ungewohnten Geschmacks und blickte skeptisch, doch nach einer Weile strahlte es über das ganze Gesicht. Doch derlei süße Entspannung wurde immer wieder schlagartig von Schrecken abgelöst: Das war zu einem schier dauerhaften Lebenszustand geworden, der sich auf die Psyche der Flüchtenden und auf deren Gesundheit niederschlug. Mami ging zu einem Bauernhof, um Kleiderstoffe gegen Lebensmittel zu tauschen. Sie klopfte an die Tür, während Papo Dommeli am Wagen wartete. Die Bäuerin, eine sehr kräftige Frau, öffnete ihr. Mami sprach sie freundlich auf Rumänisch an, sie hatte die Sprache rudimentär aufgeschnappt, denn sie hatte eine rasche Auffassungsgabe. Die Hausherrin schimpfte jedoch sofort lautstark und begann, auf meine sehr dünne Mami einzuschlagen. »Ich war so schockiert von diesem plötzlichen Angriff, dass ich mich völlig ohnmächtig fühlte«, erzählte sie mir. Kurzerhand ging ihr Mann dazwischen und befreite seine geliebte Frau aus dieser feindseligen Situation: Er drängte die Bäuerin zurück ins Haus. Sie sprangen in ihren Wagen und fuhren eilig davon. Danach war ihnen jede Minute angst und bange, als Sinti entlarvt, abgeschleppt oder auf der Stelle erschossen zu werden.

»Wohin sie sich auch wandten – bedroht waren sie überall: als Sinti ebenso wie als illegale Flüchtlinge aus Deutschland«, so Annette Leo.[19] Und sie erklärt weiter, dass die Flüchtenden sich daran orientieren mussten, »was Schicksalsgefährten und Ortsansässige ihnen erzählten und was sie selbst beobachten konnten«. Die SS-Leute und Ustascha seien die Gefährlichsten gewesen, »während italienische Polizisten und Soldaten der kroatischen Armee manchmal überlistet oder bestochen werden konnten. Es war deshalb überlebenswichtig, dass auch die Kinder lernten, die Embleme und Rangabzeichen auseinanderzuhalten.«[20] Doch es gab auch gute Menschen, die meinen Verwandten Unterschlupf boten und Essen mit ihnen teilten.

In Berlin waren die Lebensumstände im Herbst 1942 unterdessen genauso lebensgefährlich geworden. Bereits seit Oktober 1941 wurden die jüdischen Berliner:innen deportiert, im Herbst 1942 waren 22 große Transporte mit jeweils rund 1000 Juden aus der Hauptstadt gen Osten abgegangen. Doch nicht nur in Berlin: Die aus der Steiermark stammende Schriftstellerin Ceija Stojka beschrieb die Atmosphäre mit den Worten: »Wir spürten Auschwitz schon in der Freiheit.«[21] In Nazi-Deutschland hatten Hetze, Verleumdung, Verfolgung und Gewalt gegen Andersdenkende und jene, die man als »artfremd« bezeichnete, um sich gegriffen, ja, sie waren zur gesellschaftlichen Norm geworden. Wegen des Kriegsgeschehens und der Gefahr einer Hungersnot hatte die NS-Führung für die Bevölkerung schon 1939 die Rationierung der Lebensmittel angeordnet. Diese fielen für die noch am Ort lebenden Juden, Sinti und Roma erwartungsgemäß geringer aus als für die Restbevölkerung; außerdem waren sie von »Sonderzuteilungen« ausgeschlossen. Wer keine Lebensmittelkarten besaß – und das betraf vor allem Untergetauchte und Menschen auf der Flucht –, konnte sich kaum noch ernähren. In den Konzentrations- und Zwangslagern wurde die Versorgungslage immer dramatischer. Der Bezirksbürgermeister im Ernährungsamt des Verwaltungsbezirks Pankow bemerkte in einem Schreiben an den Polizeipräsidenten am Alexanderplatz, dass mein Ururgroßvater Wilhelm Hoff, seine Tochter Frieda und deren Kinder am 22. Oktober 1942 »hinsichtlich der Lebensmittelzuteilung als Zigeuner behandelt« würden. »Die Familien Hoff und Pohl sollen aber nach einer von Ihnen fernm.* (App. 811) erteilten Auskunft bis zu 75 % deutschblütig sein«, heißt es in dem Anschreiben weiter. Ob das zutreffe und damit eine Verpflegung nach den Normalsätzen in Betracht komme?, fragte der Beamte. Die Antwort ist mir nicht bekannt, doch ich ahne, dass sie negativ ausfiel. Da war er wieder, der »akademische Schwachsinn«, wie Reimar Gilsenbach die rassenhygienischen »Diagnosen« von Ritter und seinen Kolleg:innen treffend bezeichnete, die den Behörden zur Behandlung und Erfassung der Sinti und Roma dienten.[22]

Der angebliche »Reinheitsgrad« der begutachteten Sinti war abgesehen davon sowieso falsch. DNA-Untersuchungen gab es damals noch nicht, die Wissenschaftler:innen konnten also gar nicht bestimmen, welche Herkunft eine Person hatte. Das ist ja selbst heute nur bei unmittelbaren Angehörigen zuverlässig möglich und überdies müßig, weil jeder Mensch aus den unterschiedlichsten Herkünften besteht. Wer zum Beispiel getauft war oder in der Kirche geheiratet hatte und vom Pfarrer

---

* fernmündlich

nicht als »~~Zigeuner:in~~« eingetragen worden war, galt den nationalsozialistischen Gutachter:innen sogleich als weniger »~~zigeunerisch~~« beziehungsweise als »deutschblütiger«. Absurde Pseudoklassifizierungen!

Doch so grotesk diese rassebiologischen Deutungsmuster auch waren, so tödlich waren ihre Folgen. Viele Pfarrer arbeiteten den Rassenbiolog:innen und der Kriminalpolizei sogar noch zu, indem sie Daten aus ihren Kirchenbüchern weitergaben. Auch das war ein Verrat an den deutschen Sinti und Roma, die gläubig waren und sich in ihrem Glauben den Kirchen anvertraut hatten. Meine alte Mami Frieda empfand sich durch und durch als Sintitsa; die Kategorisierung ihrer Person und ihrer Kinder war eine Demütigung sondergleichen. Und wer unter den Sinti und Roma sich bis dato nicht besonders mit ihrer oder seiner Herkunft identifiziert hatte, tat es spätestens nach der ominösen »Gutachterlichen Äußerung«.

Am 19. November 1942 erklärte die Kriminalpolizei nun auch Urgroßmutter Friedas fünf Kinder für staatenlos. Die Beamten ordneten an, »die Reichserkennungsdienstzentrale davon in Kenntnis zu setzen«. Somit hatten die Nationalsozialist:innen vollends freie Hand, um auch gegen meine Berliner Familie durchzugreifen. Und das endete bald in einer Tragödie. Ich versuche mir vorzustellen, wie es wohl gewesen sein mag: mein Großonkel Joschi, ein noch zarter und verträumter Bursche, auf dem Heimweg vom Hotel Adlon, müde nach einem langen Arbeitstag; oder zu Hause in der Thulestraße, vielleicht beim Abendbrot. Der Schock der Festnahme. Die Polizei verhaftete den Teenager am 28. November 1942 und verschleppte ihn ins Konzentrationslager Sachsenhausen. Sie markierten ihn dort als »Arbeitsscheuen« mit der Häftlingsnummer 053 010.[23] Als »~~Zigeuner~~« wurde er nicht erfasst, vermutlich, weil das nicht in seinen Ausweispapieren vermerkt war und man es ihm äußerlich nicht ansah. Mein Großonkel war jetzt ab sofort nur noch eine Nummer, aufgenäht auf seine Häftlingskleidung. Joschi war erst 16 Jahre alt. Es kann gar nicht anders sein, als dass er traumatisiert war, herausgerissen aus der Familie und Ausbildung und nun an einem Ort, der zu nichts als Erniedrigung, zum physischen und seelischen und dem Tode diente. Im KZ waren es nicht nur die SS-Männer und Wachleute, die die Sinti und Roma besonders verachteten, auch viele der Mithäftlinge hatten Vorurteile und behandelten sie miserabel.

Die Qualifikationen des im luxuriösen Hotel Adlon ausgebildeten Pagen brauchte man im Konzentrationslager nicht. Joschi wurde zunächst als Schlosserlehrling in den Häftlingswerkstätten eingesetzt, möglich ist auch, dass seine Arbeit der Rüstungsproduktion diente. Später teilte die SS ihn der Schneiderei zu, wo er Häftlingsuniformen herstellen und reparieren musste. »Häftlinge als Lehrlinge war nur in den KZs innerhalb des Deutschen Reiches üblich, die Einrichtung in Sachsenhausen ging auf eine Initiative des Lagerältesten Harry Naujoks zurück, der damit die Jugendlichen schützen wollte«, erklärt der Historiker Kai Müller.[24] Das Hamburger KPD-Mitglied Naujoks war wegen seines politischen Widerstands als Hochverräter bestraft und 1936 nach Sachsenhausen deportiert worden.

Es mag also ihm zu verdanken sein, dass Joschi als Lehrling einstweilen eine gewisse Schonung erfuhr und sich nicht wie andere Häftlinge im Klinkerwerk schinden oder im »Schuhläufer-Kommando« halb zu Tode laufen musste. Die diesem Kommando zugeteilten Häftlinge mussten im Auftrag von Firmen wie Salamander oder UHU-Alleskleber die Belastbar- und Haltbarkeit von Schuhen auf verschiedenen Bodenbelägen testen. Die Laufkommandos kamen einem Todesmarsch gleich, viele der Testläufer, oft noch mit Gewichten belastet, starben an den Folgen der Tortur.

Es herrschte im Lager furchtbarer Hunger, es grassierten Krankheiten wie Typhus und Lungenentzündungen. Ganz zu schweigen von der rohen Brutalität der SS-Männer. Der Sinto Karl Pasquali »erinnerte sich daran, dass die Häftlinge nachts am meisten Angst hatten. Denn jede Nacht holten SS-Männer Häftlinge aus den Sinti-Baracken, um sie anschließend im Waschraum mit eiskaltem Wasser zu übergießen. Dabei durften die Häftlinge keine Kleidung tragen. Viele von ihnen starben an einem Herzschlag.« Pasquali sah oft Tote im Waschraum und bezeugte die Folter beim »Pfahlhängen«. Dabei werden den Gepeinigten die Hände hinter dem Rücken gefesselt und anschließend an einen Pfahl gehängt. Das Gewicht ihres Körpers hängt dann an ihren Händen und verursacht unerträgliche Schmerzen in den Schultergelenken und Armen – eine Foltermethode, die schnell tödlich enden kann. Zum Essen gab es lediglich mal eine Kelle Suppe, mal ein Stück Brot.[25] Ab 1942 wurde die Lagerkapelle in ein Lagerorchester umgewandelt. Laut der Historikerin Juliane Brauer sei zwar nicht erwiesen, ob inhaftierte Sinti in diesem Orchester mitspielten oder der Musik nur quälend ausgesetzt waren. Aus Selbstzeugnissen gehe jedoch hervor, dass viele von ihnen in privaten Konzerten für die SS musizieren mussten.[26]

Dem Orchester war die makabre Aufgabe aufgezwungen worden, die Arbeitskommandos oder Schuhläufer zu begleiten, meist mit Musik, die die kulturelle Identität der Inhaftierten brechen sollte – »eine besonders perfide Form der seelischen Grausamkeit«.[27] Brauner prägte dafür den Begriff »musikalische Gewalt«,[28] basierend auf dem Terminus »musikalischer Sadismus« des polnischen Lagersängers Aleksander Kulisiewicz. Ob Joschi, der ja das Akkordeon fabelhaft beherrschte, auch für solche Konzerte hinzugezogen wurde? Oder vielmehr der Musik in seiner größten Not peinigend ausgesetzt war? Er wird sich anderen Sinti angeschlossen haben, doch er hatte keine Verwandten im Lager, an die er sich hätte wenden können. Am 10. März des folgenden Jahres wurde auch sein Cousin Paul Hanstein nach Sachsenhausen deportiert, mit dem er Ende 1941 wegen seines Kontakts zu einer Gadji verhört worden war. Er war am 3. Februar 1943 verhaftet worden und bis zu seiner Deportation im Polizeipräsidium Berlin.[29] Paul, drei Jahre älter als Joschi, wurde in der Effektenkammer eingesetzt. Ich hoffe, dass Joschi etwas Trost darin fand, nun wenigstens einen Vertrauten im Lager zu haben.

Meine Großtante Bärbel Pohl wurde vermutlich Ende 1942, auf alle Fälle aber 1943, ebenfalls deportiert, womöglich war sie zusammen mit ihrem Bruder festgenommen worden. Wo war ihre Mutter Frieda, als sie abgeholt wurde? Haben sie sich noch gesehen? Erst viele Jahre nach dem Krieg sollte meine Urgroßmutter bruchstückhaft erfahren, was mit Bärbel geschehen war. Ein Trauma folgte nun dem nächsten. Doch in all dem Schrecken gab es ein freudiges Ereignis: Meine Großtante Nana war dem Mann ihres Lebens, dem zehn Jahre älteren Pankower Hugo Rosenbach begegnet, der seit April 1940 als Transportarbeiter bei der Allgemeinen Elektricitäts-Gesellschaft AEG in Treptow arbeitete. Der Lebenswille war ungebrochen.

Sinti und Roma waren derweil aus allen Massenorganisationen ausgeschlossen – nicht nur die, die Wehrmachtssoldaten waren, hatten fast alle gehen müssen, jetzt wurden auch die Teilnehmer des Luftwarndiensts und des Reichsarbeitsdiensts sowie Mitglieder der Hitlerjugend entlassen. Sie wurden von der gesellschaftlichen Teilhabe radikal ausgeschlossen. Am 16. Dezember 1942 befahl Heinrich Himmler mit dem »Auschwitz-

Erlass«, alle im Deutschen Reich und in einigen anderen besetzten Ländern lebenden Sinti und Roma nach Auschwitz-Birkenau in das eigens dazu angelegte »Zigeunerfamilienlager« zu deportieren. Sie wurden nicht wie die Juden und Jüdinnen selektiert, sondern als Gruppe in das Lager verbannt. Unsere Minderheit sollte wie Jüdinnen und Juden vollständig ausgelöscht werden. Ab Februar 1943 verschleppte die SS rund 23 000 Frauen, Männer und Kinder in diesen Teil des als Vernichtungslager angelegten Birkenau. Die größte Gruppe unter ihnen bestand aus über 14 000 deutschen und österreichischen Sinti und Roma.

Für den anderen Teil der Familie Pohl-Blum ging im Balkan die Flucht weiter, überall war es brandgefährlich. »Wir müssen Rumänien verlassen«, erklärte Weißkopp, es war unmöglich, eine Aufenthaltsgenehmigung zu bekommen. Mein Onkel Mirano und sein Bruder beobachteten, wie die SS-Männer Jüdinnen und Juden mit ihren Kindern in die Viehwaggons prügelten, wie die Frauen und Kinder schrien und weinten. »Es war ein fürchterlicher und grausamer Anblick«, so Mirano.[30] Seit 1941 besetzte die deutsche Wehrmacht das sowjetische Gebiet zwischen den Flüssen Bug und Dnjestr, Transnistrien (Guvernământul Transnistriei) genannt. Es unterstand einer rumänischen Zivilverwaltung, den Verbündeten der deutschen Nationalsozialist:innen. Etwa 25 000 rumänische Roma waren im Laufe der ersten Jahreshälfte 1942 hierher deportiert worden, vermutlich kamen in Transnistrien an die 12 500 sowjetische und rumänische Roma durch Erschießungen und infolge von Hunger, Kälte und Krankheiten ums Leben. Es war Winter, sehr kalt und feucht. Mein Onkel Mirano erinnert sich, dass mein schlauer Urgroßvater Tricks hatte, um mit der Kälte zurechtzukommen: »Weißkopp nahm sich eine Decke und legte sich mit ihr auf einen Misthaufen. Der Dampf des Mistes spendete Wärme, und so fror er nicht so sehr. Dass das unappetitlich war, spielte unter diesen Umständen keine Rolle mehr«, sagt Mirano.[31]

Die Familien beschlossen schließlich, weiter nach Bulgarien zu fliehen. Doch auch hier war kein Verbleiben möglich, sie überlegten, in die Türkei zu fliehen, doch dort konnten sie nicht einreisen, sodass sie über Serbien abermals nach Kroatien zurückkehrten. Spätestens zu diesem Zeitpunkt trennten sie sich: »Wir waren zu viele, das war zu gefährlich«, erklärt Mirano.[32] Es ist nicht vollständig festzustellen, welche Familienteile sich welche Fluchtwege suchten. Mein Urgroßvater Weißkopp blieb zunächst in Rumänien. Er gelangte durch Bestechung schließlich an eine Aufenthaltsgenehmigung für Bukarest und schaffte sich daraufhin durch den Verkauf von Schmuck einen kleinen Zirkus mit Inventar an und blieb dort bis etwa Mai/Juni 1944.

Bekannt ist, dass meine Großmutter Ursula ihren Reisepass noch 1943 in Galați (deutsch: Galatz) in der rumänischen Moldau-Region, nordöstlich von Bukarest, verlängern ließ. Sie ist von dort mit ihrem Mann und vermutlich dessen Familie, den Artisten Blum, bis nach Odessa in die Ukraine geflohen. Die sowjetische Stadt am Schwarzen Meer war von deutschen und rumänischen Truppen besetzt und das rumänisch-faschistische Hauptquartier Transnistriens. Hier und in der Umgebung hatten rumänische Soldaten 1941 als unmittelbare Vollstrecker unter Leitung der Nationalsozialist:innen ein Massaker verübt und etwa 25 000 Juden und Jüdinnen ermordet. An diesem schwer belasteten Ort kam im November 1943 mein liebster Onkel Peter ›Bondi‹ zur Welt, Ursulas zweites Kind. Meine Familie versteckte sich bei Bauern, die freundlich waren, meist jedoch im Wald. Im Laufe des harten Winters erkrankte Peter jedoch so sehr, dass Ursula und Dommeli ihn ins lokale Krankenhaus bringen mussten. Sie legten ihre gefälschten »KdF«-Papiere vor und mussten den Säugling einstweilen in der Obhut der Pfleger:innen und Ärzt:innen lassen. Mami besuchte meinen Onkel, so oft es ging, stets unter großer Gefahr, enttarnt zu werden.

Eines Tages im Frühjahr 1944, die Rote Armee war bereits im Anmarsch, fand Ursula das Krankenhaus leer vor: Das Personal war geflohen, hatte alles stehen und liegen lassen. Aufgeregt rannte Mami die Treppen hinauf in die Kinderabteilung und fand ihren Säugling tatsächlich in seinem Bettchen vor, man hatte ihn einfach allein dort zurückgelassen. Er war ausgehungert und schrie. Doch so grausam das war, so sehr war es auch ein Segen, denn so verlor meine Großmutter ihren Sohn nicht. Sie riss Peter an sich, rannte mit ihm zum Rest der Familie, und alle flohen, so schnell es ging.

Peter ging es jedoch schlecht, und die Mami war wegen der längeren Trennung und ihres eigenen abgemagerten Zustands nicht in der Lage, ihn aus eigener Kraft ausreichend zu ernähren. Die Versorgungslage war katastrophal, doch wenn möglich, flößte sie dem Baby löffelweise Kaffee ein. Der war aufgebrüht, und es drohten keine Gefahren durch verseuchtes Wasser. In diesem traumatischen Erlebnis lassen sich allerlei Gründe für Mamis späteres Verhältnis zu Peter finden; ihre übermäßige Fürsorge für ihn, die starke Bindung, die von Verlustängsten geprägt war. Die Deutschen waren inzwischen ganz offensichtlich im Begriff, den Krieg zu verlieren. Meine Familie, die von Berlin ausgehend den gesamten Balkan bis ins sowjetische Gebiet durchquert hatte, trat allmählich den Rückweg an.

In welchem Lager meine Großtante Bärbel zwischen Ende 1942 und 1944 inhaftiert war, ist bislang noch nicht im Detail erforscht; vermutlich werden wir nie genau erfahren, was genau ihr widerfuhr. Nicht eindeutig ist der genaue Zeitpunkt, an dem sie abgeholt wurde. Erwiesen ist, dass die 16-Jähre am 7. Februar 1944 in die Strafanstalt Saarbrücken verschafft wurde.[33] Es war das berüchtigte Gestapo-Lager Neue Bremm, das die Nationalsozialist:innen gerade in »erweitertes Polizeigefängnis« umgetauft hatten. Das 1940 errichtete Lager war zunächst als Arbeitslager für Fremd- und Zwangsarbeiter:innen benutzt worden, anschließend brachte man Kriegsgefangene und Gefangene aus dem Saarbrücker Gefängnis Lerchesflur dort unter. In Lerchesflur waren ab 1943 überwiegend politische Insass:innen aus dem Widerstand gegen den Nationalsozialismus und den verbotenen Organisationen der Arbeiterbewegung untergebracht. Ab Februar 1944 diente Neue Bremm als Durchgangslager für die Konzentrationslager. Bärbel blieb deshalb nicht lang, eine Woche später wurde sie ins Polizeigefängnis von Nürnberg transportiert.[34] Und von dort nach Auschwitz II-Birkenau. Bärbels Ankunft ist am 19. Februar 1944 vermerkt.[35] »Bis Ende 1943 waren (dort) schon 75 Prozent an Hunger oder Infektionskrankheiten gestorben. Es gab Selektionen zur Ermordung im Gas. Es war ein Familienlager mit einer unglaublich hohen Zahl von Kindern unter 14 Jahren – 7000 Kinder waren dort eingesperrt«, so die Historikerin Karola Fings über die Situation in Auschwitz.[36] In diese drangsalierende, katastrophal unerträgliche Umgebung geriet meine Großtante, allein wegen ihrer Herkunft zur Inhaftierten gemacht.

Die ins KZ deportierten Menschen erlitten einen Schock und waren zunächst völlig desorientiert. Ihrer Intimsphäre beraubt, war das »tief verwurzelte Schamempfinden« der Sinti und Roma psychisch erschüttert.[37] »Das Ziel der Lagerinitiation war die vollkommene Entpersonalisierung und Degradierung zur Masse. Durch die permanente Aufhebung der traditionellen Verhaltensregeln verloren die Sinti in der monatelangen Konzentrationslagerhaft ihren ›kulturellen Halt‹. Sie mussten zwischen der Bewahrung kultureller Wertvorstellungen und dem Erhalt des Lebens wählen. Die Frauen und Männer mussten sich daran gewöhnen, ihr Schamgefühl außer Acht zu lassen, um den ›Alltag‹ im Lager zu überleben«, schildert die Historikerin Heike Krokowski.[38]

Die Vorstellung, dass meine Großtante, eine so junge Frau, ja fast noch ein Kind, diesen Grausamkeiten und dann noch ohne vertraute Menschen an ihrer Seite ausgesetzt war, übersteigt meine Vorstellungskraft. Bei der Ankunft in Birkenau wurde ihr die Häftlingsnummer Z-9992 eintätowiert.[39] Z stand für »Zigeuner«. An ihre Kleidung wurde ein schwarzer Winkel genäht, der sie als »Asoziale« markierte. Die Nazis schoren Bärbel die Haare, desinfizierten sie in der Dusche und brachten sie im »Zigeunerfamilienlager« in einer der Pferdestallbaracken unter, wo die Menschen auf dreistöckigen Pritschen eng zusammengepresst schlafen mussten. Einige der Krematorien waren in unmittelbarer Nähe, der Gestank war unerträglich.

Im selben Lagerblock befand sich auch Josef Mengeles Versuchslabor, in dem der Arzt und Anthropologe medizinische Versuche an Sinti und Roma durchführte; insbesondere Zwillinge und Menschen, die Besonderheiten aufzeigten, interessierten ihn. Die inhaftierten Familienmitglieder konnten sich gegenseitig etwas Halt geben, doch wie war es für Kinder und Jugendliche, die allein hier waren? Geriet die junge Frau vielleicht Mengele in die Hände, wurde sie zwangssterilisiert? Ob das informelle Orchester der Familien, die Instrumente hatten mitbringen können, Bärbel ein wenig musikalisch beruhigte, oder ob die Musik ihre Trauer und Angst gar noch verstärkte? Leider werden diese Fragen nie beantwortet werden, doch was meiner Großtante passiert sein könnte, legen Zeitzeug:innen-Erzählungen nahe. So zum Beispiel berichtete die Sintitsa Zilli Schmidt von ihren schlimmen Erfahrungen in Auschwitz. Als junge Frau überlebte sie das KZ, weil sie Nahrungsmittel stahl und schließlich eine Beziehung mit einem deutschen Kommunisten einging. Dieser war vom Blockältesten und Lagerkapo zum Lagerältesten im »Zigeunerfamilienlager« avanciert und hielt seine schützende Hand über sie.[40] Bis dahin habe sie als Jüngste ihre gesamte Familie fast eineinhalb Jahre versorgt und »gestohlen wie ein Rabe«. Wo es nur ging, habe sie geklaut, jedoch niemals von anderen Häftlingen, sondern im Magazin oder in der Küche. Dabei habe sie nie Angst gehabt – wohl weil es eine Notwendigkeit zum Überleben war. »Ich war eigentlich vor dem Lager nicht so. Ich war keine Mutige«, so Zilli.[41] Doch ihre kleine Tochter und ihre Angehörigen konnte all das nicht retten.

Zilli, die ich später gut kennenlernen würde, beschrieb, wie es ihr und anderen im Lager erging. Das wird so oder ähnlich gewiss auch auf meine Großtante Bärbel zugetroffen haben: »Du hast da nicht nur kein Gefühl für die Sachen, die um dich herum passieren, das Sterben, die Gewalt, das Elend. Du hast auch kein Gefühl mehr für das, was mit dir selbst passiert. Ich glaube, das ist es auch, was diese Beziehungen von Frauen, von Häftlingen, mit Kapos oder sogar mit welchen von der SS verständlich macht. Und das waren nicht wenige. Das war aus der Not. Sie dachten sich ›weiter‹. Und darum machten sie das. Als ich die Strafe bekam, weil ich beim Klauen erwischt wurde, drei Tage Stehzelle, das war eigentlich nicht zum Aushalten. Wie soll das einer aushalten? Drei Tage Stehen im Dunkeln, kein Mensch, nichts zu trinken, nichts zu essen, Toilette nicht. Ich habe es aber ausgehalten. Ich habe es überlebt«, erzählte Zilli Schmidt lebhaft und zugleich voller Schmerz in ihren Erinnerungen *Gott hat etwas mit mir vorgehabt*.[42]

Ob Bärbel wohl mit Zilli bekannt war? Ob sie Ähnliches tat, um zu überleben? Als sie nach Auschwitz kam, waren noch etwa 6500 Sinti und Roma im Familienlager. Am 16. Mai 1944 hatten sie sich durch körperlichen Einsatz erfolgreich dessen Auflösung und ihrer unmittelbaren Ermordung widersetzt, jedenfalls verschoben die Nationalsozialist:innen ihren Plan. Einige Tausende Überlebende wurden jetzt als Zwangsarbeiter:innen für die Rüstungsindustrie auf andere Konzentrationslager im Reichsgebiet verteilt. Als das »Zigeunerfamilienlager« schließlich doch aufgelöst werden sollte, um Platz für die aus Ungarn deportierten Juden zu schaffen, lehnten die Sinti und Roma sich abermals physisch und verbal auf, vor allem die Sintitsas sollen sich durch Kratzen und Schreien zur Wehr gesetzt haben.[43] Doch ihr Widerstand war vergeblich: In der Nacht vom 2. auf den 3. August 1944 schaffte die SS die letzten noch verbliebenen 4300 Sinti und Roma, fast ausnahmslos als »nicht arbeitsfähig« eingestufte Frauen, Kinder und Alte, mit Lastwagen in die Gaskammern von Birkenau. Es ist möglich, dass Weißkopps Frau Wirtsa, mit der er sich nach Frieda auf traditionelle Weise vermählt hatte, unter den Ermordeten war; sie starb jedenfalls auch in Auschwitz und hinterließ zwei Kinder.

Meine Großtante Bärbel indes blieb einstweilen verschont, denn am 3. August, am Tag der Tragödie in Auschwitz, wurde sie im KZ Ravensbrück unter der Häftlingsnummer 48 780 registriert.[44] Die Zeugin Emma Schopper, geborene Rose, sagte später aus, sie habe Bärbel kurz vor Kriegsende dort noch gesehen. Sie sei von einer Typhus-Erkrankung stark geschwächt gewesen und habe zu den »Muselmännern«[45] des Lagers gezählt – so nannten die Inhaftierten jene, die am Hungertod starben.[46] Sie, die Zeugin, sei dann einen guten Monat später auf einen Sondertransport gekommen, und als sie zurückkehrte, erfuhr sie von anderen Lagerinsassen, dass Bärbel gestorben war, möglicherweise in der Gaskammer. Meine Mama Mery hat einen Brief aufgehoben, der beweist, dass Bärbel im

Ururgroßvater Waidemann Hoff, Soldat im Ersten Weltkrieg, mit Schnauzbart auf Kutsche

Ururgroßvater Waidemann Hoff, Soldat im Ersten Weltkrieg

Urgroßvater Julius »Weißkopp« Pohl,
Berlin, ca. 1917

Urgroßvater Julius Weißkopp Pohl und das rollende Kino. Von rechts: Weißkopp, Großonkel Walter Strampeli Winter, Großonkel Joschi Pohl und Großtante Nana Pohl sitzend, Urgroßtante Ella Hoff, Ururgroßvater Waidemann Pohl mit Großmutter Ursula Pohl im Arm, am Boden sitzend Erika und Bärbel Pohl, links außen Urgroßmutter Frieda Pohl. Berlin, ca. 1930

Ururgroßvater Jakob Otto Dschamba Blum, vermutlich ca. 1895

Urgroßvater Robert Pilli Franz mit ältestem Sohn Paul Vinko Franz, Bütow, ca. 1916

Robert Pilli und Bertha Franz mit Kindern, Pommern, ca. 1914

Großonkel Paul Vinko Franz mit Geige im Vordergrund, Erster Weltkrieg, Lazarett in Thorn (Torun, Kujawien-Pommern), 29.12.1917

Rückseite Postkarte von Paul Vinko Franz an seine Eltern aus dem Lazarett, Thorn (Torun, Kujawien-Pommern) 29.12.1917

Paul Vinko Franz mit Geige und wertvollem Pfretzschner Geigenbogen, vermutlich Bütow (Bytów), Hinterpommern, ca. 1928

Familie Bertha und Robert Franz mit Kindern zu Hause in Bütow, ca. 1937

Kapelle Franzens. Von rechts: (oben) Großvater Emil Chinko Franz, die Großonkel Hugo Moritz Franz, Albert Schanno Franz, Karl Rankeli Franz und Paul Vinko Franz; (unten) Urgroßeltern Robert und Bertha Franz, von links außen sitzend Großtanten Helene Patschka und Maria Fitzela Franz, vermutlich Łeba, ca. 1930

Die Kapelle Franzens. Von rechts: (oben) Großvater Emil Chinko Franz,
Urgroßvater Robert Pilli Franz, Großonkel Paul Vinko Franz, Hugo Moritz Franz, Karl Rankeli Franz;
(unten) Helene Patschka Franz und Maria Fitzela Franz, vermutlich Ostseebad Łeba, ca. 1930

Die Kapelle Franzens. Außen links Großvater Emil Chinko Franz,
mit Zigarette vermutlich Großonkel Hugo Moritz Franz, mit links angewinkeltem Arm
Großonkel Karl Rankeli Franz, vermutlich Ostseebad Łeba, ca. 1931

Urgroßmutter Frieda Pohl,
geborene Hoff, Berlin, ca. 1918

Von rechts:
Großmutter Ursula Pohl,
Großonkel Joschi Pohl,
Großtante Nana Pohl,
Berlin Pankow, ca. 1931

Joschi Pohl, 21.2.1934, vermutlich Thule-Grundschule, Berlin-Pankow
(sechstes Kind rechts vom Lehrer eingekreist)

Ururgroßvater
Waidemann Wilhelm Hoff mit
Harfe, zu Hause in
Berlin Pankow, ca. 1937

Urgroßvater
Julius Max Weißkopp Pohl,
vermutlich Breitengüßbach,
Bayern, ca. 1934

Großmutter
Ursula Dina Pohl,
Konfirmation,
Berlin Pankow, ca. 1941

Großtante Bärbel Afra Pohl, Konfirmation,
Berlin Pankow, ca. 1941

Großonkel Joschi Pohl,
Konfirmation Berlin Pankow,
ca. 1941

Urgroßvater Robert Pilli Franz am Cello, vermutlich Berlin, ca. 1936

Großvater Emil Chinko Franz links an der Harfe, daneben Großonkel Karl Rankeli Franz am Cello, vermutlich Berlin, ca. 1936

Reisepass Urgroßeltern Bertha und Robert Pilli Franz, 1937

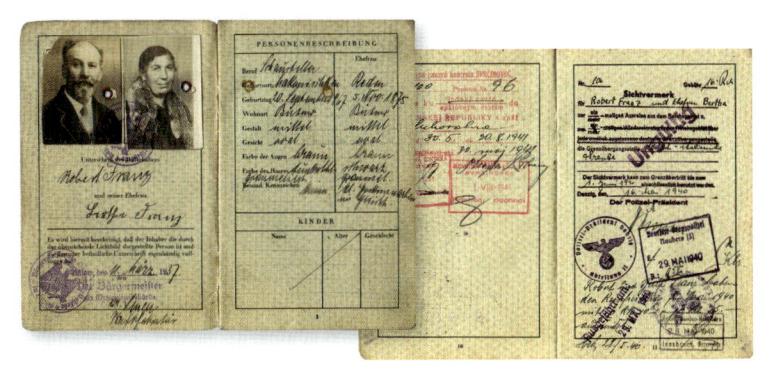

Auf der Flucht in Südtirol: rechts Großvater Emil Chinko Franz, daneben Großonkel Hugo Moritz Franz, ca. 1942

Großvater Emil Chinko Franz (l.) und Hugo Moritz Franz auf der Flucht in Bergamo, 1944

Geschwister Franz mit italienischen Schauspielern, Großonkel Hugo Moritz Franz als Pastor im Zentrum, dahinter Großvater Emil Chinko Franz, links außen Karl Rankeli Franz mit Partnerin Ciccia, links kniend Großtante Maria Fitzela, am Boden Tante Ursula Beere Franz, Italien, ca. 1944

Großonkel
Joschi Pohl,
vermutlich Berlin,
1942

Großtante
Bärbel Afra Pohl,
Berlin,
vermutlich 1942

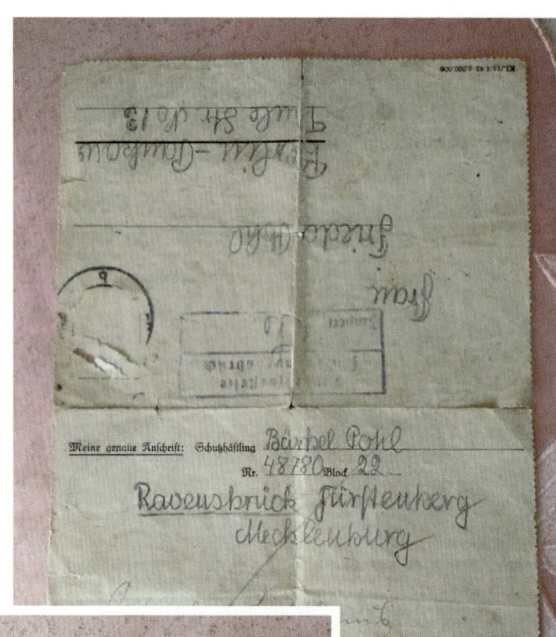

Brief von Großtante
Bärbel Afra Pohl aus dem
KZ Ravensbrück

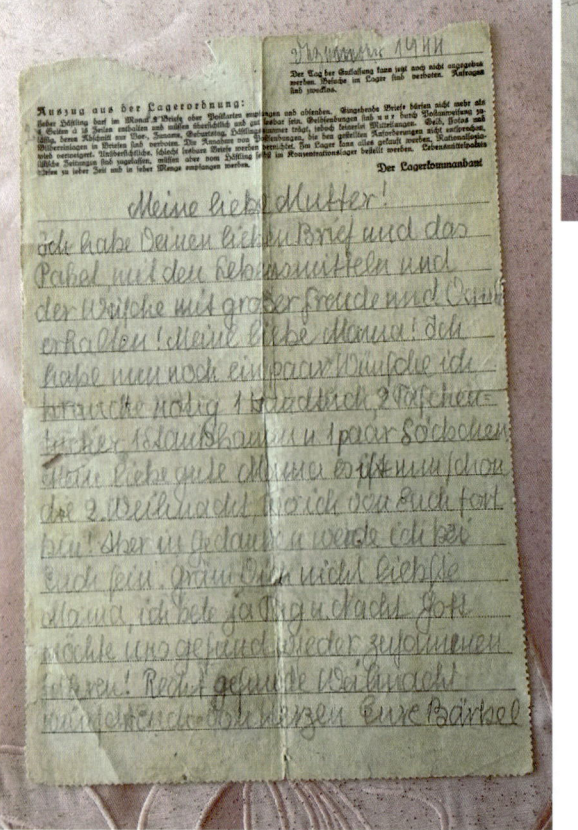

Großeltern
Alfons Renz Dommeli
und Ursula Blum,
mit Mutter Mery,
Zagreb, 1942

Großvater Alfons Renz Dommeli Blum mit Mutter Mery und
Onkel Peter, München, ca. 1945

Großvater Alfons Renz
Dommeli Blum,
Ausweisfoto des Bayerischen
Hilfswerks für die durch
die Nürnberger Gesetze
Betroffenen, 1945

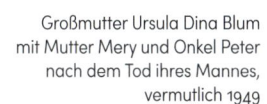

Großmutter Ursula Dina Blum
mit Mutter Mery und Onkel Peter
nach dem Tod ihres Mannes,
vermutlich 1949

Großmutter
Ursula Dina Blum
mit Mutter Mery und
Onkel Peter,
vermutlich 1951

Beerdigung von
Großvater
Emil Chinko Franz,
Kaiserslautern,
9.8.1954

Onkel
Peter Blum,
vermutlich
Kaiserslautern,
ca. 1957

Romeo Franz,
Kaiserslautern,
ca. 1968

Romeo Franz und Sohn Romeo-Manolito Sunny Franz

15. Django Memorial Festival im Abraxas in Augsburg am 27.4.2007: Romeo Franz (li.o.), Joe Bawelino (re.o.), Thomas Stützel (li.u.), Unge Schmidt (re.u.)

Fluchtroute der Familie Julius Pohl

towice
towitz)
Krakau
chwitz-Birkenau
Generalgouvernement
Przemyśl
Lwiw
(Lemberg)
Ternopil
(Tarnopol)
Kamenec-Podol'skij
SLOWAKEI
Kassa
(Košice/
Kaschau)
Cernăuţi
(Czernowitz)
BUKOWINA
Theiß
MOLDAU
NÖRDLICHES
SIEBENBÜRGEN
Debrecen
Budapest
UNGARN
Kolozsvár
(Cluj/Klausenburg)
Marosch
Szeged
Arad
Timişoara
(Temesvar)
Sibiu
(Hermannstadt)
Braşov
(Kronstadt)
BATSCHKA
zu Ungarn
Theiß
RUMÄNIEN
Novi Sad
(Neusatz)
kovar
Anfang 1943
WESTBANAT
Argesch
kovci
1944
Bukarest
Okt. 1942
Winter 1943
Anfang 1944
Alt
Save
Belgrad
Donau
Donau
Vidin
Drina
SERBIEN
unter dt. Besatzung
Pleven
Niš
(Nisch)
MONTENEGRO
italien. Protektorat
Sofia
BULGARIEN
Priština
(Prishtina)
unter bulgar.
Besatzung
Struma
Maritsa
Plovdiv
Kotor
Cattaro)
KOSOVO
zu Albanien
MAZEDONIEN
ALBANIEN
Skopje
unter bulgar. Besatzung

Fluchtroute der Familie Bertha und Robert Franz

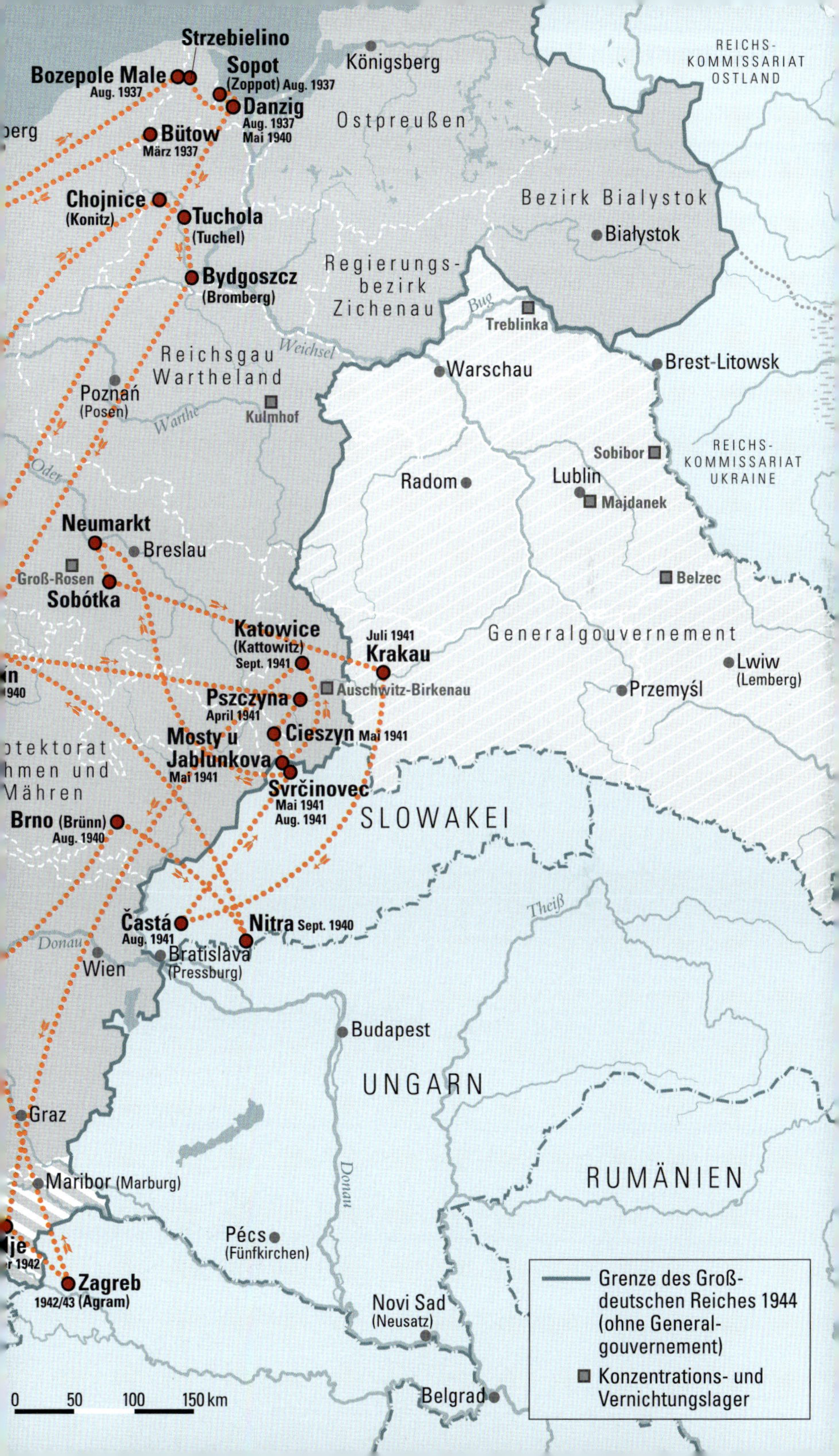

Strzebielino
Bozepole Male
Aug. 1937
Sopot
(Zoppot) Aug. 1937
Danzig
Aug. 1937
Mai 1940
Königsberg
Ostpreußen
REICHS-
KOMMISSARIAT
OSTLAND
Bütow
März 1937
Chojnice
(Konitz)
Tuchola
(Tuchel)
Bydgoszcz
(Bromberg)
Bezirk Bialystok
Białystok
Regierungs-
bezirk
Zichenau
Bug
Treblinka
Weichsel
Reichsgau
Wartheland
Poznań
(Posen)
Warthe
Kulmhof
Warschau
Brest-Litowsk
Oder
Sobibor
REICHS-
KOMMISSARIAT
UKRAINE
Radom
Lublin
Majdanek
Neumarkt
Breslau
Groß-Rosen
Sobótka
Belzec
Katowice
(Kattowitz)
Sept. 1941
Juli 1941
Krakau
Generalgouvernement
Lwiw
(Lemberg)
Auschwitz-Birkenau
Przemyśl
Pszczyna
April 1941
Mosty u
Jablunkova
Mai 1941
Cieszyn Mai 1941
Svrčinovec
Mai 1941
Aug. 1941
SLOWAKEI
Brno (Brünn)
Aug. 1940
Theiß
Častá
Aug. 1941
Nitra Sept. 1940
Donau
Wien
Bratislava
(Pressburg)
Budapest
UNGARN
Graz
Maribor (Marburg)
RUMÄNIEN
Donau
Pécs
(Fünfkirchen)
Zagreb
1942/43 (Agram)
Novi Sad
(Neusatz)
Belgrad
0 50 100 150 km
Grenze des Groß-
deutschen Reiches 1944
(ohne General-
gouvernement)
Konzentrations- und
Vernichtungslager

Fluchtroute von Ursula und Alfons Blum

Deutsches Reich mit eingegliederten Gebieten 1942
Deutsch besetzte Gebiete
Mit dem Deutschen Reich verbündete Staaten und deren besetzte Gebiete
Gebiete unter Militärverwaltung
Konzentrations- und Vernichtungslager
REICHSKOMMISSARIAT OSTLAND
Białystok
istrikt
ialystok
Prypjat
Brest-Litowsk
obibor
Lublin
danek
Belzec
Kiew
Dnjepr
Rowno
REICHSKOMMISSARIAT UKRAINE
Lwiw
(Lemberg)
General-gouvernement
Bessarabien
Transnistrien
Pruth
Dnjestr
Chişinău
(Kischinjow)
Odessa
Herbst 1943
Galaţi
(Galatz)
RUMÄNIEN
Dobrudscha
Schwarzes Meer
Bukarest
Okt. 1942
Anfang/Mitte 1943
Donau
BULGARIEN
Sofia

KZ-Deportationswege

- **Paul Vinko Franz** (lila)
  Großonkel Romeo Franz
  geb. 16.10.1896

- **Bärbel Pohl** (orange)
  Großtante Romeo Franz
  geb. 1.4.1927

- **Joschi Pohl** (rot)
  Großonkel Romeo Franz
  geb. 8.2.1926

- **Albert Schanno Franz**
  Großonkel Romeo Franz
  geb. 28.12.1898

■ Konzentrations-, Durchgangs- und Vernichtungslager

Dezember 1944 im KZ Ravensbrück als »Sonderhäftling« mit der Nummer 47 480 in Block 22 gefangen war. In fein säuberlicher Handschrift, die noch kindliche Züge trägt, schrieb sie ihrer Mutter Frieda:

Dezember 1944
Meine liebe Mutter!
Ich habe Deinen lieben Brief und das Paket mit den Lebensmitteln und der Wäsche mit großer Freude und Dank erhalten! Meine liebe Mama! Ich habe nun noch ein paar Wünsche ich brauche nötig 1 Handtuch, 2 Taschentücher, 1 Staubkamm und 1 paar Söckchen. Meine liebe gute Mama es ist nun schon die 2. Weihnacht, wo ich von Euch fort bin! Aber in Gedanken werde ich bei Euch sein. Gräm Dich nicht liebste Mama, ich bete ja Tag und Nacht Gott möchte uns gesund wieder zusammen führen! Recht gesunde Weihnacht wünscht Euch von Herzen Eure Bärbel[*]

Bärbels letztes Lebenszeichen war in der vom Lagerkommandanten vorgegebenen Kürze verfasst und selbstverständlich zensiert. Wie es ihr wirklich ging, durfte sie nicht ausdrücken. Dass sie gemäß der Zeugin aber bereits sehr schwach war, ist wohl gewiss, und auch, dass Bärbel kurz vor der Befreiung oder auf dem Todesmarsch von Ravensbrück ums Leben kam. Leider ist es nicht die Ausnahme, sondern die Regel, dass wir nicht wissen, wie und wo genau unsere Angehörigen zu Tode kamen. Viele Sinti und Roma galten juristisch jahrzehntelang als »verschollen«. Das macht es umso schwerer, mit ihrem Verlust zurechtzukommen und sie sinnbildlich zu Grabe zu tragen.

---

[*] Rechtschreibfehler sind hier nicht korrigiert.

Mein Großonkel Joschi Pohl wurde im KZ Sachsenhausen unterdessen als »Hilfsarbeiter« eingesetzt, die körperliche Schonfrist als Lehrling war vorbei. Es ist möglich, dass er Erdarbeiten verrichten musste, vielleicht war er in der Rüstungsproduktion oder in der Landwirtschaft als Zwangsarbeiter eingesetzt. Jedenfalls musste er von früh bis spät schuften. Zuletzt, das ist aus den Akten zu entnehmen, löschte er als Teil der Lagerfeuerwehr nach Bombenangriffen innerhalb oder außerhalb des KZs Feuer – naturgemäß eine lebensgefährliche Arbeit.[47] Dessen nicht genug, wurde Joschi am 6. November 1944 gemeinsam mit seinem Cousin Paul Hanstein nach Auschwitz deportiert.[48] »Ende 1944 wurden die Lagerfeuerwehren von Auschwitz und Sachsenhausen getauscht, da angeblich die polnische Lagerfeuerwehr in Auschwitz Kontakte zum polnischen Widerstand hatte«, erklärt der Historiker Kai Müller diese Häftlingsverlegung.[49]

Joschi überlebte vermutlich, weil er als Feuerlöscher noch gebraucht wurde. Für ihn nahm die Qual jedoch kein Ende: Am 25. Januar 1945 wurde er in einem der Evakuierungstransporte mit 5714 weiteren Häftlingen ins KZ Mauthausen überstellt, wo mein völlig erschöpfter Großonkel die Häftlingsnummer 117171, Kategorie AZR für »Arbeitszwang Reich« bekam – ein Synonym für »Arbeitsscheu« oder »Asozial«. Seine Hollerith-Karteikarte zeigt, dass er am 29. Januar 1945 in das KZ-Außenlager Melk verlegt und im Quarzstollen eingesetzt wurde. Die Zwangsarbeiter, die für den Stollen eingeteilt waren, arbeiteten ohne Sicherheitsvorkehrungen, Unzählige starben dabei. Joschi hatte wohl einen der vielen Toten ersetzen müssen und war deshalb nach Mauthausen geschafft worden.

Der namhafte Sinto Reinhard Florian erlitt ein ähnliches Schicksal, das er in seinem Erinnerungsband *Ich wollte nach Hause, nach Ostpreußen!* zu Protokoll gab. Auch er war in

Mauthausen, im Nebenlager Gusen. Er erlebte dort unvorstellbare Grausamkeiten, die er eindrücklich schildert, darunter auch die Zwangsprostitution inhaftierter Sintitsas. Unter den Häftlingen habe es schnell keinerlei Zusammenhalt mehr gegeben: »Da kommt einem die Menschlichkeit ganz schnell abhanden. Wir waren keine Menschen mehr! Da gab's nur noch eins im Kopf. In unseren Hirnen gab es nur noch zwei Gedanken: den Hunger und die panische Angst vor dem Tod. Das war alles. Nur diese zwei Sachen ... Es sprach auch keiner mit dem anderen. Wo auch? Wann auch? Während der Freizeit? Gab es nicht.« Nach Feierabend sei man nach dem Essen eines Stückes Brot so schnell wie möglich ins Bett gegangen. »Da hast du dich um nichts mehr gekümmert. Wenn sie dort im Lager auch noch so große Heiden waren und eigentlich keiner mehr an Gott glaubte, nachts haben sie doch den Herrgott angerufen. Für mich war mein Bett mein Herrgott ...«[50] Häftlinge wie Florian entwickelten eine regelrechte Beziehung zum Einzigen, das ihnen etwas Komfort spendete: »Jedes Mal, wenn es morgens zum Appell ging, ging ich noch mal an mein Bett ran und strich einmal drüber: ›Hoffentlich darf ich heute Abend wieder zu dir kommen, mein Bett.‹ Das ist doch verrückt. Wo ist da noch etwas Menschliches, wenn einer sein Bett anbetet?«[51]

Reinhard Florian überlebte als einiger der wenigen die Misshandlungen, die Lebensbedingungen, die einer Folter gleichkamen, und die Demütigungen. Doch in seine ostpreußische Heimat, die nach dem Krieg der Sowjetunion und Polen zugeteilt wurde, konnte er nie mehr zurückkehren.[52]

Mein Großonkel Joschi erkrankte zu Kriegsende an Tuberkulose und kam in Quarantäne, wo er am 5. Mai 1945 vollkommen geschwächt die Befreiung erlebte. Auch sein Vetter Paul Hanstein überlebte.[53] Beide waren einen guten Monat zuvor noch ins Mauthausener KZ-Außenlager Ebensee transportiert worden. Als Niederlage unabwendbar war, zerstörten die Nationalsozialist:innen den Großteil ihrer Dokumentationen und Häftlingsakten, um die Spuren ihres kriminellen Handelns zu verwischen. Wir Nachkommen der Verfolgten, der Ermordeten und Überlebenden müssen damit fertigwerden, dass wir in vielen Fällen nie mehr erfahren werden, was unsere Angehörigen im Konzentrationslager erlitten haben und wie sie ermordet wurden.

Der Vater der verschleppten Kinder, mein Urgroßvater Weißkopp, hatte in Bukarest unterdessen aufs Neue alles verloren. Dort beschlagnahmte die deutsche Gesandtschaft sein gesamtes Eigentum, den Zirkus. Die Familienmitglieder sollten verhaftet und deportiert werden. Sie schafften es rechtzeitig, zu fliehen, über Ungarn nach Vincovci in Kroatien. Irgendwann trafen sie auf deutsche Soldaten, die sie nötigten, für sie Varieté zu spielen. Weißkopp, so erinnert sich Mirano, meinte, dass ihnen keine andere Wahl bliebe, als mitzugehen und sich dem Willen der Uniformierten zu beugen.[54] Die Soldaten entpuppten sich dann jedoch als Partisanen, die ihnen ihr letztes Hab und Gut abnahmen, sogar die Schuhe. Einer der Partisanen spielte auf Weißkopps Geige und behielt sie sogleich. Der Kommandant verlangte, dass sie sich ihnen kämpfend anschließen sollten. Am Ende ließ er sie jedoch gehen. Die bittere Ironie der Geschichte war, dass es ausgerechnet Wehrmachtssoldaten waren, die das entsprechende Partisanendorf metzelnd überfielen, sodass meine Verwandten schließlich einige ihrer Dinge wieder zurückerhielten. Die Wehrmachtssoldaten glaubten ihnen, dass sie Darsteller einer »KdF«-Bühne aus Südtirol seien, und baten darum, unterhalten zu werden. Sie merkten nicht, dass meine Verwandten Sinti waren.[55] Somit konnten sie letztlich unversehrt weiterreisen.

Anfang August 1944 kamen sie im kroatischen Petrinja südlich von Zagreb an, wo sie laut Mirano weiter als »KdF«-Künstler:innen getarnt auftraten. Nach getaner Arbeit ging er mit seinem Vater und einigen anderen angeln. Als sie zurückkamen, fehlten Miranos Mutter, sein Bruder und weitere Angehörige, darunter mein Urgroßvater Weißkopp. Ein Bahnhofsvorsteher erzählte Miranos Vater, sie seien in Viehwaggons ins Deutsche Reich abtransportiert worden.

Weißkopp sagte später aus, dass er einige Wochen im Gestapo-Gefängnis von Petrinja verbracht habe. Bei der Verhaftung habe die Gestapo sinngemäß gesagt: »Ihr seid Artisten und lauft noch herum, ohne zu arbeiten, die anderen Artisten arbeiten schon alle in Deutschland, ihr werdet auch zur Arbeit hinausgeschafft.«[56] Er sollte mit den anderen nach Auschwitz deportiert werden. Die Familienmitglieder wurden zum Glück noch im selben Monat nicht gen Osten, sondern in das Zwangsarbeitslager Thesen, Marburg an der Drau (slowenisch: Maribor),[57] geschafft. Es handelte sich hierbei mit ziemlicher Sicherheit um das werkseigene Arbeitserziehungslager der VDM-Luftfahrtwerke in Marburg an der Drau in der von Deutschland besetzten slowenischen Untersteiermark (Štajerska).[58] »Zusammen mit Kriegsgefangenen und zwangsverpflichteten Slowenen mussten die Männer unterirdische Stollen ausbauen. Die Lebensbedingungen dort waren hart, aber etwas besser als in dem nahe gelegenen Konzentrationslager Sterntal«, so die Historikerin Annette Leo.[59] Mein Urgroßvater erinnerte sich daran, dass es nicht weit entfernt ein Konzentrationslager gegeben habe. Sterntal (Strnišče) war ein »Strafsonderdienstpflichtlager« 30 Kilometer südlich von Marburg an der Drau. Während die Männer in Thesen knietief im Wasser in den Stollen arbeiten mussten, wurden Frauen und Kinder zu Aufräumarbeiten in der Kälte verdammt. Weißkopps gesundheitlicher Zustand war offenbar mittlerweile so schlecht, dass er nicht für die schwersten Arbeiten eingeteilt wurde, arbeiten musste er aber wie alle von 6:00 Uhr morgens bis 18:00 Uhr abends. Das Lager sei eingezäunt gewesen und von schwarz uniformierten Männern mit Waffen bewacht worden. Man habe es nur mit einem spezifischen Ausweis kurze Zeit verlassen dürfen. Seiner Erzählung nach gelang es der Familie kurz vor Weihnachten 1944 zu fliehen, Weißkopp hatte die Erlaubnis, in Maribor einen Arzt aufzusuchen, und nutzte die Gunst der Stunde. Mirano erinnert sich hingegen, dass US-amerikanische Flieger das Lager mit Luftbomben angriffen, die Familie überlebt habe und erst dann das Weite suchte, als sich die sowjetische Armee näherte und die Aufseher sich aus dem Staub machten. Sie fuhren jedenfalls mit der Bahn bis Krems an der Donau und versteckten sich dort in den Laderäumen von Donauschiffen.[60]

Mami Ursula war währenddessen mit ihrem Mann und dessen Familie ebenfalls auf dem Weg zurück nach Deutschland. Die genauen Stationen ihrer Rückreise sind unklar, jedoch fand sie durch Kroatien statt. Mami erzählte mir eine grausame Geschichte, die sich im kroatischen Marija Gorica nördlich von Zagreb nahe der Grenze zu Slowenien ereignete, vermutlich gegen Kriegsende. Auch Onkel Mirano erwähnt den Vorfall in seinem Buch. Meine Großmutter berichtete so authentisch, dass ich annehme, dass sie den Vorfall selbst erlebte: Die Familie Winter, zu der es verwandtschaftliche Beziehungen gibt, stand mit ihrem Wagen neben anderen Rückkehrer:innen außerhalb von Marija Gorica. Die Blums wollten bei ihnen Halt machen, als sie erfuhren, dass die Winters am Ort waren. Doch ein Einheimischer warnte meinen Urgroßvater Alfred Blum, Dommelis Vater. Aus diesem Grund blieben sie im Dorf bei einem Bauern in der Scheune. Das rettete ihnen das Leben. Denn die Ustascha metzelten die Familien noch in derselben Nacht nieder, 47 Menschen, Männer, Frauen, Kinder und Ungeborene. Darunter auch die Frau von Miranos Bruder Harry. Der Anschlag auf die Familien muss außerordentlich barbarisch, blutig und erbarmungslos gewesen sein. »Das hat tiefe Spuren in uns hinterlassen«, sagt Mirano.[61]

In Berlin arbeitete meine alte Mami, Urgroßmutter Frieda Pohl, in einer Berliner Bierfabrik. Die Arbeitsbedingungen waren hart, oft stand sie im Wasser, die Füße und Beine von der permanenten Feuchtigkeit aufgeweicht. Ihr Bruder Hugo, der Ringer, war meines Wissens zwar in der Hauptstadt geblieben, ansonsten aber war sie völlig auf sich gestellt. Frieda wusste nichts über den Verbleib ihrer drei Kinder und zermürbte sich vor Sorgen. War Ursula auf der Flucht sicher? Wo war Joschi? Wo Bärbel? Sie ahnte das Schlimmste. Ihre Familie war auseinandergerissen, und ihr Tate sterbenskrank, er litt an Vorsteherdrüsenkrebs und Herzinsuffizienz und bedurfte der Pflege. Seit Bärbels Deportation war sie mit ihm, Nana und Erika allein. Sie versteckte ihre Jüngste, die wegen ihrer schweren Rachitis im Kindesalter nicht mehr gewachsen war und wegen ihrer krummen Beine nur schwer laufen konnte. Für Mediziner war das junge Mädchen deshalb von Interesse. 1933 oder 1934, als Erika fünf oder sechs Jahre alt war, hatte eine Behörde, vermutlich das Gesundheitsamt Berlin – oder war es die »Krüppelfürsorge«? –, bestimmt, dass das Mädchen operiert werden müsse. Die »Deutsche Vereinigung für Krüppelfürsorge« war nach der Machtergreifung mit der »Reichsarbeitsgemeinschaft zur Bekämpfung des Krüppeltums« gleichgeschaltet. Meine Großtante wurde gegen den Willen ihrer Mutter zweimal operiert, wobei eine der Operationen misslang. Das erzählte mir kürzlich Erikas Sohn Robert Pohl, den sie sechs Jahre nach Kriegsende zur Welt bringen würde. Erika hatte Glück, dass die Nazis sie nicht zugleich zwangssterilisierten, denn das Gesetz zur Verhütung erbkranken Nachwuchses trat am 1. Januar 1934 in Kraft und wurde später auf Sinti und Roma angewandt. Die Angst, die Nationalsozialist:innen würden ihr jüngstes Kind zu weiteren medizinischen Eingriffen abholen, veranlasste Frieda dazu, sie von der Öffentlichkeit fernzuhalten. Doch es gab auch Schönes: Meine Großtante Nana war dem Mann ihres Lebens, Hugo Rosenbach, begegnet und in anderen Umständen. Am 23. Juni 1945 kam in Weißensee ihre Tochter Regina zur Welt, das erste von drei Kindern.

Kurz darauf allerdings, am 11. Juli, starb Waidemann in seinem Bett. Frieda meldete seinen Tod am selben Tag, beurkundet vom Standesbeamten. Meinem Papo hatten die politischen und familiären Veränderungen die letzte Lebenskraft geraubt. Der »Pommersche Riese«, einst stark wie ein Bär und sensibel wie ein Musiker, hatte seinen Lebensgeist verloren. Mami Ursula erzählte mir später, dass sie auf der Flucht auf dem Balkan wie in einer Vorsehung schlecht träumte, ihr Großvater stürbe. Doch im Traum war sie bei ihm in Berlin. Sie beschrieb ihrer Mama Frieda später sogar die Kleidung, die sie an ihm sah. Es stellte sich heraus, dass das stimmte. Ursula und ihr Großvater Waidemann hatten eine sehr enge Beziehung, sie war das Papo-Kind. Doch nun war der stolze Musiker und passionierte Ringer Wilhelm Waidemann Hoff tot, seine Kinder Frieda und Hugo mussten ihn in Berlin zu Grabe tragen. Somit war Frieda frei, um sich auf den Weg zu machen und ihre Kinder zu suchen. Onkel Robert erinnert sich, dass seine Großmutter vorbereitet war, weil sie bereits vor Kriegsende, als Berlin schon von der Roten Armee eingekesselt war, einen Schlepper gefunden hatte. Es war wohl ein Russe. Sie bezahlte ihn, um sie und ihre mittlerweile 17 Jahre alten Tochter Erika bei nächster Gelegenheit aus der Stadt zu bringen. Nanas Mann Hugo Rosenbach war jedoch 1944 zur Operation Todt (OT) eingezogen worden und noch nicht aus dem Krieg zurück. Er sollte erst lange nach der Befreiung wieder zu ihr zurückkehren. Die drei Pohl-Frauen wollten so rasch wie möglich aus Berlin heraus. Ihr Ziel war München.

Die Familie vermittelt uns Sinti und Roma ein Gefühl von Schutz, denn sie ist das Einzige, worauf wir vertrauen, worauf wir uns verlassen können. Meine Tante Cilli sagt: »Der Sinto ist kein Einzelmensch.« Wir identifizieren uns meist mit unseren Angehörigen und Vorfahren, weil sie die festen Konstanten in unserem Leben darstellen. Auch der Glaube an Jesus Christus oder Mohammed gibt vielen unserer Menschen Halt. Die Tradition ist ein weiterer Hort der Geborgenheit, wozu auch unsere äußerst vielseitigen Kulturen zählen. Diese Dinge sind bei vielen Sinti und Roma in Europa bis heute die tragenden Säulen von Kontinuität, der einzige Schutz für unsere Minderheit. Aber zugleich können diese Bezugspunkte auch zu einem Korsett werden und ihrerseits Leiden schaffen.

Wir dürfen uns weder im Kreis drehen noch stillstehen, sondern müssen uns weiterentwickeln. Ich definiere mich als traditionellen Sinto. Meine preußischen Vorfahren haben mir die traditionelle Bildung mit auf den Weg gegeben, mich durch ihre Urbanität zugleich aber liberal geprägt. Wir als ethnische Minderheit können auf Dauer jedoch nur bestehen, wenn wir uns den wandelnden Gegebenheiten anpassen und uns auf Prozesse der Veränderung einlassen. Die äußeren Umstände müssen das aber auch zulassen, und das ist angesichts des fortgesetzten Antiziganismus für viele der betroffenen Menschen mit schier unüberwindbaren Hürden verbunden. Unsere Grundpfeiler sollen erhalten bleiben, aber die Bestandteile unserer Identität müssen im Fluss sein. Wer stagniert und erstarrt, ist schon halb gestorben. Kultur soll ins Leben führen. Deshalb wurde es mir als junger Mann immer wichtiger, neue Wege zu gehen.

Meine Identität als Sinto bleibt erhalten, wenn ich meine Erfahrungen weitergebe und daraus mit der nächsten Generation das Zukünftige entwickele. Das lehrt mich die Geschichte meiner Familie und meiner Menschen. Für mich wurde die Musik zunehmend zum Herzstück meiner Identifikation und der rote Faden im Narrativ meiner Familiengeschichte. Als ich mit meinem Ensemble 1996 auf Tournee gehen wollte, war Uli Bund leider an der Reihe, aus der Band auszusteigen: Er war Vater geworden und wollte endlich mal wieder am Stück zu Hause bleiben. So kam Joe Bawelino zu uns, ein Schwergewicht des deutschen Sinti-Jazz, ein Mann mit umwerfender Bühnenpräsenz. Er hat der Band und mir sein Können, seine Emotionen und seine Weisheiten geschenkt. Unsere Zusammenarbeit im Romeo Franz Ensemble war geprägt von gegenseitigem Respekt und Vertrauen. Die Überlebende des Baro Marepen, Ceija Stojka, sagte kurz vor ihrem Tod 2013 etwas sehr Wichtiges: »Um unsere Kultur aufrechtzuerhalten, müssen wir ein Bewusstsein schaffen und den Willen haben, auch andere daran teilhaben zu lassen. Es ist wichtig, bemerkt und verstanden zu werden, und gerade diese Funktion kann die Kunst einnehmen. Sie kann aufzeigen und vermitteln. Egal, ob es sich um Bilder oder Musik handelt: Kunst muss im öffentlichen Raum geschehen, damit etwas sichtbar wird und Menschen zueinanderfinden. Wir sind Menschen wie alle anderen, und die Kunst kann dazu beitragen, dass wir atmen und leben dürfen.«[62]

Ich hatte das Glück, Ceija Stojka zu begegnen. Sie war eine beeindruckende Persönlichkeit von natürlicher Autorität – zugleich warmherzig und sympathisch; ihr Wiener Schmäh war charmant, und ihre Worte hatten Gewicht. Das von der bedeutenden österreichischen Sintitsa formulierte Selbstbewusstsein, uns der Mehrheitsgesellschaft zu zeigen, uns nicht weiter zu verstecken und unsere Kulturen, unsere Interessen und Forderungen offen zu artikulieren, wuchs auch in mir, als ich auf die 30 Jahre zuging; und ebenso der Wille, mich für meine Menschen öffentlich einzusetzen.

8

Der störrische Esel oder der bissige Hund ist tot
Familie Franz (1941–1945)

Als Grundschüler durfte ich meinen Tate gelegentlich in die Blaue Taube gegenüber der Apostelkirche in Kaiserslautern begleiten. Es war das einzige Lokal am Ort mit Billardtischen und bei Sinti sehr beliebt. In den 1970er-Jahren wurde dort dermaßen gequalmt, dass blau-graue Rauschschwaden fett wie Speck in der Luft hingen. Sintos spielten Karten oder Billard, tauschten sich aus, tranken literweise Tee oder Kaffee, und gelegentlich wurde gefeiert, getrunken und musiziert. »Sastepen!«, und die Gläser klirrten.

Mami Ursulas Bruder Strampeli gehörte zu den Stammgästen der Blauen Taube. Extravagant fuhr er stets zweifarbige Autos mit Schiebedach und parkte schnittig vor der Kneipe. Bevor er das Lokal betrat, zog er höflich seinen Hut, und kaum dass er die Türschwelle übertreten hatte, machte er es sich schon wie im eigenen Wohnzimmer gemütlich. Strampeli war in jüngeren Jahren ein Lebemann, wie er im Buche steht, er verstand es, den Damen schöne Augen zu machen. Ein wenig im Widerspruch dazu lebte er bei seiner Schwester Erika; beide waren ledig geblieben und bildeten eine Zweckgemeinschaft. Für Erikas Söhne Renaldi und Robert war Strampeli eine wichtige Bezugsperson, und auch ich erinnere mich gut an ihn, obwohl ich zu seinen Lebzeiten noch ein kleiner Junge war.

Mitunter krachte es zwischen Erika und ihm gewaltig. Seine Schwester beteiligte ihn am Handelsumsatz ihrer Handarbeitswaren, doch gelegentlich verzockte er seinen Anteil beim Kartenspiel in der Blauen Taube. Meine Großtante war darüber zu Recht erbost und ließ ihn das spüren: Ein kolossales Gezeter und Gezanke war das!

Meine Großtante Erika war trotz ihrer kleinen Körpergröße sehr selbstbewusst und eine enorm gute Köchin. Noch heute lässt mir die Erinnerung an den Duft ihrer knusprig gebratenen Ente das Wasser im Mund zusammenlaufen. Erika wetteiferte mit ihrer Schwester Ursula, wer den besseren Streuselkuchen bäckt, doch die beiden Frauen standen sich in nichts nach. Waren sie am Werk, lungerte ich in der Küche herum und gierte auf die Teigschüssel: »Junge, iss nicht so viel davon, dein Magen verklebt doch!«, ermahnte Mami mich. Sie ließ aber immer ein wenig Teig für mich übrig. »Parkrau man«, Mami, danke.

Strampeli besuchte meine Großmutter öfter im Lothringer Dell in Kaiserslautern. Nach dem Mittagessen schlief er zufrieden auf ihrem Balkonstuhl mit der blumigen Sitzauflage ein. Mein Bruder Manolito und ich beobachteten ihn gern bei seiner Siesta. Wir waren fasziniert, denn unser Großonkel hatte durch einen Schlaganfall eine Gesichtslähmung, die wir nun eingehend studieren konnten, ohne uns zu schämen. Strampeli bemerkte das im Halbschlaf und machte sich einen Spaß daraus, uns Buben zu erschrecken. Unvermittelt riss er den Mund auf und schob mit seiner Zunge blitzschnell sein Gebiss heraus. Wir haben uns köstlich amüsiert. Mami verhätschelte ihren älteren Bruder nach Strich und Faden. Saßen die beiden bei einer Tasse Kaffee in der Küche, schälte und entkernte sie Weintrauben für ihn. Dessen nicht genug, schob sie ihm sogar jede Traube einzeln in den Mund. Strampeli, der alte Genießer, ließ das brav über sich ergehen.

In den 1970er-Jahren begegnete ich das erste Mal Vinzenz Rose. Tate hatte mich in die Blaue Taube mitgenommen, wo Vinzenz mit seinem erwachsenen Neffen Romani Rose auftrat. Romani Rose ist ein Cousin meines Vaters. Sie berichteten von Plänen, einen Zentralrat für Sinti und Roma zu gründen. Vinzenz Rose und sein Bruder Oskar waren der Vernichtung durch die Nationalsozialist:innen nur um ein Haar entgangen. Ihre Eltern und zehn weitere Angehörige indes wurden ermordet, Vinzenz verlor zudem noch seine zweijährige Tochter. Romani Roses Vater Oskar hatte es mit einer List vollbracht, seinen Bruder Vinzenz Ende August 1944 aus dem Außenlager Neckarelz zu befreien. Neckarelz war Teil des Konzentrationslagers Natzweiler-Struthof im besetzten französischen Elsass. Die Brüder tauchten bis zum Kriegsende mit gefälschten Papieren in Bayern unter und setzten sich anschließend umgehend für die Rechte der Sinti und Roma ein. Sie gründeten 1956 den Verband rassisch Verfolgter nichtjüdischen Glaubens und 1971 das Zentralkomitee der Sinti West-Deutschlands, das alsbald in Verband Deutscher Sinti umgetauft wurde. Mein Tate interessierte sich sehr für diese Aktivitäten, und so kam ich schon früh mit der Bewegung in Kontakt. Es heißt, Oskar Rose habe sein Leben lang an Schuldgefühlen gegenüber seinen verstorbenen Familienmitgliedern gelitten.[1] Sich schuldig zu fühlen, weil man oder frau überlebt hat, ist unter Sinti, Roma, Jüdinnen und Juden eine häufige, schwere psychische Belastung. »Habe ich etwa auf Kosten meiner Liebsten überlebt?«, lautet eine der quälenden Fragen. Heute bezeichnet man das als posttraumatisches Belastungssyndrom. Oskar Rose starb 1968 mit nur 62 Jahren. Vinzenz führte die Bürgerrechtsarbeit mit dessen Sohn Romani weiter. 1974 errichtete er auf eigene Kosten auf dem Gelände des ehemaligen »Zigeunerfamilienlagers« in Auschwitz-Birkenau eines der ersten Mahnmale für die Sinti und Roma weltweit.

Ob auch mein Großonkel Karl Rankeli Franz an Schuldgefühlen litt? War das einer der Gründe, warum er so sehr Zuflucht in der Religion gesucht und auf Vergebung seiner vermeintlichen Schuld gehofft hatte? Schuld und Schuldgefühle sind nicht dasselbe. Das eine ist eine moralische oder juristische Realität, das andere eine Empfindung, die sich als Gefühlserbschaft sogar auf die nächste Generation übertragen kann. Die Überlebenden waren nicht schuldig geworden, sie hatten einfach Glück gehabt, waren jung oder besonders widerstandskräftig gewesen. Dennoch litten sie an dieser Überlebensschuld, die Primo Levi als die »Krankheit der Überlebenden« bezeichnete. Der italienische Schriftsteller und jüdische Überlebende schilderte die Gedanken, die viele quälten, die das Lagerleben überstanden: »Kommt deine Scham daher, dass du an Stelle eines anderen lebst? Und vor allem an Stelle eines großherzigeren, sensibleren, verständigeren, nützlicheren, des Lebens würdigeren Menschen als du?«[2] Die Überlebenden empfanden ihr Fortleben als Versagen gegenüber jenen, die sie nicht hatten schützen können: Als wäre das Leben ein Geschenk, das sie nicht verdient hätten. Mein Großonkel Moritz sowie seine Schwestern Patschka und Fitzela Franz hatten andere Strategien als Rankeli entwickelt, um mit den Geschehnissen fertigzuwerden. Befreien konnten sie sich von den massiven Verfolgungserfahrungen jedoch nie.

Nachdem meine Familie im Herbst 1941 ihr Familienoberhaupt Kapellmeister Robert Pilli Franz unter Tränen in Kattowitz beerdigt hatte, flüchtete sie weiter, denn sie wurde bereits von der Gestapo gesucht. Sie waren fünfzehn Personen, als sie aufs Neue aufbrachen: Pillis Witwe Bertha, sechs ihrer Kinder, Schannos kleine Tochter ›Schnani‹, sowie Chinkos Ehefrau Marie und ihre gemeinsamen Kinder Beere und Sischo. Außerdem Patschka mit ihrem Ehemann Oswald Blum und deren gemeinsamen Söhnen Brubel und Michel. Und ein sechzehntes Familienmitglied kam dazu: Im Juli 1942 erblickte das dritte Kind von Chinko und Marie Modsche in Cilli in der Untersteiermark das Licht der Welt. In der Stadt steht eine Burg, die meinen Großeltern imponierte, weshalb sie meiner Tante den traditionellen Namen ›Cilli‹ gaben; ihre amtlichen Vornamen sind Celona Celina. Heute heißt der Ort Celje und liegt in Slowenien, ungefähr 100 Kilometer Luftlinie von Zagreb entfernt.

Sie gelangten bis Agram (Zagreb), getarnt als Artisten der nationalsozialistischen »Kraft durch Freude«-Organisation. Doch bald darauf wurden sie aufs Neue inhaftiert und mindestens zwei Wochen in einer Haftanstalt festgehalten; nach der Freilassung wurden sie angehalten, sich zur Verfügung zu halten. Sie erlebten, wie die Ustascha 300 Sinti- oder Roma-Familien sammelten und abtransportierten, was sie – vermutlich gegen Ende 1942 – dazu bewog, sich umgehend wieder auf die Flucht zu begeben. Sie reisten über 1200 Kilometer gen Norden, zurück in die alte Heimat nach Konitz (Chojnice), südwestlich von Danzig im Reichsgau Danzig-Westpreußen. Hier in Konitz geschah das, wovor sie sich immerzu gefürchtet hatten: Die ältesten Brüder der Familie, Paul Vinko und Albert Schanno, wurden verhaftet und über Stettin ins Konzentrationslager Auschwitz deportiert. Vinko war gerade Mitte 40 und sein Bruder Schanno zwei Jahre jünger. Zum Glück war Schannos Tochter Schnani beim Rest der Familie geblieben, als er verhaftet wurde, weshalb sie überlebte. Sie starb leider sehr früh kurz nach ihrer Heirat, vermutlich Ende der 1950er-Jahre im Saarland, im Kindbett. Nachkommen hatte sie nicht.

Schanno könnte bereits vor oder auf dem Transport ins Konzentrationslager erschossen worden sein, denn es gibt keine aktenkundige Spur von ihm. Wir glauben, dass er sich wehrte oder zu fliehen versuchte. Vinzenz Rose, der selbst am 15. März 1943 in Auschwitz ankam, erzählte meiner Familie später, dass Paul Vinko in Auschwitz erschossen worden sei. Vinzenz, dessen Eltern bis zum Berufsverbot durch die Nationalsozialist:innen in Darmstadt ein Kino betrieben, war ihm dort offenbar begegnet. Der Eintrag von Vinkos Tod ist in den Sterbebüchern des KZs erhalten geblieben: Sein Geburtsort Tuschkau (Tuszkowy) in Westpreußen sowie der 11. Juli 1943 als der Tag, an dem er ermordet wurde, sind hier korrekt verzeichnet.[3] Die Nationalsozialist:innen hatten ihn aus irgendeinem Grund nicht als »Z« eingetragen, möglicherweise, weil sie seine Personalien nicht eindeutig feststellen konnten. In der im Archiv von Auschwitz vorhandenen Sterbeurkunde, die merkwürdigerweise erst eine Woche nach seinem Tod ausgestellt wurde, ist vermerkt, dass der Musiker Paul Franz, Sohn der Bertha Franz, um 18:10 Uhr an Herzinsuffizienz verstorben sei: »Eingetragen auf schriftliche Anzeige des Arztes Doktor der Medizin Rohde in Auschwitz vom 11. Juli 1943.«[4]

Der Zahnarzt Julius Alfred Werner Rohde, ein frühes Mitglied der NSDAP, SA und dann SS, begann seinen Dienst am 11. März 1943 im Frauenlager Auschwitz-Birkenau und in Auschwitz I. Zu seinen Aufgaben gehörte die Selektion der Häftlinge, er war an Menschenversuchen und Morden beteiligt. Rohde experimentierte an KZ-Häftlingen mit Narkotika, um deren Wirkung zu erforschen. Dazu verabreichte er ihnen Kaffee, der mit dem Schlafmittel Evipan oder Morphium versetzt war. Er wollte herausfinden, ob man damit feindliche Spione betäuben könnte, »oder ob Personen im Rahmen von Verhören schneller die Wahrheit preisgeben beziehungsweise Geständnisse ablegen würden. Ein oder zwei Versuchspersonen starben noch in derselben Nacht«, so eine Studie der *Zahnärztlichen Mitteilungen*.[5] »Da haben sie einen lustigen Tod gehabt«, soll

Rohde kommentiert haben.[6] Auf dem Totenschein vermerkte er, wie bei Opfern von Erschießungen oder bei anderen Formen gewaltsam herbeigeführter Tode üblich, eine fiktive Todesursache – wie eben Herzinsuffizienz. Der gefürchtete KZ-Arzt, der anschließend im KZ Natzweiler-Struthof sein Unwesen trieb und dort vier englische Frauen mit Phenol-Injektionen ins Herz umbrachte, wurde am 11. Oktober 1946 im britischen Militärgefängnis Hameln als Kriegsverbrecher gehenkt.

Als die Gestapo Vinko und Schanno verhaftete, angeblich um ihre Personalien zu überprüfen, waren nicht alle meine Verwandten zugegen. Die Faschisten kündigten an, später wegen der restlichen Familie zurückzukommen. Als die Geschwister heimkamen, war klar, dass sie noch nachts fliehen müssten, ihre alternde und traumatisierte Mama Bertha zitterte, als sie erneut aufbrachen. In Tuchel (Tuchola) verluden sie ihre Fahrzeuge auf einem kleinen Bahnhof und reisten mit dem Zug bis Bromberg (Bydgoszcz). Von dort ging es mit dem Wagen weiter über Kufstein zum zweiten Mal zurück nach Italien. Sie legten wieder gut 1200 Kilometer zurück. Zunächst hielten sie sich überwiegend im Raum Südtirol auf, eine Region, die ihnen von ihrer vorherigen Reise bereits vertraut war. Es gibt noch ein Foto, auf dem mein Großvater Chinko und Papo Moritz zwischen dem Wohnwagen und ihrem Simca-Fiat 6 CV stehen. Auf der Autohaube sitzt ein Hund und auf dem Beifahrersitz ein weiterer, sie gehörten offenbar dazu. Die Männer sind im besten Alter, sie tragen weiße Hemden und Krawatten, Chinko lächelt etwas verschmitzt. Wie haben sie es geschafft, selbst auf der Flucht noch so blendend auszusehen?

Die Kapelle Franzens hatte nun bereits drei ihrer Mitglieder verloren, das Familiengefüge musste sich neu ordnen. Eine ganze Weile versteckten meine Angehörigen sich in den Bergen oberhalb des Bergorts Auer/Ora, damals Provinz Trient, südlich von Bozen (Bolzano). Mittelalterliche Häuser, Kopfsteinpflaster, ein plätschernder Brunnen und der Mühlbach, der fünf Getreidemühlen im Dorf antrieb, außerhalb der Wasserfall des Schwarzenbachs und prächtige Weinreben: ein Idyll in den Südtiroler Bergen. Hier gab es Arbeit, insbesondere in der Landwirtschaft, und Musik und Theater waren ohnehin immer gefragt. Dass am Ort Künstler:innen, Musiker:innen und Schauspieler:innen lebten, die zur Minderheit gehörten, beweisen zwei »Sondergenehmigungen« für Reisen mit dem Zug von Auer/Ora nach Ala, südlich von Trient, sowie von Auer/Ora nach Udine. Es waren Konzessionen aus dem Jahr 1941.[7] Offenbar war Auer für Künstler:innen attraktiv, die nicht zur Mehrheitsgesellschaft zählten.

Meine Vorfahren erholten sich von den Strapazen wohl gelegentlich in einem Gasthaus, vermutlich im Gasthaus Rose am Hauptplatz, das aus dem 17. Jahrhundert stammte. Es befand sich darin seit einiger Zeit die Post, wo man sogar telefonieren konnte. Seit dem 28. Dezember 1941 gab es in der Provinz Trient (Trento) jedoch nicht nur für Hotels und Pensionen, sondern künftig auch für Privatunterkünfte eine Meldepflicht. Gastgeber:innen, die dieser Meldepflicht nicht nachkamen, hafteten für ihre Besucher:innen.[8] Es war für Flüchtende demnach erheblich schwieriger geworden, Unterkunft zu finden, die Gefahr der Denunziation mit dieser amtlichen Anweisung beträchtlich gestiegen.

Auf dem Hauptplatz von Auer befand sich unter anderem das bis heute bestehende, traditionsreiche Albergo Elefante, wo kulturelle Veranstaltungen und Filmvorführungen stattfanden. Vielleicht trat auch die Kapelle Franzens an diesem Ort auf. Mein Großvater hatte ja einen opernreifen Tenor. Wenn Chinko Verdis »La donna è mobile« aus dessen Oper *Rigoletto* oder andere Arien vortrug, schmolz sein italienisches Publikum dahin. Im Außerfeldweg an der Villa Carla konnte man Wein trinken, und auch dort wurde öfter musiziert.[9] Großonkel Moritz hatte einen Kinoapparat aus zweiter Hand erworben und zeigte damit Filme. Die Männer handelten auch immer mal wieder mit Pferden. Mit all diesen verschiedenen Aktivitäten kamen sie einigermaßen über die Runden.

Im Ort lebte die Jüdin Ida Kaufmann, die als Buchhalterin und Schreibkraft für eine Handelsfirma tätig war. Ihr Leben endete in Auschwitz. Der Arzt Ludwig Thalheimer und seine Familie gehörten zu weiteren jüdischen Bewohnern Auers. »Bis 1943 verlief das Leben der Familie in Auer relativ sorglos, trotz kriegsbedingter Einschränkungen und der Tatsache, dass Ludwig nicht praktizieren konnte. Wer den Arzt aber um Hilfe bat, wurde nicht zurückgewiesen«, so Donatella Vivian.[10] Thalheimer konnte nicht mehr praktizieren, weil er als Jude einem streng kontrollierten Berufsverbot unterlag und bei Zuwiderhandlung jederzeit denunziert werden konnte. Die italienische Historikerin Vivian hat das Leben der Jüdinnen und Juden in Auer erforscht. In dem kleinen Ort, der damals weniger als 2000 Einwohner hatte, gab es nur wenige jüdische Bürger:innen. Einige überlebten durch Flucht, andere nicht, sie wurden von der Bahnstation Auer-Fleimstal aus deportiert. Diese Strecke war auf der Brennerbahnlinie eine der wichtigsten im Unterland Südtirols. Wegen seiner zentralen Lage zwischen Innsbruck und Verona wurde der Bahnhof schon während des Ersten Weltkriegs für Kriegszwecke eingesetzt. Jetzt diente er als Zwischenhalt für die Deportationszüge. Konvois aus dem Durchgangslager Fossoli bei Modena, errichtet im Mai 1942 als Kriegsgefangenenlager, hielten auf dem Weg nach Auschwitz hier kurz an.

Der jüdische Überlebende Piero Terracina aus Rom, der 1944 deportiert wurde, berichtete, dass die Deportierten sich in Auer/Ora mit Wasser versorgen durften, dieses aber nicht innerhalb des Bahnhofs, sondern auf dem Platz davor. »Die SS hatte zwei Reihen gebildet, um uns unter Kontrolle zu halten. Zwischen diesen Reihen hindurch gingen wir in den Raum, holten uns das Wasser und mussten dann sofort wieder zurück in die Waggons. Das Ganze habe ich öfters gemacht, weil es Leute gab, die sich nicht bewegen konnten.«[11] Dieser Abschnitt der Brennerbahn war wegen der Nachschubversorgung von so großer Bedeutung, dass die Alliierten die Etschbrücke 1944 und 1945 mehrfach bombardierten und den Bahnhof Auer-Fleimstal zerstörten. Heute erinnern in Auer/Ora Stolpersteine an zwei der ermordeten Juden des Ortes.[12]

Die Präfektur von Trient hatte bereits 1942 für die Sommersaison starke Auflagen für Bühnenkünstler:innen aller Art angeordnet. Diese verschärfte sie im Juni 1943 dermaßen, dass Auftritte ohne Zensur durch die Behörden nicht mehr legal waren.[13] Es war für meine Familie also dringend geboten, die Region zu verlassen. Sie floh weiter mit ihrem Auto und einem Wohnwagen, die sie bislang immer wieder auf Züge verladen hatten, um so schneller und unauffälliger herumzureisen. Bertha litt schwer unter den Verlusten, sie weinte viel und wurde auf der beschwerlichen »Reise« immer fragiler und kränker – sie war an Diabetes erkrankt, ihr Herz schwach. An die passende Medikation zu kommen, war unter den Fluchtbedingungen schier unmöglich. Hatte der jüdische Arzt Ludwig Thalheimer sie in Auer vielleicht heimlich betreut? Vor allem die Ungewissheit über das Schicksal ihrer Söhne ließ Bertha schlecht schlafen. Wenn sie mit zu vielen bedrängenden Gedanken nachts wach lag, erinnerte sie sich an früher. Welcher Kontrast zu den Zeiten, als sie noch als Kapelle Franzens in den Ostseebädern auftraten; als sie mitten im Leben standen und so glücklich waren, wie man eben glücklich sein kann. Auf der Flucht zu sein, bedeutete, nie zur Ruhe zu kommen, jederzeit auf dem Sprung zu sein, um weiter zu fliehen. Dies und die ständige Angst um ihre Kinder und Kindeskinder zerrütteten ihre Nerven. Zum Glück hatte sie noch drei Söhne und zwei Töchter, die Verantwortung übernahmen. Doch jeder neue Tag war ein Risiko, jeder Tag, den sie ungeschoren blieben, ein Geschenk.

Am 23. September 1943 wurde »Il Duce«, Italiens Ministerpräsident Benito Mussolini, gestürzt und die Italienische Sozialrepublik gegründet. Die Republik von Salò, wie sie auch genannt wurde, war ein Marionettenstaat von Gnaden Nazi-Deutschlands. Nord- und Mittelitalien waren jetzt von den Deutschen besetzt, während die Alliierten Süditalien inzwischen befreit hatten. Die Verfolgung der Juden und Jüdinnen, Sinti und Roma legte wie überall in Europa auch in Italien an Tempo zu. Während italienische Juden und Jüdinnen bis dato generell noch einigermaßen geduldet gewesen waren, wurden Sinti und Roma bereits seit 1926 von den italienischen Faschisten verfolgt. Am 11. September 1940 hatte der italienische Polizeipräsident Arturo Bocchini befohlen, sie an eigens dafür vorgesehenen Orten über Italien verteilt zu konzentrieren. Insbesondere auf Sardinien gab es KZs, Zwangslager oder provisorische gefängnisartige Unterbringungen. 1942 informierte das italienische Außenministerium seine Behörden darüber, dass Sinti und Roma in Deutschland den Juden und Jüdinnen nun gleichgestellt, sprich, dass sie gleich zu behandeln seien.[14] Die italienischen Sinti und Roma wurden allenthalben aufgegriffen und inhaftiert. Ab 1943 wurden sie in deutsche Konzentrationslager geschafft. Dazu diente etwa das Transitlager Bozen, das im September 1943 errichtet worden war.

Die Flucht war von permanenter Anspannung bestimmt. Als große Familie fielen meine Ahnen selbstverständlich auf, doch trennen wollten sie sich auf keinen Fall. Meine Großmutter Marie nähte unterdessen aus ihrer früheren Abendgarderobe Kleider für ihre Kinder, sorgte dafür, dass sie sauber waren und sich gut benahmen. Das Innere ihres Wohnwagens war stets picobello. Meine Familie floh weiter, einmal kurz bis Rom, ansonsten kreuz und quer durch Norditalien – stets auf Achse. »Wir wohnten einige Tage auf einem landwirtschaftlichen Gut in einem alten Haus«, erinnert Cilli sich aus Familienerzählungen.[15] »Mein Tate Chinko und meine Onkel Moritz und Rankeli waren unten auf dem Hof, der Rest der Familie im oberen Stockwerk des Hauses. Plötzlich tauchten Faschisten auf. Sie nahmen die Männer gewaltsam fest und stellten sie kurzerhand an eine Mauer, um sie zu erschießen«, berichtet meine Tante. In dem Moment habe die 44-jährige Patschka, die vom Fenster aus alles beobachtete, todesmutig vom Balkon heruntergeschrien: »Achtung, hier werden deutsche Soldaten erschossen! Halt!« Die Männer von der Gestapo ließen umgehend von meinem Großvater und meinen Großonkeln ab. Sie hatten offenbar Sorge bekommen, die Falschen erwischt zu haben und deutsche Verbündete zu ermorden. Sie verschwanden so schnell vom Hof, wie sie gekommen waren. Noch einmal Glück gehabt. Patschka hatte ihnen das Leben gerettet. Doch das war Warnung genug, so rasch wie möglich aufzubrechen.

Die Familie meines Vaters, der noch nicht geboren war, reiste mit den Jahreszeiten. Sie kamen bei italienischen Schausteller-Kolleg:innen unter, solange die sich noch sicher fühlten. Mancherorts verweilten sie länger, andere Stationen verließen sie überstürzt. Wenn es sich nicht vermeiden ließ, versteckten sie sich in den Wäldern. Im Winter war es besonders hart, sofern sie nicht in den Scheunen von Bauern unterkamen, die dringend Hilfskräfte suchten und ihre Arbeit wenigstens mit Nahrungsmitteln bezahlten.

Einmal waren meine Angehörigen wieder mit Pferden, Wohnwagen und Autos unterwegs. Zu ihnen gehörte mittlerweile ein Esel, den alle sehr liebten. Er war ein sehr Menschen zugewandtes Huftier, aber wie Esel eben sind, hatte er auch seinen eigenen Kopf. Einen Sturkopf mit langen Ohren. Als die Gruppe am Morgen nach einer Vorstellung ein Dorf hinter sich gelassen hatte, gelangte sie auf eine Brücke. In diesem Moment näherten sich am Himmel Kampfflieger, ihre Motoren dröhnten, sie kamen herbeigeschossen wie ein Rudel Löwen im Angriff. Der Esel erstarrte, doch anstatt durchzugehen, blieb er wie angewurzelt mitten auf der Brücke stehen. Da half kein Zerren und Ziehen, er blockierte die Passage auf die gegenüberliegende Uferseite. »Jetzt sind wir alle tot!«, schrie jemand verzweifelt, als die Flieger direkt auf sie hinabstießen und feuerten. Dann drehten sie jedoch ab und flogen wieder davon. Alle schauten sich an. Niemand war verletzt. Sie waren aufs Neue davongekommen. Das Eselchen setzte sich bald wieder in Bewegung, die Flucht konnte fortgesetzt werden. Angst grub sich in die Seelen ein. Lagen meine Verwandten zum Ausruhen unter Bäumen, schreckten sie selbst dann auf, wenn sie nur die Schatten fliegender Vögel sahen, weil sie diese für Flugzeuge hielten.

Im Frühjahr 1944 hatten meine Angehörigen Sanguinetto in der Provinz Verona in Venetien erreicht. Dort verhaftete sie die Gestapo abermals, weil meine Großonkel für Partisanen gehalten wurden; sie wurden zwei Wochen später nach Verona zur Überprüfung ihrer Personalien gebracht. Das italienische Befreiungskomitee Comitato di Liberazione Nazionale (CLN) stellte Emil und Hugo nach dem Krieg eine Bescheinigung über ihre Situation zum damaligen Zeitpunkt aus.[16] Mein Großvater und mein Großonkel hatten also Kontakt zum wichtigsten Vertreter der italienischen Widerstandsbewegung. Das CLN war eine Mehrparteieneinheit, ihre Mitglieder vereint durch den Antifaschismus. Von Sanguinetto flohen meine Verwandten nach Borgoforte südlich von Mantua (Mantova), dort wurden sie abermals gestellt und festgesetzt. Anschließend entkamen sie aufs Neue.

Die Flucht führte sie weiter nach Bergamo. Meine Großmutter, die Modsche-Mami, war zu jenem Zeitpunkt bereits in freudiger Erwartung ihres vierten Kindes. Zum Glück verlor sie es durch den unglaublichen psychischen Stress nicht: Im Oktober 1944 kam meine Großtante Angiola Grazia in der Via Alessandrini 78 in Adrara San Martino zur Welt. Die Geburtshelferin Barberina Volpi verhalf ihr ans Licht. Das war aktenkundig, denn die glücklichen Eltern ließen sich die Geburt ihrer Tochter von der Gemeinde Adrara amtlich bestätigen.[17] Adrara liegt in der Provinz Bergamo, nordöstlich von Mailand. Dort befand sich seit 1944 der Regierungssitz der Sozialrepublik. Meine Familie hielt sich demnach nicht weit vom faschistischen Zentrum Italiens auf. Sie erfuhren, dass eine Razzia der SS bevorstand, und mussten sofort fliehen – dabei verloren sie all ihr Hab und Gut. Mein jüngster Großonkel Karl Rankeli verletzte sich schwer, als er über eine Mauer sprang, um sich in Sicherheit zu bringen, sein Oberbauch erlitt einen Bruch, sein Bauchnabel wurde schwer verletzt.

Die Familie verbarg sich nun abermals in den Gebirgsdörfern Südtirols, auch in Aura. Sobald die Familie Franz unter Fremden war, sprach sie untereinander Italienisch, das sie mittlerweile gut gelernt hatte, weshalb sie oft auch für Italiener:innen gehalten wurden. Rundherum gab es Lager, in denen Sinti und Roma festgehalten wurden, zwischen Mailand und Venedig waren das zum Beispiel Castello Tesino, Chiesa Nuova oder Novi Ligure. Auf einem Foto, das uns seit Grazias Geburt erhalten geblieben ist, stehen mein Großvater Chinko und Moritz in der Via Mazzini in Bergamo an der Motorhaube ihres Simca-Fiat. Papo Moritz hat tiefe Furchen im Gesicht, er sieht erschöpft aus. Im Hintergrund hängt ein Plakat des »Circo Nazionale Togni«, seit 1919 eine der größten italienischen Zirkusdynastien. Dieser Zirkus spielte in ganz Italien, unterstützt von den italienischen Faschist:innen, die darin ein fabelhaftes Propagandamittel erkannten und für ihre Zwecke nutzten. Ob die Brüder Franz neben deren Vorstellungsankündigung auch für einen ihrer Auftritte plakatierten? Allmählich näherte sich die Front, sodass meine Vorfahren in Ruhe gelassen wurden und sich nun etwas erholen konnten. Meine alte Mami Bertha aber war über all das noch kränker geworden. Die gesamte Familie erkrankte an Malaria, und nicht alle meine Vorfahren erholten sich später davon vollständig.

Tante Cilli erzählte mir eine lustige Geschichte aus diesen furchtbaren Zeiten, die sich auf Fotos in ihrem Familienalbum nachvollziehen lässt.[18] Die Geschwister Franz borgten sich von italienischen Schauspieler:innen die Garderobe, um eine Oper aufzuführen. Viele der Kleidungsstücke waren zu klein, vor allem die Stiefel, die Moritz tragen wollte, er konnte darin kaum stehen. Das sah komisch aus, meine Angehörigen lachten, bis die Tränen kamen, ach, wie wohltuend war das Lachen! Doch als jemand fotografierte, beherrschten sie sich rasch wieder und blickten in die Kamera, wie es sich für professionelle Künstler:innen gehört. Im Zentrum der Abbildung sitzt Moritz als Pastor verkleidet, unter ihm liegt mit aufgestütztem Kopf meine Tante Beere. Am Rand steht Rankeli und neben ihm Ciccia, eine italienische Sintitsa und Schauspielerin, in die er sehr verliebt war. Ciccia, ein liebevoller Kosename für eine weiblich-füllige Frau, gehörte zu einer Komödianten-Gruppe italienischer Sinti, mit denen die Franzens eine Weile gemeinsam unterwegs waren und auftraten. Vor Rankeli ist Großtante Fitzela zu sehen, die offenbar immer noch lachen muss; in ihrem prächtigen Kostüm ist sie eine noch auffälligere Schönheit. Auch ihre Schwester Patschka ist auf der Aufnahme zu sehen sowie einige andere Personen, mit denen sie gemeinsam auftraten. Auf einem weiteren Foto sind eine riesige Pauke und ein Schlagzeug zu erkennen, dahinter Emil Chinko, mein Großvater. Rechts daneben steht ein Klavier, Papo Rankeli spielt darauf mit dem Rücken zur Kamera gewandt. Hinter ihnen hängen weiße Leintücher.

Die Theatertruppe hatte keinen Saal für ihre Aufführung gefunden, die Vorstellung aber bereits öffentlich angekündigt. Es galt, rasch zu improvisieren, deshalb zauberten meine Verwandten mitten im Freien ein Bühnenbild, indem sie Laken aufhängten. Bald strömten die Bewohner:innen des Dorfes herbei, sie brachten Stühle mit oder setzten sich auf Decken auf den Boden. Wer sich das Eintrittsgeld nicht leisten konnte, zahlte mit Nahrungsmitteln: Brot, Schinken, geschlachtete Hühner, Wein. Es war ein Dorfereignis, ein Fest. Im Verlauf der Handlung lag der Pfarrer alias Moritz irgendwann tot am Boden. Einsatz Chinko mit einem Paukenschlag, Rankeli griff energisch in die Tasten, um die Spannung zu steigern. Kurz darauf rutschte plötzlich erst ein Bettlaken, dann ein weiteres herunter, platsch, da lagen sie wie zum Waschen bereite Wäschehaufen auf dem Boden: Das sorgfältig erschaffene Bühnenbild zerfiel. Das Drama entwickelte sich ungewollt zur Komödie, als der tote Pfarrer sich nun sehr lebendig erhob, die Laken seelenruhig wieder aufhängte und sich aufs Neue als Leiche auf die reparierte Bühne bettete. Das Publikum lachte Tränen, klatschte wild, stampfte vor Begeisterung mit den Füßen und freute sich über das Missgeschick. Tante Cilli kringelt sich noch heute vor Lachen, wenn sie diese Familienanekdote erzählt. Es gab auch heitere Momente, Alltag im Krieg.

Endlich, endlich war klar, dass die Deutschen den Krieg verloren hatten: »Der bissige Hund ist tot«, sagte Chinko nüchtern. »Bissiger Hund«, so nannte meine Familie Hitler. Die Befreiung erlebte sie in Brescia – endlich kein Verstecken mehr, keine Todesangst. Doch wie sollte es nun weitergehen? In Italien gefiel es ihnen grundsätzlich gut, auch beherrschten sie Italienisch mittlerweile fließend – Moritz konnte sogar mehrere italienische Dialekte. Doch zunächst mussten sie sich orientieren. Sie verweilten am Ort, um mehr Klarheit über die Situation zu gewinnen und sich von den Strapazen zu erholen. Die Italiener:innen ließen meine deutsche Sinti-Familie indes gar nicht ausreisen. Papo Moritz sprach beim englischen Kommandanten in Verona vor, doch vergeblich; meine Angehörigen versuchten, an anderen Orten wie Mantua fortzukommen. Sie hielten sich in der Nachkriegszeit mit Musizieren, Theaterspielen und Pferdehandel über Wasser. Damit erging es ihnen bei aller Verarmung durch die Verfolgung und Flucht vermutlich besser als meinen anderen Angehörigen, die beschlossen hatten, nach Deutschland, ins Land der Täter:innen, zurückzukehren. Während Berthas Kinder schon ahnten, dass sie ihre ältesten Brüder vermutlich nie wiedersehen würden, lebte ihre Mutter noch immer in der Hoffnung, dass sie am Leben seien.

Wenn ich daran denke, was meine Angehörigen, die Familien Franz, Pohl und Blum im Zweiten Weltkrieg erlebten und erlitten, wird mir stets schwer ums Herz. Mitunter muss ich Abstand von den Erinnerungen gewinnen, um sie ertragen und mit ihnen leben zu können. Das Musizieren war mir dabei stets eine Hilfe – und bald auch die bürgerrechtliche Arbeit, die mir aus der Ohnmacht half. Im Januar 1983 hatte ich das erste Mal mit meinem Tate und anderen Sinti und Roma vor dem Bundeskriminalamt in Wiesbaden demonstriert. Es war der 50. Jahrestag der »Machtergreifung« der Nationalsozialist:innen. Anlass war die Tatsache, dass die »Landfahrerstellen« der Landeskriminalämter Sinti und Roma auch nach 1945 nahtlos weiter rassistisch erfassten, wie es bereits seit dem Kaiserreich Usus gewesen war. »Das Bundeskriminalamt hatte noch Ende der 1960er-Jahre einen ›Leitfaden für Kriminalbeamte‹ veröffentlicht, in dem die Verfasser im NS-Jargon die weitere Sondererfassung von Sinti und Roma begründeten«, so das RomArchive.[19] Tatsächlich agierten in den »Landfahrerzentralen« meist dieselben Polizisten, die Sinti und Roma schon während der NS-Zeit verfolgt hatten. Meine Menschen waren in deren Akten noch immer unter dem Kürzel »ZN« erfasst! Das wollten wir nicht weiter hinnehmen. Der Demonstration in Wiesbaden war einiges an Aktivitäten vorausgegangen. 1973 gab es erste Protestaktionen, organisiert vom just gegründeten Verband Deutscher Sinti,[20] nachdem Polizisten in Heidelberg den Sinto Anton Lehmann erschossen hatten. Mit dem Jahr 1979 wurde unsere Bürger:innenbewegung sichtbarer, nicht zuletzt, weil die Göttinger Gesellschaft für bedrohte Völker den Kampf für unsere Bürgerrechte unterstützte. Durch einen Sammelband über die Diskriminierung von Sinti und Roma konnte mehr Öffentlichkeit geschaffen werden, einige Medien begannen, sich zu interessieren. Die 1979 ausgestrahlte US-amerikanische Fernsehserie *Holocaust – Die Geschichte der Familie Weiss* tat ein Übriges, um die NS-Verfolgung in den Mittelpunkt zu rücken. Die Zeit war jetzt reif, um noch aktiver auf uns aufmerksam zu machen. Die Präsidentin des Europaparlaments, die Französin und jüdische Überlebende Simone Veil, nahm im selben Jahr an einer internationalen Gedenkkundgebung in der KZ-Gedenkstätte Bergen-Belsen teil.

Es kam zunehmend Bewegung in die Bürgerrechtsarbeit.[21] Vinzenz und Romani Rose übergaben dem Kanzleramt am 2. November 1979 ein Memorandum, in dem sie die Ziele unserer Bürgerrechtsbewegung darlegten, ein weiterer Etappenschritt.[22] In der Gedenkstätte Dachau gingen an Karfreitag 1980 elf Sinti und die Sozialarbeiterin Uta Horstmann in einen einwöchigen Hungerstreik, an dem auch Überlebende des NS-Völkermords, O Baro Marepen, teilnahmen. Unterstützt wurden sie unter anderem von dem US-amerikanischen Schauspieler Yul Brynner. Brynners Großmutter war eine Romni, und er wuchs in Paris unter Roma-Künstler:innen auf. Auch der weltberühmte Geiger Yehudi Menuhin unterstützte die Hungerstreikenden. Sie forderten das Ende der diskriminierenden Sondererfassung bei Polizei- und Justizbehörden, die auf NS-Akten beruhte, sowie deren Herausgabe. Am 2. September 1981 erreichten 18 Sinti, die den Keller des Tübinger Universitätsarchivs besetzten, dass die NS-»Rasseakten«, die Robert Ritter und seine Mitarbeiter:innen in der »Rassenhygienischen Forschungsstelle« angelegt hatten, an das Bundesarchiv überführt wurden.[23] 20 000 dieser Akten blieben jedoch unauffindbar, denn sie sind vernichtet worden. Im Februar 1982 war es endlich so weit: Der Zentralrat Deutscher Sinti und Roma wurde gegründet und Romani Rose zu dessen Vorsitzendem gewählt, der er bis heute ist.[24]

Helmut Schmidt erkannte den Baro Marepen/Porajmos kurz darauf politisch als NS-Völkermord an. »Sie wurden aus rassischen Gründen verfolgt«, sagte der damalige SPD-Bundeskanzler, dieses Verbrechen erfülle den Tatbestand des Völkermords. In seiner Dissertation weist Sebastian Lotto-Kusche jedoch darauf hin, dass das Bundesministerium der Justiz die Auffassung vertrat, »dass das Verbrechen bereits seit dem Bundesentschädigungsgesetz (BEG-SG) 1965 juristisch als Völkermord behandelt worden sei«. Deshalb habe einer entsprechenden Erklärung des Bundeskanzlers nichts im Wege gestanden.[25]

Es war ein eiskalter Wintertag, als Tate und ich am 28. Januar 1983 mit dem Auto nach Kaiserslautern auf den Messeplatz fuhren und dort mit anderen Sinti einen Bus nach Wiesbaden bestiegen. Im Bus unterhielt man sich darüber, dass am Tag zuvor Louis de Funès gestorben war. Viele verehrten den französischen Komiker, insbesondere Franz Lehmann, der die Wallfahrt im saarländischen Illingen mitgegründet hatte und gut Französisch sprach. Er und andere Passagiere ließen Funès' Filmerfolge Revue passieren: die Kriminalkomödie *Fantomas* oder *Louis, das Schlitzohr*. Jemand imitierte Funès, es wurde gelacht, die Anspannung im Bus war dennoch spürbar. In Wiesbaden angekommen, begaben wir uns zum Eingangstor des Bundeskriminalamts (BKA). Wir waren ungefähr 250 Demonstrant:innen, ganz vorne aufrecht Romani Rose mit einem Plakat um den Hals, auf dem zu lesen war:

1933
Bekämpfung des Zigeunerunwesens Z
1983
Bekämpfung des »Landfahrerunwesens«

Neben Rose standen einige Männer in KZ-Häftlingskleidung. Die Demonstrierenden riefen etwas in Richtung des BKA-Gebäudes, die genauen Worte weiß ich nicht mehr. Das Wetter war wirklich scheußlich. Ich fror, mein Steppmantel spendete nicht genug Wärme. Was ich 16-Jähriger hier erlebte, war jedoch so aufregend, dass mich die Kälte nicht störte. Ich begriff, dass dies ein sehr wichtiger Tag war und der Zentralrat eine bedeutende Aktion in Gang gesetzt hatte. Unvergesslich ist mir, dass irgendwelche Leute aus dem BKA-Gebäude die Fenster aufrissen und »Haut ab, ihr ~~Zigeuner~~!« brüllten. Es war eine sehr feindselige Stimmung. Tate legte großen Wert darauf, dass wir beide nicht fotografiert wurden: »Dreh dich weg, wenn Kameras auf dich zeigen«, sagte er wiederholt. Er hatte Sorge, dass wir erkannt und deswegen angefeindet werden könnten. Anschließend bewegte sich der Demonstrationszug bei Regen durch die Wiesbadener Innenstadt zum Sitz des Hessischen Innenministeriums.

Die Demonstration vor dem BKA hatte den Stein ins Rollen gebracht. Die Bundesregierung und das Bundeskriminalamt lenkten ein und versprachen, die ethnische »Sondererfassung« zu beenden. Zum Großteil geschah das wohl auch, allerdings wurden Delikte von »Landfahrern« bis 1982 in der offiziellen Polizeistatistik gesondert erfasst,[26] und es werden »bis heute immer wieder Fälle dieser Diskriminierungsform bekannt«.[27] Die Demonstration in Wiesbaden war für mich eine wichtige Erfahrung, denn ich lernte, dass es möglich ist, Widerstand zu leisten. Ich begriff, was Bürgerrechtsarbeit bedeutet und wie man für seine Rechte eintritt – und wie notwendig es war, sich einzusetzen, um Missstände abzuschaffen und ins Positive zu kehren. Jeder noch so kleine Schritt nach vorn war von nun an von großer Bedeutung. Es war den Pionieren der Bürgerrechtsarbeit allerdings dringlich bewusst, dass dies erst der Anfang war und wir bis zur gleichberechtigten Teilhabe noch einen langen und beschwerlichen Weg zurücklegen müssten.

Vertreter:innen von Politik, Behörden, Institutionen, Kirchen und der Wissenschaften sowie die deutsche Gesellschaft überhaupt hatten sich für unsere Belange bislang kaum interessiert, vielmehr hatten sie sie ignoriert, verleugnet, verschwiegen und mit antiziganistischen Begründungen wegargumentiert. Nicht zuletzt lag das Thema »Wiedergutmachung« und Entschädigung weiter bleiern in der Luft. Seit Jahrzehnten hatten die NS-Überlebenden mit Romanes-Hintergrund darum gekämpft, für ihr Leid entschädigt zu werden, meist mit geringem Erfolg oder vergeblich; viele waren darüber gestorben, ohne dass die Tragik dessen, was ihnen angetan worden war, auch nur anerkannt worden wäre. Meine Angehörigen sollten das auch bald erleben. Alltagserfahrungen von Diskriminierung und unverhohlenem Antiziganismus blieben ungebrochen. Sinti und Roma durften damals noch nicht einmal Campingplätze besuchen. Der Onkel meines Freundes Daniel Strauß sah sich am Eingang eines Campingplatzes mit diesem Verbot konfrontiert: »Für Zigeuner und Landfahrer verboten, Hunde dürfen an der Leine geführt werden.« Für Daniel war das die Initialzündung, sich bürgerrechtlich zu engagieren. Bald würden wir uns begegnen, zu Mitstreitern und Freunden werden. Wir sind die zweite und dritte Generation, doch auch wir sind noch »die Träger von Todesängsten«, sagt Daniel.

Zu den ersten wenigen Verfechtern der Rechte von Sinti und Roma gehörte der österreichische Shoah-Überlebende und Aufklärer Simon Wiesenthal. In den mindestens fünf Arbeits- und Konzentrationslagern, die er überlebte, lernte er Sinti und Roma kennen, begriff, dass ihre Situation jener der Jüdinnen und Juden weitgehend glich. Schon in den frühen 1960er-Jahren hatte er sich öffentlich für unsere Minderheit eingesetzt. Er protestierte gegen Antiziganismus in den Medien oder gegen den Abriss von Wohnvierteln, in denen Sinti und Roma lebten; er forderte ein Mahnmal für Sinti und Roma. Der unermüdliche Kämpfer für Gerechtigkeit stritt sich sogar mit anderen namhaften Juden wie dem rumänisch-US-amerikanischen Schriftsteller Elie Wiesel, dem israelischen Historiker Yehuda Bauer darüber, dass auch Sinti und Roma ein Recht auf Wiedergutmachung und Gedenken hätten. »Auschwitz ist in ihre Geschichte so wie in unsere eingebrannt ... So gesehen, fühle ich mich jedem Zigeuner, der Auschwitz durchlitten hat, verbunden«, schrieb der Publizist, damals noch mit dem üblichen Z-Wort. Er hatte sein Leben der Aufklärung von NS-Verbrechen gewidmet.[28] Für ihn war Aufklärung »Abwehr gegen Phänomene wie die Nazis«, so Wiesenthal in einem Interview mit dem *Spiegel* 1989.[29] Unermüdlich forderte er Mitgefühl und Verständnis auch für die anderen Opfer des NS-Terrors ein. Doch damit machte er sich wenig Freunde.

Das Schicksal von Juden und Jüdinnen, Sinti und Roma in der NS-Zeit zu vergleichen, bleibt bis heute umstritten, gleichwohl die eindeutigen Parallelen kaum noch anzufechten sind.[30] Simon Wiesenthal war fest davon überzeugt, dass der Holocaust »nicht allein ein Verbrechen gegen das jüdische Volk (war), sondern vielmehr ein Verbrechen gegen die gesamte Menschheit, auch gegen die Deutschen selbst«, stellt sein Biograf fest, der israelische Historiker Tom Segev.[31] Das war eine starke, universell humanistische Botschaft. Der israelische Künstler Dani Karavan vertrat eine ähnliche Position. Im Zusammenhang mit dem Denkmal für Sinti und Roma in Berlin sollte er damit später ebenfalls auf Widerstand stoßen.

9

Wiedersehen in München
Die Familien Pohl-Blum (1945)

Heidelberg, Zentralrat Sinti und Roma, 1994. Ich stand vor der Tür des Vorsitzenden Romani Rose. Monatelang hatte ich auf diesen Termin gewartet, endlich war es so weit. Ein bisschen nervös wischte ich mir den Schweiß von der Stirn. Ich war fest entschlossen, mich bürgerrechtlich zu engagieren und dafür suchte ich Mitstreiter:innen. Diese dicke Wand von Ignoranz und Ressentiments fast überall wühlte mich auf. In Momenten der Ablehnung durch Menschen aus der Mehrheitsgesellschaft fiel mir immer wieder eine Situation ein, die ich lieber verdrängt hätte, weil sie an den Kern der Dinge ging. Ich hatte mich mit 19 Jahren an der Saarbrücker Musikhochschule beworben, wollte wie Großonkel Paul Vinko die höchste Stufe der klassischen Ausbildung erklimmen. Ich wurde dort auf meine Herkunft angesprochen, was ich wahrheitsgemäß beantwortete. Ich wollte mich nicht verbergen. Nach meinem Vorspiel in Geige und Klavier sagte der Professor mit zusammengekniffenem Mund: »Wissen Sie was, suchen Sie sich einen anderen Beruf.« Kurz, kalt, herablassend. Das wirkte auf mich rassistisch, ich empfand es so, als lasse er mich, den Sinto, fast schon genüsslich durchfallen. Einem anderen Professor war der Vorgang nicht entgangen. Hätte ich doch nur ihn als Prüfer gewählt, dann hätte das mit der Hochschule geklappt, steckte er mir. Ich hatte ihm Frédéric Chopins Nocturne in Es-Dur vorgespielt und ihn von meinen Fähigkeiten überzeugt. Doch nun war ich leider an den Falschen geraten: Pech gehabt! Wie sich später herausstellte, brauchte ich zwar keine Hochschulausbildung, denn ich kam auch ohne diese erfolgreich weiter; gleichwohl konnte ich nicht vergessen, dass mir aufgrund dieser bösartig anmutenden Entscheidung ein Ausbildungsweg versagt worden war, für den ich geeignet war und den ich mir gewünscht hatte.

Das waren keine seltenen Erfahrungen, tatsächlich blieb ich stets in Habachtstellung, hatte das Gefühl, nie wirklich frei zu sein. Früher fragten wir uns im Urlaub: »Na, mal schauen, ob die uns hier auf den Campingplatz lassen?« Die jungen Leute fragen sich bis heute vor der Disko: »Ob sie mich hineinlassen?« Es ist ja nicht so, dass wir mit einem Schild mit der Aufschrift »Sinti« oder »Roma« herumlaufen, und doch werden wir oft wegen unserer Herkunft ausgegrenzt. Kindern vermitteln diese Erfahrungen ein Minderwertigkeitsgefühl, das sie stark belastet. Viele sind dermaßen damit beschäftigt, sich gegenüber ihren Mitschüler:innen zu behaupten, dass ihnen dadurch die Energie zum Lernen fehlt. Sie müssen eine doppelte Leistung erbringen, um sich gegen die Klassenkamerad:innen und mit ihren schulischen Leistungen durchzusetzen. Manche verlieren ganz den Mut und die Lust am Unterricht und schließlich den Anschluss an den Unterrichtsstoff: Es ist ein Teufelskreis. Wenn sich einmal das Muster eingeprägt hat, immer auf der Hut bleiben zu müssen, bleibt das schnelle Alarmiert-Sein ein lebenslanger Reflex. Dieser instinktive Reflex wird wie ein Muskel trainiert, denn Antiziganismus ruft sich – unvermittelt stechend wie ein gereizter Nerv – stets aufs Neue in Erinnerung. Das ständige Abhängig-Sein von Willkür und Wohlwollen anderer erzeugt eine Mischung aus Demütigung und Ohnmacht, die auch in Ärger oder gar Wut umschlagen kann.

War ich verzagt, tröstete ich mich mit einem Ohrwurm: »Lass Maro Tschatschepen«, Romanes für »Lasst uns unser Recht fordern«, in dem es um die Suche nach unserem Empowerment geht.[1] Der famose Jazz-Gitarrist Häns'che Weiss komponierte das Lied, das 1977 zu einem musikalischen Meilenstein in der Bürgerrechtsbewegung wurde und den Zeitgeist reflektierte. Nicht nur die Musik rührte mich, auch der Text sprach mich sehr an:

Lass Maro Tschatschepen

mare sinte, gamle sinte
hunenn, ho men penepaske hi
temer djinenna, djinenn' ha-lauta
ha menge djais an o truschlengero ziro
te kama mer ga te well ko ziro pale
gai mare sinte wann pall-line
palle dikas te rikras kettene
jake well maro tschatschepen mende

(Refrain)
mer rodas i drom ap mari riek
mer hatzas i drom ap mari riek
lass maro tschatschepen
mer manga temen
ma tschass ga ap ko puro drom.[2]

Lasst uns unser Recht fordern

Ihr eigenen Leute, liebe Sinte,
hört, was wir zu sagen haben
ihr wißt, ihr wißt alle
wie es uns in der NS-Zeit ergangen ist
wenn wir nicht wollen, daß sich so etwas wiederholt
eine Zeit in der unsere Leute verfolgt wurden
dann laßt uns zusammenhalten
nur so werden wir unser Recht bekommen

(Refrain)
Wir müssen einen Weg für uns suchen
wir müssen einen Weg für uns finden
laßt uns unser Recht fordern
wir bitten euch (die eigenen Leute)
laßt uns nicht auf dem alten Weg (der Passivität) bleiben[3]

Neue Wege einschlagen, dieses Ziel beschwingte mich; daran mitzuarbeiten, den Ungerechtigkeiten endlich eine Grenze zu setzen! Energisch klopfte ich an Roses Tür. Er empfing mich voller Höflichkeit. Zu meiner Enttäuschung wusste er mit mir jungem Mann zu jenem Zeitpunkt jedoch nicht sonderlich viel anzufangen. Wo mein Wohnsitz sei?, wollte er wissen. Im Saarland? Da gebe es noch keinen Landesverband, ich solle mich an den Verband in Rheinland-Pfalz wenden. Ich folgte seinem Rat und meldete mich beim Vorsitzenden des 1983 gegründeten Landesverbands deutscher Sinti und Roma in Rheinland-Pfalz, Jacques Delfeld. Delfeld, aufgewachsen in Luxemburg, war ein sehr aktiver Bürgerrechtler. In einem Interview mit dem Historiker Wolfgang Benz beschrieb er seine Motivation: »Sobald es im Unterricht um das Thema ›Zigeunermärchen‹ ging, bin ich in große Bedrängnis geraten.« Als Schulkind hatte er stets befürchtet, dass man in der Klasse nun darüber sprechen würde, dass er selbst ja auch so ein »~~Zigeuner~~« sei und man ihm alles Negative zuschreiben würde. Das habe ihn in eine große Bedrängnis gebracht, weil er sich verantwortlich fühlte, auf diese Zuschreibungen zu reagieren, es jedoch nicht schaffte und sich dann schuldig fühlte. Delfeld weiter: »Zu Hause wiederum konnte ich nicht darüber sprechen und fühlte mich gegenüber meiner Familie sehr schlecht, weil ich in der Schule hätte Partei ergreifen sollen, hätte sagen sollen, ›das stimmt alles nicht‹, hätte es nicht zulassen dürfen, dass der Lehrer und die Schüler uns schlechtmachen.« Deshalb sei er vermutlich Bürgerrechtler geworden – »dieses innere Erleben der Diskrepanz von Identität und gesellschaftlicher Zuschreibung« war für ihn ein Auslöser.[4]

Romanes-sprachige Kinder, so erklärte Delfeld im selben Interview, würden in der Schule häufig auf das angeblich notorische Fehlverhalten ihrer Minderheit angesprochen. Das löse augenblicklich Scham aus, obwohl diese Vorwürfe mit ihrem eigenen Leben nichts zu tun hätten. Betroffene von Anfeindungen und Gewalt ergriffen selten juristische Schritte gegen rassistische Übergriffe, weil sie sich vor öffentlicher Aufmerksamkeit ängstigten, die wiederum ihre Kinder gefährden könne, wie die traurige Erfahrung oft zeige.[5] Diskriminierung sei geradezu eine Selbstverständlichkeit im Leben von Sinti und Roma – selbstredend eine äußerst negative Form von »Normalität«.[6] Mich beeindruckte, wie der Vorsitzende des Verbands zu seiner Herkunft stand und wie er Akzeptanz statt Toleranz forderte. Oder in meinen Worten: Anerkennende Wahrnehmung durch die Mehrheit, nicht Assimilation der Minderheit oder bloßes Tolerieren.

Es zog mich mittlerweile stark zur Bürgerrechtsarbeit. Einen erheblichen Einfluss auf mich hatte dabei mein Großonkel zweiten Grades, Alfriedt Pohl. Alfriedt, genannt »Bubi«, war ein bekannter Zeitzeuge und Bürgerrechtler. Als Sinto 1942 aus der Wehrmacht entlassen, musste er bis zum Kriegsende Zwangsarbeit in der Organisation Todt leisten. Seine Frau Gisela, die für die Firma Tengelmann gearbeitet hatte, überlebte Auschwitz. Über 50 Jahre kämpfte er darum, für das erlittenen NS-Unrecht endlich entschädigt zu werden. Bubi liebte Bratkartoffeln – aber ohne Speck und Zwiebeln. Im Lokal ermahnte er die Kellner stets augenzwinkernd, die Bratkartoffeln pur zu servieren: »Sonst gibt's eine Krawattenverschiebung!« Bubi, für seine Bürgerrechtsarbeit mit dem Verdienstorden des Landes Rheinland-Pfalz ausgezeichnet, war mir ein politisches Vorbild und trotz unseres Altersunterschieds ein Freund. Wieder dauerte es gefühlte Ewigkeiten, bis ich zu einem Gespräch mit dem Vorsitzenden des Landesverbands eingeladen wurde. Doch auch Delfeld war zunächst ratlos, wie er mich einsetzen könnte. Es war ein Hin und Her, doch ich blieb hartnäckig und durfte mich schließlich dem gesamten Verbandsvorstand vorstellen, zu dem auch Reinhold Lagrene zählte. Lagrene war ein Bürgerrechtler der ersten Stunde, der das Dokumentations- und Kulturzentrum Deutscher Sinti und Roma in Heidelberg mit aufbaute. Er trug wesentlich zur Erforschung und zum Erhalt unserer Sprache, dem Sinti-Romanes, bei. Er übertrug Lyrik, Märchen und Sagen ins Romanes und dichtete selbst. Seine Frau Ilona Lagrene[*] und er, beides Kinder von Überlebenden des Baro Marepen, interviewten 35 NS-Zeitzeugen auf Romanes, um ihre Berichte festzuhalten.[7]

Doch zurück zu der Zeit, als ich erst knapp dreißig Jahre alt und in bürgerrechtlichen Angelegenheiten noch ein Grünschnabel

---

[*] Geboren am 11. November 1950, gestorben am 19. November 2023.

war. Der Vorstand des Landesverbands Rheinland-Pfalz nahm mich damals in die Mangel – warum ich mich hier einbringen wolle, was ich von der Arbeit erwartete, ob ich wüsste, dass diese ehrenamtlich sei und nicht bezahlt werde? Sie wollten mich wohl testen, mein Durchhaltevermögen prüfen. Die Bürgerrechtsarbeit steckte noch in den Kinderschuhen, und es gab so viel zu tun, dass die Anfänge regelrecht überwältigend waren. 1995 wurde ich in den Vorstand gewählt, ich hatte es geschafft. »Shukar – wie schön! Sharepen tuke! Gratuliere«, sagte Mami, als sie das hörte. Dabei strahlten die Augen meiner Großmutter.

Fortan begleitete ich Jacques Delfeld zu vielen seiner Termine – in die regionalen Parlamente und in den Bundestag, zu Vertretern der Parteien, zu den Gedenkstätten, auf Veranstaltungen und Empfängen. Aufs Neue befand ich mich in der Position des Jungen, der von den Älteren lernte: Wie kleideten und bewegten sie sich, wie drückten sie sich aus, welche Regeln und Protokolle, welche Etikette galt es zu beachten, wie verhandelten sie? Ich saugte alles auf und durfte nach und nach selbst Aufgaben übernehmen. Zwei Jahre später wurde ich zum stellvertretenden Vorsitzenden gewählt und nahm für den Landesverband Rheinland-Pfalz nun auch an Sitzungen im Zentralrat der Deutschen Sinti und Roma teil.

Bei allen Unsicherheiten, mit denen die meisten jungen Menschen, insbesondere aber Angehörige einer Minderheit, zu kämpfen haben, brachte ich eine gute Portion Selbstbewusstsein mit. Das lag nicht nur daran, dass ich mit meinem Drang nach Selbstständigkeit schon einige Erfolge erreicht hatte, die mich positiv bestärkten. Ein wesentlicher Grund war, dass Mami Ursula mich stets mit ihren offenen Ohren und als Beraterin begleitete. Mit ihr konnte ich über alles sprechen, auch privatere Dinge, die ich anderen niemals anvertraut hätte. Trotz ihres Alters – Jahrgang 1923 – war sie nicht konservativ, sondern für Neues ungewöhnlich aufgeschlossen und zu begeistern. Sie war eine mutige Person und fand es richtig, dass ich öffentlich zu meiner Herkunft stand. Wenn mein Bruder und ich lateinamerikanische Musik hörten, war sie ganz aus dem Häuschen; sie liebte Bossa nova und andere moderne Stilrichtungen. An uns Enkelkindern hat sie vermutlich auch ein wenig ausgelebt, was ihr selbst als junger Frau versagt geblieben war, über uns holte sie einiges an Freude nach. Mein Bruder erzählt im Buch *Mare Manuscha*, dass Mami ihm bis zur elften Klasse die Hausaufgaben schrieb: »Wenn der Lehrer die Hausaufgaben gestellt hat, hat er gesagt: ›So, Manolito, jetzt hat die Oma wieder was zu tun‹, weil meine Handschrift furchtbar war und sie so schön geschrieben hat – meine Hefte haben alle ausgesehen wie aus dem Bilderbuch.«[8] Unsere Großmutter wäre eben gern Lehrerin geworden und wünschte sich, dass ihre Nachkommen es einmal besser als sie haben würden.

Selbstverständlich spielten meine Eltern eine ebenso wichtige Rolle in meiner Entwicklung. Sie boten mir einen sicheren Rahmen, in dem ich behütet aufwachsen konnte, und förderten mich, ja, sie ermöglichten mir 14 Jahre lang eine musikalische Ausbildung. Das federte bei mir einiges an transgenerationellen Folgen der Verfolgung und des Baro Marepen ab. Denn die verursachten Schäden an Leib und Seele unserer Angehörigen blieben nach der Befreiung bestehen und setzten sich häufig über Generationen fort. Die Menschen, die das Lagerdasein hatten ertragen müssen, kehrten zwar ins Leben zurück, fühlten sich von ihm aber stark und oft unwiederbringlich entfremdet.[9] Befreit fühlten die meisten sich ihr Leben lang nicht mehr.

»Wir sehen uns in München wieder!« Das hatte sich nach der Kapitulation Nazi-Deutschlands unter den Sinti, verstreut in ganz Europa, herumgesprochen. Am 29. April 1945 hatten die

Amerikaner beim Vormarsch auf die Stadt das Konzentrationslager Dachau befreit. Mindestens 41500 von den 200 000 hier und in den umgebenden KZ-Außenlagern inhaftierten Menschen wurden ermordet.[10] Den GIs bot sich ein unbeschreiblicher Anblick: überall verhungerte, verelendete Tote, Gestank und ein Leid, wie sie es noch nie gesehen hatten. Am kommenden Tag drang die 7. Armee nach München vor und nahm »die Wiege der Nazi-Bestie« ein, so US-General Dwight D. Eisenhower. Der NS-Oberbürgermeister dieser verpesteten »Wiege«, Karl Fiehler, ein vehementer Antisemit, hatte bereits die Flucht ergriffen. Die »Hauptstadt der Bewegung« lag in Trümmern, fast 50 Prozent waren zerstört, von der historischen Altstadt sogar 90 Prozent – ganze fünf Millionen Kubikmeter Schutt mussten beseitigt werden. Tatsächlich hatten die 73 Luftangriffe, bei denen 6000 Menschen starben, einen so großen Schaden angerichtet, dass es Überlegungen gab, die Stadt an dieser Stelle nicht wiederaufzubauen, sondern an den Starnberger See zu verlagern. Statt fast 824 000 Einwohnern lebten in München jetzt nur noch 479 000 Personen.[11]* Dazu kamen nun Abertausende Displaced Persons (DPs): KZ-Überlebende, Zwangsarbeiter:innen, Kriegsgefangene und zivile osteuropäische Arbeiter:innen, ferner Kriegsheimkehrer:innen, Vertriebene aus den deutschen Ostgebieten und andere Heimatlose – eine zunächst unüberschaubare Menge von Menschen, die in der Metropole Zuflucht suchten, in ganz Bayern waren es über zwei Millionen. Die Rückkehrer:innen suchten Ruhe, doch in den Wirren dieser Zeit war das kaum möglich. Die Infrastruktur lag darnieder, die Versorgungslage war auf allen Gebieten äußerst problematisch, vor allem der Hunger dramatisch. Der illegale Schwarzmarkt

---

* Hier gibt es unterschiedliche Quellen, manche sprechen von 889000 Einwohnern bis 1943.

mit amerikanischen Zigaretten als informelle Währung war eine der wenigen Möglichkeiten, sich über die zugeteilten Nahrungsmittel hinaus etwas besser zu versorgen. Die US-Militärregierung verhängte eine Ausgangssperre, die von 18:00 Uhr bis 7:00 Uhr morgens streng kontrolliert wurde.

Acht Tage bevor die Amerikaner die Stadt befreiten, erreichte mein Urgroßvater Julius Weißkopp die verwüstete bayerische Hauptstadt. Seine Tochter, meine Mami Ursula, ihr Mann Alfons Dommeli, deren Kinder und der Rest der Familie Blum trafen vermutlich etwas später ein. Sie waren alle vollkommen am Ende. Hinter ihnen lag eine gewaltige Flucht von Deutschland kreuz und quer durch den Balkan, von Bayern bis Odessa; insgesamt legten sie wohl an die 10 000 Kilometer zurück. Ihre letzte Station war Linz gewesen. Dort hatten sie sich im Laderaum eines Donauschiffs versteckt. Als ihnen nach zwei Wochen die Nahrungsmittel ausgingen, flohen sie weiter nach Bayern, auf den Straßen herrschte schon überall Chaos. Meine Mama war gerade drei Jahre alt, ihr Bruder Peter ein Jahr jünger.

Um Angehörige in diesem unüberschaubaren Durcheinander zu finden, suchten die meisten Sinti und Roma altbekannte Plätze und ehemalige kommunale Zwangslager auf. Sie verständigten sich übers Hörensagen: Wer ist wo, wer hat wen zuletzt gesehen? Die ehemaligen Münchner:innen unter ihnen, die vor der Flucht einen festen Wohnsitz besessen hatten, sahen sich bitter enttäuscht: Nicht nur, dass zahllose Wohnhäuser infolge des Krieges zerstört waren, darüber hinaus hatten sich oftmals Gadje die Immobilien der Sinti samt Inventar angeeignet. Meine Angehörigen Blum, die bis zur Flucht in Dachau gemeldet waren, wurden in München nun als vermeintlich Fremde betrachtet. Sie fanden zunächst in München-Obergiesing Unterkunft in der Scheune des Sinto Eduard Höllenreiner, zu dem es verwandtschaftliche Beziehungen gab. Auch Höllenreiners Neffe Hugo, der als Kind Auschwitz und Josef Mengeles medizinische Versuche überlebt hatte, musste mit seiner Mutter und seinen Geschwistern in der Scheune des Onkels hausen. Ein Gadje-Ehepaar hatte ihr Familienheim in der Deisenhofener Straße 64 unrechtmäßig übernommen. Die Scheune war zum Glück so groß, dass dort viele andere Rückkehrer:innen Platz fanden. Nun galt es, einen Schlafplatz herzurichten, Unterlagen und Decken aufzutreiben, sowie Essen und Trinken. Sie waren dabei auf die Hilfe anderer Sinti, der Alliierten und der Hilfsorganisationen angewiesen.

Durch und durch erschöpft schliefen alle viel, ja anfangs nahezu unentwegt. Als sie sich physisch etwas erholt hatten, stellten sich bei vielen schwere Albträume und Depressionen ein. Gleichwohl mussten sie wieder im Alltag Fuß fassen, sich polizeilich melden, an Lebensmittelkarten kommen. Und weiter nach Verwandten suchen. Für viele Sinti und Roma führte das zu erneuten Traumatisierungen. »In jeder Familie fehlten etliche Menschen, manche Familien waren komplett ausgelöscht«, erinnert sich Hugo Höllenreiner in der Publikation seiner Lebensgeschichte.[12] Der KZ-Überlebende Ewald Hanstein, ein Verwandter von Paul Hanstein, der gemeinsam mit meinem Großonkel Joschi Pohl deportiert worden war, erlebte wie so viele Betroffene einen Schock, als er realisierte, dass seine Angehörigen ermordet worden waren. Diesem erneuten Trauma folgte »eine riesige Leere« und große Einsamkeit. Die Nationalsozialist:innen hatten seine Familie ermordet, er hatte kein Zuhause und war vollkommen allein. »Heimat ist für einen Sinto dort, wo die Familie ist«, schrieb Hanstein.[13] Für all jene, die ihre Familie, ihr Zuhause, ihre Wohnwagen, ihr Eigentum und ihre Geschäftsbasis verloren hatten, bedeutete das nach 1945 die vollständige Entwurzelung, ja fast die Beraubung ihrer Identität. Für die meisten Menschen mit Romanes-Hintergrund gilt bis heute: Die Familie ist Heimat und bietet Sicherheit.

Einige Wochen später kehrte Hugo Höllenreiners Vater Josef verwundet nach München zurück, er hatte in der berüchtigten SS-Sondereinheit »Dirlewanger« dienen müssen. Als er erfuhr, dass Gadje ihm sein Haus gestohlen hatten und seine Familie deshalb in der Scheune schlafen musste, war er so wütend, dass er sich seinen Besitz regelrecht zurückeroberte. Er verschaffte sich Zugang zu seinem Haus, warf Tische und Stühle durch die Fensterscheiben hinaus und machte so lange Lärm, bis die Personen, die sich sein Haus angeeignet hatten, wortlos das Weite suchten. »Sie nahmen fast nichts mit, nichts von dem, was Dada in den Hof geschleudert hatte. Weder kamen sie noch die Polizei, niemand kam zurück, niemand holte etwas … Von ihren Sachen war nichts mehr da … Auch der Kommunionsanzug war verschwunden. Alle Papiere, alle Fotos, alle Möbel, die Schultaschen. Als hätten sie nie an diesem Ort gelebt.«[14]

Auch das Bankkonto der Höllenreiners mit den ersparten 30 000 Reichsmark war geplündert, es existierte nicht mehr. Niemand wollte irgendetwas gewusst haben: »Mein Vater hat nichts mehr gehabt. Wir haben alles versucht, mit Anwälten und alles. Aber er hat nichts mehr gekriegt. Die haben sich bereichert. Genau wie sie es mit den Juden gemacht haben«, so Hugo Höllenreiner.[15] Seine Erinnerungen verdeutlichen, dass Sinti und Roma auch nach dem Krieg noch ähnliche Erfahrungen wie die Jüdinnen und Juden machen mussten. Dass die Familie Höllenreiner wieder in ihr Haus ziehen konnte, war eine Seltenheit, viele Sinti wie meine Angehörigen hatten alles, was sie einst besaßen – Immobilien, Konten, Mobiliar, Schmuck, Bilder – verloren. Weißkopp hatte in Bukarest durch die Flucht seinen Zirkus samt Inventar eingebüßt, seine Kino-Tonanlage, die Lichtanlage, die Musikinstrumente, ja sogar ein Pferd; ferner sein Auto und seinen Wohnwagen, in dem sich seine persönlichen Habseligkeiten und Stoffe für Herrenanzüge befanden, mit denen er gehandelt hatte. Der stolze Julius Pohl, unser Weißkopp, das Multitalent, war finanziell ruiniert – und seine Gesundheit auch.

Nicht anders erging es meinem anderen Urgroßvater Alfred Blum mit seinem artistischen Unternehmen, das auch seine Kinder ernährt hatte. Nichts von all dem war übrig geblieben, nichts von dem, was ihr Leben ausgemacht hatte. Unter den meisten Rückkehrer:innen trat nach den anfänglichen Freuden bald eine extreme Ernüchterung ein. Es herrschte eine gedämpfte, fast apathische Stimmung, geprägt von tiefer Trauer. Die betroffenen Menschen waren ausgelaugt, müde und meist für lange Zeit sehr schwach, insbesondere jene, die die KZs überlebt hatten. Natürlich besaßen sie in der Regel auch keine Ausweisdokumente mehr, jedenfalls keine, die noch gültig gewesen wären. Sie konnten deshalb in vielen Fällen erst einmal gar nicht nachweisen, wer sie waren, wo sie gelebt hatten, was sie besaßen oder welche Berufe sie ausgeübt hatten. Das Polizeipräsidium Berlin hatte meine alte Mami Frieda und ihre Kinder 1942 für staatenlos erklärt, sie mussten nun also zunächst nachweisen, dass sie deutsche Staatsangehörige waren. Eine Meldeadresse allein reichte dafür meistens nicht. So erging es zahlreichen Sinti und Roma.

Viele befanden sich in einem zusätzlichen Zwiespalt, denn obwohl sie sich als Deutsche fühlten, hatten sie Angst, sich gegenüber den Besatzungssoldaten als Deutsche zu erkennen zu geben und damit deren Hass auf sich zu ziehen.[16] Angst spielte weiter eine dominante Rolle in ihrem Leben: Sie fürchteten sich vor Menschen in Uniform, vor Mediziner:innen, vor Lastwagen oder Zügen und vor allem anderen, was traumatische Erinnerungen in ihnen weckte. Die Angst, wieder festgenommen und abgeholt zu werden, war allgegenwärtig, und das Verhalten der Mehrheitsbevölkerung sowie der Behörden trug maßgeblich dazu bei, dass ein Gefühl der Sicherheit, des Friedens, nicht entstehen konnte. Viele Überlebende berichten von seelischem Leid, das ihnen meist ein Leben lang blieb. Die psychischen Erschütterungen ließen sich nicht wegwischen, zu viele Situationen lösten dieselben schrecklichen Gefühle von damals aus, manchmal reichte ein Geräusch. Das saß so tief, dass sie oft nichts dagegen tun konnten.

Die Stimmung in München und anderswo war außerordentlich feindselig. Unter den Gadje grassierte die allenthalben geschürte Angst, die Überlebenden und Vertriebenen trachteten danach, die Münchner Bürger:innen zu plündern. Überdies verstärkte die Sorge vor Rache die Animositäten. Die Täter:innen und Mitläufer:innen tauchten ab oder tarnten sich, um juristischer Verfolgung oder Selbstjustiz zu entgehen. Der Großteil der Deutschen gab sich als Opfer aus, als von Hitler und seinem Joch Geknebelte, die angeblich durch die Bank gezwungen worden waren, Befehle auszuführen und keinerlei Wahl gehabt hätten, anders zu handeln, als die Mehrheit der Bevölkerung es tragischerweise eben getan hatte. Ihre Täter-, ihre Mittäterschaft und passive Zustimmung sowie all die Vorteile, die sie aus dem nationalsozialistischen System gezogen hatten, leugneten sie. Sie verschanzten sich hinter angeblichem Befehlsnotstand und Unkenntnis – »bin gezwungen worden«, »habe nichts gewusst, nichts gesehen, nichts getan«. Und nun, da man doch selbst angeblich so gelitten hatte und vor einem Trümmerhaufen stand, kamen auch noch diese bedürftigen Überlebenden daher, deren leidvolle Erfahrungen nicht zu übersehen waren, über die man wie Mahnmale allerorts stolperte. »Schweigen!«, lautete also die unausgesprochene Devise. Lügen, verdrängen und keine Gefühlsregungen zeigen, schon gar nicht den Betroffenen gegenüber. All diese wahren Geschädigten, diese tatsächlichen Opfer wollte man rasch loswerden, damit sie einem nicht gefährlich werden konnten. Selbst weniger belastete Deutsche und auch einige derer, die die Faschisten gar nicht unterstützt hatten, entwickelten frappierend wenig, ja teils gar keine Empathie für die Hilfsbedürftigen. Der neue Oberbürgermeister Karl Scharnagl etwa soll gebürtige Münchner:innen bei der Vergabe von Wohnungen offenbar bevorzugt haben. Andere, die in der Stadt Zuflucht suchten – seiner Ansicht nach »Personen, die sich zum Zusammenleben mit unserer Bevölkerung nicht eignen« –, wollte er in Lagern am Stadtrand unterbringen; ein Vorhaben, das die US-amerikanischen Besatzungsbehörden vorläufig verhinderten.[17] Jede und jeder war mit sich selbst beschäftigt, Solidarität meist ein Wort, das keinen Anklang fand.

Weder die deutschen Behörden noch die Alliierten waren für die Bedürfnisse von Sinti und Roma sensibilisiert, ebenso wenig waren »die Hilfsorganisationen auf eine besondere Betreuung dieser Überlebenden vorbereitet«, so die Historikerin Anja Reuss in ihrer erhellenden Arbeit über »Kontinuitäten der Stigmatisierung« von Sinti und Roma in der deutschen Nachkriegszeit.[18] Kaum einer habe auf den körperlichen und seelischen Zustand der Sinti und Roma Rücksicht genommen, ja nicht einmal die Tatsache ihrer Verfolgung sei gesellschaftlich anerkannt gewesen.[19] Ganz im Gegenteil, das »nazistische Narrativ«, schreibt der israelische Historiker Gilad Margalit, »das die Zigeunerverfolgung nicht als typische NS-Untat, sondern als legitime Verbrechensbekämpfung wertet, kam sowohl in der Öffentlichkeit als auch in der Verwaltung und in politischen Kreisen der Bundesrepublik zum Ausdruck.«[20] Das Vorurteil des angeblich verschlagenen, unehrlichen und bedrohlichen ~~Zigeuner~~ wurde unhinterfragt fortgesetzt, das Feindbild vom fremden »Anderen« weiter gepflegt. Viele Sinti und Roma verließen die Lager für Geflüchtete, die überlebt hatten, rasch wieder, um der mangelnden Empathie der Helfenden und der eigenen Ohnmacht zu entfliehen, um das Heft des Handelns wieder in die Hand zu nehmen. Sie fühlten sich fremden Menschen ausgeliefert, zu denen sie kein Vertrauen entwickeln konnten, weil auf ihre speziellen Bedürfnisse niemand einging.

Die Auszahlung von Soforthilfe war daran gebunden, »dass die Anspruchsberechtigten im jeweiligen Geltungsbereich polizeilich gemeldet waren, dort einen festen Wohnsitz hatten sowie die deutsche Staatsbürgerschaft besaßen«.[21] Wer also Hilfe beanspruchen wollte, musste einen Wohnsitz nachweisen, sei es im DP-Lager oder anderswo. Meine Großeltern meldeten sich so schnell wie möglich polizeilich dort an, wo sie schon vorher gemeldet gewesen waren, in der Dachauer Straße 101 in München. Das war nicht weit vom Stadtteil Moosach entfernt, in dem sich nach und nach Sinti mit ihren Wohnwagen niederließen. In Moosach richtete die Münchner Stadtverwaltung 1950 einen von insgesamt drei offiziellen Abstellplätzen ein, die als »Landfahrerlager« bezeichnet wurden.

Auf Fotos aus dem Familienbestand ist zu erkennen, wie unterernährt die Kinder waren, die Wangen von Mama sind eingefallen, mein Onkel wirkt fast ein wenig entrückt. Eine weitere Abbildung zeigt meinen Großvater Dommeli Alfons Blum mit meiner Mama Mery und Onkel Peter vor seinem Wohnwagen, einer »Sport-Berger Wanderniere«. Das ist ein Modell aus dem Sport-Berger-Werk, das seit 1938 gebaut wurde, ein Wohnwagen rund wie ein Elefant. Dommeli hockt am Boden zwischen seinen beiden kleinen Kindern, sie sind alle drei ordentlich gekleidet, mein Papo blickt bedrückt in die Kamera, meine Mama wirkt für ein Kind zu ernst und müde. Der kleine Peter lächelt unbeholfen. Ich glaube, durch das Wohnwagenfenster die Mami beim Kochen zu erkennen. Mein Papo besaß einen Verfolgtenpass vom »Bayerischen Hilfswerk für die durch die Nürnberger Gesetze Betroffenen«. Dieses Hilfswerk entstand 1945 und bekam vom Bayerischen Ministerrat am 7. Januar 1946 die Rechte einer Körperschaft öffentlichen Rechts verliehen.[22] Das Hilfswerk versorgte 18 000 überwiegend jüdische Überlebende mit Sofortmaßnahmen.[23] Mein Großvater konnte seine deutsche Staatsbürgerschaft zum Glück problemlos nachweisen und wurde als »Betroffener im Sinne der Nürnberger Gesetze« anerkannt. Nun war es ihm möglich, seine Familie und sich zumindest notdürftig zu versorgen.

Mir ist nicht überliefert, wann genau meine Mami und ihre Mutter, die Brandenburgerin Frieda, und ihre Schwestern Nana und Erika, sich wiederfanden. Frieda gab später zu Protokoll, erst 1946 nach München gekommen zu sein, vermutlich hatte sie, nachdem sie aus Berlin geschleust wurde, sich noch anderswo aufgehalten oder war aufgehalten worden. Sie war mit Weißkopp wohl gelegentlich im Kontakt geblieben, obwohl dieser mit Wirtsa Rose davongezogen war. Jene Wirtsa, die in Auschwitz ermordet wurde und zwei Kinder hinterließ: Georg Boulanger, Anfang 1940 geboren, war noch minderjährig und wie seine Schwester Meina nun Halbwaise. Meine Urgroßeltern waren trotz dieser anderen Beziehung noch immer verheiratet, Weißkopp hatte Frieda unterdessen weiter versorgt, so weit es ihm möglich war. Ihre Ehe sollte erst 1950 geschieden werden. Ich vermute, dass Frieda von Ursula irgendwann Post bekam und so erfuhr, dass ihre Tochter mit Mann und Kindern in München war. Die Freude des Wiedersehens der Familie Pohl war jedenfalls unbändig! Viele Jahre waren sie getrennt gewesen, ohne zu wissen, wie es den anderen erging, ohne Kenntnis, ob sie noch lebten. Nun waren sie wieder vereint. Frieda war entzückt, endlich ihre beiden Enkelkinder Mery und Peter kennenzulernen. Ach, hätte der alte Waidemann sie noch erleben können! Doch wie gut andererseits, dass er unter der Erde ruhte und die schrecklichen letzten Jahre bis Kriegsende nicht mehr mitmachen musste – und all das, was nun folgte.

Frieda und ihre Töchter redeten lang und viel. Wann immer es ihnen möglich war, erzählten sie sich, was ihnen widerfahren war. Sie hatten sehr schwere und schreckliche Dinge durchlitten, gelegentlich aber auch schöne oder heitere. Ursula war erschüttert zu erfahren, dass es keinerlei Nachrichten von ihren deportierten Geschwistern Joschi und Bärbel gab. Beide fehlten schmerzlich, und keiner wusste, wo sie sich aufhielten. Dass Bärbel verhungert, erschossen oder ins Gas geschickt worden war, konnte die alte Mami zu diesem Zeitpunkt noch nicht wissen. Sie stellte beim Internationalen Roten Kreuz einen Suchantrag. Frieda wartete und hoffte.

> *auschwitz ist mein mantel,*
> *bergen-belsen mein kleid*
> *und ravensbrück mein unterhemd*
> *wovor soll ich mich fürchten?*[24]

Das dichtete die großartige Romni Ceija Stojka. Sie beschrieb damit ihre eigene Biografie und zugleich einen Seelenzustand, der die Überlebenden des Völkermords und ihre Nachkommen in ihrem Bann hält. Es ist ein Bann, dem sich auch die Nachkomm:innen der Täter:innen nicht entziehen können: Der Bann der Vergangenheit, der nach dem Philosophen und Soziologen Theodor W. Adorno nicht gebrochen ist, solange die Ursachen fortbestehen: Menschenverachtung und Rassismus, die tödliche Folgen zeitigen. Heute sind wir mit einer rechtsextremen Partei wie der Alternative für Deutschland (AfD) und Untergrundbewegungen wie dem Nationalsozialistischen Untergrund (NSU) oder den Reichsbürgern wieder mit gewaltbereiten, antidemokratischen Kräften konfrontiert. Menschenverachtung und Rassismus sind zu Anfang eine unmittelbare Gefahr für Minderheiten und Außenseiter, später auch für die gesamte Gesellschaft. Als ich damals in die Bürgerrechtsarbeit hineinwuchs, ahnte ich noch nicht, dass die Aufgaben nicht weniger, sondern eher mehr, drängender und vielfältiger werden würden.

1998 hatte es mich gereizt, meinen Schulabschluss nun doch nachzuholen. Die Zeit war reif für mich, und ich wollte mir beweisen, dass ich dazu in der Lage war. Ich war mittlerweile verheiratet, und Ende desselben Jahres wurde mein erstes Kind geboren, meine Tochter Venetia. Ihr Zweitname lautet Dina, wie meine Mami Ursula Dina. Meine Großmutter war nun schon 75 Jahre alt und maßlos glücklich über ihr erstes Urenkelkind. Unterdessen besuchte ich die Abendschule und schloss ein Jahr später mit einem Notendurchschnitt von 1,2 ab. Meine Lehrer:innen empfahlen mir, nun auch noch das Abitur zu machen, sie waren überzeugt, dass ich das schaffen würde. Ich entschied mich dagegen, denn obwohl ich mit dem Gedanken spielte, Rechtsanwalt zu werden, hätte es mich zu viele Jahre gekostet, bis ich damit abgeschlossen hätte. Ich ließ es also sein, zumal sich in mir bereits das Interesse regte, in die Politik zu gehen. Im Jahr 2000 kam mein Sohn Romeo-Manolito zur Welt, wir nennen ihn ›Sunny‹. Er lernte von klein auf Geige und stand mit vier Jahren das erste Mal mit mir auf der Bühne. Mittlerweile hat er seine eigene Band, The Reinhardt Sinti Jazz Ensemble.

Ohnedies konnte ich mich über Langeweile nun wirklich nicht beklagen. Mein Bruder und ich waren mit einem Filmproduzenten befreundet. Dieser bekam von einem deutschen Medienunternehmen einen Auftrag, Fernsehshows zu produzieren. So kam es, dass ich ab 2000 über ein Jahr lang mit dem Schauspieler und Fernsehmoderator Max von Thun in *Club Max* mitwirkte. Das Setting war eine Showtreppe, an deren Fuß ein Sofa und ein Klavier standen. Die Maske schminkte mich so, dass ich wie ein sonnengebräunter *Miami-Vice*-Typ wirkte, mein Bühnenname war tatsächlich »Sam Francisco«. Wir hatten einen *Song for Max* komponiert, der zur Erkennungsmelodie für die Show wurde. Meine Aufgabe war es, amerikanische Evergreens am Piano zu spielen, während die geladenen Stars die Treppe zum Gespräch auf dem Sofa herunterschritten. Während des Interviews spielte ich dezent im Hintergrund, und wenn wir mit unseren Gästen Spiele spielten, moderierte ich gemeinsam mit Max.

Unvergesslich ist mir der Besuch der Jacob Sisters; sie waren die erste deutsche Schlager-Girlgroup, vier blonde Schwestern. Sie traten als Kätzchen verkleidet und geschminkt auf und hatten ihr Markenzeichen, ihre weißen Pudel, bei sich. War das ein Spektakel mit den liebenswürdigen Damen! Die Filmaufnahmen waren chaotisch: Mit dem Einsatz beim Herabschreiten der Treppe, begleitet von Musik, wollte und wollte es nicht klappen. Die Hunde wuselten und bellten, die Schwestern diskutierten und zankten sich. Es brauchte mehrere Anläufe, bis wir die Szene im Kasten hatten, und dann ging es unten am Sofa ebenso turbulent weiter. Wir hatten viel Spaß.

Es kamen Gäste wie Jürgen Drews von den Les Humphries Singers. Mit ihm spielten wir Kartoffellesen, und am Ende nahm Jürgen die Kartoffeln mit nach Hause, um sich daraus Bratkartoffeln zu machen! Besonders erstaunte mich der aus

Belgrad stammende deutsche Schlagerstar Bata Illic. Er war mir schon als Kind bekannt, nun stand er bei den Proben in buntem Anzug mit riesigen Schlaghosen neben mir am Klavier und hörte mir zu, wie ich Swing vom Blatt spielte. Dann setzte er sich selbst vor die Tasten, spielte und sang weiter. Ich war platt, der Schlagersänger war ein alter Jazzer, und was für einer! Auch bei Jürgen Drews hatte ich bemerkt, dass diese Musiker, die man aus dem Schlagergeschäft kannte, in Wahrheit eine solide Jazz- und Swing-Basis besaßen und daran hingen.

Ich erinnere mich an hochinteressante Unterhaltungen mit dem Komiker Wigald Boning, der sogar privat in seiner ausgeflippten Garderobe herumläuft, und an die Hochzeit unseres Produzenten auf Ibiza. Wir produzierten 100 Sendungen, manchmal bis zu vier Stück am Tag. Das war anstrengend, aber wir hatten dennoch immer eine besonders schöne, beschwingte Zeit. Nebenan in den Studiokellern in Pullach entstanden alle möglichen anderen Shows. Deshalb verbrachten wir viel Zeit mit Michael »Bully« Herbig, Christian Tramitz oder Barbara Schöneberger, die ihre Talkshow *Blondes Gift* hier produzierte. Nach der Arbeit haben wir oft gefeiert, gewitzelt und geblödelt. Dass ich ein Sinto war, wussten die meisten meiner Kolleg:innen, ich spürte keine Vorbehalte mir gegenüber. Umso überraschter war ich, dass Barbara Schöneberger bei der Verleihung des deutschen Radiopreises 2020 einen Witz zulasten unserer Minderheit machte: »Zigeunersauce heißt jetzt Sauce ohne festen Wohnsitz«, sagte sie. Eine Aussage, für die sie sich später öffentlich entschuldigte. Ich weiß, dass Barbara keine Rassistin ist, doch auch Satire sollte nicht mit Rassismus spielen. Deshalb schrieb ich ihr, dass sie als Person des öffentlichen Lebens eine Verantwortung trage und den Rassist:innen und Nationalist:innen keine Steilvorlage liefern solle. Hätte sie sich denselben Witz über Jüdinnen und Juden oder Schwarze erlaubt? Marginalisierte Gruppen werden leider sehr unterschiedlich bewertet. Bei Sinti und Roma fehlt bis heute die notwendige Sensibilität. Es ist unsere gemeinsame gesellschaftliche Aufgabe, nicht nur Antiziganismus als sehr spezifischer Form des Rassismus, sondern jeglicher Form von gruppenbezogener Feindlichkeit entschieden entgegenzutreten.

10

Menschen können zweimal sterben
Familien Pohl, Blum und Franz (1945–1954)

Ich hatte ein Engagement in Ladenburg zwischen Heidelberg und Mannheim, es war wohl 2004. Das Konzert sollte ich nach Wunsch der Veranstalter:innen mit Schnuckenack Reinhardt spielen, mit dem ich schon zu Beginn meines Romeo Franz Ensembles in einem Doppelkonzert aufgetreten war. Ich bewunderte Schnuckenack von Kindesbeinen an, nicht zuletzt wegen seiner Showmasterqualitäten, seines riesigen Talents, das Publikum einzubeziehen. Der bei Bad Kreuznach geborene Cousin von Django Reinhardt überlebte die NS-Zeit, getarnt als deutsch-ungarischer Musiker, in Polen. Ihm war es zu verdanken, dass Sinti-Swing und Sinti-Jazz in Deutschland berühmt wurden. Für mich blieb er jedoch immer ein Meister der alten Schule, der ungarischen Tradition, und allem voran des ungarischen Tanzes Csárdás.

Einige Monate vor unserem Auftritt besuchte ich Schnuckenack zu Hause und schlug ihm vor, mit Unge Schmidt, Joe Bawelino und mir aufzutreten: »Onkel«, sprach ich ihn an, »du bist der bekannteste Sinti-Geiger, willst du unser Stargast sein?« Er antwortete: »Ja, ja, ich habe einen Namen«, nickte und sagte zu meiner großen Freude zu. Einige Wochen vor dem großen Ereignis ging es ihm jedoch so schlecht, dass er ins Krankenhaus musste. Ich besuchte ihn, er lag klein und traurig in seinem Krankenbett. »Onkel, was ist los?«, fragte ich besorgt. Er ließ mich wissen, dass es ihm hier gar nicht gefalle und er sich nichts mehr wünsche, als wieder nach Hause zu können, die Ärzte ihn aber dabehalten wollten. Ich erreichte beim Oberarzt, dass er entlassen wurde, denn in der Klinik wurde er seelisch eher kränker als gesünder.

Am Tag des Konzerts konnte Schnuckenack also anreisen, sein Hütchen auf dem Kopf, seinen Geigenkoffer fest in der Hand. Mühevoll und schwach kämpfte er sich, gestützt von seiner ältesten Tochter, in den Konzertsaal und setzte sich zittrig auf einen Stuhl. »Alles gut, mein Junge«, beschwichtigte er mich während des Soundchecks. Ich brachte ihm ein Glas Wasser, nahm seine Gebrechlichkeit wahr. Ob seine Kräfte für dieses Konzert reichen würden? Was, wenn er zusammenbräche? Ich bekam es mit der Angst zu tun. Der Saal war ausverkauft, die Spannung groß. Vorhang auf: Ich spielte das erste Stück und stellte dem Publikum anschließend den großartigen Schnuckenack Reinhardt vor. Dann half ich ihm auf die Bühne. Er stimmte seine Geige und wandte sich für den Einsatz zu Unge und Joe. Und schon fegte ein Csárdás durch die Menge, die Zuhörer:innen waren von den Klängen, Rhythmen und Melodien wie elektrisiert. Der Mann war wie ausgewechselt, und nun begann er auch noch zu singen und zu tanzen! »Schnucki« war in seinem Element und wirkte mit seinen 83 Jahren plötzlich vital wie ein 25-Jähriger. Er sang mit einer kräftigen Tenorstimme seine selbst komponierten Lieder »Fuli Tschai« (»Böses Mädchen«) und »Tu Djaial« (»Du bist gegangen«). Wir waren sprachlos, das Publikum raste, klatschte und stand vor Begeisterung bald auf den Tischen. »Onkel, du bist der Beste«, rief ich Schnuckenack überwältigt zu, und er erwiderte trocken: »Ich kann's halt noch.«

Es war ein voller Erfolg. Anschließend interviewten uns Journalist:innen. Wie das für mich sei, mit dieser Koryphäe

auf der Bühne zu stehen? Bevor ich antworten konnte, schoss es aus Schnuckenack heraus: »Wissen Sie, ich bin sein Idol.«
»Das stimmt, er ist mein Vorbild«, bestätigte ich ihn aus vollem Herzen.
Der feine alte Herr posierte geradezu jugendlich vor der Kamera.
Am übernächsten Tag las ich in der Zeitung die Überschrift: »Der Meister und sein Meisterschüler« mit einem Foto von uns beiden. So kam es, dass ich oft als Meisterschüler Schnuckenacks bezeichnet werde. Am 15. April 2006 starb dieser beeindruckende Mensch in Heidelberg. Auf seiner Beerdigung spielte alles auf, was Rang und Namen in der Sinti-Musik hat: Titi Winterstein, Siegfried ›Schmitto‹ Kling, Wedeli Köhler und viele andere; auch ich war mit meiner Geige dabei. Eine Legende war von uns gegangen, der King des Sinti-Jazz.

Im darauffolgenden Jahr starb meine geliebte Mami Ursula. Sie war sehr schwach geworden und kam ins Krankenhaus. Ich besuchte sie dort häufig mit meiner Frau Angelique, genannt ›Gina‹. Mami mochte Gina sehr und war überglücklich, als wir ihr im Juni 2006 unsere gerade geborene Tochter Sarah ›Suny‹ (Romanes für »Traum«) vorstellen konnten. Für meine Großmutter war es trotz allen Leids am Ende doch ein erfülltes Leben gewesen. Dass sie ihre Urenkel:innen Venetia, Sunny und Suny erleben konnte, war für sie das Größte. Mit den beiden älteren Kindern hatte sie noch ausgelassen gespielt, so wie sie es mit meinem Bruder Manolito und mir getan hatte. Als sie von uns ging, verlor ich meine lebenslange Ratgeberin in allen Dingen, vor allem aber in Sachen Musik, denn ihr Kunstverstand war beeindruckend. Ihr Tod war für mich ein riesiger Verlust. Zum Glück hatte und habe ich meine Frau Gina an meiner Seite, die mir in allem, was ich tue, guten Rat geben kann. Wenn ich sage, dass sie mich mit ihren Eigenschaften absoluter Zuverlässigkeit und Fürsorge an meine alte Mami Frieda erinnert, könnte ich ihr kaum ein besseres Kompliment machen – außer, dass ihre Schönheit mich immer wieder tief berührt. Gina ist die Tochter von Jasmin Eckstein, die in jüngeren Jahren eine begnadete Cellistin war, und von Josef Winter, der schon sehr früh starb. Ginas Großmutter väterlicherseits* war mit ihren neun Kindern im Ghetto Tschenstochau (Częstochowa) in Polen gefangen. Nach der Befreiung verlor sie ihren drittjüngsten Sohn, der über die Straße lief und von einem Militärlastwagen überrollt wurde. Ginas Großvater** war ebenfalls in mehreren KZs. Ihr Großvater mütterlicherseits war Jakob Eckstein. Er war mit Ruth Eckstein verheiratet und der Bruder der namhaften Sintitsa Philomena Franz.[1] Die Geschwister gehörten zum ehemaligen Theater- und Musiker-Ensemble Haag ihres Großvaters, dem namhaften Cellisten Johannes Haag, das im In- und Ausland großes Renommee genoss.[2] Ginas Großtante Philomena war eine der Sängerinnen dieses badischen Sinti-Varietés. Ihr Urgroßvater Johannes Haag gewann seinerzeit einen Musikwettbewerb, gestiftet von Wilhelm II., König von Württemberg, der ihm den Preis, die Goldene Rose, persönlich überreichte. Die Nationalsozialist:innen beschlagnahmten die Instrumente der Haag-Musiker und untersagten ihnen jegliche Auftritte. Die Biberacher Sintitsa Philomena Franz überlebte mehrere KZs und Zwangsarbeit, später war sie eine bekannte Zeitzeugin und Autorin. Sie starb am 28. Dezember 2022.

Im Mai 2007 hatte uns Großtante Erika verlassen. Es war ein schwieriges Jahr gewesen, und das nächste brachte einen wei-

---

* Anna Winter, geboren am 28. Februar 1916, gestorben am 3. April 1991.
** August Winter, geboren am 7. Mai 1905, gestorben am 18. August 1980.

teren emotionalen Schlag: Ende August 2008 bekam ich plötzlich einen Anruf aus Nürnberg. Onkel Peter war tot in seiner Wohnung aufgefunden worden. Er war mit 63 Jahren auf dem Sofa eingeschlafen, dem Leben entglitten. Nachdem seine Ehefrau an Krebs gestorben war, bestritt er seinen Alltag in tief bedrückter Stimmung. Er verbrachte die meiste Zeit allein im Wohnzimmer, löste Kreuzworträtsel, las in der Bibel, seinem neuen Allheilmittel, und versank dabei zunehmend in Depressionen. Wie oft hatte ich versucht, ihn aus seiner Düsternis herauszuholen und ihn in den Kreis unserer Familie zurückzubringen. Wie oft hatten wir telefoniert, war ich zu ihm gefahren, um nach dem Rechten zu sehen. Doch er wollte zurückgezogen an dem Ort bleiben, den er mit seiner Christa geteilt hatte. In Peters Seele arbeiteten all die unverarbeiteten Erfahrungen und Traumata der Vergangenheit. Je älter mein Onkel wurde, umso mehr holte die Trauer um seine Frau auch die Trauer über die Ereignisse von damals wieder hervor – die schwierige Geburt in Odessa, der Aufenthalt in der Babystation im Krankenhaus, der vorzeitige Verlust seines Vaters. Auf Peter hatten sich nicht zuletzt auch die traumatischen Erfahrungen seiner Großmutter Frieda und seiner Mutter Ursula übertragen. Seine Bindung an seine Mutter war lange Zeit fast symbiotisch gewesen, wie das in vielen Familien zu beobachten war, die infolge des Krieges ein Elternteil verloren. Die Ermordung seiner Tante Bärbel ging nicht spurlos an ihm und unserer Familie vorbei. Erst verloren sie Bärbel. Und dann Joschi, das geliebte Joschile.

Das Internationale Rote Kreuz spürte meinen Großonkel Joschi nach dem Ende des Krieges schließlich auf. Er war nach der Befreiung aus Melk (Mauthausen) in Österreich bei Bauern untergekommen und arbeitete bei ihnen für Kost und Logis, durch die Zwangsarbeit körperlich und seelisch zugrunde gerichtet. Nachdem er gefunden worden war, kam auch er endlich nach München. Frieda war entsetzt über den Zustand ihres einzigen Sohnes. Joschi war extrem hager und schwieg. Psycholog:innen sprechen von »psychischer Anästhesie« als Folge der KZ-Erfahrungen. Sie beschreiben damit eine »gewisse(n) Abgestumpftheit oder Gleichgültigkeit der Gefühle«, die bei vielen Betroffenen eintreten, die sich damit unbewusst psychisch vor den grauenhaften Erlebnissen schützen, wie ein zugezogener Vorhang aus schwerem Stoff, der die Sinne nach außen dämpft.[3]

Der tschechisch-norwegische Psychiater Leo Eitinger stellte 1996 fest, dass die Empfindungen der KZ-Überlebenden unmittelbar nach dem Krieg aus einer Mischung von Dankbarkeit, Freude und sagenhafter Trauer und Verzweiflung bestanden. Seine Gespräche mit den Überlebenden zeigten, dass manche vor Schwäche und Apathie anfangs gar nicht begriffen, was ihnen widerfahren war, »… für die das Aufwachen aus der Apathie, die das Lagerdasein verursacht hatte, beinah noch schlimmer wurde als das Lagerdasein selbst«. Und dass sie, wenn sie sich aus der Schockstarre schließlich lösen konnten, mit der unerträglichen Tatsache konfrontiert waren, ihre Angehörigen und Freund:innen, ihr Zuhause und alles, was ihnen lieb gewesen war, verloren zu haben. »Dass sie ganz allein in dieser Welt standen, allein mit einem Leben, das ihnen ganz unerwartet zurückgegeben wurde – und sie wussten nicht, was sie damit anfangen sollten.«[4]

Das »KZ-Syndrom« rief spezifische körperliche Erkrankungen hervor, deren Ursachen in vollkommener psychischer Überforderung und Traumatisierung lagen. Viele der Betroffenen waren so schwer geschädigt, dass sie über lange Zeit nicht fähig waren, das Bett zu verlassen und kaum in der Lage, ihr Leben zu organisieren.[5] Sie litten unter ernsthaften Krankheiten, neben Herz- und Kreislauferkrankungen auch an solchen des Verdauungsapparats, an chronischer Bronchitis und Lungenleiden. Viele fühlten sich allgemein unglaublich schwach, erkrankten an Tuberkulose, Rheuma, Gelenkerkrankungen und schweren Rückenleiden. Eitinger diagnostizierte auch »Gedächtnisstörungen, Konzentrationsschwierigkeiten, Nervosität, Erregbarkeit, Angst, Schlafstörungen, Kopfschmerzen, Schwitzen.«[6]

Es gab Sinti und Roma, die unter Klaustrophobie litten, weil sie in einem KZ im Stehbunker eine Strafe abstehen mussten; die in Panik gerieten, ja regelrechte Panikattacken bekamen, wenn sie in Schlangen warten mussten, die sie an Appelle erinnerten; die auf Uniformierte oder Polizist:innen mit Angst reagierten; die Augenzeugen grauenhafter Verbrechen geworden waren und diese Erlebnisse nie verarbeiten konnten.[7] Die Nachwirkungen von Verfolgungserfahrungen sind generell komplex und schwerwiegend und übertragen sich auf die nächsten Generationen. Später wurde festgestellt, dass viele der Betroffenen rapide alterten und überdurchschnittlich früh starben.

Auch unser Joschi lebte nicht mehr lange. Er litt an Knochentuberkulose, die er sich in den KZs zugezogen hatte. Verursacht wird sie durch ein Bakterium, das über die Lunge in die Muskeln dringt und riesige Eiterherde im Rücken und in der Bauchgegend verursacht. Heute ist diese Erkrankung grundsätzlich gut behandelbar, doch bei Joschi war sie bereits zu weit fortgeschritten. Er starb am 20. Februar 1948 mit lediglich 22 Jahren im Freisinger Krankenhaus. Auf einem Foto sehe ich ihn zart und schmächtig mit seinen Schulkamerad:innen im Berliner Klassenzimmer sitzen. Ein unschuldiger Bub, dessen Leben die Nationalsozialist:innen aufgrund seiner Herkunft zur Hölle machten und ihn letztendlich umbrachten. Meine alte Mami beerdigte ihr Joschile auf dem Freisinger Waldfriedhof. Bärbel liegt symbolisch begraben neben ihm, ihr Leichnam wurde nie gefunden. Auf einem Foto ist Frieda mit gefalteten Händen und gebeugtem Rücken am Grab ihrer beiden Kinder zu sehen. Es war ein Schmerz, der sie ihr Leben lang nicht verließ – ein Schicksal, das sie mit unzähligen Müttern, die überlebt hatten, teilte. Ein Leid, das meist unbeachtet von der Gadje-Außenwelt blieb, schmählich ignoriert, als wäre nichts geschehen.

Es heißt manchmal, dass jene, die in Italien untergetaucht waren, die Kriegszeit und Verfolgung etwas besser überstanden hätten. Ich bin mir im Fall meiner Familie Franz nicht so sicher, allerdings kehrten sie nach der Befreiung nicht so rasch wie meine Verwandten mütterlicherseits nach Deutschland zurück. Sie sagten später aus, dass die Italiener sie nicht ausreisen ließen und sie aufgefordert wurden, sich im ehemaligen NS-Durchgangslager Bozen-Gries einzufinden.[8] Mein Großonkel Karl Rankeli indes wollte bei seiner Freundin Ciccia und deren Schauspielergruppe bleiben und mit ihr eine Familie gründen. Beim Abschied gab es viele Tränen. Doch je weiter die Reisenden sich von Rankeli entfernten, umso mehr schmerzte sie die Trennung. Die alte Mami Bertha verkraftete es nicht, ihren Jüngsten zurückzulassen, und auch seine Geschwister fühlten sich immer unwohler mit dieser Entscheidung. »Wo ist Rankeli?«, krähten die Kinder, die sehr an ihm hingen. Nach dem Verschwinden von Vinko und Schanno klammerten sich meine Großtanten und -onkel noch mehr aneinander, so als ahnten sie, was ihren älteren Brüdern zugestoßen war. Das Nesthäkchen der Familie allein und schutzlos zurückzulassen, kam ihnen zunehmend verantwortungslos vor, und während sie noch diskutierten, kehrten sie um und reisten zurück. Sie drängten Rankeli so sehr, mit ihnen nach Deutschland zurückzukommen, dass er schließlich einlenkte. Mein Großonkel verließ seine große Liebe für seine Herkunftsfamilie. Der Liebeskummer ließ ihn auf dem gesamten Heimweg nicht los. Ciccia sollte seine einzige Liebe bleiben, die beiden sahen sich nie wieder.

Am 15. März 1947 wurden meine Angehörigen von Bozen-Gries aus mit einem US-amerikanischen Sammeltransport aus Italien nach Deutschland abgeschoben. Bertha drängte es danach, endlich zu erfahren, was mit ihren Erstgeborenen, Paul Vinko und Albert Schanno, geschehen war. Sie sehnte sich zudem nach ihrem deutschen Leben zurück, denn anders als ihre Kinder empfand sie Italien trotz dessen Schönheiten nicht als ihr Zuhause, sie war und blieb eine Norddeutsche. Bald hatten meine Angehörigen den Brennerpass erreicht, weiter ging es über Innsbruck. Es ist nicht bekannt, wo der Sammeltransport aufgelöst und die Passagiere in Deutschland ankamen. Wie die Pohls und Blums hatte meine Familie Franz München zum Ziel. In ihrem Gepäck – jeder hatte 60 Kilogramm mitnehmen dürfen – befanden sich neben ihren eigenen auch die Instrumente ihrer verschollenen Brüder. Mit dabei war Paul Vinkos Geigenbogen, die wertvolle Anfertigung vom renommierten Bogenbauer Hermann Richard Pfretzschner.

Bis heute ist nicht abschließend zu sagen, wie viele Sinti und Roma insgesamt dem NS-Terror zum Opfer fielen; auch ist nicht genau gesichert, wie viele Sinti vor dem Krieg in Deutschland lebten und wie hoch ihre Opferzahl war. Zu viele Tote sind nie registriert worden, zu spät begann die Forschung überhaupt, sich mit der Romanes-sprachigen Minderheit zu beschäftigen. Die Zahlen variieren deshalb je nach Quelle. Sicher ist indes, dass meine Verwandten zu den nur etwa zehn Prozent deutschen Sinti zählten, die das Baro Marepen überlebten. Und das waren überwiegend jüngere Menschen, weil die Älteren und die ganz jungen Kinder der Verfolgung und dem Terror seltener entkommen waren. Nicht nur, dass die Übermittlung von Kultur und Tradition auf diese Weise einen radikalen

Bruch erfuhr. Darüber hinaus hatten viele der Heimkehrer ihre Kindheit und Jugend ausschließlich auf der Flucht verbracht und daher keinerlei schulische Bildung. Gleiches gilt für jene, die in Konzentrations- und Zwangsarbeitslagern, in Ghettos oder im Untergrund überlebten. Das schuf eine enorme Bildungslücke für eine ganze Generation. Viele Sinti und Roma waren Analphabeten; ein nicht geringer Prozentsatz blieb es ein Leben lang. Das, was sie an Materiellem und Kulturellem verloren hatten, holte ein Großteil der Menschen nicht mehr auf. Ganz zu schweigen von den Auswirkungen der Verfolgung, die auch in der nächsten und übernächsten Generation zu deutlichen Einschränkungen der Lebensqualität führten.[9] Die Überlebenden stellten eine vergleichsweise kleine Gruppe dar, einer der Gründe, weshalb sie weder von der deutschen Mehrheitsgesellschaft noch von den Militärregierungen der Alliierten wirklich wahrgenommen wurde – zumal Sinti und Roma damals noch keinerlei politische Vertretung hatten.

In München hatten sich die schlimmsten Wogen mittlerweile geglättet, die Kriegszerstörung war jedoch überall noch zu sehen und zu spüren. Meine Vorfahren Franz ließen sich ebenfalls beim »Bayerischen Hilfswerk für die durch die Nürnberger Gesetze Betroffenen« registrieren. 1947 hatte es bereits 16 000 rassisch Verfolgte, jüdische Flüchtlinge, jüdische Deutsche sowie Sinti und Roma anerkannt.[10] Meine Großeltern Chinko und Modsche heirateten in München nun standesamtlich, endlich war das möglich. Meine Modsche-Mami musste bald erfahren, dass zwar ihre Mutter »Donne« die Verfolgung in Frankreich versteckt überlebt hatte, jedoch nicht ihr Vater Julius ›Keglo‹ Braun,* ermordet 1944 in Auschwitz, nicht ihre Schwester Dora

---

* Julius Braun, geboren am 24.05.1880 in Landeck

›Kirsche‹ Braun,* ebenfalls in Auschwitz ermordet, nicht ihr Bruder ›Süßer‹, in Auschwitz ermordet. Allein ihr Bruder Berthold Braun** und seine Frau überlebten Auschwitz.

Von meiner Großtante Kirsche ist ein Foto erhalten geblieben, deshalb weiß ich, wie sie ausgesehen hat. Doch damit hatte das Elend noch kein Ende. Meinen Vorfahren wurde unter anderem vom Cousin meines Großvaters Chinko, Vinzenz Rose, zugetragen, dass Paul Vinko in Auschwitz und Albert Schanno auf dem Weg dorthin ermordet wurden. Meine alte Mami Bertha, mittlerweile 73 Jahre alt, kleidete sich von da an in Schwarz und sprach kaum noch ein Wort. Ihr Herz war schwach, und sie war schwer diabeteskrank. Gleichwohl war ihr noch eine kleine Freude beschert, die sie kurzzeitig aus ihrer trübsinnigen Stimmung holte: Am 28. November 1948 kam mein Vater Lasso Romeo, mit traditionellem Namen ›Gugo‹, zur Welt, das vorletzte Kind von Chinko und Modsche – ein echtes Nachkriegskind, das erste der fünf Kinder Franz, das nach der NS-Zeit geboren wurde.

Ich frage mich, ob die Trauer meiner Großmutter Modsche sich nicht schon auf meinen Vater übertragen haben könnte, bevor er auf die Welt kam? Wie viele Babys wurden unter vergleichbaren Umständen geboren: Nachkommen, die im Schatten des Todes das Leben symbolisierten? Meine Großeltern waren mit Beere, Sischo, Cilli, Grazia und Gugo, meinem Tate, sowie der alten Mami Bertha in der zentral gelegenen Lindwurmstraße in München gemeldet. Tante Cilli war nun sechs Jahre alt und wurde eingeschult, ihre älteren Geschwister Beere und Sischo waren bereits Schulkinder.

Die Familie blieb nicht lang in der bayerischen Hauptstadt

---
* Dora Braun, geboren am 2. Dezember 1898 in Dunajská Streda in der Slowakei, ermordet am 15. August 1942 in Auschwitz, siehe Sterbebücher.
** Berthold Braun, geboren am 23.12.1912 in Essen

und zog weiter nach Kaiserslautern, das nahe dem damals noch französischen Saarland lag und für Kaufleute ein guter Verkaufsort war. Meine Großeltern besorgten sich aufs Neue einen Wandergewerbeschein für Textilien, Chinko fand außerdem Arbeit in einem Varieté. Sie standen auf einem Grundstück der Siedlung Bahnheim, einer 1910 gegründeten Baugenossenschaft westlich der Innenstadt. Meine Urgroßmutter Bertha verstarb dort bald nach der Ankunft, am 6. Juni 1949 in ihrem Wohnwagen. »Alle weinten«, erinnert sich meine Tante Cilli, »wir Kinder begriffen nicht, was geschehen war.«[11] Bertha wurde auf dem Waldfriedhof von Kaiserslautern beigesetzt. Die Kinder Franz legten ihren Vater Robert, den schönen Pilli, dessen Überreste sie 1941 in Kattowitz begraben hatten, symbolisch neben Bertha im Familiengrab zur Ruhe. »Fürchte dich nicht, ich habe dich erlöst, du bist mein«, steht als aus der Bibel verkürzter Satz auf dem Grabstein.[12] Auch Paul Vinkos gedachten sie mit einem Stein, auf den sie eine Geige meißeln ließen. Zur Rechten verlegten sie einen Stein im Gedenken an Albert Schanno – mit einer Harfe, selbstredend – »ermordet in Auschwitz«. So viel Schmerz, doch das Leben musste weitergehen.

Die Franz-Geschwister verdienten sich ihren Unterhalt wie schon immer mit dem Musizieren und reisten dafür quer durch Deutschland – die deutsche Kapelle Franzens war wiedererwacht. Ihre schulpflichtigen Kinder bekamen ein Schulbesuchsheft für Wanderschüler, das für fahrende Artist:innen damals üblich war. Darin notierten die Lehrer:innen ihre Anwesenheitszeiten; in den Schulferien attestierte der Bürgermeister des Orts, in dem sie jeweils Halt machten, die schulfreie Zeit. Die Sinti-Kinder wurden in der Regel auf die hinterste Bank gesetzt, die Lehrkräfte machten sich selten die Mühe, ihnen etwas beizubringen oder ihre Abneigung gegen Sinti und Roma zu verbergen. Doch der Schulbesuch war bei der Familie Franz ein Muss, da gab es kein Wenn und Aber. Die Mitschüler:innen hänselten und beleidigten meine Tanten Beere und Cilli, bei meinem Onkel Sischo waren sie etwas vorsichtiger, weil er groß und kräftig war.

»Ich habe mich öfter mit den anderen Kindern gehauen«, erzählt Cilli. »Sie waren alle größer als ich, aber ich habe mich gewehrt, wenn sie gemein zu mir waren.«[13] Zu Hause nahm ihr Tate Chinko sie beiseite. »Komm mal her«, sagte er und zog sie an den Schultern vorsichtig zu sich. »Sag mir die Wahrheit: Was ist passiert?« Und wenn Cilli ihm erzählt hatte, was ihr widerfahren war, ermahnte er sie stets, niemals dieselben hässlichen Worte wie die Gadje-Kinder zu benutzen: »Was aus deinem Mund kommt, das bist allein du. Wenn die anderen dich beschimpfen, sag ihnen: ›Was du in den Mund nimmst, nehm ich nicht auf die Schippe.‹« Mein Großvater bestärkte sie: »Du bist selbstbewusst, du bist schlau, lass dir nichts gefallen, aber achte auf deine Worte.«

Cilli betete ihren Vater an, der mit seiner weisen Art auch unter den Sinti anerkannt war. Kam er abends aus dem Wirtshaus zurück, wo er sich mit Freunden ausgetauscht hatte, blickte er grundsätzlich durch das Fenster der hinteren Wohnwagentür, um nach dem Rechten zu sehen. Wer noch nicht schlief, tat es gewiss hinterher, denn wenn der Tate wieder da war, fühlten sich alle sicher. Morgens hängte Chinko einen kleinen Spiegel an einen Ast, rasierte und kämmte sich; dazu summte der Tenor die eine oder andere Melodie, die seine noch schlafenden Kinder sanft weckte. Nie war von ihm ein lautes Wort zu hören, seine Autorität war die Ruhe. Chinko, Moritz und Rankeli trugen stets vor Sauberkeit strahlende weiße Hemden, wie es sich für klassisch ausgerichtete Künstler gehörte. Das Trio war

»stark wie eine Armee«, so Cilli, und dennoch hatte Fitzela den Drang, ihre Brüder zu beschützen. Die ältere Schwester hatte ihre Brüder gehütet, als sie noch klein waren. Seit die Eltern und ältesten Brüder fehlten, war ihr Schutzinstinkt wieder sehr stark; immer war da dieses Gefühl, im nächsten Moment könnte etwas Schreckliches passieren.

Unterdessen befanden sich meine Verwandten Pohl und Blum weiterhin ausgerechnet in dem Bundesland, das Sinti und Roma seit der Gründung der »Zigeunernachrichtendienststelle« 1899 am radikalsten diskriminierte: In Bayern, das 1926 das »Zigeunergesetz« verabschiedet hatte, welches zur rechtlichen Grundlage der NS-Verfolgung wurde. Die Amerikaner setzten es nach der deutschen Kapitulation zwar außer Kraft, doch dessen rassistischer Geist wirkte in den Behörden fort. Ausgerechnet jene Polizeibeamten, die an den Deportationen beteiligt gewesen waren, lebten ihre menschenfeindlichen Ressentiments weiter aus.

Um das Wort »Zigeuner« zu vermeiden und sich äußerlich politisch geläutert zu präsentieren, taufte das Bayerische Landeskriminalamt (BLKA) die 1946 dort entstandene »Zigeunerpolizeistelle« bald in »Landfahrerzentrale« um. Diese Abteilung existierte tatsächlich bis 1965. Euphemistisch umbenannt, machte die Abteilung es sich zur Aufgabe, Sinti und Roma weiter nahtlos zu erfassen und Informationen über sie zu speichern. Die Kontrollen, die einer Observierung gleichkamen, führten die Polizeibehörden in der jeweiligen Ortschaft durch. Die Beamten benutzten dazu die von den Nationalsozialist:innen gesammelten Daten. Die polizeiliche Erfassung diente bald dazu, den Entschädigungsbehörden Auskunft über die Antragsteller:innen von Wiedergutmachungsleistungen zu erteilen. Sie wollten damit allen Ernstes eruieren, ob die Antragsteller etwa »zu Recht« in die KZs deportiert worden waren – wegen krimineller Handlungen. Hartnäckig hielt sich das Narrativ, Sinti und Roma seien aufgrund von behaupteten kriminellen Neigungen verfolgt worden; nicht aufgrund rassistischer Motive.

Strukturell und vor allem ideologisch war das nationalsozialistische System keineswegs gebrochen. Vielmehr existierten die Überzeugungen und Handlungsweisen in Behörden und Politik ungebrochen. Ab Ende der 1940er-, Anfang der 1950er-Jahre arbeitete auch Josef Eichberger in der zentralen Auskunftsstelle über sogenannte Landfahrer; ausgerechnet Eichberger, der in der »Reichszentrale zur Bekämpfung des Zigeunerunwesens« an Massendeportationen beteiligt gewesen war.[14] Im Oktober 1953 beschloss der Bayerische Landtag ein neues Gesetz, das jenem von 1926 frappierend ähnelte – die Abgeordneten nannten das einstige »Gesetz zur Bekämpfung von Zigeunern, Landfahrern und Arbeitsscheuen« nun lediglich harmloser »Landfahrerordnung«. Sie taten das, weil es mit dem Grundgesetz nicht vereinbar gewesen wäre, eine Menschengruppe aufgrund ihrer Herkunft zu diskriminieren. Das Gesetz, so hieß es, beziehe sich »nur auf den als Begriff rassisch indifferenten Landfahrer, der allerdings im Einzelfall auch Zigeuner sein kann« – in Wahrheit zielte es jedoch auf Sinti und Roma.[15]

Die Umetikettierung war Ausdruck einer vermeintlich neuen »politischen Kultur ... die sich nach 1945 in Deutschland entwickelt hatte« und die laut Gilad Margalit vorgab, Rassismus anzuprangern und zu tabuisieren. »Dieses Tabu spiegelt aber keine grundlegenden Werteveränderungen wider, sondern brachte im wesentlichen Verhaltensmuster zum Ausdruck, die sich die deutsche Gesellschaft nach 1945 selbst auferlegt hatte«, so der Historiker. Die Mitglieder des Landtags seien sich des

»diskriminierenden Charakters des Gesetzes bewusst« gewesen, hätten es jedoch nicht für problematisch befunden.[16] Bayern hatte damit als einziges Bundesland abermals eine Rechtsgrundlage zur Erfassung der Romanes-sprachigen Minderheit geschaffen. »Die Verordnung konzentrierte sich bewusst und ausdrücklich darauf, die Lebensweise der Landfahrer zu erschweren«, schreibt Margalit.[17] Sie habe einen Teil der Grundrechte eingeschränkt, die jedem anderen bayerischen Staatsbürger zustanden.

Ganz gleich, wo sich Sinti und Roma in Bayern aufhielten, ob auf Reisen oder sesshaft: Die Polizei behandelte sie erkennungsdienstlich und meldete die Daten umgehend an die Zentrale im Bayerischen Landeskriminalamt in München weiter. Wer auf Reisen war beziehungsweise keinen festen Wohnsitz vorweisen konnte, wurde auf seine »Landfahrereigenschaften« hin untersucht.[18] Sofern diese durch das Bayerische Landeskriminalamt festgestellt wurden, mussten Reisende künftig ein »Landfahrerbuch« führen.[19] Dieses Buch sollte im Prinzip sogar die Fingerabdrücke der jeweiligen Familienmitglieder ab 14 Jahren enthalten. Es war mit sehr hohen Auflagen verbunden, die das Leben der Betroffenen außerordentlich schwer machten. In diesem Sinne griff die neue »Landfahrerordnung« einige Maßnahmen des »Zigeuner- und Arbeitsscheuengesetzes« von 1926 in abgewandelter Form auf: Dies waren die Erlaubnispflicht »für das Umherziehen mit Fahrzeugen«, die Erlaubnispflicht für das »Mitführen bestimmter Tiere« und für den »Besitz von Waffen und Munition«, das »grundsätzliche Verbot des Umherziehens mit schulpflichtigen Kindern«, die »Beschränkungen für das Lagern im Freien« und das »Aufstellen von Fahrzeugen«, die »besondere Melde- und Ausweispflicht« sowie die »Möglichkeit, zur Vorbeugung gegen strafbare Handlungen gewisse Aufenthaltsbeschränkungen« zu erteilen – so fasst es die Historikerin Eveline Diener zusammen.[20] Eine Erlaubnis war jeweils an ein »Gutachten« gebunden, welches das BLKA erstellte – ein Verfahren, das sich sehr in die Länge ziehen konnte und der Willkür der bearbeitenden Beamten Tür und Tor öffnete.

Wer konnte, bemühte sich, so rasch wie möglich einen Wohnsitz nachzuweisen, doch das gestaltete sich aufgrund des gesellschaftlichen Widerstands sehr schwierig. Vermieter:innen weigerten sich, ihre Wohnungen an die Minderheit zu vermieten, und viele Anwohner:innen protestierten dagegen, Sinti und Roma als Nachbar:innen zu haben. Die Vorurteile waren fest verankert: »Wäsche weg! Die ~~Zigeuner~~ kommen!«,[21] gehörte zu den gängigen Klischees; schlimmer noch, die Mär von den Kinder stehlenden Sinti und Roma machte weiter die Runde. »Antiziganismus ist ... eine Ideologie, die aus sozialen, religiösen, romantisierenden und rassistischen Elementen besteht und auf Vorurteilen über die diebischen, faulen, teuflischen und ›rassisch minderwertigen‹ Roma beruht«, urteilte Wolfgang Wippermann.[22] Diese Stereotype sind über die Generationen vermittelt worden und sitzen bis heute so tief, dass sie meist gar nicht reflektiert werden.

Während Kriminalpolizei und Behörden weiter eifrig bemüht waren, Sinti und Roma als Verbrecher:innen zu stigmatisieren, widersprachen ihnen sämtliche Kriminalstatistiken über viele Jahrzehnte hinweg. Einer der Polizisten, der verbissen hatte belegen wollen, wie zwanghaft kriminell Sinti und Roma angeblich seien, war der ehemalige NS-Polizist Rudolf Uschold.[23] Er hatte 1948 in einem von den Brüdern Vinzenz und Oskar Rose angeregten Ermittlungsverfahren zugunsten von Robert Ritter ausgesagt, dem ehemaligen Leiter der »Rassenhygienischen Forschungsstelle«. Nicht nur Uschold, auch einige andere ehemalige NS-Polizisten setzten ihre Karrieren in der Landfahrerzentrale ungestört fort; für jemanden wie Uschold war diese Stelle ein Sprungbrett.[24] Eine Statistik, die die Beamten des Bayerischen Landeskriminalamts 1956 als »Prozentuale Beteiligung von Zigeunern an Straftaten« erhoben – einer davon war Uschold, der mittlerweile zur Kriminalstatistik befördert war –, offenbarte ein ganz anderes Bild: Sinti und Roma fielen hier viel weniger auf als die übrigen Bayern. Der Historiker Hans Woller hält fest, dass die Statistik sogar noch eindeutiger ausgefallen wäre, »wenn Uschold erwähnt hätte, dass Sinti und Roma so gut wie nie an schweren Verbrechen wie Mord, Totschlag, Raub oder Erpressung beteiligt waren«.[25] Deren Straftaten beschränkten sich meist auf »einfache oder schwere Diebstähle und Betrug, in Ausnahmefällen auf Körperverletzungen, die noch dazu im eigenen Milieu stattfanden«. Andersherum wurden Straftaten gegen Sinti und Roma selten geahndet, wie Woller anhand eines oberbayerischen Kriminalfalls von 1972 in *Jagdszenen aus Niederthann. Ein Lehrstück über Rassismus* darlegt. Ebenso kommt der Historiker Sebastian Lotte-Kusche zu dem Schluss, dass »das von den Kriminalisten behauptete ›Landfahrerproblem‹« hinsichtlich der »Kriminalitätsrate nicht zu belegen« sei.[26]

Die »Landfahrerordnung« war bis 1970 in Kraft. In einer groß angelegten Aktenbereinigungsaktion vernichtete das BLKA schließlich alle Akten, die keinen kriminalpolizeilichen Bezug hatten; die kriminalermittlerisch relevanten Akten hingegen wurden aufgehoben. Vor diesem Hintergrund ist anzunehmen, dass auch meine beiden Familien, mütterlicher- und väterlicherseits, erfasst worden waren. Ihre LKA-Akten existieren nicht mehr, weil sie wie die Mehrheit der in dieser Datenbank gespeicherten Menschen unbescholtene Bürger waren, die sich nie etwas hatten zuschulden kommen lassen.

In Deutschland wieder Fuß zu fassen, in dem Land, dessen Mehrheit sie verfolgt hatte, wurde ihnen mitnichten einfach gemacht. Als Leiter der Abteilung für Wiedergutmachung des Ministeriums für politische Befreiung in Hessen war Curt Epstein ernannt worden. Er stellte 1947 fest, dass die Mehrheit der Sinti und Roma sich sowohl einen festen Wohnsitz als auch ein festes Einkommen wünschte. Er schrieb dem Innenministerium rügend, die Behörden machten keinerlei Anstrengungen, Sinti und Roma menschenwürdige Unterkünfte zuzuweisen, sondern zwängen sie vielmehr regelrecht dazu, »ihren Lebensunterhalt auf der Straße zu suchen«.[27] In diesem Klima tiefer Ablehnung wurden selbst die Verfolgtenausweise, die den betroffenen Menschen ausgestellt wurden, antiziganistisch abgewertet. So etwa behauptete der Präsident des Landbezirks Baden 1947, diese Dokumente dienten vielen ihrer Inhaber als »Freibriefe für dunkle Geschäfte«.[28]

Am 4. Januar 1949 wachte meine Großmutter Ursula Blum in ihrer »Sport-Berger Wanderniere« wie immer frühmorgens auf. Ihr Wohnwagen stand in der Rolandstraße, nahe dem Rotkreuz-Krankenhaus in der Nymphenburger Straße. Mein Papo Alfons Dommeli hatte sich dort nach der Rückkehr in München wegen erheblicher Herzprobleme medizinisch versorgen lassen. Ich vermute, sie blieben in der Nähe des Klinikums, weil es ihm nicht gut ging. Herz-Kreislauf-Erkrankungen gehörten damals zu den häufigsten Leiden infolge der extremen Belastungen, denen Verfolgte und vor allem KZ-Häftlinge ausgesetzt gewesen waren. Am Fenster zeichnete sich Frost ab, die Kinder schliefen noch. Meine Mami fror und wandte sich ihrem Mann zu, um sich noch ein paar Minuten an ihm zu wärmen, bevor sie aufstehen und Kaffee kochen wollte. Sie berührte Dommeli und merkte umgehend, dass sein Körper eiskalt war; er rührte sich nicht, als sie seine Schulter rüttelte. In Panik sprang sie aus dem Bett, zog sich hastig an und eilte zum Krankenhaus, um Hilfe zu holen. Der Arzt konnte nur noch Dommelis Tod feststellen: Alfons Renz Blums Herz hatte versagt, mit 31 Jahren. Der über Jahre akkumulierte Stress war zu viel gewesen. Meine Großmutter, die vor wenigen Tagen erst 25 Jahre alt geworden war, war nun eine Witwe mit zwei kleinen Kindern, Mery war sieben, Onkel Peter sechs Jahre alt. Sie weinten herzzerreißend, als Dommeli ins Bestattungsinstitut transportiert wurde. Nach ihrem Bruder Joschi hatte nun auch ihr Mann Dommeli, der stolze schöne Artist, sie verlassen. Beide waren späte Opfer der rassistischen und mörderischen NS-Verfolgung; und sie sollten nicht die Letzten in unserer Familie bleiben. Auf Fotos aus dieser Zeit sieht meine Großmutter schwer gezeichnet aus, die Augen verquollen, ihr Blick wirkt leer. Sie begrub ihren geliebten Dommeli im Beisein der Familie in der Krypta des Münchner Westfriedhofs. Auf einem teuren rot schillernden Stein mit goldener Inschrift setzte sie ihm ein Denkmal: »Hier ruht unser unvergesslicher Sohn, mein lieber Mann, unser herzensguter Vater und Bruder Alfons Blum.«

Mein Urgroßvater Weißkopp beantragte am 24. Oktober 1949 beim Bayerischen Landesentschädigungsamt Entschädigung für Schaden an Freiheit, für Schaden an Körper und Gesundheit, für Schaden im wirtschaftlichen Fortkommen und für Schaden an Eigentum und Vermögen.[29] Dazu hatte er einen Rechtsanwalt beauftragt, der ihn vertrat. Um als politisch verfolgt anerkannt zu werden, verlangten sämtliche Hilfs- und Entschädigungsbehörden seit 1947 den Nachweis eines ständigen Wohnsitzes. Gilad Margalit bemerkte, dass es eine entsprechende Kategorie »ansässige Juden« in den Richtlinien nicht gab, was den Eindruck erweckte, Sinti und Roma würden diskriminiert, um ihnen die Anerkennung als NS-Verfolgte zu verweigern.³⁰ Immerhin wurde Weißkopp eine einmalige Beihilfe von 500 D-Mark zugesagt sowie für den Zeitraum von sechs Monaten je 120 D-Mark, das gehörte zu den Leistungen, die die Alliierten den deutschen Behörden zur Zahlung von Entschädigungen an NS-Opfer oktroyiert hatten. Sinti und Roma waren damit allerdings nicht explizit gemeint. Es herrschte weiterhin die Haltung vor, Sinti und Roma stünde als »Asozialen« nichts zu, weil sie aus eigener Schuld, also zu Recht, in den Konzentrations- und Zwangslagern festgehalten worden seien.

Im Mai 1948 tauchte in den neuen Richtlinien des bayerischen Landesausschusses der politisch Verfolgten die Bedingung der Sesshaftigkeit nicht mehr auf. Vielleicht blieb Weißkopp deshalb nicht länger in München und reiste mit der Familie seiner Schwester Adelheid weiter, um mit ihr musikalisch aufzutreten und ein Einkommen zu haben. Er war mittlerweile ein schwerkranker Mann, der wegen seines Herzschadens und seiner doppelseitigen Ischialgie immerzu auf ärztliche Hilfe und Medikamente angewiesen war.

Mein Onkel Mirano Cavaljeti-Richter erinnert sich, dass seine Großfamilie 1949 in Stadeln bei Fürth ein gemütliches Holzhaus mit zehn Zimmern mietete, Weißkopp es aber vorzog, auf dem großen Grundstück in seinem Wohnwagen zu bleiben.³¹ Meine Großtante Nana hatte sich mit Familie ebenfalls in Fürth niedergelassen, Ursula folgte mit ihren Kindern nach dem Tod von Dommeli, und selbst Frieda stand von Mai 1952 bis 1953 mit ihrem, noch in Berlin erworbenen Wohnwagen, im Ort. Ihre Ehe mit Julius Weißkopp war am 17. November 1950 in München geschieden worden, dennoch scheint das Paar Kontakt gehalten zu haben, was früher eher unüblich war. Die Familie Pohl lebte also wieder dicht beieinander.

An seinem Geburtstag kam Weißkopp stets mit allen seinen Kindern im fränkischen Klingenberg zusammen, wo seine Mutter Albertine Pohl begraben liegt. Sein Jüngster, Boulanger, war 1950 gerade erst zehn Jahre alt. Mein Urgroßvater kehrte mit allen seinen Töchtern und Söhnen regelmäßig im selben jugoslawischen Restaurant ein – die Küche aus dem Balkan war ihnen vertraut; wenigstens etwas Positives, das ihnen von der Flucht erhalten geblieben war. Weißkopp war zu solchen Anlässen schick gekleidet, cremefarbenes Sakko, dazu ein weißer Hut mit breitem Rand. Mein Urgroßvater ermutigte seinen Großneffen Mirano, wieder zu singen. Nach seinem Stimmbruch hatte Mirano geglaubt, seine Stimme verloren zu haben. Doch als er sich überwand und vorsang, stellte er fest, dass sie reifer war und sogar noch schöner klang. Er begann eine Ausbildung am Konservatorium.

Weißkopp bat Mirano, an seinem 63. Geburtstag, dem 20. Februar 1954, für ihn zu singen. Dieses Mal hatte er ein Tanzcafé im nah gelegenen Nürnberg zum Feiern reserviert und Steff Lindemann und dessen namhafte Kapelle zum Spielen engagiert. Mirano gab für Weißkopp »Frag nicht, warum ich gehe« von Robert Stolz zum Besten, ein voller Erfolg. Er war der geborene Operntenor. Kapellmeister Lindemann sprach Mirano anschließend, sehr erbaut von dessen Stimme, an und ermunterte ihn, an einem Wettbewerb mitzumachen. Miranos Karriere nahm von da an rasch ihren Lauf.[*]

Vermutlich feierte mein Urgroßvater an diesem Februartag 1954 neben seinem Geburtstag auch, dass in seinem Entschädigungsverfahren just vor neun Tagen endlich ein gerichtlicher

---

[*] Mirano Cavaljeti-Richter nahm den Künstlernamen Cavaljeti an und gab sich im Laufe seiner Sängerkarriere stets als Südtiroler aus. Erst 1980 brach er sein Schweigen und zeigte sich als das, was er war: ein Sinto. Auslöser für sein Coming-out war der Hungerstreik der Sinti- und Roma-Bürgerrechtsaktivisten, die er damit unterstützen wollte. Mirano ist einer der letzten Zeitzeugen.

Vergleich geschlossen worden war, demnach ihm die Übernahme medizinischer Kosten für eine Therapie sowie eine monatliche Rente von 125 D-Mark zugebilligt wurde.[32] Es war bis zu diesem Punkt ein ewiges Hin und Her gewesen zwischen den Behörden und seinem Rechtsanwalt. 1952 hatte sich das bayerische Staatskommissariat für NS-Verfolgte an die Münchner Kriminalpolizei gewandt, um herauszufinden, ob es sich bei meinem Urgroßvater, dem Antragsteller, eventuell um einen Betrüger oder Kriminellen handeln könnte. Tatsächlich wurde Weißkopp bei der Kripo als »Landfahrer« aktenmäßig geführt, es dürfte manche Beamt:innen allerdings geärgert haben, dass sie über Julius Max Pohl nichts Verbrecherisches finden konnten. Viele Polizist:innen, die als sogenannte »~~Zigeuner~~spezialisten« in der Kriminalpolizei tätig waren, hatten im NS-Regime die Anordnung von Deportationen und Zwangssterilisierungen zu verantworten; die NS-Schreibtischtäter:innen waren zu Gutachter:innen ihrer eigenen Opfer geworden. Mit anderen Worten, die Täter entschieden darüber, wer Opfer gewesen war. Die ehemaligen Verfolger:innen missbrauchten ihre Position, um die Zahlung von Entschädigungen an die Betroffenen zu verhindern: Sie behaupteten, die Betroffenen seien »nicht aus rassischen Gründen, sondern aufgrund deren ›asozialen‹ Charakters« verfolgt worden, schrieb Gilad Margalit.[33]

Unterdessen war Weißkopp immer kränker geworden und musste regelmäßig Ärzte aufsuchen, die ihm wiederholt eine Behandlung vorschlugen, die für ihn jedoch viel zu kostspielig war. Am 2. März 1953 lehnte die Entschädigungsbehörde seinen Antrag auf Schaden an der Freiheit ab: Er habe sich im Zwangslager Thesen in Marburg an der Drau schließlich frei bewegen und dieses sogar verlassen können. Auch ein Schaden an Eigentum und Vermögen wurde nicht zuerkannt. Und obwohl die Entschädigungsbehörden Julius Max Pohl im April 1953 bestätigten, dass sein bedauernswerter Gesundheitszustand im Zusammenhang mit der Zwangsarbeit stehe, lehnten sie im Juni 1953 eine Entschädigung wegen seiner Gesundheit ab. Die Begründung lautete, er habe Deutschland 1940 unerlaubt verlassen und könne deshalb nicht behaupten, aus rassistischen Gründen verfolgt worden zu sein. Mein Urgroßvater erhob gegen diesen Bescheid Klage.

Leo Eitinger wies in seinen Ausführungen über die Folgen von KZ-Haft darauf hin, dass die deutsche Psychiatrie seinerzeit von der Auffassung geprägt gewesen sei, gesunde Menschen könnten »beinahe alle psychischen Belastungen ertragen« und würden sofort wieder gesund werden, sobald »diese Belastungen nicht mehr bestanden«.[34] Demnach unterstellte man Menschen, die später psychosomatisch reagierten, dass sie bereits vor den Traumata psychisch labil gewesen seien. Es waren nur wenige deutsche Psychiater:innen, die die Ansicht vertraten, dass Menschen mit gravierenden Verfolgungserfahrungen ein Recht auf Entschädigung hatten.

Unter dem Strich diskriminierten Behörden und Politik Sinti und Roma in Entschädigungsverfahren mindestens bis 1965.[35] Seit August 1949 galt das »Gesetz zur Wiedergutmachung nationalsozialistischen Unrechts« in Bayern, Bremen, Baden-Württemberg und Hessen.[36] Ähnliche Regelungen galten in den übrigen Bundesländern. Das erste bundesweit gültige Entschädigungsgesetz trat im Oktober 1953 in Kraft. In der Nachkriegszeit hatte sich in der Rechtsprechung ein Muster entwickelt, nämlich zu behaupten, die Verfolgung der Sinti und Roma habe erst nach Himmlers »Auschwitz-Erlass« vom 1. März 1943 begonnen. Diese Urteilspraxis reduzierte die Entschädigungsleistungen für die Betroffenen erheblich. Dass Sinti und Roma spätestens ab 1938 Ziel rassistischer Verfolgung und spätestens ab 1940 der Vernichtung wurden, wurde schlichtweg geleugnet; ganz zu schweigen von der systematischen rassistischen Diskriminierung davor. Für die Täter:innen von einst war diese faktenverzerrende Handhabung in mehrfacher Hinsicht entlastend.

Im Mai 1954 musste Weißkopp wegen akuter Beschwerden ins Kreiskrankenhaus Hellersen-Lüdenscheid. Der Chefarzt der Inneren Abteilung stellte ihm dort ein Attest aus, in dem er an die Entschädigungsbehörde appellierte, Julius Pohl »aus menschlichen und ärztlichen Gründen« dringend die erforderliche Behandlung zu finanzieren. Doch nichts passierte. Weißkopp hatte die ihm zugesagte Rente noch immer nicht erhalten, sie sollte erst ab 1. Juli 1954 ausgezahlt werden. Diesen Moment sollte er nicht mehr erleben: Am 2. Juli 1954 starb mein Urgroßvater, der »Konsul«, Musiker und Kinovorführer Julius Max Pohl in seinem Wohnwagen. Die Diagnose lautete Atemstillstand und Herzinfarkt. Seine tief erschütterten Kinder setzten ihren Tate neben seiner Mutter Albertine auf dem Friedhof in Klingenberg bei. Der granitschwarze Grabstein kostete stolze 3550 D-Mark, die sie in Raten abbezahlen mussten. Meine Mami Ursula hatte innerhalb von sechs Jahren ihren Bruder, ihren Ehemann und ihren Vater als wichtige Bezugspersonen verloren, späte Todesopfer der NS-Verfolgung. Weißkopp hatte Ursula und ihre Schwestern zu seinen Erbinnen ernannt. Nana und Erika erklärten kurz darauf schriftlich, ihren Erbanteil an ihre älteste Schwester abzutreten, weil diese als Witwe zwei Kinder zu versorgen habe. Doch zu erben gab es nichts mehr. Die Behörden beeilten sich ferner, die laufende Rente für Weißkopp zu sperren.

Die drei Frauen beauftragten einen Rechtsanwalt, um die Entschädigungsansprüche ihres Vaters juristisch weiterzuverfolgen und die bestehenden Ansprüche geltend zu machen. Zwei Jahre später, im Jahr 1956, mündete das Gesetz zur Wiedergutmachung nationalsozialistischen Unrechts im Bundesentschädigungsgesetz. Der Bundesgerichtshof (BGH) gab abermals die Richtlinie vor, dass die Verfolgung von Sinti und Roma erst nach dem »Auschwitz-Erlass« begonnen habe, sodass für die Zeit vor 1943 keinerlei Entschädigung zu leisten sei. Das Urteil ging als »Skandalurteil« in die Geschichte ein, weil die Richter:innen in ihrer Begründung erklärten: »Da Zigeuner sich in weitem Maße einer Seßhaftmachung und damit der Anpassung an die seßhafte Bevölkerung widersetzt haben, gelten sie als asozial. Sie neigen, wie die Erfahrung zeigt, zur Kriminalität, besonders zu Diebstählen und Betrügereien, es fehlen ihnen vielfach die sittlichen Antriebe der Achtung vor fremdem Eigentum, weil ihnen wie primitiven Urmenschen ein ungehemmter Okkupationstrieb eigen ist.«[37] Das Urteil gilt aufgrund seiner vorurteilsbehafteten Formulierung heute als skandalös. Es wirkt wie ein Dokument nationalsozialistischer Kontinuitäten.

Erwartungsgemäß hatte diese Rechtsprechung auch für Ursula, Nana und Erika Folgen. Am 27. August 1958 erklärte das Landgericht München den Prozessvergleich vom 11. Februar 1954, der ihrem Tate eine bescheidene Rente zugebilligt hatte, für null und nichtig. Als Begründung gaben die Richter:innen an, ihr Vater habe seit 1947 mehrfach eidesstattlich erklärt, kein Mitglied der NSDAP gewesen zu sein. Das Landesentschädigungsamt habe am 25. Juli 1957 jedoch erfahren, dass Julius Pohl ab dem 1. Mai 1933 über ein Jahr Parteimitglied gewesen sei.[38] Somit liege eine »arglistige Täuschung« vor, der Antragsteller habe seine Aufklärungspflicht verletzt. Es half rein gar nichts, dass die Schwestern über ihren Anwalt argumentierten, dass ihr Vater als verfolgter Sinto keinesfalls mit dem NS-Regime sympathisiert haben könnte.³⁹ Sie ahnten, dass ihr Tate sich mit diesem Schritt damals hatte schützen wollen, um sich der Mehrheitsgesellschaft anzupassen. Vielleicht hatte er gehofft, mit dem Strom zu schwimmen, um als Sinto weniger erkennbar zu sein. Nun war es ausgerechnet dieser Fehler, der seinen Nachkommen zu Schaden gereichte. Sie mussten zudem die Kosten für den Rechtsstreit tragen. Noch 1961 bestritt das Münchner Oberlandesgericht in einem Urteil die rassistische Verfolgung. Sinti und Roma seien nur wegen ihres »ziel- und planlosen« Umherziehens festgenommen oder inhaftiert worden, weil sie sich nicht hätten ausweisen können oder »für Spione gehalten« worden seien.⁴⁰ Die Stigmatisierung nahm kein Ende.

Der Bundesgerichtshof revidierte sein Skandalurteil von 1956 erst am 18. Dezember 1963, weil die Kritik sich mehrte und andere Gerichte zu anderen Urteilen gelangt waren. Vor allem einige jüdische Persönlichkeiten hatten sich solidarisch für die Sinti und Roma eingesetzt. Endlich lagen auch Gutachten vor, die unter anderem zu dem Schluss kamen, dass die Verfolgung der Minderheit bereits 1938 mit dem Runderlass zur »Bekämpfung der Zigeunerplage« Heinrich Himmlers begonnen habe, der anordnete, »die Reglung der Zigeunerfrage aus dem Wesen dieser Rasse heraus« zu behandeln. Doch auch wenn das Urteil von 1963 den Entschädigungsanspruch jetzt anerkannte, so distanzierten die Richter:innen sich noch immer nicht von den rassistischen Inhalten des damaligen Urteilsspruchs. Die eigentliche Distanzierung und Entschuldigung fand erst 2015 statt, als die BGH-Präsidentin Bettina Limperg gegenüber dem Zentralrat Deutscher Sinti und Roma sagte, für das damalige Urteil könne man sich nur schämen.⁴¹

Die Töchter von Weißkopp und Frieda klagten 1964, vermutlich aufgrund dieser Gesetzesänderung, gegen das abschlägige Urteil von 1958, dieses Mal sagte ihr Bruder Strampeli aus; doch abermals vergeblich, die Klage wurde abgewiesen. Die Frauen hatten die Rechtskosten zu tragen. Zu jenem Zeitpunkt lebten meine Mami, die alte Mami und meine Familie bereits im Lothringer Dell 76 in Kaiserslautern. Das Bundesentschädigungs-Schlussgesetz[42] vom 14. September 1965[43] machte es schließlich möglich, Anträge aufs Neue zu stellen, die mit Berufung auf das BGH-Urteil von 1956 abgelehnt worden waren. Wer jedoch in den 1950er-Jahren keinen Antrag gestellt hatte, blieb von jeglichen Ansprüchen auf Entschädigung ausgeschlossen.

Ursula hatte seit den 1950er-Jahren vergeblich auf Entschädigung in Sachen ihres verstorbenen Mannes Alfons Renz Blum geklagt. 1971 wurde ihr Antrag abermals negativ beantwortet, unter anderem mit der Begründung, sie habe auf der Flucht im Ausland nicht wie eine »echte Illegale«, sondern stets in der Gemeinschaft gelebt. Sie habe »mit Verwandten und Bekannten in einer Zigeunergruppe gelebt, die sich während der Kriegsjahre erhalten und durchbringen konnte«. Menschenunwürdige Bedingungen, so das Urteil, hätten nicht vorgelegen. »Das Wesentliche der zigeunerischen Lebensart, nämlich die Freiheit (sic) den Aufenthaltsort häufig zu wechseln und den Lebensunterhalt im Umherziehen ohne festen Arbeitsplatz zu bestreiten«, sei während der Jahre auf dem Balkan erhalten geblieben.[44] Wie sonst hätte sie bis nach Odessa und zurück nach Österreich reisen und sogar Kinder bekommen können?, so die Richter:innen.[45] Empathielos leugneten sie die Verfolgungsumstände und deren nachhaltige psychische und physische Folgen. Sie entschieden, der Tod von Alfons Blum stehe nicht im Zusammenhang mit den Verfolgungsmaßnahmen. Für Dommelis Schaden am beruflichen Fortkommen konnte Ursula im Sommer 1972 für sich und ihre Kinder einen Vergleich erreichen und bekam wenigstens eine einmalige Summe von 8000 D-Mark ausgezahlt.

Frieda hatte seit 1958 auf Entschädigung wegen des Schadens am Leben ihrer Tochter Bärbel geklagt. Sie war hilfsbedürftig und konnte nicht mehr arbeiten. Ihr Antrag wurde 1962 abgelehnt. Unter anderem, weil noch immer keine Todesbescheinigung für ihre Tochter vorlag. Allein der Brief, den diese ihrer Mama zu Weihnachten 1944 aus dem KZ Ravensbrück geschrieben hatte, wurde als Beweis für ihre NS-Verfolgung anerkannt. Indes lautete die Begründung, wäre Bärbel am Leben geblieben, hätte sie wegen eines geringen Einkommens kaum zum Unterhalt ihrer Mutter beitragen können, zumal davon auszugehen sei, dass sie dann verheiratet gewesen wäre und Kinder zu versorgen gehabt hätte. Außerdem habe die Klägerin ja noch drei weitere Kinder, die am Leben seien.

Ein Jahr später wurde Friedas Berufung mit derselben Begründung zurückgewiesen.[46] Ihr Anwalt beantragte nun einen Härteausgleich. Am 3. Mai 1965 wurde in Sachen Entschädigung für Schaden am Leben von Joschi Pohl in Berlin ein Vergleich geschlossen, unter anderem, weil der ärztliche Dienst des Berliner Entschädigungsamts den Kausalzusammenhang zwischen dessen Tod und der NS-Verfolgung bestätigte. Frieda wurde 1966 eine Rentennachzahlung für den Zeitraum 1954 bis 1966 und danach eine monatliche Rente von 147 D-Mark bewilligt. 1970 legte das Internationale Rote Kreuz schließlich Bärbel Pohls Inhaftierungsbescheid aus Auschwitz vor – 25 Jahre nach Kriegsende.

Meine Großonkel und Fitzela, meine Großtante, erfuhren dieselbe erniedrigende und ablehnende Behandlung. Die Entschädigungsverfahren für den Schaden, den Sinti und Roma durch die NS-Verfolgung erlitten, gehörten zu den besonders trübseligen und beschämenden Kapiteln der Nachkriegsgeschichte der demokratischen Bundesrepublik. Wolfgang Wippermann schrieb, die Ungleichbehandlung der deutschen Sinti und Roma gegenüber anderen Staatsbürgern sei schon vor der NS-Zeit und auch danach verfassungswidrig gewesen.[47] Dass die Richter überhaupt einen Stichtag wählten, um die Verfolgung der Sinti und Roma rechtlich zu würdigen, sei »schlichter Unsinn« gewesen. Es sei ja auch »niemand auf die Idee gekommen, alle antijüdischen Maßnahmen, welche die Nationalsozialisten z. B. bis zu den Novemberpogromen von 1938 getroffen hatten, für rechtens zu erklären«.[48] Die Betroffenen wurden durch diese jahrelang hingezogenen Verfahren häufig retraumatisiert, auf jeden Fall aber psychisch stark belastet. Die Historikerin Heike Krokowski stellt in ihrer Untersuchung über die Spätfolgen der NS-Verfolgung fest, »der Großteil der überlebenden Sinti (empfand) die Entschädigungspraxis als erneute Verfolgung«.[49] Menschen seien im Zusammenhang mit Anträgen auf Rentenzahlung sogar über Jahre wiederholt ärztlich untersucht worden: »Dies war für die Sinti, die von Ärzten ausgeforscht, misshandelt oder sterilisiert worden waren, meistens mit großen Ängsten verbunden.«[50] Zahlreiche Überlebende hätten sich deshalb geweigert, sich untersuchen zu lassen, mit dem Ergebnis, dass ihnen eine Rentenzahlung verwehrt wurde. Der US-amerikanische Psychoanalytiker Kurt Robert Eissler kam zu dem Schluss, dass der Patient schon allein »für die Aufregungen und Erniedrigungen, die er im Zuge der Wiedergutmachung erlitt« hätte entschädigt werden müssen.[51]

Die Bürgerrechtsbewegung und der Zentralrat Deutscher Sinti und Roma bewirkten, dass Sinti und Roma ab dem 26. August 1981 auf Härtefallregelungen zurückgreifen konnten, um für das erlittene Unrecht wenigstens teilweise entschädigt zu werden. Das hatte der Bundestag am 14. Dezember 1979 beschlossen, Sinti und Roma konnten nun eine »Beihilfe« von maximal 5000 D-Mark beantragen; allerdings lief die Antragsfrist Ende 1982 aus. In mehreren tausend Einzelfällen gab es neue Entscheidungen der zuständigen Behörden, die zugunsten der Betroffenen ausfielen. Die meisten Überlebenden waren zu diesem Zeitpunkt jedoch bereits tot. Bis 1982 wurde geleugnet, dass der NS-Völkermord an Sinti und Roma rassistisch motiviert und ab 1938 intendiert war. Der französische Schriftsteller Christian Bernadac nannte das einen »vergessenen Holocaust«.[52] Menschen können zweimal sterben – wenn sie erst ermordet und dann vergessen werden.[53] Wenn geleugnet wird, was ihnen angetan wurde, und die Täter ungestraft davonkommen.

1951 kam in Obernburg am Main meine Tante ›Wana‹ zur Welt; amtlich trägt sie den Namen Wilja Valencia Manuele Iris Franz. Sie war das sechste und letzte Kind meiner Großeltern. Die Eltern waren sehr glücklich. Chinko aber hatte die Malaria, die er sich in Italien zugezogen hatte, weiterhin nicht überwunden, mitunter fühlte er sich sehr unwohl. Aufgrund der schlechten Ernährung und der oft mangelnden Unterkunft während des Krieges war er herz- und magenkrank geworden. Er ließ es sich nicht anmerken. 1954 stand er mit seiner Familie und seinen Geschwistern nach einem Auftritt in Braunschweig mit seinem Wohnwagen in Herford in Nordrhein-Westfalen. Seine wunderschönen weißen Zähne machten ihm zunehmend Ärger, er hatte den Eindruck, sie wackelten und säßen nicht mehr fest. Ständig hatte mein Großvater Durst, einen geradezu brennenden Durst, weshalb er immerzu etwas trinken musste. »Nun geh doch endlich mal zum Arzt«, sagte seine Frau, meine Mami Marie. Doch Chinko hielt sich für stark, und ein starker Mann hat keine Wehwehchen! Tante Cilli, damals zwölf Jahre alt, erinnert sich, dass ihre Eltern am 22. Juli 1954 morgens ins Auto stiegen, um in Bad Salzuflen einen Wohnwagen zu kaufen. Die Kinder wurden ja immer größer – mein Tate war fünf und die Kleinste, Wana, jetzt knapp drei Jahre alt –, und sie brauchten mehr Platz. Doch Modsche kam ohne ihren Mann zurück. Wegen seines übermäßigen Durstes – Diabetes stellte sich bald als Familienerkrankung heraus – war er ins Wirtshaus geeilt, um etwas zu trinken. Seine Frau wartete im Wagen. Doch er kam und kam nicht zurück, sodass sie hineinging, um nach ihm zu sehen. Er war dort mit nur 43 Jahren tot zusammengebrochen. Dies war der nächste Trauerfall in unserer Familie.

Großonkel Rankeli entwarf eine Gruft auf dem Waldfriedhof von Kaiserslautern, wo Bertha begraben ist. Es musste nun alles schnell gehen, damit Chinko seine letzte Ruhe finden konnte. Die Gruft wurde über Nacht ausgehoben und gemauert, es war eine nasskalte Nacht, die Männer arbeiteten bis zum Morgengrauen. Moritz holte unterdessen seinen Bruder in einem Eichensarg ab und fuhr ihn bis nach Kaiserslautern, die lange Fahrt mit Anhänger schien kein Ende zu nehmen. Am Montagmorgen, den 26. Juli 1954, wurde Bertha in der Frühe in die Gruft umgebettet, danach gab die Familie Emil Chinko Franz mit vielen Gästen aus dem gesamten Bundesgebiet ihr letztes Geleit. *Die Pfälzische Volkszeitung* fand die Beerdigung so bemerkenswert, dass sie ihr einen ganzen Bericht widmete. Er war auffällig wohlwollend geschrieben, indes gespickt mit Klischees. »Der Stamm dieser – wie alle Augenzeugen sahen – von echter und opferfreudiger Zusammengehörigkeit versammelten Ungarn hat in der Tat keine Kosten gescheut, sich im Waldfriedhof eine stille Insel der irdischen Geborgenheit und letzten Ruhe zu schaffen«, meldete der Lokalreporter. »Fast in nichts unterschied sich das Zeremoniell von dem unseren, doch niemand entging der tiefverwurzelte Zusammenhalt unter diesen braunen Kindern der Ferne.«[54]

Chinko hinterließ sechs Kinder – auf einem von Tante Cillis Fotos steht Modsche mit Wana auf dem Arm und ihren anderen fünf Kindern um den Sarg herum. Mein Onkel Wolfgang Sischo ist, sichtlich erschüttert, neben seinem jüngeren Bruder, meinem Tate Romeo Lasso, zu sehen und hat seine Hände auf dessen Schultern gestützt. Sischo war erst 14 Jahre alt und noch zu jung, um sich um seine Mutter zu kümmern oder ihr gar als Fahrer bei ihrer Arbeit als Händlerin zu helfen. Mein Großonkel Moritz war nervlich und körperlich am Ende. Er litt an Rheuma, was er sich auf der Flucht zugezogen hatte, auch die Malaria machte ihm noch immer gelegentlich zu schaffen. Zusätzlich war er schwer an Tuberkulose erkrankt und verbrachte ein Jahr in einer Heilklinik. Auch er stand nicht zur Verfügung, meiner Mami Modsche unter die Arme zu greifen. Und Rankeli, Chinkos jüngster Bruder? Er hatte sich vollkommen zurückgezogen, unerreichbar für die anderen. Allein seinen Hund ließ er in seine Nähe, Hunde liebte er über alles. Es fand sich schließlich Chinkos Cousin Robert Wappler, der Modsche-Mami umherfuhr, um ihre Kundschaft mit ihrer Klöppelware zu beliefern und für ihre Kinder somit ein Auskommen zu haben. Diese traditionelle Erwerbstätigkeit verschwand wie die meisten anderen Berufszweige, die Sinti und Roma ausgeübt hatten. Ohne Schulausbildung konnten die meisten Romanes-sprachigen Menschen bei der fortgesetzten Modernisierung nicht mithalten. Natürlich unterstützte die gesamte Familie meine Mami, damit sie über die Runden kam; und in den 1970er-Jahren wurde ihr als Entschädigung eine kleine Rente ausgezahlt.

Wer immer den Bericht für die *Pfälzische Volkszeitung* verfasst hatte, hielt meine Familie offensichtlich nicht für deutsche Staatsbürger, denn er bezeichnete sie als »Ungarnstamm«, womit er unbewusst oder bewusst ein weiteres Vorurteil kolportierte. Doch immerhin erwähnte er, dass »»der Verstorbene, ein Musiker im besten Mannesalter««, unter den Gedenksteinen der im Konzentrationslager verschollenen Geschwister beigesetzt wurde; und er bemerkte ebenfalls: »Heimatlos, rechtlos, gescholten, gemieden, verachtet und argwöhnisch umgangen – so fällt das Los den Zigeunern zu. Wer sie gestern sah in ihrer Geschlossenheit als eine große Familie, die trostbedürftig und andächtig jedem einzelnen Predigtwort lauschte, das den Psalmtext ›Du bist mein Gott – meine Zeit ist in Deinen Händen‹ verlas, der sollte im Urteil verhalten.«[55]

Sich »im Urteil verhalten«, das hatte der Autor für die damalige Zeit bemerkenswert ausgedrückt.

Der Antiziganismus ist nie verschwunden und bis heute stets präsent. Als im Laufe der Jugoslawien- und Kosovo-Kriege der 1990er-Jahre etwa 35 000 Roma nach Deutschland flüchteten, war das neue Nahrung für die alten Vorurteile. Viele der eingewanderten Roma wurden später wieder abgeschoben, obwohl sie in ihren Herkunftsländern massiv diskriminiert werden, wenig Zugang zu Bildung haben und viele von ihnen deshalb unter der Armutsgrenze leben. Aktuell flammt der Antiziganismus vor dem Hintergrund des russischen Angriffskriegs gegen die Ukraine wieder auf. Viele der Ärmsten, die der Krieg zur Flucht nach Deutschland zwingt, darunter Roma-Überlebende des Porajmos, sehen sich schon bei der Ankunft mit Rassismus konfrontiert. Auch meine Vorfahren waren Geflüchtete – keine Ungarn, sondern Deutsche: Mitglieder einer deutschen Minderheit. Kaiserslautern wurde für beide Seiten meiner Familie zum Lebensmittelpunkt. Hier begegneten sich meine Eltern als Erwachsene – ihre Eltern und Großeltern kannten sich seit dem 19. Jahrhundert – und gingen die Ehe ein. 1966 kam ich zur Welt und wuchs im Kreis meiner Familie auf.

In unserer Familie hatte es viele Abschiede gegeben, es starben nun immer mehr Sinti und Roma aus der Generation, die das Baro Marepen überlebt hatte. Umso dringlicher spürte ich, wie wichtig es ist, dass wir Nachkommen die Erinnerung bewahren – und gleichzeitig für die Zukunft arbeiten. Neben allen kummervollen Erfahrungen erlebte ich jedoch stets auch viel Schönes. Etwa die Begegnung mit einem weiteren meiner Idole. Im September 2008 war Stevie Wonder auf Deutschlandtournee. Mein Bruder und ich fuhren in die Münchner Olympiahalle, um den Weltstar zu hören. Manolito hatte Kontakte zu Stevies Fotografen, deshalb saßen wir weit vorn und durften nach dem Konzert hinter die Bühne. Dort wurden wir dem großartigen Musiker und einer seiner Töchter vorgestellt. Als Stevie hörte, dass wir Musiker sind, bat er uns sofort, etwas zu spielen. Manolito sang ein Stück, doch Stevie wusste nicht so recht, wie er ihn begleiten sollte. Er stand von seinem E-Piano auf und bat mich, meinen Bruder zu begleiten. Also setzte ich mich auf seinen Platz und spielte los. Ich war wie vom Donner gerührt, weil dieser Weltstar währenddessen seine Hand auf meine Schulter legte. Anschließend wollte er wissen, welche Griffe ich benutzt hatte. Ich »zeigte« sie ihm; er ist ja blind, das heißt, er ertastete sie. Anschließend wurden Fotos gemacht. Ich habe die Aufnahme von mir und dem US-amerikanischen Soul- und Popsänger als Andenken aufgehoben. Die Szene mit ihm am E-Piano gehört zu den bislang eindrucksvollsten Momenten meines Lebens, aus denen ich Inspiration für mein eigenes Schaffen bezog.

2007 hatte Daniel Strauß, Vorsitzender des Verbands der Sinti und Roma Baden-Württemberg, in Mannheim das Kulturhaus »RomnoKher« gegründet, in dem Veranstaltungen, Seminare und Fortbildungen stattfinden.[56] »Romno« ist Romanes für Kultur und »Kher« für Haus. »Romno bedeutet für uns Sinti

Menschlichkeit, und Kultur ist ein Aspekt der Menschlichkeit«, sagte Daniel.[57] Dort trat ich auch mit dem Programm »Rom Som – Ich bin ein Mensch« auf, das Anita Awosusi entwickelte. Anita gehört zu unseren bekanntesten Bürgerrechtsaktivistinnen im Bereich der Erinnerungspolitik. Die Tochter von Überlebenden des Baro Marepen ist Schriftstellerin und Musikerin und hat diverse Bücher herausgegeben, darunter drei Bände über die Musik unserer Minderheit.[58] In »Rom Som« trug sie Klagelieder und lyrische Texte von Sinti-und Roma-Autor:innen über die NS-Verfolgung vor. Unge Schmidt und ich begleiteten sie mit Musikstücken von Russland bis Spanien, die zu den Texten passten. Unser Programm war über viele Jahre erfolgreich.

Von Daniels visionärer Art hatte ich mich inspirieren lassen. Seine Eltern haben den Völkermord überlebt. Er ist ein Jahr älter als ich und hatte zu jenem Zeitpunkt schon viel in der Bürgerrechtsarbeit erreicht, während ich mich noch weitgehend im Hintergrund hielt. Sein Thema ist die Bildung unserer Minderheit: Er analysiert, wo die Defizite liegen, um daraus Bildungsangebote zu entwickeln. Daniel will die jüngeren Menschen in der Community stärken, denn die Voraussetzung für Autonomie und Selbstbestimmung ist Bildung. Mit seinen progressiven Vorstellungen stand er oft alleine da. Weder hatte man ihm richtig zugetraut, dass RomnoKher-Kulturhaus auf die Beine zu stellen, noch gab es Rückendeckung für seinen Plan, einen Staatsvertrag mit der Minderheit auf den Weg zu bringen. Zunehmend stellte ich mich an seine Seite, überzeugt von seinen Ansätzen. Die Tatsache, dass wir beide als Vertreter der zweiten Generation einander inhaltlich näher rückten, bereitete nicht jedem Freude. Es deutete sich ein Generationenkonflikt an. Ich bemerkte, dass ich in der Verbandsarbeit, bei der mir manches nicht mehr zeitgemäß erschien, nicht im gewünschten Maß vorankam, jedenfalls, was meine Inhalte und Ziele betraf. Schon seit einigen Jahren spielte ich mit dem Gedanken, mich in einer politischen Partei einzubringen. Im Zentralrat Deutscher Sinti und Roma waren die Kolleg:innen von meinem Interesse an der Politik nicht begeistert – ich müsse bei der Bürgerrechtsarbeit parteipolitisch neutral bleiben, hieß es. Zunehmend fühlte ich mich eingeengt und gebremst. Bei mir entwickelte sich das Bedürfnis, mich zu befreien. Dann war der richtige Zeitpunkt gekommen. Ich erklärte dem Vorstand schriftlich und respektvoll meinen Austritt; mit Dank für all das, was ich lernen durfte und für die jahrelange Zusammenarbeit. Wieder einmal setzte ich meinen Kopf durch: 2010 wurde ich Mitglied im Kreisverband der Partei Die Grünen in Ludwigshafen.

11

Großonkel Pauls Geigenbogen
Romeo Franz (2010–2012)

»Ich will 2013 für den Bundestag kandidieren«, schoss es aus mir heraus. Mir gegenüber saß der Vorsitzende des Kreisverbands von Bündnis 90/Die Grünen Franz Hofmann, im Ludwigshafener Café La Casa di Laul. Er blickte mich erstaunt an, mit solch einer Chuzpe hatte ihn ein Neuling offenbar bislang noch nicht konfrontiert. Rückblickend war ich naiv, weil so mir nichts, dir nichts selten jemand Bundestagsabgeordnete:r wird. Kaum war ich 2010 der Partei beigetreten, war ich nicht mehr zu bremsen. Hofmann schmunzelte und stellte mir allerlei Fragen, was mich denn mit den Grünen verbinde, welche Ziele mir vorschwebten? »Mir geht die Bürgerrechtsarbeit mittlerweile zu langsam, ich will aktiv gestalten und suche dafür dynamische Gleichgesinnte«, fing ich an. Vor allem wolle ich erreichen, dass Sinti und Roma an dieser Gesellschaft gleichberechtigt teilhaben. Es sprudelte nur noch aus mir heraus, ich fühlte mich hoch motiviert.

Doch wie war ich dazu gekommen, mich bei Bündnis 90/Die Grünen engagieren zu wollen? Im Verband Deutscher Sinti und Roma Landesverband Rheinland-Pfalz ist es Usus, einmal jährlich die Fraktionsvorsitzenden des Landtags aufzusuchen und ihnen von der Verbandsarbeit zu berichten. Als stellvertretender Vorsitzender hatte ich an der Seite von Jacques Delfeld sowohl im Landtag als auch im Bundestag viele Politiker:innen kennengelernt. Da gab es zum Beispiel die Grüne Friedel Grützmacher, Vizepräsidentin des rheinland-pfälzischen Landtags[*], oder den SPD-Politiker Kurt Beck, lange Zeit Ministerpräsident des Landes, dem ich zudem gelegentlich begegnete, wenn ich auf Weingütern musizierte. Nicht zu vergessen der aufgeweckte Heiner Geißler von der CDU. Diese drei Pfälzer fand ich sympathisch, und sie waren gegenüber der Romanes-sprachigen Minderheit aufgeschlossen. Als ich mit meinem Ensemble auf einem Schloss in Schleswig-Holstein auftrat, lernte ich den ehemaligen Bundesvorsitzenden der SPD, Björn Engholm, kennen. Am Ende der Vorstellung griff er eine unserer Gitarren, spielte ein paar Akkorde und ließ sich mit uns auf der Bühne ablichten.

Im Kampf gegen den Antiziganismus sah ich mich letztendlich inhaltlich aber am besten bei den Grünen aufgehoben. Das hatte auch mit einer weiteren, für mich wichtigen Begegnung im Marstall, einer Spielstätte des Münchner Residenztheaters, zu tun. Unser Ensemble rahmte hier eine Veranstaltung mit Politiker:innen und Sportler:innen musikalisch ein. Die damalige Co-Bundesvorsitzende der Grünen, Claudia Roth, bat mich, sie beim Vortragen eines Gedichts zu begleiten. Sie machte das eindrucksvoll. Beim anschließenden Dinner unterhielten wir uns angeregt über Musik, nicht zuletzt auch, weil Claudia Roth die ehemalige Managerin von Ton Steine Scherben, der Polit-Rockband um Rio Reiser, war.

Mein kleiner Vortrag im Laul und mein Enthusiasmus hatten offenbar überzeugt. Bald nahm ich an den Vorstandssitzungen der Grünen in Ludwigshafen teil. Ich konnte meine Mitstreiter:innen gut leiden, zum Beispiel den Aktivisten Karlo-

---

[*] Von 2001 bis 2006.

Petar Plazonic, der sich für das Grundeinkommen einsetzt, oder Raik Dreher, der kurz darauf Kreisverbandsvorsitzender wurde. Abermals lernte ich Neues von älteren Hasen, nun aber lautete die Lektion: Wie macht man Lokalpolitik? Wir legten uns ins Zeug, um den Kreisverband Mainz in Rheinland-Pfalz immer bekannter zu machen und uns auf den Wahlkampf vorzubereiten. Natürlich blieb ich auch weiter Musiker. Mein Sohn Sunny, mittlerweile zehn Jahre alt, trat gelegentlich mit mir auf und wuchs ohne Bühnenscheu in das Musikgeschäft hinein. Es war eine Freude, seine Entwicklung zu beobachten. Mittlerweile ist er ein besserer Musiker als ich.

Während meines Engagements als Bürgerrechtler hatte ich erreicht, dass unsere Familiengruft auf dem Hauptfriedhof in Kaiserslautern unter den Denkmalschutz der Stadt gestellt wurde.[1] Mein Tate war schriftlich informiert worden, dass die Nutzungsdauer unserer Grabstätte ablaufe. Er hätte eine enorme Gebühr bezahlen müssen, um die Benutzung unserer Gruft für weitere 25 Jahre zu verlängern. Anders als bei jüdischen Gräbern galt für die Gräber von Sinti und Roma kein »ewiges Ruherecht«. Ebenso wenig fielen sie unter das 1965 verabschiedete »Gesetz über die Erhaltung der Gräber der Opfer von Krieg und Gewaltherrschaft«, welches ebenfalls den Erhalt der Gräber gefallener Soldaten regelt, darunter auch von Kriegsverbrecher:innen. Vielmehr wurden die Gräber unserer Menschen nach Ablauf der Nutzungsdauer meist eingeebnet und neu belegt, weil die Angehörigen sich die hohen Nutzungsgebühren nicht leisten konnten oder überhaupt keine Angehörigen mehr am Leben waren, die sich darum hätten kümmern können.

Es kann doch nicht sein, dass wir sogar noch auf diese Weise weiter für den Mord an unseren Angehörigen zahlen sollen!, dachte ich sehr verärgert. Ins konstruktive Handeln zu kommen, befreit mich aus der Ohnmacht, das hatte ich bereits verinnerlicht. Ich wandte mich also an die Beamten der Friedhofs- und der Stadtverwaltung sowie an einen Stadthistoriker und erzählte ihnen von der Musikkapelle Franzens, von Vinko und Schanno, von der jahrelangen Flucht und von Auschwitz. So kam es, dass unsere Gruft bereits seit 2001 denkmalgeschützt ist – die ersten Gräber verfolgter deutscher Sinti überhaupt. Um Joschis Grab in München, das auch an Bärbel erinnert, kümmerte ich mich entsprechend. 2004 begann auch der Zentralrat Deutscher Sinti und Roma, sich für die Gräber NS-Verfolgter einzusetzen, seit 2018 gibt es sogar eine Bund-Länder-Vereinbarung zur Sicherung der Grabstätten.[2]

2013 konnte Daniel Strauß den Schutz der Gräber im Staatsvertrag mit Baden-Württemberg verankern. Staatsverträge werden nicht nur zwischen Staaten und Bundesländern ausgehandelt, sondern auch zwischen staatlichen Organen und Organisationen, um eine völkerrechtliche Rechtsquelle zu schaffen. Von einigen gerade noch als Träumer belächelt, war es Daniel gelungen, zwischen seinem Landesverband und dem Land Baden-Württemberg einen solchen Staatsvertrag auszuhandeln.[3] Darin wird die historische Verantwortung gegenüber dem Leid, das Sinti und Roma in der NS-Zeit angetan wurde, auf eine Rechtsbasis gestellt. Außerdem wird festgehalten, wie das Miteinander zwischen Minderheit und Mehrheit verbessert werden soll – es ist ein weiterer Meilenstein auf unserem Weg zur Gleichberechtigung.

Meine Großmutter Modsche ruht auch auf dem Hauptfriedhof von Kaiserslautern, zusammen mit ihrem Sohn Sischo, nicht weit entfernt von der Familiengruft ihres Mannes Chinko. Die Modsche-Mami starb 1998 im Alter von 84 Jahren. Sie hatte es nach dem Tod ihres Mannes Chinko sehr schwer, doch sie war eine sehr lebensbejahende Person, weshalb sie sich von den extremen Belastungen als Witwe und Angehörige von Opfern des NS-Völkermords nicht niederdrücken ließ. Sie war resilient, denn sie vermochte es, sich ihren neuen Lebensumständen anzupassen. Als ich noch Kind war, backte sie eine Art Krapfen für mich, die kugelrund, quittengelb und mit Puderzucker bestäubt waren. Der geschmolzene Zucker bildete seltsame Zacken, weshalb diese süßen Leckereien wie Meteore aussahen. Modsche-Mami nannte sie »Pfannkrabbeln«. Am Wochenende rief sie mich oft an und sagte: »Romeo, komm mal vorbei, ich habe was für dich.« Dann wusste ich immer, dass es gleich diese formidablen Pfannkrabbeln geben würde, und eilte zu ihr.

Diese Großmutter liebte es, zu feiern. Schon ein halbes Jahr vor ihrem Geburtstag diskutierte sie mit ihren Nachkommen und Freund:innen, wo und wie sie ihn das nächste Mal begehen könnte. Wir fanden einen passenden Saal oder einen schönen Campingplatz, ich mobilisierte meine Musiker, und schon hatten wir ein Fest, das es in sich hatte. Natürlich mussten alle ihre Kinder und Enkel:innen dabei sein. Es wurde üppig geschmaust – Modsches Kinder kochten alle sehr gut – und viel getanzt. Meine Mami war in ihrem Element, wenn wir Spaß hatten, und sie war meist die Letzte, die ging. Kaum war die Party vorbei, dachte sie schon über die nächste nach.

Marie Modsche Franz legte viel Wert auf ihr Äußeres, sie war sehr gepflegt und modisch und ließ sich buchstäblich keine grauen Haare wachsen. Genauso wie die Ursel-Mami war sie eine sehr moderne Frau. Noch mit 80 Jahren fuhr Modsche mit ihrem eigenen kleinen Wohnwagen in den Urlaub, um in der Nähe der Familie zu sein. Sie blieb völlig autonom. Ich erinnere mich mit Freude an ihren Lebenswillen und ihre Leichtigkeit.

Die letzten drei Mitglieder der Kapelle Franzens, Fitzela, Moritz und Rankeli, lebten bis zu ihrem Tod in bescheidenen Verhältnissen in Karlsruhe. Moritz, groß und schlank wie eine Kerze, ging häufig aus, stets elegant gekleidet: Samtjackett, die Hose in Reiterstiefel mit Schellen gesteckt, dazu ein fescher Hut und Sonnenbrille, gleich einer Romanfigur Anfang des 19. Jahrhunderts. Auch er war ein Diabetiker.

Seine Geschwister litten an dieser Erkrankung bald so schwer, dass sie das Haus nicht mehr verließen. Fitzela erblindete mit der Zeit vollständig und verlor schließlich sogar eines ihrer Augen. Sie litt zudem an Bluthochdruck mit Herzmuskelbeschwerden und an Gefäßerkrankungen. Ich erinnere mich gut, wie ich als Junge oft bei ihnen im Wohnzimmer auf dem Boden saß. Eine Kokosnuss, die auf dem defekten Fernseher stand und wie ein Schrumpfkopf aussah, imponierte mir. Rankeli verwöhnte mich weiter mit Gummibärchen, was Mama ein Dorn im Auge blieb. Ich liebte meine Papos, als wären sie meine Großväter. Rankeli war überempfindlich und mäkelte viel herum. »Wir haben hundertmal überlegt, ob wir etwas sagen, weil die Stimmung bei ihm so schnell kippen konnte«, erinnert Cilli sich an ihren Onkel. Stundenlang saß er am Fenster und starrte in die Ferne, als sei er ganz woanders – ein so künstlerischer und intelligenter Mensch, der nur in der Musik und Religion noch einen Halt fand. Sein Leben wäre vermutlich anders verlaufen, hätte er heiraten können; hätte sich seine Mutter Bertha nicht so an ihn geklammert, in ständiger Angst, noch einen weiteren Sohn zu verlieren.

Es verging kaum ein Tag, an dem die Geschwister nicht über früher sprachen. Rankeli war regelrecht in der Vergangenheit gefangen. Wenn Trauer und Trauma Familien zusammenschweißen, kann sich selten Neues entfalten. Bald fehlt die Luft zum Atmen. »Hoffentlich erlebe ich es noch, dass ich meinen Bruder beerdigen kann«, sagte Fitzela manchmal seufzend. Es erfüllte sie mit Angst, dass sie vor ihm gehen und ihn allein lassen könnte. Als Rankeli starb, legte sie eine Hand auf seinen Sarg, stützte sich auf ihn, blind, wie sie war, und begleitete ihn so den gesamten weiten Weg durch den Friedhof bis zum Grab. Es dauerte nicht lang, da lag sie selbst auf dem Sterbebett. Sie führte nun oft Gespräche mit Paul Vinko, ihrem ältesten Bruder, mit dem sie eine besonders enge Beziehung gehabt hatte. Nie hatte sie seinen Verlust verwunden. Sie klopfte mit ihrer schwachen Hand neben sich auf die Matratze, als solle er sich zu ihr ans Bett setzen. »Vinkochen, ach Vinkochen, hilf mir doch!«, rief sie. Manchmal unterhielt sie sich auch mit ihrem Tate Pilli. Es war, als wären die beiden anwesend. Vinko und Pilli waren es, die meine Großtante in ihren letzten Gedanken schließlich ins Jenseits führten. Innig mit ihnen verbunden, schlief Fitzela friedlich ein. Sie wurde neben Rankeli in der Familiengruft beerdigt, Großtante Patschka fand hier schon 1968 ihre letzte Ruhe.

Mein Papo Moritz war der Einzige aus der Kapelle Franzens, der unbedingt in Karlsruhe beigesetzt werden wollte. Als er starb, hinterließ er mir seinen Geigenkoffer, mit dem er in Italien auf der Flucht gewesen war. In dem Koffer befanden sich seine Geigenbögen – und der wertvolle Bogen von Großonkel Paul. Tief bewegt nahm ich den Bogen aus dem Kasten, drehte und wendete ihn und betrachtete ihn lange: Er ist ein Fragment der Erinnerung, ein Objekt, dass Vinkos Leben bezeugt. Außer Fotos und diesem Bogen ist nichts weiter von meinem Großonkel geblieben. Ausgelöscht in Auschwitz, seine Spuren verwischt. Dieser Geigenbogen symbolisiert für mich den Faden zwischen Vergangenheit und Gegenwart. Bald würde er in einem denkwürdigen Moment sogar eine Rolle für die Zukunft spielen. Ich ließ ihn aufwendig restaurieren und begann, ihn zu benutzen. Meine Geige und der Bogen fanden im Geigenkoffer von Moritz ihren Platz.

Wie ich sie alle vermisse! Als ich mit 44 Jahren meine parteipolitische Arbeit begonnen hatte, fragte ich mich noch oft, wann diese Wunden sich endlich schließen und wir den Schmerz überwinden könnten. Ich ahnte nicht, dass ein Wendepunkt in meinem Leben bevorstand. Meine Familie und ich waren unterdessen nach Oggersheim gezogen. Noch vor meinem Abschied aus dem Zentralrat klingelte plötzlich das Telefon, Romani Rose war am Apparat. Er habe da eine Aufgabe für mich; ob ich mit dem israelischen Künstler Dani Karavan zusammenarbeiten wolle, der das Denkmal für die im Nationalsozialismus ermordeten Sinti und Roma Europas entwerfe? Es gehe um die Musik für das Denkmal. Karavan hätte zwar schon jemanden in Israel beauftragt, doch er, Rose, wolle einen Musiker aus unserer Gemeinschaft mit der Aufgabe betrauen. »Ich mach dich unsterblich«, raunte er mit seinem üblichen Humor in den Hörer. Was soll ich sagen, natürlich war ich sofort interessiert daran, am Denkmal mitzuwirken. Dessen Planung hatte sich schon bald 30 Jahre in die Länge gezogen, ein zähes Ringen, etliche Komplikationen, viel Unfrieden.

Bereits 1992 hatte die Bundesregierung dem Vorschlag des Bundesinnenministeriums zugestimmt, ein Denkmal für Sinti und Roma zu errichten. Auseinandersetzungen über die Frage, ob es ein Denkmal für alle NS-Opfer gemeinsam oder nur eines für die ermordeten Juden Europas geben solle, flammten dennoch immer wieder auf. Wiederholt stand die Frage im Raum, ob den Sinti und Roma überhaupt ein Erinnerungsort zustünde. Zusätzlich wurde darum gestritten, warum solch ein Ort ausgerechnet mitten in der Hauptstadt entstehen müsse?

Der damalige CDU-Bürgermeister Eberhard Diepgen bevorzugte 1995 Marzahn im Berliner Osten als Standort – wegen der »historischen Aspekte«.[4]

Ausgerechnet an der Peripherie und an dem Ort, an dem das Berliner Zwangslager sich befunden hatte, aus dem die Menschen in die KZs deportiert wurden. »Um den Reichstag herum gibt es schon ein sehr starkes Nebeneinander von Gedenkstätten«, so Diepgen weiter.[5] Ein Parteikollege des Bürgermeisters meinte, man könne die Stadt doch nicht mit Mahnmalen überziehen, das arte in Beliebigkeit aus,[6] und ein weiterer warnte vor einer »Gedächtnismeile«.[7] Der Historiker Eberhard Jäckel äußerte in einer Sitzung der Jury für das Denkmal der Juden, wenn es ein Mahnmal für Sinti und Roma geben solle, könne man auch gleich ein Denkmal gegen das Killen der Wale fordern.[8] Das war eine Bemerkung wie ein Schlag in die Magengrube – ohne dass es einen Aufschrei in der Öffentlichkeit gegeben hätte.

Der damalige Bundespräsident Roman Herzog erklärte 1997 in einem wichtigen Schritt, Sinti und Roma seien mit dem gleichen Rassenwahn und Vernichtungswillen wie die Juden verfolgt worden.[9] Noch 2004 behauptete der bis Ende der 1970er-Jahre von der Politik als »Zigeunerexperte« gehandelte Mediziner Hermann Arnold, der ganz in der NS-Tradition von Robert Ritter stand, in einem Leserbrief an die *Frankfurter Allgemeine Zeitung*, Sinti und Roma seien überhaupt keine Opfer der NS-Verfolgung gewesen.[10] Nicht ihre Ermordung sei geplant gewesen, »sondern ihre vollständige, dauernde Deportation«. Arnold bediente darüber hinaus das nazistische Narrativ der vermeintlich kriminellen Minderheit. Er unterstellte dem Zentralrat, es gehe hier lediglich um Geld, »nicht zugunsten Verfolgter, sondern von Funktionären ohne demokratische Legitimation, die die Gleichstellung der nationalsozialistischen

Zigeunerverfolgung mit der Schoa erzwingen wollen, um globale Wiedergutmachungsleistungen zu erlangen«.[11]

Rassistische Vorurteile und mangelnde Empathie belasteten die Atmosphäre der Diskussionen. Verletzungen gab es viele, und die politischen Konflikte nutzte so mancher zum eigenen Vorteil. Darüber hinaus gab es einige Spannungen zwischen Sinti und Roma und Jüdinnen und Juden. Nach dem Motto: »Wer hat mehr gelitten?«, zeigte sich an manchen Stellen Opferkonkurrenz, das emotionale Bedürfnis, gesehen und wahrgenommen zu werden: Negiert das Leid des einen das Leid des anderen? Oft stand die Frage im Raum, wer das Monopol für das Erinnern habe. In der langen Verhandlungsphase über die Gestaltung des Denkmals beharrten einige Historiker:innen und politisch Verantwortliche darauf, Sinti und Roma im Denkmaltext als ~~Zigeuner~~ zu bezeichnen. Eberhard Jäckel schien uns in der *FAZ* 2005 in überheblich klingendem Ton vorzuschreiben, wie wir uns als Minderheit zu nennen hätten, behauptete gar falsch, die Bezeichnungen »Sinti« und »Roma« habe es zuvor gar nicht gegeben.[12] Auch sein Bezug auf den Verein Sinti Allianz Deutschland, der anders als der Zentralrat für den Begriff »~~Zigeuner~~« eintrat, verfehlte die Komplexität der Thematik und war dem Diskurs nicht dienlich. Die Sinti Allianz war 2000 gegründet worden, um den deutschen Sinti eine Stimme zu geben. Sie wollten nicht hinter dem Oberbegriff »Roma« verschwinden, den wiederum andere vertraten.* Es wurde auch über die Opferzahl gestritten, die im Denkmaltext genannt werden sollte – obwohl es aufgrund der Forschungsversäumnisse niemand genau wissen konnte, sodass die Angaben je nach In-

---

* Selbst Romani Rose machte eine kontroverse Aussage in einem Interview am 2. Juni 2013: »Wir nennen uns schon immer Sinti, und der Überbegriff ist ganz einfach Roma.« Kamingespräch – Elmar Theveßen mit Romani Rose, 2. Juni 2013; www.youtube.com/watch?v=iwoA9VmFnQU (abgerufen am 20.11.2023).

teressenlage mal tiefer und mal höher ausfielen. Es gab viele demütigende Situationen, in denen unser Selbstbestimmungsrecht immer wieder infrage gestellt wurde. 2005 wurde Dani Karavan schließlich der Auftrag für den Bau des Denkmals erteilt.

Dani Karavan aus Tel Aviv kam 1930 im Mandatsgebiet Palästina zur Welt, seine Eltern stammten aus Lwiw in der Ukraine. Die Nationalsozialist:innen ermordeten den Großteil seiner Familie und viele Angehörige seiner Frau Hava. 1977 entschloss sich der israelische Bildhauer, erstmals nach Deutschland zu reisen, zur documenta 6 in Kassel. »Seine ersten Besuche waren sehr schwierig für ihn, sie waren begleitet von Albträumen, in denen er die Stiefel von Nazis stampfen hörte. Wenn er auf der Deutschen Bundesbahn unter Deutschen saß, bekam er es mit der Angst zu tun, er werde gleich abgeholt«, erzählt seine Tochter Noa Karavan-Cohen.[13] Bis zum Mahnmal für unsere Menschen in Berlin folgten weitere große Ausstellungen in Deutschland, sodass er nach und nach das Gefühl der Bedrohung ablegen konnte. Der Künstler schuf an verschiedenen Orten dieser Welt beeindruckende landschaftsarchitektonische Arbeiten, die sich auf die sie umgebende Natur beziehen – das Denkmal im Berliner Tiergarten sollte für ihn jedoch eines seiner wichtigsten Werke werden. Stets hatte Karavan entschlossen den Standpunkt vertreten, es solle ein gemeinsames Denkmal für alle Opfer geben, weil alle dasselbe Schicksal teilten. Obwohl es nun anders gekommen war, freute er sich sehr darüber, dass ihm die Aufgabe, das Denkmal zu schaffen, angetragen worden war.[14] Doch der Baubeginn zog sich bis 2008 hin, und auch der dann folgende Prozess war für den Künstler mit Hürden und Frustrationen verbunden. Unterdessen starben immer mehr Betroffene der NS-Verfolgung und teilweise sogar schon ihre Kinder.

Karavan hatte den Eindruck, dass einigen Verantwortlichen wenig an diesem Mahnmal gelegen war: »Mein Vater verspürte bei Politik und Behörden oft ein mangelndes Interesse, sich für Sinti und Roma zu engagieren. Sie handelten seiner Empfindung nach aus Political Correctness, nicht jedoch aus Überzeugung oder gar mit Einfühlungsvermögen«, so seine Tochter.[15]

Die Ungleichbehandlung verschiedener Opfergruppen stieß ihm besonders auf; an mehreren Stellen sagte er, dass man mit einem Denkmal für die Jüdinnen und Juden nicht so umgehen würde. Es war außerdem ein ständiges Ringen um die Qualität der Baumaterialien und um die professionelle Umsetzung, die der Künstler forderte.[16] Er bestand zum Beispiel auf garantiert rostfreiem Stahl und darauf, dass keine Schweißnähte sichtbar wurden. Oft musste er jedoch ärgerliche Kompromisse eingehen, sonst hätte sich die Fertigstellung dieses Kunstwerks noch endlos in die Länge gezogen. Karavan beschrieb sein Konzept so: »Ich hatte die Idee, dass das Denkmal nur aus einer Blume bestehen sollte, aber um die Blume zu schützen, brauchte ich Wasser. Das Wasser wurde zu einem integralen Bestandteil des Mahnmals. Die dunkle Reflexion des Wassers lässt es wie ein Loch in der Erde aussehen. Es spiegelt die Bäume und den Bundestag wider, und jeder, der sich dem Wasser nähert, wird ein Teil dieser Gedenkstätte.« Besonders wichtig war dem Künstler, dass die Besucher:innen nicht nur Beobachter:innen sind, sondern zu einem Teil des Ortes werden. Die Idee mit der täglich neuen Blume entstand, »weil die Sinti und Roma auf Feldern begraben sind, ohne Gräber, ohne Schilder, nur mit Blumen. Wir wissen nicht, wo. Vielleicht wissen es nur die Wurzeln der Blumen. Die Blume steht auf einem Dreieck aus Stein, das an den Winkel erinnert, den sie am Körper tragen mussten. In dem Moment, in dem sie diese Kennzeichnung trugen, verloren sie alle ihre Rechte als menschliche Wesen.«[17]

Als ich den Künstler das erste Mal traf, verstanden wir uns auf Anhieb: der gleiche Humor, dieselbe Wellenlänge und Begeisterung für die Sache. Dani stellte sich für das Denkmal eine Klanginstallation vor, komponiert aus einem einzigen Ton, einem A. Ich probierte das im Studio aus – und hatte eine andere Idee. Ich sagte: »Dani, niemand kann einen einzigen Ton derart lang ertragen, lass mich eine andere Variante ausprobieren«, und er war einverstanden. Als ich ihm die Aufnahme meiner Komposition auf dem Gelände des Denkmals vorspielte, liefen wir beide auf und ab, bis wir rasch feststellten, dass es genau so sein musste. So entstand mein Stück »Mare Manuschenge« – Romanes »Für unsere Menschen«.

Nun ging alles schnell. Ich erinnere mich intensiv an den 24. Oktober 2012, als das Denkmal nach vielen Jahren Vorbereitung eingeweiht wurde. Dieser Tag markierte für mich ein Ende und zugleich einen Anfang. Zur festlichen Einweihung erschienen viele Persönlichkeiten, um dem Ereignis angemessenes Gewicht zu verleihen – Bundeskanzlerin Angela Merkel, der Bundespräsident Joachim Gauck, Bundestagspräsident Norbert Lammert, der Bürgermeister Berlins, Klaus Wowereit, Romani Rose für den Zentralrat Deutscher Sinti und Roma, die Sinti Allianz und viele andere Organisationen und Verbände unserer Minderheit sowie die Mehrheit derer, die nicht in Vereinen oder Verbänden organisiert sind. Unter den Gästen befanden sich über 30 Überlebende des NS-Völkermords mit ihren Nachkommen, beeindruckende Menschen, die ihr Schicksal mit Würde trugen. Auch der Überlebende Reinhard Florian war als Ehrengast anwesend. Einst sagte der ostpreußische Sinto: »Wir versuchen uns der heutigen Zeit anzupassen, aber die grausame Vergangenheit lebt in uns weiter. Man kann sie nicht ablegen wie ein schmutziges Hemd. Es gibt Erlebnisse und Erinnerungen an jene Zeit, die man nie wieder loswird.

Sie verfolgen uns bis in unsere nächtlichen Träume. Durch das Leid, das wir ertragen mussten, sind wir zu Gefangenen unserer Erinnerung geworden. Noch immer sind wir darüber beschämt, ein Mensch zu sein.«[18] An diesem Oktobertag wurde ihm die Menschenwürde zurückgegeben; gerade noch rechtzeitig, denn er lebte nur noch bis zum März 2014.

Während der Zeremonie rauschte draußen der Berliner Verkehr, mal war entfernt ein Hupen zu hören, das Halten eines Busses. Ein Windstoß fegte durch die Büsche und Bäume. Doch es störte niemanden, vielmehr ist all dies Teil des Denkmal-Ensembles, wie Karavan es vorgesehen hatte, vor allem die Bäume sind zentral für sein Werk.[19] Die Einweihung war für Alt und Jung ein unglaublicher Moment. Erwartungsvoll, andächtig und tief berührt lauschten wir den Reden und den musikalischen Beiträgen. Hier an diesem stillen Ort der Erinnerung, umgeben von hohen alten Bäumen, im Zentrum des Wasserbeckens das Dreieck aus Granit, das an den Winkel der KZ-Häftlinge erinnert, das Becken, auf dem täglich eine frische Blume als Symbol für die Ermordeten präsentiert wird. Das Wasserbecken wie ein unendlich tiefer See, drum herum scherbenförmige Steinplatten mit den Namen von Orten der Verfolgung und des Mordes an Sinti und Roma in ganz Europa. Der italienische Rom und Musikerkollege Santino Spinelli schuf das Gedicht »Auschwitz«. In englischer und deutscher Sprache umsäumt es auf der metallenen Einfassung das Wasserbecken und bringt das Leiden und Sterben unserer Menschen eindrucksvoll atmosphärisch und bildlich zum Ausdruck:

Eingefallenes Gesicht
erloschene Augen
kalte Lippen
Stille
ein zerrissenes Herz
ohne Atem
ohne Worte
keine Tränen

Dani Karavan beschrieb in seiner Ansprache, wie er sich bemüht hatte, »einen Ort des Erinnerns, der Mediation zu kreieren, einen Ort der Selbstreflexion und der würdevollen Achtung für die Ermordeten«. Dieses Denkmal sei das Werk, das ihm am meisten am Herzen liege. »Ich sehe meine eigene Familie vor mir, die ich so liebte und die in die Todeslager geschickt wurde, vielleicht in dieselben Gaskammern geschickt wurde, wie die Sinti und Roma, und deren Asche vom Wind über die Felder getragen worden ist. Ich bete, dass dieses Mahnmal ein Ort der Erinnerung, ein Ort des Schmerzes sein möge, ein Ort der Reflexion und der Hoffnung, dass sich solch ungeheuerliche Verbrechen nicht wiederholen.«[20]

Es sprachen auch die Bundeskanzlerin Angela Merkel, Kulturstaatsminister Bernd Neumann, Romani Rose und Zoni Weisz. Zoni überlebte als siebenjähriger Sinto in den Niederlanden durch pures Glück, während seine gesamte restliche Familie in Auschwitz ermordet wurde. Der international bekannte Florist arbeitete später für die niederländische Königsfamilie und bekam einen Eintrag ins *Guinnessbuch der Rekorde* für das weltweit größte Blumenarrangement. Er nannte das Denkmal eine »spürbare Anerkennung für das von unserem Volk durchlittene, unfassbare Leid«.[21] Nicht nur für deutsche Sinti und Roma war die Einweihung des Monuments ein symbolischer Akt der Anerkennung ihres Schicksals und eine Wertschätzung ihrer Existenz. Für alle Europäer:innen mit Romanes-sprachigem Hintergrund war diese Würdigung von großer Bedeutung. Endlich konnten die Toten ruhen.

Nach der Kranzniederlegung hatte meine Komposition Premiere. »Mare Manuschenge« habe ich mit Großonkel Paul Vinkos Geigenbogen eingespielt. Für die Aufnahme legte ich den Bogen auf die D-Saite, millimetergenau auf den Punkt, an dem die Saite sofort ins Schwingen kommt. Mit sanftem Druck strich ich den Bogen dann auf dem G-Ton ab, langsam und so lange, bis der Aufstrich nötig wurde, um den Klang fließen zu lassen. Jetzt strich ich schneller auf und ab, ich modellierte den Ton, er nahm an Intensität zu. Vibrierend floss das G in ein E und mündete im C. Dreimal innerhalb einer halben Minute veränderte ich diesen lang hingezogenen Ton in eine Wehklage in Halbtonschritten. Meine Komposition umhüllte die Gedenkstätte klanglich, durchwebte sie in ihrer schlichten Eleganz. Die Töne bewegten sich entlang der Moll-Tonleiter, die für unsere traditionelle Musik sowie für Sinti-Jazz und Sinti-Swing typisch ist. Sie kletterten die Bäume hinauf, die das Mahnmal umsäumen, und verhallten im Himmel. Die Stimmung war meditativ und zugleich erfüllt von Trauer, Erhabenheit und sogar Zuversicht. Die Besucher:innen legten bunte Blumen am schwarzen Wasserbecken ab. Ich entfernte mich von der Menschenansammlung, um allein zu sein. Das war alles sehr emotional für mich. Ich fühlte mich mit meinen toten Verwandten innerlich stark verbunden. Es tat weh, gleichzeitig jedoch breitete sich in mir eine angenehme Gelassenheit und Wärme aus. »Vinko, dein Geigenbogen hat Geschichte geschrieben. Mit ihm knüpfe ich an unsere jahrhundertealte Familiengeschichte als preußische Sinti an«, flüsterte ich in den Wind.

Endlich hatten meine Verwandten ein Grab, einen Ort, an dem sie in Würde ruhen können: Vinko, Schanno, Joschi und Bärbel und all die anderen, die dem Baro Marepen zum Opfer fielen oder zu früh an den Folgen der Verfolgung starben. Ich fragte mich, was wohl meine alte Mami Frieda und die Mami Ursula sagen würden, wenn sie mich hier gehört und gesehen hätten. Es kam mir vor, als hätte ich den inneren Auftrag erfüllt, meine Menschen dem Vergessen zu entreißen.

Ihnen und allen anderen Opfern des NS-Völkermords ist durch das Denkmal für die ermordeten Sinti und Roma Europas in Berlin ein Andenken gesetzt. Ich spürte plötzlich, dass ich innerlich angekommen war. Nun, da der Kampf um diesen Gedenkort abgeschlossen war, konnte ich, konnten hoffentlich wir alle endlich nach vorn blicken und unsere Energien auf die Zukunft richten. Für mich schloss sich an diesem Herbsttag ein Kreis, hier in Berlin, dem Dreh- und Angelpunkt meiner Familie.

12

Mare Manuschenge – für unsere Menschen
Romeo Franz (2012 bis heute)

Meine Aufgaben wuchsen, mein Netzwerk von Mitstreiter:innen erweiterte sich stetig, und ich war viel unterwegs. Daneben trat ich weiterhin mit dem Romeo Franz Ensemble auf – ein Leben ohne Musik ist für mich nicht vorstellbar. Daniel Strauß und ich arbeiteten mittlerweile eng zusammen und waren Freunde geworden. »Wenn wir nicht länger Bittsteller bleiben wollen, brauchen wir eine eigene Stiftung«, sagte er in einer Diskussion über Projekte, die uns besonders am Herzen lagen. Innerhalb der Minderheit war das Bedürfnis gewachsen, die eigenen Belange selbst in die Hand zu nehmen, um diese vor allem im Bildungsbereich sichtbarer zu machen. So kam es, dass Sinti und Roma im Oktober 2012 die Hildegard Lagrenne Stiftung gründeten, am Tag nach der Einweihung des Denkmals für die im Nationalsozialismus ermordeten Sinti und Roma Europas.

Hildegard Lagrenne war eine Überlebende des Baro Marepen und Mannheimer Sintitsa. Als Pionierin, die sich stets für Bildung und Aufklärung einsetzte, wurde sie auch als »Mutter der Bürgerrechtsbewegung der Sinti und Roma« bezeichnet. Eine Stiftung, die uns finanzielle Freiräume verschaffen würde, musste aus unserer Minderheit heraus entstehen und von ihr auch getragen werden, so viel war klar. Zugleich bezogen wir die Mehrheitsgesellschaft ein und holten einige ihrer Vertreter:innen in den Stiftungsrat. Denn unsere Ziele und unser Selbstverständnis richten sich auf das Verbindende, das Gemeinsame. Der Vorstand und der Stiftungsrat entwickelten sich bald zu einem Gremium, das sich als Einheit betrachtete und dem es einzig und allein um die Sache ging: den Antiziganismus zu bekämpfen und Sinti und Roma Bildungschancen zu ermöglichen. Auch hier machte ich als Vorstandsmitglied die Erfahrung, dass wir Antiziganismus und Rassismus nur überwinden können, wenn wir als Minderheit mit der Mehrheit einen Dialog auf Augenhöhe führen und die Ziele gemeinsam entwickeln.

Unterdessen bereitete ich mich auf die Bundestagswahlen 2013 vor, denn ich bewarb mich als Kandidat von Bündnis 90/Die Grünen für den Bundestag. Mit Karlo-Petar Plazonic klebte ich bis zur Erschöpfung Wahlkampfplakate, manchmal bis tief in die Nacht hinein. Ich schrieb meine erste große politische Rede, die so leidenschaftlich und kämpferisch ausfiel, dass meine Partei mich als Direktkandidaten für Ludwigshafen/Frankenthal und auf dem 6. Platz der Landesliste ins Rennen schickte. Doch ich verpasste den Einzug in den Bundestag knapp. Meine Parteifreund:innen ermunterten mich, gleich weiterzumachen und mich für das EU-Parlament zu bewerben. In der Europawahl 2014 konnten wir jedoch nur elf der 96 deutschen Mandate gewinnen. Wiederum schaffte ich den Einzug nicht, es fehlten mir lediglich 0,5 Prozent der Stimmen. Was mich besonders ärgerte, war, dass an meiner statt der rechtsextreme Politiker und EU-Feind Udo Voigt ins EU-Parlament kam. Dass dem so war, zeigte umso mehr, wie wichtig es ist, menschenfeindliche Gesinnungen zu bekämpfen. Ich blieb entschlossen, mich politisch zu engagieren.

Im Februar 2014 wurde ich als Geschäftsführer der Hildegard Lagrenne Stiftung tätig. Unsere Partner, die Stiftung Erinnerung, Verantwortung und Zukunft, die Manfred Lautenschläger Stiftung und die Freudenberg Stiftung hatten sich in der Bewerbungsrunde für mich entschieden. Ich sollte unsere Stiftung aufbauen, und das begann ganz basal mit der Beschaffung von Büroinventar und der Rekrutierung von Personal. Ich suchte Mitarbeiter:innen, die unserer Minderheit gegenüber aufgeschlossen und für unsere Themen sensibilisiert waren. So kam zum Beispiel Lyazat Hasselmann als Büroleiterin zu uns. Als ich sie ermunterte, ihre damals noch kleinen Kinder zur Arbeit mitzubringen, freute sie sich, weil sie im beruflichen Kontext als Mutter meist negative Reaktionen gewohnt war. Auch die Gadji Iris Rüsing wurde zur tragenden Säule unserer Arbeit. Einer meiner neuen Mentoren wurde der Geschäftsführer der Freudenberg Stiftung, Christian Petry. Christian war nicht nur Historiker, sondern auch Sozialwissenschaftler und Pädagoge. Er beeindruckte mich mit seiner klugen und besonnenen Art und stand mir mit Rat stets zur Seite.

Ich beschaffte mir einen Lobbyist:innen-Ausweis für den Bundestag, damit ich mit den Abgeordneten aller zugänglichen Parteien ins Gespräch kommen und unsere Stiftung bekannt machen konnte. »Willst du was von der Bundeskanzlerin, dann sprich mit dem Chef des Bundeskanzleramts«, riet mir unser Stiftungsratsvorsitzender, der ehemalige SPD-Bundestagsabgeordnete Gert Weisskirchen, und vermittelte mir den Kontakt. Während ich im Bundestag also darauf wartete, dass Peter Altmaier aus dem Plenarsaal kam, traf ich einige Abgeordnete von Bündnis 90/Die Grünen. Ich war so oft im Bundestag unterwegs, dass sie mich fast für einen Abgeordneten hielten und in ihre Fraktionssitzung einluden. Ich winkte dankend ab: »Ich bin mit Peter Altmaier verabredet.« Bald stand der Chef des Kanzleramts vor mir, und ich schilderte ihm in groben Zügen mein Anliegen. Drei Wochen später hatte ich einen Termin bei ihm, und ich berichtete detailliert über unsere Stiftungsziele. Er war ein aufmerksamer und interessierter Zuhörer. Nach und nach erfuhren viele Politiker:innen von unserer Arbeit, und ich schaffte es, im Bundestag eine Veranstaltung der Hildegard Lagrenne Stiftung auf die Beine zu stellen. Mein Ziel waren Fördermittel, um unsere Projekte voranzutreiben. Der Stiftung geht es um Bildungsförderung auf möglichst breiter Basis. Es liegt an uns, die Übergabe an die nächste Generation vorzubereiten und sie mit dem zu betrauen, was wir Älteren jeweils in unserer Zeit auf den Weg gebracht haben.

Eines Tages irrte ein junger rumänischer Rom durch den Stiftungsflur. Unsere Kollegin Ina Rosenthal sprach ihn an. Es stellte sich heraus, dass er mit seiner Frau und seinen Kindern auf Reisen war, teils zu Fuß, teils per Bus bis Spanien und sogar bis nach England, um sich aus dem Teufelskreis der Armut zu befreien. Überall waren sie auf der Suche nach einer auskömmlichen Existenz, Hauptsache, weg aus Rumänien. Ganz besonders in Südost- und Osteuropa leben die Roma in äußerst prekären Umständen. Über 80 Prozent unserer Menschen sind dort von Armut bedroht, 50 Prozent leiden unter wirtschaftlicher Not. In Bulgarien und der Slowakei besucht über die Hälfte der Kinder segregierte Schulen, in Rumänien haben 40 Prozent der Haushalte keinen Zugang zu fließendem Wasser.[1] In der Ukraine ist die Lage für die meisten Roma ebenfalls schwierig, teilweise sogar unvorstellbar schlimm. Davon machte ich mir während des russischen Angriffskriegs auf die Ukraine im Sommer 2022 ein Bild. Aber auch in Zentral- und Südeuropa leben die Romanes-sprachigen Menschen strukturell benachteiligt und oft unter beschämenden Bedingungen. In Europa gibt es zehn bis zwölf Millionen Sinti und Roma, sie bilden die größte ethnische Minderheit, werden aber häufig noch nicht einmal als Bürger:innen ihres jeweiligen Landes angesehen und fast immer ignoriert.² Allenthalben sind sie mit Rassismus und Ausgrenzung konfrontiert. Die vielen, die sich entgegen allen äußeren Widerständen eine erfolgreiche Existenz aufzubauen vermochten, werden meist nicht als Angehörige der Minderheit wahrgenommen – oft verbergen sie ihre Herkunft, um sich vor Diskriminierung zu schützen. Viele namhafte Persönlichkeiten haben einen Romanes-sprachigen Hintergrund, nur selten aber sprechen beziehungsweise sprachen sie darüber. So zum Beispiel Ron Wood von den Rolling Stones, der Sänger Drafi Deutscher, die Schlagersängerin Marianne Rosenberg oder der Rapper Sido, die Schauspielerin Rita Hayworth oder Jesús Navas, der Fußballer – um nur einige weitere hier zu nennen.³ Auch dem früheren US-amerikanischen Präsidenten Bill Clinton wird ein teilweise schottischer Roma-Hintergrund nachgesagt, der bis ins 17. Jahrhundert zurückreicht.⁴

Zu Recht war der junge Rumäne mit seiner Familie auf der Suche nach einem menschenwürdigeren Leben. In Berlin angekommen, campierten sie im Görlitzer Park in den Büschen und schlugen sich mit Taglohnarbeiten und Betteln durch. Der Mann hatte von der Hildegard Lagrenne Stiftung gehört und bat um Hilfe. Da er sprachbegabt und motiviert war, vermittelten wir ihm ein kleines Stipendium mit einem monatlichen monetären Zuschuss. Das war die Initialzündung. Schon nach zwei Wochen fand er eine Arbeit bei einer Nichtregierungsorganisation und ließ sich als Mediator ausbilden. Bald konnte er eine Wohnung mieten und seine Kinder zur Schule schicken, seine Familie hatte eine neue Perspektive.

In einem anderen Fall riefen uns drei Sinti vom Bodensee an. Ihr Broterwerb bestand aus dem Sammeln von Schrott, den sie an Recycling-Firmen verkauften. Nun hatten sich die Regelungen im Abfallrecht geändert, und sie sollten einen Sachkundelehrgang machen – für 1500 Euro pro Person. Sie waren verzweifelt, weil sie das Geld nicht besaßen und ihnen und ihren Familien nur noch die Aussicht auf Hartz IV blieb; sie aber wollten autonom bleiben und arbeiten. Wir sagten ihnen zu, drei Viertel der Lehrgangskosten zu erstatten, vorausgesetzt, sie absolvierten ihn erfolgreich. Die drei qualifizierten sich daraufhin und konnten ihre Familien weiter selbstständig ernähren. Stolz schickten sie uns ein Foto, auf dem sie ihre Zertifikate in die Kamera hielten. Mit einfachen Mitteln hatten wir in diesem Fall die wirtschaftliche Existenz von zwölf Familienmitgliedern gerettet – und nicht zuletzt ihre Würde.

Das waren Erfolgserlebnisse, die mir große Freude bereiteten. Ich hatte gelernt, mich aus der Ohnmacht zu befreien, und war dankbar, dass ich diese Erfahrung weitergeben und anderen diskriminierten Menschen zur Selbstständigkeit verhelfen konnte. Jedoch Kummer, Zwilling des Glücks, ließ nicht lang auf sich warten. Kurz vor Weihnachten 2014 bekam ich von der Partnerin meines Freundes, Lehrers und Musikerkollegen im Romeo Franz Ensemble, Unge Schmidt, eine Nachricht: »Bitte komm schnell«, schrieb sie, »Unge ist im Schlafzimmer zusammengebrochen, der Notarzt ist auf dem Weg.« Gerade erst zehn Tage zuvor waren Unge und ich im Stuttgarter BIX Jazzclub gemeinsam aufgetreten, Unge hatte gewirkt wie immer. Am folgenden Tag sollten wir im Münchner Restaurant Tantris spielen, das zu den besten Lokalen Deutschlands zählt. Sunny und ich fuhren umgehend zu Unge. Als wir bei ihm ankamen, erlebte ich die folgende Szene wie durch einen Akustikfilter. Der anwesende Notarzt versuchte Unge wiederzubeleben, stellte jedoch seinen Tod fest, Diagnose Schlaganfall, Alter 62 Jahre. Sunny und ich begriffen kaum, was passiert war. Unges Frau

Dunja brach weinend zusammen. Ich rief unseren Kollegen Joe Bawelino an: »Joe«, stammelte ich wie betäubt, »Unge ist soeben gestorben.« Joe schrie: »Nein, nein, nein, was ist passiert?« Wir standen alle unter Schock.

Unge liebte Bossa nova, Samba und Jazz, aber auch ungarische Musik. Nach der Zimbal hatte er als Autodidakt Klavier und Gitarre gelernt und besaß das absolute Gehör. Wir verstanden uns blind, er war für Gina, unsere Kinder und mich aber auch ein Freund, ein teurer Mensch, so nah wie ein Onkel. Unge prägte mich nicht nur musikalisch, sondern ebenso menschlich. Nun war er schlagartig aus unserem Leben entschwunden. »Latcho Mal«, lieber Freund, murmelte ich vor mich hin, und dann übermannte mich immer wieder die Traurigkeit.

Seine Beerdigung war ein einziges Konzert, so viele Musiker:innen gaben ihm das letzte Geleit. Aber für mich bedeutete sein Tod das Ende des Romeo Franz Ensembles, ohne Unge sah ich keinen Sinn mehr darin, es weiterzuführen. Ich stürzte mich umso mehr in die Stiftungsarbeit, die bald auf festen Füßen stand.

Im Frühjahr 2018 saß ich gemütlich auf dem Sofa, als mich ein Anruf erreichte. »Sitzt du?«, fragte mich mein Parteifreund, der damalige Europa-Abgeordnete Jan Philipp Albrecht. Überrascht und etwas verhalten sagte ich: »Ja, ich sitze, was gibt es denn?« Er fragte mich, ob ich noch immer daran interessiert sei, ins Europaparlament einzuziehen? »Ja, natürlich«, antwortete ich und begriff noch immer nichts. Unter dem Siegel der Verschwiegenheit klärte Jan mich auf. Er sei just zum Minister in Schleswig-Holsteins Landesregierung berufen worden und werde sein Mandat im Europaparlament deshalb abgeben: Ich sei es, der nachrücken werde. »Donnerwetter«, ich schluckte, welch eine Neuigkeit. Als das Gespräch beendet war, kam Gina ins Wohnzimmer. »Gina, ich werde Abgeordneter im EU-Parlament«, sagte ich, und sie erwiderte lapidar: »Ja, ja, na klar.« Doch als ich meinen Satz wiederholte, merkte sie, dass ich sie nicht auf den Arm nahm. »Das gibt's doch nicht!«, stieß sie aus. Dabei sah sie mich mit einem lachenden und einem weinenden Auge an. Wir spürten, dass nun etwas auf uns zukam, was unsere Familie auf den Kopf stellen würde.

Etwas aufgeregt fuhr ich im Juli 2018 nach Straßburg. Ein langer Weg war es bis hierher gewesen, aber ich war bereit und konnte alles, was ich bislang gelernt hatte, nun einbringen. Es war ein erhebender Moment, als Parlamentarier eingeschworen zu werden. Ich war und bin der erste Sinto im Europaparlament. Am liebsten hätte ich es laut herausposaunt, um meinen Menschen zu bedeuten: »Wir können das, traut euch, zeigt euch, engagiert euch!«

Vier Tage nach meiner Mandatsübernahme hielt ich meine erste Rede. Ich kleidete mich passend zum Anlass in ein beigefarbenes Sakko, steckte ein Tuch mit einem Hauch Lila ins Revers, darunter trug ich ein weißes Hemd mit einer dezent grünen Krawatte. Gut, dass ich Publikum gewohnt war und Bühnenpräsenz gelernt hatte; das gab mir nun Sicherheit dort oben am Rednerpult. Mir standen zweieinhalb Minuten zur Verfügung, um meine Botschaft zu vermitteln. Meine Stimme wackelte manchmal, es gab winzige Versprecher, aber ich war entschlossen und hatte keine Angst, mich als Sinto zu zeigen: Mich zu zeigen als Vertreter einer ethnischen Minderheit, die oft verachtet und gehasst, der nur selten etwas zugetraut wird. Die Grünen hatten die erste Person im Rollstuhl und die erste Frau mit Einwanderungsbiografie in die Parlamente gebracht, nun war ich der erste Sinto.

Ohne Umschweife machte ich mein Versprechen wahr, den Nationalideolog:innen und Rassist:innen im EU-Parlament die

Meinung zu geigen. Ich adressierte Matteo Salvini, damals italienischer Innenminister und Politiker der Rechtsaußen-Partei Lega. Salvini hatte brutal und rücksichtslos gegen Geflüchtete agiert. Doch mehr noch, er plante einen Zensus für italienische Roma, was eindeutig gegen die italienische Verfassung verstieß. Am liebsten hätte er gleich alle Roma auf Nimmerwiedersehen abgeschoben. Eine ethnische Erfassung habe eine grausame Vergangenheit, sagte ich resolut. »Herr Salvini, ich spreche Sie direkt an, Sie kriminalisieren eine gesamte europäische Minderheit mit Ihrer Forderung und schüren bewusst Hass und Rassismus.« Ob er in Italien ukrainische Zustände wolle, wo Pogrome gegen Roma stattfänden? Ob er wolle, dass auch an seinen Fingern Blut klebe? Ich verwies auf meine Angehörigen, die dem Baro Marepen und der Verfolgung zum Opfer fielen, auf meine Mutter, die die Verfolgung als Kleinkind überlebte. »Ihr Rassismus verblendet Sie und Ihre Anhänger dermaßen, dass Sie das Potenzial Ihrer italienischen Minderheit nicht erkennen und schon gar nicht nutzen«, sagte ich, und dass er seinem Land damit keinen guten Dienst erweise. »Wir müssen an Menschenrechten und Humanität festhalten als Grundlage für ein friedvolles Europa.« Das war mein Schlusssatz, fast sekundengenau auf die mir gegebene Zeit.

Es gab viel Beifall, die Rede wurde vielfach geteilt.[5] Ich hatte den Kern meines Denkens und Handelns dargestellt. Mit Blick auf Viktor Orbán versprach ich öffentlich, jederzeit gegen die staatliche und nicht staatliche Diskriminierung von Romanessprachigen Menschen einzutreten und dafür zu kämpfen, dass sie gleichberechtigt werden. Das Vermächtnis meiner Familie war zu meinem Lebensthema geworden.

Wie wichtig dieses Engagement bleibt, illustrierten ganz besonders zwei Ereignisse: In der WDR-Talkshow *Die letzte Instanz* plauderten im Januar 2021 fünf Fernsehmoderator:innen über den Begriff »Zigeunersauce« und ob es gerechtfertigt sei, ihn in »ungarische Sauce« umzutaufen.[6] Schon im Vorspann hatte die Redaktion den Tenor gesetzt, indem sie sich über die Umbenennung lustig machte und Klischees bediente. Es wurde das Bild einer älteren osteuropäischen Romni mit Kopftuch vor einem arm wirkenden Hintergrund gezeigt, die aus einer Bierflasche trinkt. Das TV-Gespräch verlief entsprechend hanebüchen. Man sei mit dem Begriff groß geworden und solle doch nicht »zwanghaft sensibel«, »verkrampft« oder »kraus« mit der Thematik umgehen, sagte kein Geringerer als Thomas Gottschalk. Die Gesprächspartner:innen hatten sich ganz offensichtlich nie Gedanken darüber gemacht, ob der Name dieser Sauce für unsere Minderheit verletzend sein könnte oder Erinnerungen an die Vergangenheit hervorruft. Der NS-Völkermord, die Verfolgung, die strukturelle Diskriminierung schienen ihnen völlig unbekannt zu sein. Man müsse sich ja nicht von jedem Mist beleidigt fühlen, nicht alles auf die Goldwaage legen, hieß es. Ein guter Gag verletze eben immer irgendjemanden. Die Moderatorin und Schauspielerin Janine Kunze bezeichnete Sprachsensibilitäten gegenüber Minderheiten als »Quatsch und nervig«, sie hätte ihr ~~Zigeuner~~schnitzel früher stets bestellt, ohne sich über dessen Namen Gedanken zu machen. Guten Appetit – Hauptsache, es schmeckt auf Kosten der Schwächeren! Dann verglich sie die Diskriminierung der Sinti und Roma sogar noch mit der Diskriminierung, die blonde Frauen mit üppigem Busen wie sie zu ertragen hätten. Der Moderator und Partyschlagersänger Jürgen Milski lachte hämisch, als Stefan Hallaschka, Gastgeber der Sendung, die Stellungnahme des Zentralrats Deutscher Sinti und Roma erwähnte, und seine Kollegin Kunze stimmte ein, ganz so, als sei die Meinung des Zentralrats lästig wie eine Fliege und nicht ernst zu nehmen. Vor allem Milski echauffierte sich beinahe wütend: Er habe Freunde aus verschiedenen Ländern, sagte er, die sich über solche Spitzfindigkeiten »weglachten«, das sei für diese überhaupt kein Thema. Am Ende zeigten alle Talkshowgäste – und, mit einer einzigen Ausnahme, das gesamte Studiopublikum – die rote Karte gegen das Streichen des Z-Worts. »Ungenial daneben«, titelte *Die Zeit* und nannte die Talkshow eine »Schwachsinnsdiskussion«.[7] Das allerdings war schon fast eine Verharmlosung. Der Entrüstungen und Entschuldigungen gab es anschließend viele. Nur Jürgen Milski äußerte sich meines Wissens nicht und demonstrierte mit seinem Schweigen, wes Geistes Kind er ist.

Die WDR-Talkshow war ein Lehrstück und eine Warnung zugleich: So funktioniert Antiziganismus in der Dominanzgesellschaft, so sieht Alltagsrassismus aus, der als solcher noch nicht einmal wahrgenommen wird. So weit entfernt sind viele Gadje von unserer Geschichte und Gegenwart. Man stelle sich vor, diese Persönlichkeiten der Öffentlichkeit hätten sich dergestalt über Juden geäußert. Gut, dass es immerhin einen Aufschrei gab. Dessen nicht genug, griff der Schauspieler Ben Becker am 3. November 2023 in einer weiteren WDR-Talkshow, dem *Kölner Treff*, daneben. Er verglich den Schauspieler:innen-Beruf mit einem »Wanderzirkus« und fügte hinzu: »Was sagte man früher? Man muss wie die Zigeuner, hinter die Büsche scheißen«. Als Schauspieler sei man ja »auf eine Art und Weise noch so was wie wanderndes Volk und vielleicht auch ein wenig aussätzig dafür.[8]« Das Publikum und die anwesenden Gäste lachten laut hörbar. Wir Sinti und Roma spürten wieder deutlich, dass wir weiter auf der Hut bleiben müssen, wir spüren es immer wieder. Die Leipziger Autoritarismus-Studie 2022[9] bestätigte, dass Sinti und Roma ebenso wie Muslime immer wieder als Feindbilder instrumentalisiert werden.[10] In

Westdeutschland stimmten zwischen 29,7 und 39,3 Prozent der in der Studie Befragten antiziganistischen Aussagen zu, in Ostdeutschland sogar mehr als die Hälfte.* Selbst als ich schon EU-Abgeordneter war, konfrontierten mich Menschen immer wieder mit ihren Klischees und Vorurteilen, und auch meine Familie ist betroffen. »Welch ein hübscher ~~Zigeuner~~bub!«, stieß eine Nachbarin einmal aus, als sie meinen Sohn kennenlernte.

Es war mein Ziel, einen Antiziganismusbeauftragten auf Bundesebene durchzubringen, der sich gegen die Diskriminierung und für die Teilhabe unserer Minderheit einsetzen würde. Tatsächlich trat am 1. Mai 2022 der Rechtsanwalt Mehmet Daimagüler dieses von der Bundesregierung neu geschaffene Amt an. Der erste Antiziganismusbeauftragte der Bundesregierung! Und seit März 2023 ist Doreen Denstädt, die grüne Ministerin für Migration, Justiz und Verbraucherschutz in Thüringen, auch Landesbeauftragte für Antiziganismus. Das sind bedeutsame Fortschritte, um uns gesellschaftlich und politisch besser zu positionieren. In Deutschland sind wir damit anderen EU-Staaten um einiges voraus.

Doch leider gibt es auch immer wieder Rückschritte. 2020 war der Presse zu entnehmen, dass die Deutsche Bundesbahn im Auftrag des Landes Berlin eine neue S-Bahn-Trasse für die Linie S21 plane. Diese Nachricht traf uns Sinti und Roma sehr überraschend, wie ein Schlag, denn die Baustelle der Trasse sollte quer durch unser Denkmal verlaufen. Teil der Überle-

---

* Demnach hätten 54,9 Prozent der Ostdeutschen und 35,4 Prozent der Westdeutschen Probleme, wenn sich Sinti und Roma in ihrer Gegend aufhielten. 44,2 Prozent der Ostdeutschen und 29,7 Prozent der Westdeutschen finden, dass Sinti und Roma aus den Innenstädten verbannt werden sollten; und 61,6 Prozent Ostdeutsche gegenüber 39,3 Prozent der Westdeutschen glauben, dass Sinti und Roma zur Kriminalität neigen. Siehe Endnote 9, S. 72.

gungen war, das Mahnmal für diese Zeit ganz oder teilweise abzubauen. Und das gerade mal acht Jahre nach dessen Einweihung! Es existieren noch nicht einmal Gutachten, um zu bestimmen, ob die Bauarbeiten und die S-Bahn selbst die Gedenkstätte durch Erschütterungen schädigen könnten. Der Bau würde ferner bedeuten, einen großen Teil des alten Baumbestands in Richtung Brandenburger Tor – die Bäume, die einen wesentlichen Bestandteil der Gedenkstätte darstellen – zu fällen. Die Akustik und Ästhetik des Ortes, sein meditativer Charakter, wären dauerhaft nachteilig verändert. Das Zentrum unseres Gedenkens, wo wir in der Erinnerung bei unseren Toten sein können, würde durch diesen Eingriff in seiner Ruhe massiv eingeschränkt. Dani Karavan war außer sich, als er von dem Vorhaben erfuhr, umso mehr, da die Hauptakteurin die Deutsche Bundesbahn ist – ausgerechnet der Rechtsnachfolger des Unternehmens Deutsche Reichsbahn, das Sinti, Roma, Juden und Jüdinnen und andere Menschen in der NS-Zeit in die Konzentrationslager beförderte. »Wäre dies das Denkmal für die ermordeten Juden, käme in Deutschland niemand auf die Idee, es anzurühren«, sagte Dani. »Er hat das öfter gesagt«, erinnert sich seine Tochter Noa Karavan-Cohen.[11] Ihr Vater war verbittert und drohte damit, das Denkmal gegebenenfalls mit seinem eigenen Körper zu schützen. Er war dermaßen erzürnt, dass er sogar äußerte, er wolle nie mehr nach Deutschland kommen.[12] Am 29. Mai 2021 verstarb er einundneunzigjährig in Tel Aviv.

Viele Sinti und Roma aus Deutschland und Europa fühlen sich übergangen und wie vor den Kopf gestoßen. Man vergegenwärtige sich, die Stelen am jüdischen Denkmal in Berlin würden für so ein Bauvorhaben entfernt: der Aufschrei wäre groß. Dabei ist Beton nicht mit uralten Bäumen vergleichbar, die nicht mehr zu ersetzen sind. Für den Überlebenden Zoni

Weisz ist das Denkmal der ermordeten Sinti und Roma wie ein Grab für seine Familie. Die Wiener Journalistin und Menschenrechtsaktivistin Gilda Horvath, eine Romni der in Europa weit verbreiteten ethnischen Gruppe der Lovara,* brachte es auf den Punkt: »Das Mahnmal steht nicht nur für die Vergangenheit, es steht auch für unseren täglichen, notwendigen Widerstand in der Gegenwart.« Der Diskurs an sich schon stelle eine Beleidigung »unserer gemeinsamen transgenerationellen Heilung« dar.[13]

Für uns alle, Sinti und Roma, gleichgültig woher wir in Europa stammen, bedeutet das Mahnmal im Tiergarten die Anerkennung und Wahrnehmung der Schmerzen, die unseren Vorfahren zugefügt wurden und die uns bis heute begleiten. Uwe Neumärker, Direktor der Stiftung Denkmal für die ermordeten Juden Europas, sprach von den falschen Botschaften, die von den Umbauplänen ausgingen: »Ein fatales Signal für Sinti und Roma in Deutschland und darüber hinaus, aber ebenso ein fatales Signal in Richtung Gesamtgesellschaft.« Es bedeute etwas, wenn das Denkmal zur »städtebaulichen Manövriermasse« werde.[14] Aufgrund des Protests hatte die Deutsche Bahn nach Trassenalternativen gesucht und mit der Variante »12h« – einer Untervariante von 15 von der Deutschen Bahn untersuchten Streckenvarianten – vermeintlich eine gefunden. Doch auch diese würde einen massiven Eingriff am Ort des Denkmals bedeuten. Er wäre danach niemals wieder derselbe. Abgesehen von der massiven Abholzung eines großen Teils des für die Gedenkstätte bedeutsamen Bestands an alten, hochgewachsenen Bäumen, wäre es fast so, als führe die S-Bahn durch das symbolische Grab unserer Ermordeten. Mit der Nachpflanzung der Bäume nach Beendigung der Bauphase wäre es

---

* Lovara von ungarisch »Ló« (Pferd). Lovara: Pferdehändler.

auch nicht getan, denn oberhalb des S-Bahn-Tunnels könnten neue Bäume nie wieder so tiefe Wurzeln schlagen und niemals die einst über einen langen Zeitraum erreichte Höhe erreichen.

Romani Rose, Vorsitzender des Zentralrats Deutscher Sinti und Roma, hat sich stets für das Denkmal und dessen Schutz eingesetzt. Gleichzeitig anerkennt er jedoch auch den Wunsch des Berliner Senats, den Nahverkehr auszubauen. Deshalb hält er die vorgeschlagene Trassenführung »12h« mittlerweile für »eine sehr gute Grundlage für eine Einigung«; denn nun sollte das Denkmal ja untertunnelt werden, sodass das Gedenken am Ort nicht behindert werde. Dass der öffentliche Nahverkehr in Berlin ausgebaut werden müsse, sollte doch allen klar sein, sagte er in einer öffentlichen Erklärung.[15] Deshalb dürften Sinti und Roma sich nicht gegen die Interessen der Berliner Bevölkerung stellen – Widerstand würde gegen uns ausgelegt werden. Er wiederholte dies zwei Jahre später in einer weiteren Erklärung, in der er sogar meinte, dass die öffentlichen Diskussionen nicht dazu führen dürften, dass das wichtige S-Bahn-Projekt scheitere und »Rechtsextremisten und Nationalisten dies propagandistisch für ihren antiziganistischen Hass verwenden.«[16] Mit anderen Worten, wenn wir unsere Rechte einfordern, sind wir selbst schuld? Wenn die Berliner uns ablehnen, haben wir Antiziganismus selbst zu verantworten?

Dieser Argumentation können unsere Menschen und auch viele Vertreter:innen der Mehrheitsgesellschaft nicht folgen, sie nehmen die Haltung des Zentralrats als zu kompromissbereit wahr und sind befremdet. Zumal es offenbar Streckenführungen für den S-Bahn-Bau gebe, die am Denkmal keinen Schaden anrichten würden, auch wenn sie mutmaßlich näher am Bundestag verlaufen oder mehr kosten würden.

Die meisten Romanes-sprachigen Menschen bestehen auf

der Unversehrtheit unseres Denkmals, unabhängig vom Alter über die Generationen hinweg, denn fast alle sind vom Baro Marepen beziehungsweise Porajmos familiär betroffen.

Wir müssen darauf reagieren, dass die jungen Menschen andere Prägungen und Interessen als wir Älteren haben, und wir müssen sie in die Entwicklungen und künftige Arbeit einbeziehen. Auch untereinander müssen wir Gleichberechtigung praktizieren, weg von patriarchalen, autoritären Strukturen.

Deshalb gründeten Daniel Strauß, die Sintitsa Kelly Laubinger und ich zusammen mit einem breiten Spektrum von Vertreter:innen von Selbstorganisationen und Initiativen unserer nationalen Minderheit im August 2021 in Berlin die Bundesvereinigung der Sinti und Roma (BVSR). Wir wollen mit dieser Vereinigung, die bereits 19 Mitgliedsorganisationen mit weiteren angebundenen Vereinen vertritt und zwei Vertragspartnerorganisationen hat,[*] neue, progressive Wege gehen – auf nicht hierarchische, demokratische und genderbewusste Art und Weise. Damit wollen wir dem Zentralrat, der, wie wir, nur ein Verein und anders als der Zentralrat der Juden keine Körperschaft des öffentlichen Rechts ist und derzeit lediglich 20 von über 120 Vereinen unserer Minderheit vertritt, keine Konkurrenz machen, sondern die Heterogenität unserer Minderheit abbilden. In Deutschland leben geschätzt mindestens 120 000 Sinti und Roma als Staatsbürger:innen und darüber hinaus eine unbestimmte Zahl migrierter Roma. Sie stellen die größte Minderheit im Land – mit sehr unterschiedlichen Interessen –, und die meisten von ihnen sind nicht organisiert. Wir müssen uns bemühen, ihnen allen gerecht werden, indem wir sie wahrnehmen, weshalb wir als BVSR auch keinen Alleinvertretungsanspruch erheben.

---

[*] Sinti Allianz Deutschland und Hildegard Lagrenne Stiftung.

Zur Demokratie gehören Respekt für die Meinungsvielfalt und das gegenseitige Zuhören. Unter Sinti und Roma gibt es genauso viele unterschiedliche Ansichten wie in allen anderen Menschengruppen oder Gesellschaften. Dass wir eine Minderheit sind, heißt nicht, dass wir nur eine Meinung vertreten. Unsere Traditionen und unsere Geschichte sind die Basis, auf der wir uns weiterentwickeln. Die Vielstimmigkeit macht die Musik, Konflikte gehören dazu. Abgesehen davon hat kein Mensch nur eine Identität, wir alle bestehen aus vielen Fragmenten. Ich empfinde mich als Sinto, Pfälzer, Deutscher, als Musiker, Bürgerrechtsaktivist und Politiker.

Im Herbst 2023 startete eine Aktionsgruppe von Gadje, Sinti und Roma gemeinsam mit der Familie von Dani Karavan eine Petition zum Schutz des Denkmals, die sich an den Berliner Senat richtet. Innerhalb kürzester Zeit hatten rund 250 Persönlichkeiten aus Kunst, Kultur, Politik und Gedenkstättenarbeit den Offenen Brief unterschrieben, darunter der Dirigent Daniel Barenboim, der Regisseur Wim Wenders und die Schauspielerin Iris Berben.[17] Denn es verdichteten sich die Anzeichen, dass die S-Bahn-Trasse unterhalb unseres Denkmals nun durchgesetzt und dafür viele Bäume, die für das Kunstwerk von Dani Karavan essenziell sind, gefällt werden würden. Am 19. Dezember 2023 stimmte der Berliner Senat tatsächlich für die Trasse »12h«. Wir sind entsetzt, werden aber weiter kämpfen. Der Ausgang unserer Bemühungen gegen die Baupläne ist gegenwärtiggegenwärtig völlig ungewiss.

Die Berliner S-Bahn-Pläne zeigen, wie fragil unsere gesellschaftliche Stellung weiterhin ist. Im Jahr 2023 ist der Rechtsruck überall deutlich spürbarer geworden. Von dem Überlebenden Reinhard Florian stammen die Worte: »Es fängt alles klein an – und groß hört es auf.«[18] Wir müssen wachsam bleiben: Sollte sich völkisches und nationalideologisches Gedankengut weiter durchsetzen, würden Sinti und Roma zu den ersten Zielen von Extremisten zählen. Der rechtsterroristische Anschlag in Hanau, bei dem elf Menschen ums Leben kamen, hat deutlich gemacht, dass unsere Existenz in diesem Land weiter gefährdet ist. Unter den Ermordeten waren die deutsche Romni Mercedes Kierpacz und der rumänische Rom Vili-Viorel Păun sowie ein weiterer junger Mann, der zur Roma-Community Hanaus zählt. Der 22-jährige Vili-Viorel Păun starb, weil er Zivilcourage zeigte und dem Attentäter Einhalt gebieten wollte. Zu jedem Jahrestag des Anschlags reise ich nach Hanau, um der Opfer zu gedenken. Auch bei dem Anschlag 2016 in einem Münchner Einkaufszentrum befanden sich unter den meist jugendlichen Opfern ein Sinto und ein Rom. Sie wurden aus purem Hass Ziel rassistischer Motive. Die sogenannte Alternative für Deutschland (AfD) und all jene, die aus wahltaktischen Gründen meinen, es ihr rhetorisch nachtun zu müssen, sowie ihre Unterstützer:innen sind die Wegbereiter:innen einer antidemokratischen Politik, die den Rechtsstaat angreift und am Ende beseitigen will. Die Rechten und Extremist:innen sind es, die das Gedenken an die Verbrechen der Nationalsozialist:innen verhöhnen und aushöhlen. Noch immer ist die Mordserie des rechtsextremistischen Nationalsozialistischen Untergrunds (NSU) nicht vollständig aufgeklärt, während zugleich Reichsbürger:innen im Untergrund mobilmachen.

Es sind gefährliche Zeiten. Ich reise 2023 durch Deutschland, um meine Parteifreund:innen mit einem Argumentationstraining gegen Rassist:innen zu stärken. Ich war zu diesem Zweck auch in Sonneberg, dem bundesweit ersten Landkreis, in dem im Juni 2023 ein AfD-Vertreter zum Landrat gewählt wurde – dessen Landesverband Thüringen mitsamt dem Vorsitzenden Björn Höcke wird vom Verfassungsschutz als rechtsextremistisch eingestuft.

Trotz aller problematischen gesellschaftlichen Entwicklungen bleibe ich ein optimistischer Mensch, und ich gebe ganz sicher nicht auf, mich für die Menschenrechte und die Demokratie einzusetzen. Nach Ablauf meines ersten Jahrs im Europaparlament, in dem ich für meinen Vorgänger nachgerückt war, bewarb ich mich 2019 aufs Neue für ein Mandat, wurde gewählt und war nun auf fünf Jahre wieder Abgeordneter. Ich nutze diese Legislaturperiode, um mich vor allem für unsere Minderheiten in ganz Europa einzusetzen. In der Coronapandemie kaufte ich mir ein Wohnmobil, um unabhängig zu sein. Damit pendele ich zwischen Straßburg, Brüssel und zu Hause. Ich gehe ähnlich wie meine Vorfahren beruflich auf Reise. Meine Familie und ich fahren mit unserem »Womo« aber auch in den Urlaub, unser Hund Kenzo ist immer mit dabei. Ich will mich bis zum Ende dieses Jahrzehnts weiter politisch engagieren, danach sind die Jungen an der Reihe. Ich werde dann 64 Jahre alt sein, will wieder mehr Zeit für meine Familie haben und natürlich für die Musik. Beides ist mein Leben. Bis dahin ist es mein Ziel, weiter für die gleichberechtigte Teilhabe von marginalisierten Minderheiten zu kämpfen und auf europäische Richtlinien zu bestehen, die die EU-Mitgliedsstaaten umsetzen müssen. Bei meiner Reise durch die vom Krieg gebeutelte Ukraine 2022 lernte ich Roma kennen, die seit zwei Jahrzehnten im Wald leben müssen, vollkommen abgeschnitten von jeglicher Infrastruktur, vom Sozialsystem oder dem Gesundheitswesen. Sie haben kaum eine Chance, sich jemals aus diesem Teufelskreis der Armut zu befreien, wenn wir ihrer systematischen Benachteiligung nicht endlich ein Ende setzen. Als europäisches Land, das Mitglied der Europäischen Union werden will, ist auch die Ukraine in der Pflicht, sich an die Menschenrechtsstandards zu halten.

Am 24. Oktober 2022 feierten wir den zehnten Jahrestag unseres Denkmals im Berliner Tiergarten. Es waren viele Menschen gekommen, darunter die letzten Überlebenden und viele Gadje, die uns und unsere Arbeit empathisch und solidarisch begleiten. Der Bundespräsident Frank-Walter Steinmeier hielt eine Ansprache. Wie er die Bezeichnungen »Sinti« und »Roma« nutzte, wirkte ein wenig wahllos, fast als habe er die Unterschiede zwischen beiden oder gar die Heterogenität unserer Minderheit nicht verstanden. Am Ende sprach er nur noch vom Denkmal der Roma. Das war für viele von uns enttäuschend, denn es schien so, als wisse der Bundespräsident über seine Bürger:innen mit Romanes-Hintergrund zu wenig. Daraufhin schrieb ich ihm einen Brief, in dem ich ihn respektvoll über die Begrifflichkeiten aufklärte, und bot ihm ein Gespräch an. Leider kam nie eine Reaktion von ihm. Das Interesse, sich mit der größten Minderheit Europas, mindestens zwölf Millionen Menschen, tiefer gehend auseinanderzusetzen, erscheint mir weiter gering zu sein.[19]

Auch Romani Rose und Zoni Weisz hielten Reden, vor allem aber brachten junge Sinti und Roma ihre Beiträge. Irina Spataru sprach für die Jugendgedenkinitiative »Dikh He Na Bister« (»Sieh hin und vergiss nicht!«)[20] und das internationale Roma-Jugendnetzwerk »ternYpe« (»Jugend«).[21] Drei junge, aus Rumänien stammende Berliner Roma[22] vertraten in ihren Reden die Self-Empowerment Initiative »WIR SIND HIER!« – ein Bildungsprogramm gegen Antiziganismus, das sich an junge Sinti und Roma richtet und vom Bundesprogramm »Demokratie leben« gefördert wird.[23] Sie beeindruckten mit ihrem Engagement für die Erinnerungsarbeit und die Zukunft. Der ungarische Rom und Jazz-Gitarrist Ferenc Snétberger, ausgezeichnet mit dem Franz-Liszt-Preis, umrahmte die Veranstaltung mit seinem Ensemble musikalisch.

Anlässlich des zehnten Jahrestags wurde vor dem Eingang zum Gelände des Denkmals auch die Dauerfreiluftausstellung eröffnet. Dani Karavan hatte noch zu Lebzeiten den künstlerischen Entwurf gemacht, die Stiftung Denkmal kuratierte sie. Auf Stelen sind die Biografien von neun verfolgten oder ermordeten Sinti und Roma dargestellt, darunter die schon erwähnten Überlebenden Zilli Schmidt und Zoni Weisz. Ganz links außen ist die Gedenktafel für meinen Großonkel Paul Vinko Franz mit einer kurzen Beschreibung seines Schicksals und einem Fotoporträt.

Am Morgen, bevor die Gedenkveranstaltung begann und alle Gäste eintrafen, war ich mit Sunny zur Stele gegangen. Als Sunny neben der Tafel stand, fiel mir auf, wie frappierend mein Sohn seinem Urgroßonkel Paul Vinko ähnelt. Er steht auch in dessen musikalischer Tradition. Sunny hat mittlerweile seine eigene Band und spielt auf großen Festivals. Gerade war er noch der Steppke, der mit mir auf der Bühne stand und Geige spielte, schon ist aus ihm ein stattlicher junger Mensch geworden. Die Kapelle Franzens existiert zwar nicht mehr so wie früher, aber sie lebt in neuer und anderer Form weiter. Diese Kontinuität haben die Nationalsozialist:innen nicht zerstören können.

Schweigend gingen wir an das Wasserbecken des Denkmals. Es war ein sehr ruhiger Moment, an diesem lauen frühen Herbstmorgen waren noch keine Besucher:innen am Denkmal. Ich fühlte mich plötzlich unbeschwert. Ich hatte meinen Angehörigen, die nicht mehr sprechen konnten, eine Stimme gegeben. Beim Blick auf das Wasser im schwarzen Becken erinnerte ich mich daran, wie ich als Kind fischen ging, mit Tate und manchmal auch allein. Und wie wir noch alle zusammen waren – mit den Überlebenden und mit ihren Erzählungen von den Ermordeten. Die alte Mami Frieda Pohl, meine Mami Ursula und Mama Mery mit ihren Erinnerungen an Großtante Bärbel und Großonkel Joschi. Meine Papos Moritz und Rankeli, meine Großtante Fitzela, mein Tate Gugo und Tante Cilli mit ihren Erinnerungen an Paul Vinko und Albert Schanno Franz. Und die Modsche-Mami Marie Franz mit ihren Erzählungen von meinem Papo Emil Chinko, von ihrem Vater und ihrer Schwester, die in Auschwitz starben.

Wehmut und Zuversicht vermischten sich. In den Bäumen zwitscherten Vögel in der kühlen Luft. Eine Schwalbe stieß vom Himmel hinab, schwebte über dem Becken, stippte ihren Schnabel in das Wasser und flatterte davon. Über die Stille der Gedenkstelle legte sich der Ton meiner Geige, der über die Musikanlage zart aus den Lautsprechern in den Bäumen klang: »Mare Manuschenge« – Für unsere Menschen. Ich sah meinen Sohn an und dachte voller Liebe auch an Gina, meine Töchter und mein Enkelkind. »Ach Sunny, das nimmt mich immer alles so mit«, sagte ich. Wir verharrten noch eine Weile, dann strahlte ich ihn an. »Shukar, lass uns noch Kaffee trinken gehen, bevor die Gedenkfeier beginnt.« Sunny lächelte und verstand mich ohne viele Worte, er kennt die Geschichte unserer preußischen Vorfahren. Er weiß, dass eines Tages er mit Großonkel Pauls Geigenbogen weiterspielen wird.

Nachwort
Alexandra Senfft

Der Zug rattert durch die Dunkelheit, von Kyiv nach Lwiw im Sommer 2022, mitten im Krieg. Uns stehen neun Stunden im Schlafwagen quer durch die Ukraine bevor. Einige Abteile entfernt sind Romeo Franz und sein Mitstreiter Daniel Strauß untergebracht, noch einen Wagen weiter Mehmet Daimagüler, der gerade ernannte erste Antiziganismusbeauftragte der Bundesregierung. Eine hochgewachsene Schaffnerin weist uns wortkarg ein, das gebleichte Haar eng zurückgebunden, darüber eine Mütze der ukrainischen Eisenbahn, Epauletten an der kurzärmeligen Bluse. Streng schreitet sie ihren Verantwortungsbereich ab. Bloß keinen Streit mit ihr bekommen! In meinem Abteil mache ich es mir so bequem wie möglich. Im Schutz der Nacht fühlen wir uns vor russischen Angriffen einigermaßen sicher. Und doch begleitet mich ein mulmiges Gefühl bis in den Schlaf.

Mehmet Daimagüler leitete die dreiköpfige Delegation, die ich als Buchpartnerin von Romeo Franz und als Autorin begleitete, um sich in seiner neuen Funktion einen Eindruck über die Lage der ukrainischen Roma unter den Kriegsbedingungen zu verschaffen. Der Auslöser war gewesen, dass aus der Ukraine nach Deutschland geflüchtete Roma dort häufig unmittelbar antiziganistisch und nicht wie die übrigen Geflüchteten behandelt wurden. Mir lag zudem daran, mich mit Romeo Franz auf die Spuren seiner Vorfahren zu begeben, die während des Zweiten Weltkriegs hier auf der Flucht gewesen waren. Wir reisten über Ungarn in die Ukraine. In der ersten Nacht in einem Hotel in Uschhorod nahe der Grenze riss mich Sirenenalarm zweimal aus dem Schlaf. Ich begab mich eilig ins Foyer, doch der Portier schlief selig auf dem Sofa – offenbar bestand keine Gefahr, der Westen der Ukraine war von Angriffen bislang verschont geblieben.

Abseits des Stadtzentrums besuchten wir die Roma-Siedlung Radwanka mit rund 3000 und den Slum Tel'mana mit weiteren zirka 1000 Einwohnern:innen und sprachen mit einigen von ihnen. Anschließend trafen wir einen Stadtrat, der ihre Lebensverhältnisse verbessern wollte – der einzige politische Vertreter der Roma Uschhorods, ein Kampf gegen Windmühlen. Betagte Roma, Frauen und Männer, erzählten uns in einem Gemeindehaus aus ihrem Leben. Sie hatten die Verfolgung durch die Nazis als Kinder überlebt und waren nun zum zweiten Mal geflohen, diesmal vor russischen Angreifern. Eine alte Dame brach in Tränen aus. Die Traumata von damals waren durch die erneute Bedrohung wieder aufgeflammt.

In Kyiv, unserer nächsten Station, tauschten wir uns mit jungen Roma aus, die sich in Nichtregierungsorganisationen für ihre Minderheit einsetzen. Die Gespräche mit Regierungsvertreter:innen hingegen waren enttäuschend – viele schöne Worte, die die noch immer tief sitzende Ablehnung der Roma verbergen sollten, aber letztlich eine Empathielosigkeit gegenüber ihrer Lage offenbarten. 27 Kilometer nordwestlich außerhalb von Kyiv betrachteten wir im Rajon Butscha erschüttert die von Gefechten vollkommen zerstörte Stadt Irpin. Kein Haus unbeschädigt, alle Autos durchlöchert, die Apotheke in Schutt und Asche gelegt. Auf unserer letzten Etappe in

Lwiw schilderten uns Romnja, die in der NS-Zeit den Porajmos überlebten, wie sie in Charkiw den Angriffen entkamen. Ohne Aussicht auf eine baldige Rückkehr in ihre Häuserruinen bangten sie um ihre und ihrer Kinder Zukunft. Eine gebrechliche Rentnerin mit feinen Gesichtszügen saß in einem roten Bademantel auf dem Sofa ihrer Übergangswohnung; ihr Enkel mit einer schweren Körperbehinderung zu ihren Füßen. Sie war von Kummer so gebeutelt, dass ich sie spontan umarmte und mit ihr weinte.

Wir begegneten ukrainischen Roma aus allen gesellschaftlichen Schichten: von gebildet und gut situiert in Häusern lebend über sozial benachteiligt in bescheidenen und sehr beengten Wohnverhältnissen bis hin zu erbärmlichsten Lebensumständen in Slums. Zuletzt gab es noch einen Besuch im Wald. Hier lebte eine große Gruppe von Roma seit mindestens 15 Jahren in selbst gebauten, aus diversen Materialien notdürftig improvisierten Unterkünften, ohne Infrastruktur, fern von staatlicher Hilfe. Wir erfuhren, dass noch weitere solcher Waldlager existieren, in denen Hunderte von Menschen dauerhaft leben. Sie sammeln Kräuter zum Verkauf, arbeiten in der Landwirtschaft und gehen betteln. Die Kinder lernen noch nicht einmal, Farben zu unterscheiden, geschweige denn sind sie in der Lage, zu rechnen und zu lesen. Es verschlug uns die Sprache. Um diese Menschen dem Teufelskreis der Armut entreißen und gesellschaftlich integrieren zu können, würde es viele soziale Programme und Jahrzehnte brauchen. Doch niemand schert sich um sie, schon gar nicht um die Rechte der Kinder und Frauen, als hätten sie keinen Anspruch auf ein Leben in Würde. Allenthalben wurde deutlich, dass auch die Ukraine ihre Roma kaum als Bürger:innen wahrnimmt oder akzeptiert, sie strukturell benachteiligt und ausgrenzt. Die Betroffenen haben sich das nicht ausgesucht, sie wurden in diese Misere geboren und werden aus eigener Kraft dort kaum hinausfinden.

In einigen Begegnungen auf dieser intensiven Reise fiel mir auf, wie meine beiden Sinti-Mitreisenden von Gadje mit Klischees konfrontiert wurden, und wie jene, die sie da adressierten, sich ihrer Vorurteile überhaupt nicht bewusst waren. Es bestand nicht einmal das Interesse, offen zu sein, ihnen zuzuhören, etwas über sie zu erfahren. Auf eine Erklärung oder Information folgte sogleich die nächste klischeehafte Behauptung. Einmal beobachtete ich in einer Hotellobby, wie Daniel Strauß einem Ukrainer mit unendlicher Geduld etwas über Sinti und Roma darzulegen versuchte. Nach einer Weile stieg er höflich aus dem Gespräch aus, weil seine Worte gar nicht aufgenommen wurden, als habe er gegen eine Wand gesprochen. Für mich wurde noch deutlicher spürbar, wie es ist, alltäglich mit Antiziganismus zu leben. Wenn man nicht wahrnimmt, wie es dem anderen ergeht, heißt das nicht, dass dessen Wahrnehmung und Realität nicht existieren. Um als Mitglied der weißen Mehrheitsgesellschaft zu verstehen, wie Rassismus sich anfühlt, muss man bereit sein, die Perspektive zu wechseln.

Eine Reise durch ein Land im Ausnahmezustand setzt Beziehungen einer Belastungsprobe aus. Wir erlebten immer wieder Fliegeralarm und mussten Schutz suchen, bis eine Entwarnung kam. Es waren lange Tage mit belastenden Eindrücken – aber auch mit Momenten scheinbarer touristischer Leichtigkeit, etwa wenn wir kurz Zeit hatten, uns die Altstädte mit ihren historischen Bauten, Gedenkstätten und (ehemaligen) Synagogen anzusehen. Oder wenn wir in Restaurants die hervorragende ukrainische Küche genossen. Selbst im Krieg gibt es einen Alltag.

Ich fühlte mich sicher, mit Romeo zu reisen. Wir kannten uns aus Interviews, die ich mit ihm als EU-Parlamentarier geführt hatte, und durch die vielen Vorgespräche zu unserem Buch. Miteinander in einer Kriegsregion unterwegs zu sein, ist jedoch eine ganz andere Sache. Wir mussten uns aufeinander verlassen können, und es war schön zu sehen, wie das Vertrauen wuchs. Gemeinsam dachten und sprachen wir über seine Großmutter Ursula, die Ursel-Mami, die mit ihrer Familie einst bis nach Odessa geflohen war und dort seinen Onkel Peter zur Welt gebracht hatte. Fuhren wir an Feldern und Äckern vorbei, stellten wir uns vor, wie seine Mami und sein Papo Dommeli im Sommer die süßen Melonen genossen und darin eine Ablenkung von der permanenten Bedrohung durch Entdeckung und Deportation fanden. Als wir die Ukraine über Polen wieder verließen, waren wir erleichtert, raus aus der Gefahr. Wir waren noch näher zusammengerückt, vieles war im Umgang miteinander selbstverständlicher geworden, Lebenserfahrungen und Emotionen konnten leichter artikuliert werden.

Ohne absolutes Vertrauen hätte dieses Buch nicht zustande kommen können. Immerhin vertraute Romeo Franz mir seine Lebensgeschichte und die seiner Familie an. Manchmal sagte er beim Lesen der entstehenden Texte halb scherzend, ich wüsste bald mehr über ihn als die meisten anderen Menschen. Oft war er tief bewegt, die Geschichte seiner Vorfahren nun festgehalten und dem künftigen Vergessen entrissen zu sehen. Aber auch ich musste Romeo vertrauen können, um mich auf ihn und seine Familiengeschichte einlassen zu können.

»Auf die Reise gehen« hieß es unter Sinti und Roma, wenn sie sich beruflich aufmachten. Hier unternahmen nun ein Sinto und eine Gadji metaphorisch und praktisch eine Reise. Dabei blieb ich jedoch keine bloße Beobachterin, sondern war innerlich stark beteiligt. Über den Mord an den europäischen Juden und Jüdinnen hinaus war es mir möglich geworden, mich auch der Trauer um diese viel zu oft vergessenen Opfer der Nationalsozialist:innen zu stellen: den Sinti und Roma und ihren Nachkommen.

2007 veröffentlichte ich mit *Schweigen tut weh* die Geschichte meiner Familie – diese schreckliche Sache mit meinem erhängten NS-Großvater, meiner Großmutter und den Folgen für meine Mutter und mich. Als ich Romeo Franz und Daniel Strauß kennenlernte, hatte ich mich bereits lange mit vielen Aspekten der andauernden gesellschaftlichen, politischen und psychologischen Nachwirkungen der NS-Zeit auseinandergesetzt, vor allem mit der Weitergabe dieser Wirkungen über Generationen hinweg. Was jedoch die Sinti oder Roma betraf, so hatte ich nicht genug gewusst, nein, eigentlich viel zu wenig, wie ich bald begriff.

Je mehr ich erfuhr, umso mehr schämte ich mich über meine bisherige Ignoranz. Ich kann mich nicht erinnern, mit antiziganistischen Vorurteilen aufgewachsen zu sein und hatte auch nie Berührungsängste mit Sinti und Roma. Gleichwohl wunderte ich mich, dass ich mich mit ihrer Geschichte und Gegenwart nie ausreichend beschäftigt hatte. Obwohl sie doch buchstäblich meine Nachbarn sind. Hatte ich das Thema wirklich übersehen oder gar verdrängt? Oder kam hier die Tatsache zum Ausdruck, dass ich nicht zur ausgegrenzten Minderheit gehöre? Gelegentlich ertappte ich mich selber bei klischeehaften Aussagen, die meine Unkenntnis bloßstellten. Mitunter war es Romeo, der mich darauf hinwies, immer freundlich und nie belehrend. Wie schaffte er es, nicht mit Ärger oder Abwertung zu reagieren, sondern wertschätzend zu bleiben?

Sprach ich mit Bekannten oder Freund:innen über das Buchprojekt mit Romeo Franz, stellte ich oft fest, dass selbst aufgeklärte, prinzipiell antirassistisch gesinnte Menschen teils erhebliche Vorbehalte gegenüber Sinti und Roma haben: Allerlei Stereotype, die ihnen als solche gar nicht auffielen, die sie nie reflektiert hatten; Bilder und Meinungen, die vorherige Generationen ihnen vermittelt hatten, ohne sie zu hinterfragen und sich deren falsche Botschaften bewusst zu machen. Die Vorstellungen von Sinti und Roma werden in der Regel von dem genährt, was als außerhalb der Norm wahrgenommen wird – etwa die Folgen von schwerer Armut, struktureller Benachteiligung und Flucht. Der Blick wird verengt und richtet sich dann überwiegend auf bettelnde, vielleicht sogar stehlende, frauen- und oder kinderfeindliche Vertreter:innen der Minderheit. Die Ursachen dieser problematischen Seiten werden selten bedacht, stattdessen stehen Urteile über diese benachteiligten Menschen überraschend schnell fest, ganz so, als wären sie schon vorher geformte Ansichten. Vor allem aber werden negative Erzählungen anderer oder eigene Erfahrungen mit einzelnen Vertreter:innen der Minderheit als repräsentativ für alle angenommen – als wären alle Sinti und Roma gleich, als ob die meisten von ihnen nicht angepasst und völlig unauffällig unter uns lebten. Dass die größte Minderheit Europas eine außerordentlich heterogene ethnische Gruppe mit sämtlichen denkbaren sozialgesellschaftlichen Lebensverhältnissen darstellt und sowieso alle Menschen, gleichgültig welcher Herkunft, verschieden sind, wird dabei nur zu häufig übersehen. Von einer Person oder einer Kleingruppe ausgehend, wird das Negative auf die Gesamtheit übertragen. So funktioniert Rassismus. Antiziganismus ist eine spezifische Form des Rassismus, der sich aus Vorurteilen gegenüber einer gesamten Bevölkerungsgruppe speist, die in der ganzen Welt ansässig ist, übrigens auch in Israel und Palästina.

Weil Sinti und Roma lange Zeit keine politische Vertretung hatten, wird immer noch viel zu wenig gegen Antiziganismus getan. Er ist von jeher praktiziert und als nicht problematisch wahrgenommen worden, und selbst nachdem die Nationalsozialist:innen Sinti und Roma fast ausgelöscht hatten, ist er bis heute in einem erschreckenden Maß gesellschaftlich normal und nicht etwa tabuisiert wie der Antisemitismus.

Zu den häufigsten Klischees gehört die Vorstellung, Sinti und Roma seien Nomaden, für die nur dieser herumreisende Lebensstil infrage käme – angeblich unbelehrbar, eigenwillig, sozial nicht integrierbar. Dabei waren sie von jeher überwiegend sesshaft, bis besonders die Nazis sie enteigneten, vertrieben und ermordeten. Und sie sind es auch heute noch, sofern die gesellschaftlichen Verhältnisse in ihren Herkunftsländern sie nicht zur Wanderung zwingen, was – wie üblich – mit dem sozialen Status oder Wahlmöglichkeiten zusammenhängt.

Es entbehrt nicht einer gewissen Ironie, dass digitale Nomaden ortsunabhängig bleiben, um überall in der Welt arbeiten zu können. Und dass Gadje, Menschen aus der Mehrheitsgesellschaft, seit der Coronapandemie zunehmend mit Wohnmobilen herumreisen und heute vermutlich mehr unterwegs sind, als die Minderheit der Sinti und Roma. Nur dass niemand sie deswegen schräg ansieht.

Zu den romantisierenden, sich positiv artikulierenden Klischees, denen auch ich immer wieder begegne, gehört die Behauptung, den Sinti und Roma »liege die Musik im Blut«. Wie im Buch dargestellt, sind viele von ihnen bekannte oder berühmte Musiker:innen geworden. Jedoch nicht, weil es ihnen genetisch in die Wiege gelegt wurde, sondern weil das Musizieren zu den wenigen Berufssparten gehörte, die sie aufgrund der politischen Bedingungen ausüben durften.

Das musikalische Können hat nichts mit der Herkunft zu tun, sondern mit jahrhundertelangen Erfahrungen – und fleißigem Üben.

Vielen Sinti und Roma bereitet es Unbehagen, ihre Geschichte öffentlich darzulegen, die meisten scheuen sich davor. Ihre Angst, sich zu zeigen, wurzelt in jahrhundertelanger Verfolgung. Eine besondere Rolle spielte dabei der Datenfanatismus der Nazis. In ihrem Rassenwahn taten diese alles, um Sinti und Roma genealogisch zu erfassen, sie körperlich zu vermessen und auszuhorchen. Die Pseudo-Wissenschaftler:innen der »Rassenhygienischen Forschungsstelle« in Berlin missbrauchten ihre »Forschungsobjekte« und deren Vertrauen, um sie letztendlich als »nicht reinrassige Mischlinge« zu verurteilen und zur Sterilisierung und zum Mord freizugeben, und nach dem Krieg ging es mit der Erfassung weiter. Als Enkelin eines NS-Täters, der als Gesandter in der Slowakei vermutlich auch mit der Verfolgung der dortigen Roma zu tun hatte, beschlich mich manchmal ein sehr unangenehmes Gefühl, wenn ich meinen Co-Autor nach Daten über seine Familie ausfragte. Ich musste mich dann stets daran erinnern, dass meine Motivation eine entgegengesetzte war. Ich wollte die Biografien, die die Nationalsozialist:innen zerstört oder gebrochen hatten, rekonstruieren, um den Toten und den Überlebenden ein Andenken zu setzen.

Historische Fotos, die bis ins 19. Jahrhundert zurückreichen, aufgehobene Pässe, Dokumente sowie viele tradierte Familiengeschichten sind der reiche Schatz, der diesem Buch zugrunde liegt. Wenn Romeo Franz erzählt, hört man gefesselt zu, lacht und weint mit ihm. Mündlich überlieferte Berichte sind bedeutende Erinnerungen an die Vergangenheit. Sie sind jedoch naturgemäß fragmentiert, lückenhaft und nicht immer hundertprozentig präzise. Vor allem das Schmerzhafte, das Traumatische wird meist verdrängt und nicht berichtet. Durch weitreichende Recherchen in mehreren Archiven, durch die Lektüre von Büchern und durch Gespräche mit Zeitzeug:innen konnte ich viele Leerstellen mit Geburts-, Tauf- und Heiratseinträgen, Meldeadressen und aktenkundigen Berichten füllen. Ich fand Details über die enormen Fluchtrouten der Familienmitglieder während des Zweiten Weltkriegs, lernte den Mut schätzen, den es sie kostete, sich immer wieder der Verfolgung zu entziehen, das Überleben zu sichern und die Kinder zu schützen. Mich beeindruckte ihre Resilienz, anschließend mit den schlimmen Erfahrungen zurechtzukommen und sich ein neues Leben aufzubauen. Das war ihre Art, Widerstand zu leisten, und zwar meist erfolgreich.

Besonders ans Herz wuchs mir die Großtante von Romeo Franz, Bärbel Pohl aus Berlin. Als Teenager verhaftet und deportiert, vollkommen auf sich allein gestellt, ist sie mit ziemlicher Sicherheit gegen Ende des Krieges im KZ Ravensbrück ermordet worden oder an den Folgen der Lebensbedingungen elendig gestorben. Ihr Schicksal und die genaueren Umstände ihres Todes werden vermutlich nie ganz aufgeklärt werden können. Doch wenigstens erinnert unser Buch an diese Berlinerin, die wie alle jungen Menschen von einem guten Leben träumte. Und ebenso erinnern wir an ihren Bruder Joschi, der an den Folgen der Zwangsarbeit in diversen KZs bald nach dem Krieg verstarb. Die Pohl-Geschwister wurden ermordet, aus dem einzigen Grund, dass sie Sinti waren.

Romeo Franz hat den Mut, mit diesem Buch der Öffentlichkeit seine und die Geschichte seiner Familie zur Verfügung zu stellen. Neben der Musik, seiner kosmopolitischen Art und seinem politischen Engagement steht er mit diesem Mut und seiner Kreativität ganz in der Tradition seiner Familie.

Wir wollen die Leser:innen auf unsere Reise mitnehmen und die Ergebnisse unseres Austauschs mit ihnen teilen, zum Dialog einladen. Erst wenn wir uns gegenseitig kennenlernen, erst wenn wir viele Geschichten der vermeintlich »anderen« kennen, lassen sich Vorurteile, Klischees und Ressentiments abbauen und überwinden. Doch wir sind noch längst nicht am Ziel. Es gibt weiterhin viel zu tun, aufzuklären, auszutauschen, zu erarbeiten. Das geht nicht ohne Fort- und Rückschritte.

Eine Demokratie, die alle Menschen frei und gleich an Würde und Rechten behandelt, bedeutet harte Arbeit – an uns selbst, im Gespräch mit unseren Nächsten und den Menschen über Grenzen hinweg. Im Kontakt stellen wir fest, dass die Menschen mit ihren Unterschieden uns gar nicht so fremd sind, wie wir vielleicht befürchten. Doch die Unterschiede und Gemeinsamkeiten entdecken wir allein durch Nähe und Dialoge, durch Erzählungen.

»Heimat ist dort, wo meine Familie ist«, sagen viele Sinti. Das gilt für mich wegen meiner Familiengeschichte leider eher nicht. Ich fühle mich geborgen, wo meine Freund:innen sind. Zuhause ist für mich deshalb auch dort, wo Romeo Franz, seine Familie und seine Menschen sind.

Anmerkungen

Anmerkungen zum Gebrauch des Romanes

1 Dazu siehe www.sinti-roma.com/beitraege/romanes-als-identitaetssprache/sowie www.stiftung-evz.de/was-wir-foerdern/handlungsfelder-cluster/handeln-gemeinsam-mit-selbstorganisationen/sintize-und-romnja-in-deutschland-staerken/interview-david-strauss-und-melody-klibisch/.

1 Anglerglück

1 Das Z-Wort empfinden Sinti und Roma generell als Schimpfwort und Diskriminierung. Warum das so ist, wird später noch detailliert erklärt. Deshalb wird es im gesamten Text als »Unwort« durch Streichung markiert. Nicht durchgestrichen ist es aus Gründen des Urheberrechts in Zitaten aus der Literatur und in Quellenangaben.
2 Das United States Holocaust Memorial Museum in Washington, D. C. gibt an, dass in den 1930er-Jahren ungefähr 30 000 Sinti und Roma in Deutschland lebten; https://encyclopedia.ushmm.org/content/en/article/robert-ritter (abgerufen am 23.7.2023). Siehe ferner Deutsches Historisches Museum in Berlin; www.dhm.de/lemo/kapitel/der-zweite-weltkrieg/voelkermord/voelkermord-an-sinti-und-roma.html (abgerufen am 13.1.2023). Siehe auch: www.ushmm.org/m/pdfs/2000926-Roma-and-Sinti.pdf (abgerufen am 25.7.2023).
3 Eingebürgert hat sich für den Völkermord an Sinti und Roma der überwiegend von Roma verwendete Begriff »Porajmos« (Verschlingen), doch er ist umstritten, ebenso wie der Begriff »Holocaust«. Weniger verbreitet sind die Begriffe »Samudaripen« (Massenmord) oder »Manuschengromarepen« (Völkermord). Dazu siehe Karola Fings: Völkermord, Holocaust, Porajmos, Smudaripen; www.romarchive.eu/de/voices-of-the-victims/genocide-holocaust-porajmos-samudaripen/ (abgerufen am 30.7.2023).

2 Das rollende Kino

1 Simon Constantine: *Sinti and Roma in Germany (1871–1933). Gypsy Policy in the Second Empire and Weimar Republic*. Oxon/New York 2020, S. 13.
2 Ebenda, S. 14.
3 https://reichsverfassungsurkunde.bismarckserben.org/seite224.php (abgerufen am 26.7.2023).
4 https://romahistory.romaedu.org/timeline-1906-bis-1920/ (abgerufen am 5.1.2023).
5 Eve Rosenhaft: Romani Berlin: ›Gypsy‹ Presence, the Culture of the Horse Market and the Shaping of Urban Space 1890–1933. In: *European History Quarterly*, 52 (4), 2022, S. 543.
6 Michail Krausnick und Daniel Strauß: *Von Antiziganismus bis Zigeunermärchen. Informationen zu Sinti und Roma in Deutschland*. Mannheim 2008, S. 120.
7 Bericht der Unabhängigen Kommission Antiziganismus: *Perspektivwechsel. Nachholende Gerechtigkeit. Partizipation*. Berlin 2021, S. 32.
8 Ebenda.
9 Ebenda, S. 31–36.
10 Ebenda, S. 33, Zitat innerhalb des Zitats nach Christian Gerhard Kelch: *Dr. Hermann Arnold und seine »Zigeuner«. Zur Geschichte der »Grundlagenforschung« gegen Sinti und Roma in Deutschland unter Berücksichtigung der Genese des Antiziganismusbegriffs*. Diss., Friedrich-Alexander-Universität Erlangen-Nürnberg 2020; https://opus4.kobv.de/opus4-fau/frontdoor/index/index/docId/14576 (abgerufen am 14.4.2023).
11 Zentralrat Deutscher Sinti und Roma: Erläuterungen zum Begriff »Zigeuner«; https://zentralrat.sintiundroma.de/sinti-und-roma-zigeuner/ (abgerufen am 26.7.2023).
12 Ebenda.
13 International Holocaust Remembrance Alliance: *What is antigypsyism/anti-Roma discrimination?*; www.holocaustremembrance.com/resources/working-definitions-charters/working-definition-antigypsyism-anti-roma-discrimination (abgerufen am 20.9.2023).
14 Karola Fings: *Sinti und Roma. Geschichte einer Minderheit*. München 2016, S. 16.
15 LA Berlin A_Pr_Br_Rep_030_Nr_2100, No. 27, 20.07.1911, S. 266. Mit Dank an Prof. Eve Rosenhaft für die Bereitstellung der Dokumente.
16 Ebenda, S. 270 ff.
17 Ebenda, S. 272 f.

18 Eve Rosenhaft: *Romani Berlin*, a. a. O., S. 532.
19 Dazu siehe Simon Constantine: *Sinti and Roma in Germany (1871–1933)*, a. a. O., S. 21.
20 Landesarchiv Berlin, Quelle Prof. Eve Rosenhaft, persönliche Kommunikation mit Alexandra Senfft am 31. Januar 2023.
21 LA Berlin A_Pr_Br_Rep_030_Nr_2100, No. 27, S. 287f. Dank an Prof. Eve Rosenhaft für die Bereitstellung ihrer Forschungsergebnisse.
22 Ebenda, 17.08.1912, S. 288.
23 Karola Fings: *Sinti und Roma. Geschichte einer Minderheit*, a. a. O., S. 62.
24 https://arolsen-archives.org/news/undeutsches-boxen/?fbclid=IwAR1QZkSWopDk6xBBZbNdo4ToPxHIhgUyK_gsLPaCvfSnKZ5SDZ3NQMbB7pA (abgerufen am 30.12.2022), und https://johann-trollmann.de/ (abgerufen am 30.12.2022).
25 Wolfgang Wippermann: *Niemand ist ein Zigeuner. Zur Ächtung eines europäischen Vorurteils*. Hamburg 2015, S. 8ff. sowie S. 38ff.
26 Wolfgang Benz: *Sinti und Roma. Die unerwünschte Minderheit. Über das Vorurteil Antiziganismus*. Berlin 2014, S. 100.
27 Ebenda, S. 57.
28 Siehe dazu zum Beispiel Wolfgang Wippermann: *Niemand ist ein Zigeuner*, a. a. O., S. 38–53.
29 Ebenda, S. 61.
30 Michael Zimmermann: *Rassenutopie und Genozid, die nationalsozialistische »Lösung der Zigeunerfrage«*. Hamburg 1996, S. 45.
31 Zit. bei ebenda, S. 46.
32 »Die Inflation, die schon während des Ersten Weltkriegs begann, konnte nach Kriegsende nicht gestoppt werden, da weiterhin Staatsausgaben durch Schulden finanziert wurden. Im Krisenjahr 1923 erreichte die Geldentwertung als Hyperinflation ihren Höhepunkt. Profiteure der Inflation waren alle Kreditnehmer (Staat, Unternehmer, Landwirte), da diese problemlos ihre nun wertlos gewordenen Schulden tilgen und Investitionen finanzieren konnten. Auf Bezieher fester Einkommen und Inhaber von Wertpapieren wirkte sie dagegen enteignend.« In: Helmut Braun: Inflation, 1914–1923; www.historisches-lexikon-bayerns.de/Lexikon/Inflation,_1914-1923#Gewinner_und_Verlierer_der_Inflation (abgerufen am 27.7.2023).
33 Volker Ullrich: *Deutschland 1923. Das Jahr am Abgrund*. München 2023, S. 9.
34 Forschungsergebnis von Prof. Eve Rosenhaft, per E-Mail an Alexandra Senfft übermittelt am 31. Januar 2023.
35 Johan Miskow: Jaija Sattler and the Gypsies of Berlin. In: *Journal of the Gypsy Lore Society*, Third Series, Volume X. Edinburgh 1931, S. 87.

36 Dazu siehe Eve Rosenhaft: *Romani Berlin*, a. a. O., S. 532–553; https://journals.sagepub.com/doi/full/10.1177/02656914221097599.
37 Ebenda, S. 540.
38 Walter Wuttke: *Familie Eckstein. Lebensschicksale einer Musiker-Sinti-Familie.* Weißenhorn 2022, S. 10.
39 Michael Zimmermann: *Rassenutopie und Genozid*, a. a. O., S. 50 ff.
40 Ebenda, S. 53.
41 Ebenda, S. 54.
42 Ebenda, S. 62.
43 Ebenda, S. 63.
44 Ebenda, S. 57.
45 https://newartsent.wixsite.com/caravanstrail/page-4 (abgerufen am 29.12.2022).
46 Jake Bowers: The Romani roots of Hollywood's greatest icon; https://proudroma.org/main-page/the-romani-roots-of-hollywoods-greatest-icon/ und Charlie Chaplin's son backs Black Country birth story; www.expressandstar.com/news/local-news/2015/07/27/charlie-chaplins-son-backs-black-country-birth-story/ (abgerufen am 29.12.2022).
47 Siehe auch Matthew Sweet: »Was Charlie Chaplin a Gypsy?« In: *The Guardian*, 17. Februar 2011; www.theguardian.com/film/2011/feb/17/charlie-chaplin-gypsy-heritage (abgerufen am 29.12.2022).

3 Aufspiel in den Ostseebädern

1 Karola Fings: *Sinti und Roma*, a. a. O., S. 31 f.
2 Vgl. Sonja Neumann: *Musikleben in München 1925–1945. Zwischen Arbeitsmarkt, Bürokratie und Ideologie.* Au/Hallertau 2009, S. 205 und S. 212.
3 Ebenda, S. 208 ff.
4 Landesarchiv Nordrhein-Westfalen, K 104 Regierung Arnsberg, Wiedergutmachungen Nr. 52544, Bd. 1, AR 237/58.
5 Ebenda.
6 Michael Wildt: »Der muß hinaus! Der muß hinaus!« Antisemitismus in deutschen Nord- und Ostseebädern 1920–1935. In: *Mittelweg 36*, 4/2001, S. 24.
7 Ebenda, S. 24 f.
8 Frank Bajohr: »*Unser Hotel ist judenfrei«. Bäder-Antisemitismus im 19. und 20. Jahrhundert.* Frankfurt am Main 2003.
9 Ebenda, S. 19 und S. 189.
10 Frank Bajohr, S. 98.

4 Pankow, Thulestraße 13

1 Zit. nach Gernot Haupt: Überlegungen zu einer Theologie der Roma-Befreiung. München, 14. Mai 2010; www.ifsoz.org/content/download/pdf/1005Muenchen.pdf (abgerufen am 3.2.2023).
2 Ein Foto von Schnuckenack Reinhardt mit der Geige war zu sehen in: *Ge-Denk-Station: Eine Ausstellung von Maro Drom – Kölner Sinti und Freunde e. V. und NS-Dokumentationszentrum der Stadt Köln.* Köln 2020. Texte: Karola Fings, mit Dank an Dr. Fings für die Bereitstellung einer PDF-Datei aus der Ausstellung, S. 26.
3 Ebenda, S. 16.
4 Mehr über Fortuin siehe zum Beispiel: www.mahnmal-trier.de/Personen/fortuin.html (abgerufen am 17.2.2023).
5 Kerpenschule Illingen: Von Johann »Rukeli« Trollmann über Arnold Fortuin zu uns – Sinti in Illingen. Ein Unterrichtsprojekt der Schülerinnen und Schüler der Kerpenschule in Illingen; www.sinti-in-illingen.de (abgerufen am 5.2.2023).
6 Monica Rüthers: Gypsy Spaces and Jewish Spaces as Hyper-Liminal Spaces of Inversion. Longing for the Shtetl and the Gypsy Camps. In: Alina Gromova, Felix Heinert und Sebastian Voig: *Jewish and Non-Jewish Spaces in the Urban Context.* Berlin 2015, S. 236.
7 Ebenda, S. 241.
8 Ebenda, S. 240.
9 Patricia Pientka: *Das Zwangslager für Sinti und Roma in Berlin-Marzahn. Alltag, Verfolgung und Deportation.* Berlin 2013, S. 24.
10 Ebenda, S. 30.
11 Ebenda.
12 Zit. nach Janko Lauenburger mit Juliane von Wedemeyer: *Ede und Unku – Die wahre Geschichte. Das Schicksal einer Sinti-Familie von der Weimarer Republik bis heute.* München 2018, S. 23.
13 Ebenda, S. 7.
14 Document Center APO 742-A, U.S. Army Berlin, Bayerisches Hauptstaatsarchiv: LEA_28613, siehe darin auch Bezug auf LEA 5244/I/2004.
15 Nach dem Krieg attestierte ihm der Bürgermeister von Breitengüßbach amtlich, bis 1940 in der Gemeinde gemeldet gewesen zu sein. Bayerisches Hauptstaatsarchiv LEA_28613.
16 Siehe Eve Rosenhaft: *Romani Berlin,* a. a. O., S. 534 und S. 538.
17 Der Leiter des Polizeiamtes Pankow, 24. Juni 1941, Arolsen Archives.
18 Siehe zum Beispiel Bundeszentrale für politische Bildung: Vor 85 Jahren: Nürnberger Gesetze erlassen; www.bpb.de/kurz-knapp/hintergrund-

aktuell/501380/vor-85-jahren-nuernberger-gesetze-erlassen/ (abgerufen am 11.2.2023).
19 Wolfgang Benz: *Sinti und Roma: Die unerwünschte Minderheit. Über das Vorurteil Antiziganismus.* Berlin 2014, S. 106.
20 Patricia Pientka: *Das Zwangslager für Sinti und Roma in Berlin-Marzahn*, a. a. O., S. 32.
21 Wolfgang Benz: *Sinti und Roma*, a. a. O., S. 108.
22 Ebenda.
23 Patricia Pientka: *Das Zwangslager für Sinti und Roma in Berlin-Marzahn*, a. a. O., S. 42.
24 Ebenda, S. 41.
25 Wolfgang Benz: *Sinti und Roma*, a. a. O. S. 107.
26 E-Mail-Austausch Alexandra Senfft mit Patricia Pientka am 15. Februar 2023.
27 Patricia Pientka: *Das Zwangslager für Sinti und Roma in Berlin-Marzahn*, a. a. O., S. 62.
28 Ebenda.
29 Reimar Gilsenbach: Die Verfolgung der Sinti – ein Weg, der nach Auschwitz führte. In: Wolfgang Ayaß, Reimar Gilsenbach und Ursula Körber (Hrsg.): *Feinderklärung und Prävention. Kriminalbiologie, Zigeunerforschung und Asozialenpolitik.* Berlin 1988, S. 11–42, hier S. 38. Zit. nach: Die Verfolgung der Sinti und Roma im Nationalsozialismus. Wissenschaftliche Aufarbeitung und öffentliches Gedenken. Deutscher Bundestag, Wissenschaftliche Dienste 2009, WD 1–3000 -020/09, S. 4; www.bundestag.de/resource/blob/410880/917c712d81cb4578775060ed6f5 92b2b/wd-1-020-09-pdf-data.pdf (abgerufen am 15.2.2023).
30 Patricia Pientka: *Das Zwangslager für Sinti und Roma in Berlin-Marzahn*, a. a. O., S. 131.
31 Siehe dazu: Anita Awosusi (Hrsg.): *Die Musik der Sinti und Roma. Band 1: Die ungarische Zigeunermusik.* Heidelberg 1996.

5 Die Liebe hört nimmer auf

1 www.internationaleshilfswerk.de/galerie (abgerufen am 7.3.2023).
2 *Stimme der Zigeuner*, Nr. 10, Juni bis Oktober 1970, S. 6.
3 Ebenda, Nr. 11, November 1970–1971, S. 6.
4 Ebenda, S. 6 f.
5 Ebenda, Nr. 12, Februar bis März 1971, S. 5.
6 Ebenda, Nr. 16, März bis April 1972, S. 14.
7 Anzuhören auf YouTube: www.youtube.com/watch?v=_DhOhwlHDpM (abgerufen am 7.3.2023).

8 Landesarchiv Nordrhein-Westfalen, K 104, Regierung Arnsberg, Wiedergutmachungen, Nr. 52544. Bd. 1.
9 Siehe: www.zukunft-braucht-erinnerung.de/die-loesung-der-judenfrage-in-der-freien-stadt-danzig/ (abgerufen am 15.3.2023).
10 Wolfgang Wippermann: »*Auserwählte Opfer?*« *Shoah und Porrajmos im Vergleich. Eine Kontroverse.* Berlin 2005, S. 141.
11 Ebenda, S. 38.
12 Siehe dazu zum Beispiel Michael Zimmermann: *Rassenutopie und Genozid*, a. a. O., S. 86 ff.
13 Karel Vodička: »Juden, Zigeunern und Hunden Zutritt verboten!« Roma in der nationalsozialistischen Slowakei 1939–1945. In: Felicitas Fischer von Weikersthal, Christoph Garstka, Urs Heftrich und Heinz-Dietrich Löwe (Hrsg.): *Der nationalsozialistische Genozid an den Roma Osteuropas. Geschichte und künstlerische Verarbeitung.* Köln/Weimar/Wien 2008, S. 51.
14 Ebenda, S. 42–82.
15 Donald Kenrick und Grattan Puxon: *Sinti und Roma. Die Vernichtung eines Volkes im NS-Staat.* Göttingen 1981, S. 98.
16 Ebenda, S. 99 f.

6 Verraten und vermessen

1 Dazu siehe Karola Fings: Gutachten zum Schnellbrief des Reichssicherheitshauptamtes – Tgb. Nr. RKPA. 149/1939 -g- – vom 17.10.1939 betr. »Zigeunererfassung« (»Festsetzungserlass«). Köln 2018; https://sintiroma.org/images/sinti-roma/zr_2020_karola_fings_gutachten_festsetzungserlass.pdf (abgerufen am 24.6.2023).
2 Bayerisches Hauptstaatsarchiv, LEA_28513.
3 Mirano Cavaljeti-Richter: *Auf der Flucht über den Balkan. Die Kindheitserlebnisse eines Sinto-Jungen während der NS-Zeit.* Hrsg. und mit einem Nachwort versehen von Annette Leo. Berlin 2022.
4 Ebenda, S. 12.
5 Reimar Gilsenbach: *Oh Django, sing deinen Zorn. Sinti und Roma unter Deutschen.* Berlin 1993, S. 104.
6 Ebenda, S. 106 f.
7 Siehe zum Beispiel Wolfgang Wippermann: »*Auserwählte Opfer?*«, a. a. O., S. 44.
8 Reimar Gilsenbach: *Oh Django, sing deinen Zorn*, a. a. O., S. 107.
9 Otto Rosenberg: *Das Brennglas.* Aufgezeichnet von Ulrich Enzensberger. Berlin 2012, S. 30.
10 Eve Rosenhaft: Wissenschaft als Herrschaftsakt: Die Forschungspraxis der Ritterschen Forschungsstelle und das Wissen über »Zigeuner«. In:

Michael Zimmermann (Hrsg.): *Zwischen Erziehung und Vernichtung. Zigeunerforschung und Zigeunerpolitik im Europa des 20. Jahrhunderts.* Stuttgart 2007, S. 344.
11 Ebenda, S. 348 f.
12 Ebenda, S. 345.
13 Tobias Schmidt-Degenhard: *Robert Ritter (1901–1951). Zu Leben und Werk des NS-»Zigeunerforschers«.* Tübingen 2008, S. 228.
14 Ebenda, S. 230.
15 Ebenda, S. 234.
16 Ebenda, S. 233.
17 Eve Rosenhaft: *Wissenschaft als Herrschaftsakt,* a. a. O., S. 329.
18 Reichskriminalpolizeiamt in Berlin: *Deutsches Kriminalpolizeiblatt,* Berlin, 24. August 1940, Arolsen Archives 1.2.2.1/11422609.
19 Aus einem Interview mit Patricia Pientka in der *taz* vom 21. Februar 2012: https://taz.de/NS-Verfolgung-der-Sinti-und-Roma/!5047927/ (abgerufen am 15.2.2023).
20 Reimar Gilsenbach: *Oh Django, sing deinen Zorn,* a. a. O., S. 167.
21 Patricia Pientka: *Das Zwangslager für Sinti und Roma in Berlin-Marzahn,* a. a. O., S. 92.
22 Ebenda, S. 206.
23 Ewald Hanstein: *Meine hundert Leben. Erinnerungen eines deutschen Sinto.* Aufgezeichnet von Ralf Lorenzen. Bremen 2005, S. 28.
24 Siehe: www.bpb.de/themen/europa/sinti-und-roma-in-europa/180869/ns-verfolgung-von-zigeunern-und-wiedergutmachung-nach-1945/ (abgerufen am 8.5.2023).

7 Vom Adlon nach Auschwitz

1 *Merziger Zeitung,* 13. Januar 1892, 38. Jahrgang, Nr. 6, zit. aus Nevipe-Rundbrief des Rom e. V., Nr. 18, Köln, 6. Februar 2008.
2 Ebenda, 15. Januar 1892, Nr. 7.
3 Männele Dimo Franz im Gespräch mit Alexandra Senfft am 27. Februar 2023.
4 Mirano Calvaljeti-Richter: *Auf der Flucht über den Balkan. Die Kindheitserlebnisse eines Sinto-Jungen während der NS-Zeit.* Berlin 2022, S. 13.
5 Männele Dimo Franz im Gespräch mit Alexandra Senfft am 27. Februar 2023.
6 Ebenda.
7 Mirano Calvaljeti-Richter: *Auf der Flucht über den Balkan,* a. a. O., S. 22.
8 Ebenda, S. 17.
9 Ebenda.

10 Mirano Cavaljeti-Richter im Gespräch mit Alexandra Senfft am 23. Februar 2023.
11 Mirano Cavaljeti-Richter im Gespräch mit Alexandra Senfft am 23. Februar 2023.
12 Siehe dazu: Evelin Verhás, Angéla Kóczé und Anna Lujza Szász: *Roma Resistance During the Holocaust and in its Aftermath*. Budapest 2018. Siehe auch: Moritz Pankok, Isabel Raabe und Romani Rose (Hrsg.): *Widerstand durch Kunst. Sinti und Roma und ihr kulturelles Schaffen*. Berlin 2022.
13 *Wir geben uns nicht in ihre Hände. Bildungsmaterialien zum Widerstand von Sinti und Roma gegen den Nationalsozialismus*. Berlin 2019. Siehe auch: Evelin Verhás, Angéla Kóczé und Anna Lujza Szász: *Roma Resistance During the Holocaust and in its Aftermath*, a.a.O.
14 Zit. nach: Mirano Calvaljeti-Richter: *Auf der Flucht über den Balkan*, a.a.O., S. 130.
15 Ebenda, S. 268, und www.romarchive.eu/en/voices-of-the-victims/croatia/ (abgerufen am 6.5.2023).
16 Danijel Vojak: Die Verfolgung der Sinti und Roma im Nationalsozialismus in Kroatien. In: Moritz Pankok, Isabel Raabe und Romani Rose (Hrsg.): *Widerstand durch Kunst*, a.a.O., S. 266.
17 Bayerisches Hauptstaatsarchiv, LEA_6914.
18 Mirano Calvaljeti-Richter: *Auf der Flucht über den Balkan*, a.a.O., S. 24.
19 Ebenda, S. 128.
20 Ebenda, S. 128 f.
21 Ceija Stojka: *Wir leben im Verborgenen. Erinnerungen einer Rom-Zigeunerin*. Wien 1989, S. 17.
22 Reimar Gilsenbach: *Oh Django, sing deinen Zorn*, a.a.O., S. 105.
23 Stiftung Brandenburgische Gedenkstätten/Gedenkstätte und Museum Sachsenhausen. *PROVENIENZ DES ORIGINALS:* Russisches Staatliches Militärarchiv, Moskau 1367/2/25, Bl. 026 RS, Und *PROVENIENZ DES ORIGINALS:* FSB-Archiv, Moskau N-19092/Tom 98, Bl. 345. Archivauskunft 28. April 2023.
24 Harry Naujoks: *Mein Leben im KZ Sachsenhausen 1936–1942. Erinnerungen des ehemaligen Lagerältesten*. Berlin 1989, S. 254 f.
25 https://dokuzentrum.sintiundroma.de/wp-content/uploads/2020/01/karl_pasquali.pdf (abgerufen am 4.5.2023).
26 Juliane Brauer: *Musik im Konzentrationslager Sachsenhausen*. Berlin 2009, S. 74.
27 Ebenda, S. 101.
28 Ebenda, S. 99.

29 International Tracing Service Arolsen Waldeck, Arolsen Archives 6.3.3.3/98443723.
30 Mirano Cavaljeti-Richter: *Auf der Flucht über den Balkan*, a. a. O., S. 24.
31 Mirano Cavaljeti-Richter im Gespräch mit Alexandra Senfft am 23. Februar 2023.
32 Ebenda.
33 Copy of 1.2.2.1 / 11 298 323, in conformity with ITS Digital Archive, Arolsen Archives. Auszug aus: Strafanstalt Saarbrücken – Transportbücher Überstellungen von Gefangenen.
34 Copy of 1.2.2.1 / 11 577 611, in conformity with ITS Digital Archive, Arolsen Archives, Auszug aus dem Gefangenenbuch des Polizeigefängnisses Nürnberg.
35 Archiv des Staatsmuseums Auschwitz, E-Mail-Auskunft vom 11. Mai 2023.
36 »Vor 75 Jahren: Mord an Sinti und Roma in Auschwitz«. Karola Fings im Interview. Deutsche Welle vom 2. August 2019. Siehe: www.dw.com/de/vor-75-jahren-mord-an-sinti-und-roma-in-auschwitz/a-49382742 (abgerufen am 6.5.2023).
37 Heike Krokowski: *Die Last der Vergangenheit. Auswirkungen nationalsozialistischer Verfolgung auf deutsche Sinti*. Frankfurt am Main 2001, S. 53.
38 Ebenda, S. 55.
39 Hauptevidenzbücher des Zigeunerlagers, Auschwitz-Birkenau.
40 Zilli Schmidt: *Gott hat mit mir etwas vorgehabt. Erinnerungen einer deutschen Sintezza*. Hrsg. von Jana Mechelhoff-Herezi und Uwe Neumärker. Berlin 2020, S. 103.
41 Ebenda, S. 37 f.
42 Ebenda, S. 46 f.
43 Dazu siehe Helena Kubica und Piotr Setkiewicz: The Last Stage of the Functioning of the Zigeunerlager in the Birkenau Camp (May–August 1944). In: *Memoria*, Nr. 10, Juli 2018, S. 6–15; https://www.auschwitz.org/en/museum/news/memoria-magazine/ (abgerufen am 20.6.2023). Siehe auch Michal Schuster: »The ›Gypsy camp‹ at Auschwitz-Birkenau«. Mai 2021, S. 30; https://c.holocaust.cz/files/old/pdfs/TheGypsycampatAuschwitz-Birkenau.pdf (abgerufen am 29.6.2023).
44 Die Häftlingsnummer von Bärbel Pohl legt nahe, dass sie am 3. August 1944 in Ravensbrück registriert wurde. Mit Dank für die Auskunft an Monika Schnell, Wissenschaftlicher Dienst, Mahn- und Gedenkstätte Ravensbrück/Stiftung Brandenburgische Gedenkstätten, Stand Oktober 2023.
45 https://de.wikipedia.org/wiki/Muselmann_(KZ).
46 Bayerisches Hauptstaatsarchiv, LEA_28611.

47 E-Mail-Austausch Alexandra Senfft mit dem Historiker Kai Müller am 3. Mai 2023.
48 Stiftung Brandenburgische Gedenkstätten/Gedenkstätte und Museum Sachsenhausen. *PROVENIENZ DES ORIGINALS:* FSB-Archiv, Moskau, N-19092/Tom 86, Bl. 41, Archivauskunft 28. April 2023 zu Joschi Pohl. Und *PROVENIENZ DES ORIGINALS:* FSB-Archiv, Moskau, N-19092/Tom 86, Bl. 41, Archivauskunft 28. April 2023 zu Paul Hanstein.
49 E-Mail-Austausch Alexandra Senfft mit dem Historiker Kai Müller am 3. Mai 2023.
50 Reinhard Florian: *Ich wollte nach Hause, nach Ostpreußen! Das Überleben eines deutschen Sinto.* Hrsg. von Jana Mechelhoff-Herezi und Uwe Neumärker. Berlin 2012, S. 46 f.
51 Ebenda, S. 48.
52 Ebenda, S. 93.
53 Paul Hanstein kämpfte in den 1950er-Jahren lange vergeblich um Entschädigung, 1957 wurde ihm für die erlittenen KZ-Aufenthalte schließlich eine einmalige Summe von 6000 D-Mark ausgezahlt. Er starb am 18. Mai 2011. Quelle: Landesamt für Finanzen, Landesentschädigungsamt München, BEG 7059.
54 Mirano Cavaljeti-Richter: *Auf der Flucht über den Balkan,* a. a. O., S. 32 ff.
55 Ebenda, S. 36.
56 Bayerisches Hauptstaatsarchiv, LEA_28613.
57 www.bundesarchiv.de/zwangsarbeit/haftstaetten/index.php?action=2.2& tab=7&id=2633 (abgerufen am 1.8.2023).
58 www.deutsche-digitale-bibliothek.de/item/LY3TJPLKESZFD-CNTD7O2UI5GVK4WVM4V (abgerufen am 1.8.2023).
59 Zit. nach: Mirano Cavaljeti-Richter: *Auf der Flucht über den Balkan,* a. a. O., S. 133.
60 Ebenda, S. 48.
61 Mirano Cavaljeti-Richter im Gespräch mit Alexandra Senfft am 23. Februar 2023.
62 Ceija Stojka in ihrem letzten veröffentlichten Text im Katalog 2 der Berliner Galerie Kai Dikhas, siehe: http://archiv.kaidikhas.com/kaidikhas.com/de/publications.html (abgerufen am 8.5.2023).

8 Der störrische Esel oder der bissige Hund ist tot

1 www.romarchive.eu/de/collection/p/oskar-rose/ (abgerufen am 26.5.2023).
2 Primo Levi: *Die Untergegangenen und die Geretteten.* München 1990, S. 81.

3 www.auschwitz.org/en/museum/auschwitz-prisoners/ (abgerufen am 29.5.2023).
4 Akte Nr. 24907/1943, Archiv des Auschwitz Museums.
5 Julia Fastnacht, Dominik Groß und Mathias Schmidt: Werner Rohde – Vom niedergelassenen Zahnarzt zum KZ-Arzt in Auschwitz. In: *Zahnärztliche Mitteilungen* 110, Nr. 20, 16.10.2020, S. 78 ff.
6 Ebenda, S. 80.
7 Concessione Speciale IX, Il Commissario Prefettizio, Ora, 2. Februar 1941 und 9. Februar 1941.
8 R. Prefettura della Provincia di Trento: Obbligo ai privati di denunciare le persone cui danno alloggio, N. 023 024, Trient, 28. Dezember 1941. Abgestempelt in Ora am 6. Januar 1942. Archiv der Gemeinde Ora/Auer. Dank an die Historikerin Donatella Vivian für die Recherche.
9 Siehe: Donatella Vivian: Migration und Erinnerung der italienischsprachigen Auer*innen. Gente di Ora; https://auerora.it/bio/sprachen-und-kulturen/ (abgerufen am 18.6.2023).
10 Donatella Vivian: Jüdisches Leben in Auer. Ida Kaufmann; https://auerora.it/bio/ida-kaufmann/ (abgerufen am 19.6.2023).
11 Aussage von Piero Terracina, Rom 12. November 1928, verhaftet in Rom am 7. April 1944. Transport: Fossoli – Auschwitz 16–23/5/1944. Seriennummer A-5506. Befreit in Auschwitz 27/01/1945, gestorben am 8/12/2019. In: Marcello Pezzetti: *Il libro della Shoah italiana. I racconti di chie è sopravvissuto.* Turin 2009, S. 175.
12 Stolpersteine im Dorf; https://auerora.it/pa/stolpersteine-im-dorf/ (abgerufen am 19.6.2023).
13 R. Prefettura della Provincia di Trento: Disciplina attiavità teatrali dell'avanspettaeolo della rivista e del varietà, N. 014 233, Trient, 18. Juni 1943, abgestempelt in Ora am 12. Juli 1943. Archiv der Gemeinde Ora/Auer. Dank an Donatella Vivian für die Recherche.
14 Siehe auch: https://porrajmos.it/en/story/04-persecution-in-italy-1922-1943 (abgerufen am 25.5.2023).
15 Romeo Franz und Alexandra Senfft im Gespräch mit Cilli Blum am 25. November 2022.
16 Landesarchiv Nordrhein-Westfalen. K 104, Regierung Arnsberg, Wiedergutmachungen, Nr. 52542.
17 Landesarchiv Nordrhein-Westfalen. K 104, Regierung Arnsberg, Wiedergutmachungen, Nr. 52544, Bd. 1.
18 Romeo Franz im Gespräch mit Cilli Blum am 2. März 2023.
19 Daniela Grass: Sinti und Roma in der Bundesrepublik Deutschland; www.romarchive.eu/de/roma-civil-rights-movement/sinti-and-roma-federal-republic-germany/ (abgerufen am 21.6.2023).

20 Ebenda.
21 Dazu siehe auch Zentralrat Deutscher Sinti und Roma: Bürgerrechtsbewegung der Sinti und Rom; https://zentralrat.sintiundroma.de/zentralrat/geschichte-der-organisation/ (abgerufen am 23.6.2023).
22 www.romarchive.eu/de/collection/memorandum-einer-internationalen-delegation-von-vertretern-der-romani-union-und-des-verbands-deutscher-sinti/ (abgerufen am 21.6.2023).
23 Siehe dazu Daniela Grass: Sinti und Roma in der Bundesrepublik Deutschland; www.romarchive.eu/de/roma-civil-rights-movement/sinti-and-roma-federal-republic-germany/ (abgerufen am 21.6.2023).
24 www.romarchive.eu/de/collection/presseerklaerung-des-verbands-deutscher-sinti-3/ (abgerufen am 21.6.2023).
25 Sebastian Lotte-Kusche: *Der Völkermord an den Sinti und Roma und die Bundesrepublik. Der lange Weg zur Anerkennung 1949–1990*. Berlin/Boston 2022, S. 10 und S. 153 f.
26 Ebenda, S. 54.
27 Daniela Grass: Sinti und Roma in der Bundesrepublik Deutschland; www.romarchive.eu/de/roma-civil-rights-movement/sinti-and-roma-federal-republic-germany/ (abgerufen am 21.6.2023).
28 Siehe: Tom Segev: *Simon Wiesenthal. Die Biographie*. München 2010, S. 391, sowie zu Wiesenthals Engagement für Sinti und Roma, S. 388 ff.
29 www.spiegel.de/kultur/simon-wiesenthal-a-d4770 48b-0002-0001-0000-000013498322 (abgerufen am 22.6.2023).
30 Siehe dazu: Ari Joskowicz: *Rain of Ash. Roma, Jews, and the Holocaust*. Princeton 2023, sowie Wolfgang Wippermann: *»Auserwählte Opfer?«*, a. a. O.
31 Tom Segev: *Simon Wiesenthal*, a. a. O., S. 248.

9 Wiedersehen in München

1 www.youtube.com/watch?v=E1n_UwOcwAE.
2 Für die Romanes-Fassung siehe: https://gegen-antiziganismus.de/wp-content/uploads/2022/02/Tafel-9_online.pdf (abgerufen am 5.12.2023).
3 Die deutsche Gesamtfassung ist zu finden in: *Die Morgendämmerung der Worte. Moderner Poesie-Atlas der Sinti und Roma*. Gedichte versammelt und hrsg. von Wilfried Ihring und Ulrich Janetzki. Berlin 2018, S. 26.
4 Wolfgang Benz: *Sinti und Roma*, a. a. O., S. 140 f.
5 Ebenda, S. 143.
6 Ebenda, S. 144.
7 Zum Ehepaar Ilona und Reinhold Lagrene siehe unter anderem: Romeo Franz und Cornelia Wilß (Hrsg.): *Mare Manuscha. Innenansichten aus*

Leben und Kultur der Sinti & Roma. Frankfurt am Main 2019, S. 47–61. Die Zeitzeug:innenberichte erschienen in: Daniel Strauß (Hrsg.): *...weggekommen. Berichte und Zeugnisse von Sinti, die die NS-Verfolgung überlebt haben.* Berlin/Hamburg/Wien 2002.

8 Romeo Franz und Cornelia Wilß (Hrsg.): *Mare Manuscha*, a.a.O., S. 88.
9 Dazu siehe Otto Dov Kulka: *Landschaften der Metropole des Todes.* München 2013, S. 119.
10 www.kz-gedenkstaette-dachau.de/historischer-ort/historischer-ort-und-gedenkstaette/ (abgerufen am 1.8.2023).
11 Siehe dazu *Süddeutsche Zeitung*: »München nach dem Zweiten Weltkrieg«, 4. Mai 2020; www.sueddeutsche.de/muenchen/muenchen-zweiter-weltkrieg-kriegsende-wiederaufbau-1945-1.4896854?reduced=true (abgerufen am 3.7.2023).
12 Anja Tuckermann: »*Denk nicht, wir bleiben hier!« Die Lebensgeschichte des Sinto Hugo Höllenreiner.* München 2005, S. 231.
13 Ewald Hanstein: *Meine hundert Leben. Erinnerungen eines deutschen Sinto.* Aufgezeichnet von Ralf Lorenzen. Bremen 2005, S. 78.
14 Anja Tuckermann: »*Denk nicht, wir bleiben hier!*«, a.a.O., S. 233 f.
15 Ebenda, S. 240.
16 Siehe dazu: Reinhard Florian: *Ich wollte nach Hause, nach Ostpreußen!*, a.a.O., S. 72 ff.
17 www.tenhumbergreinhard.de/taeter-und-mitlaeufer/staedte-1933-1945/muenchen.php (abgerufen am 7.7.2023).
18 Anja Reuss: *Kontinuitäten der Stigmatisierung. Sinti und Roma in der deutschen Nachkriegszeit.* Berlin 2015, S. 61. Zu den Lebensrealitäten von Sinti und Roma in Deutschland nach 1945 siehe ebenda, S. 63 ff.
19 Ebenda, S. 87.
20 Gilad Margalit: *Die Nachkriegsdeutschen und »ihre Zigeuner«. Die Behandlung der Sinti und Roma im Schatten von Auschwitz.* Berlin 2001, S. 204.
21 Anja Reuss: *Kontinuitäten der Stigmatisierung*, a.a.O., S. 101.
22 www.bayerischer-ministerrat.de/?vol=hoe11&doc=hoe11p012/ (abgerufen am 6.7.2023).
23 Das Hilfswerk wurde bald als Konkurrenz zum Landesentschädigungsamt wahrgenommen. Letzteres übernahm mit dem Erlass des Bundesentschädigungsgesetzes 1953 die Rolle der »Wiedergutmachung« schließlich allein.
24 Ceija Stojka: »Auschwitz ist mein Mantel«. In: *Die Morgendämmerung der Worte*, a.a.O., S. 70.

10 Menschen können zweimal sterben

1 https://in-gl.de/2021/08/12/portraet-philomena-franz-ehrenbuergerin-bergisch-gladbach-ich-musste-fur-himmler-singen/.
2 https://ns-opfer-nt.jimdofree.com/opfer/sinti/erlebnisse-von-philomena-franz/.
3 Leo Eitinger: Die Jahre danach. Folgen und Spätfolgen der KZ-Haft. Dachauer Hefte Nr. 8, *Überleben und Spätfolgen*. Dachau 1996, S. 4.
4 Ebenda, S. 3.
5 Siehe dazu Anja Reuss: *Kontinuitäten der Stigmatisierung*, a. a. O., S. 80 ff.
6 Ebenda, S. 5 f.
7 Information der Historikerin Jana Mechelhoff-Herezi.
8 Ihre Registrierkarten waren die Nummern 4466, 4468 und 4470.
9 Siehe dazu unter anderen Heike Krokowski: *Die Last der Vergangenheit*, a. a. O., S. 153 ff.
10 Gilad Margalit: *Die Nachkriegsdeutschen und »ihre Zigeuner«*, a. a. O., S. 125.
11 Gespräch Cilli Blum mit Alexandra Senfft und Romeo Franz am 24. September 2022.
12 www.bibleserver.com/LUT/Jesaja43 (abgerufen am 17.8.2023).
13 Gespräch mit Cilli Blum, Alexandra Senfft mit Romeo Franz am 24. September 2022.
14 Gilad Margalit: *Die Nachkriegsdeutschen und »ihre Zigeuner«*, a. a. O., S. 95. Zur Biografie von Josef Eichberger siehe Eveline Diener: *Das Bayerische Landeskriminalamt und seine »Zigeunerpolizei«. Kontinuitäten und Diskontinuitäten der bayerischen »Zigeunerermittlung« im 20. Jahrhundert*. Frankfurt am Main 2021, S. 297 ff.
15 Bay. HStA, StK-GuV 911, Begründung, S. 3, zit. nach Margalit, ebenda, S. 102.
16 Ebenda, S. 103.
17 Ebenda, S. 105.
18 Siehe dazu Eveline Diener: *Das Bayerische Landeskriminalamt und seine »Zigeunerpolizei«*, a. a. O.
19 Ebenda, S. 207.
20 Ebenda, S. 202 f.
21 Wolfgang Wippermann: *Niemand ist ein Zigeuner*, a. a. O., S. 7 ff.
22 Ebenda, S. 9.
23 Zur Biografie von Rudolf Uschold siehe Eveline Diener: *Das Bayerische Landeskriminalamt und seine »Zigeunerpolizei«*, a. a. O., S. 275 ff.
24 Ebenda, S. 256–359.

25 Hans Woller: *Jagdszenen aus Niederthann. Ein Lehrstück über Rassismus.* München 2022, S. 27.
26 Sebastian Lotte-Kusche: *Der Völkermord an den Sinti und Roma und die Bundesrepublik. Der lange Weg der Anerkennung 1949–1990.* Berlin/Boston 2022.
27 Gilad Margalit: *Die Nachkriegsdeutschen und »ihre Zigeuner«*, a. a. O., S. 97.
28 Ebenda, S. 87.
29 Bayerisches Hauptstaatsarchiv München, LEA_28613.
30 Gilad Margalit: *Die Nachkriegsdeutschen und »ihre Zigeuner«*, a. a. O., S. 135.
31 Mirano Cavaljeti-Richter: *Auf der Flucht über den Balkan*, a. a. O., S. 68.
32 11. Februar 1953, Bayerisches Hauptstaatsarchiv, München, LEA_28613.
33 Gilad Margalit: *Die Nachkriegsdeutschen und »ihre Zigeuner«*, a. a. O., S. 133.
34 Leo Eitinger: *Die Jahre danach*, a. a. O., S. 8.
35 Dazu siehe Gilad Margalit: *Die Nachkriegsdeutschen und »ihre Zigeuner«*, a. a. O., S. 117 ff.
36 USEG 16. August 1949, siehe: www.verfassungen.de/bw/wuerttemberg-baden/entschaedigungsgesetz49.htm (abgerufen am 18.8.2023).
37 Urteil des BGJ, IV ZR 211/55 vom 7. Januar 1956, Seite 8 f., zit. nach Gilad Margalit: *Die Nachkriegsdeutschen und »ihre Zigeuner«*, a. a. O., S. 164.
38 Document Center U.S. Army, Berlin, APO 742-A, Auskunft vom 27. Juli 1957 über Julius Max Pohl, NSDAP-Zentralkartei No. 3460 477 vom 1. Mai 1933.
39 Bayerisches Hauptstaatsarchiv München, LEA_28613.
40 Zit. nach Wolfgang Wippermann: *»Auserwählte Opfer?«*, a. a. O., S. 62.
41 https://zentralrat.sintiundroma.de/wp-content/uploads/presse/345.pdf (abgerufen am 18.8.2023).
42 BEG-SG, 14. September 1965.
43 www.bgbl.de/xaver/bgbl/start.xav?startbk=Bundesanzeiger_BGBl&jumpTo=bgbl165s1315.pdf#__bgbl__%2F%2F*%5B%40attr_id%3D%27bgbl165s1315.pdf%27%5D__1692363336244 (abgerufen am 18.8.2023).
44 Bayerisches Hauptstaatsarchiv, München: LEA_6914.
45 Ebenda.
46 Bayerisches Hauptstaatsarchiv, München: LEA_28611.
47 Wolfang Wippermann: *Niemand ist ein Zigeuner*, a. a. O., S. 86.
48 Ebenda, S. 85.
49 Heike Krokowski: *Die Last der Vergangenheit*, a. a. O., S. 149 f.
50 Ebenda, S. 147.

51 Kurt R. Eissler: *Die Ermordung von wie vielen seiner Kinder muß ein Mensch symptomfrei ertragen können, um eine normale Konstitution zu haben?* Stuttgart 1963, S. 279. Siehe dazu auch Jürgen Müller-Hohagen: *verleugnet, verdrängt, verschwiegen. Seelische Nachwirkungen der NS-Zeit und Wege zu ihrer Überwindung.* München 1988, S. 13–18.
52 Christian Bernadac: *L'holocauste oublié. Le massacre des Tsiganes*, Paris 1979, zit. nach Wolfang Wippermann: *Niemand ist ein Zigeuner*, a. a. O., S. 88.
53 *Menschen können zwei Mal sterben.* Kurzfilm über die Familie Franz und Paul Vinko Franz, Premiere auf AKE DIKHEA? 6. Internationales Roma-Filmfestival am 24. Oktober 2022, Teil der Dauerausstellung am Denkmal der ermordeten Sinti und Roma Europas in Berlin; https://www.stiftung-denkmal.de/aktuelles/maremanuschenge/ www.youtube.com/watch?v=C07E31iavLc (abgerufen am 10.01.2024).
54 »Zigeunerbeerdigung auf dem Waldfriedhof. Aus dem ganzen Bundesgebiet kamen Trauergäste – Ein Hauch fremdländischer Ferne«. In: *Pfälzische Volkszeitung*, 11. August 1954.
55 Ebenda.
56 www.sinti-roma.com/romnokher/ (abgerufen am 25.8.2023).
57 Zu hören im Film: *Rom Som – Lebenswelten von Sinti und Roma*; https://anthropologyinmotion.wordpress.com/2010/06/15/rom-som/ (abgerufen am 19.11.2023).
58 Anita Awosusi (Hrsg.): *Die Musik der Sinti und Roma.* 3 Bde., Schriftenreihe des Dokumentations- und Kulturzentrums Deutscher Sinti und Roma. Heidelberg 1996–1998.

11 Großonkel Pauls Geigenbogen

1 Zentralrat Deutscher Sinti und Roma: *Dauerhafter Erhalt der Grabstätten NS-Verfolgter Sinti und Roma.* Heidelberg 2016, S. 53 f.
2 www.bmfsfj.de/bmfsfj/graeber-von-ns-verfolgten-sinti-und-roma-schuetzen-und-erhalten-131272 (abgerufen am 26.8.2023).
3 Gesetz zu dem Vertrag des Landes Baden-Württemberg mit dem Verband Deutscher Sinti und Roma, Landesverband Baden-Württemberg e. V.; https://web.archive.org/web/20140513012000/http://www9.landtag-bw.de/WP15/Drucksachen/4000/15_4528_d.pdf (abgerufen am 8.9.2023).
4 Ute Scheub und Rolf Lautenschläger: »Ab nach Marzahn«. In: *taz*, 4. April 1995; https://taz.de/Ab-nach-Marzahn/!1513945/ (abgerufen am 28. August 2023).
5 »Eins an jeder Ecke. Streit um Denkmäler für Nazi-Opfer in Berlin: Sollen nur Juden eins bekommen – oder auch die Zigeuner und Homo-

sexuellen?«. In: *Der Spiegel*, 25. Juni 1995; www.spiegel.de/politik/eins-an-jeder-ecke-a-b2e4b62b-0002-0001-0000-000009199071?context=issue (abgerufen am 28.8. 2023).
6 Ebenda.
7 Amory Burchard: »Holocaust-Mahnmal: Streit um Gedenkstätte für Sinti und Roma – CDU-Politiker gegen ›Gedächtnismeile‹ – Grüne reagieren empört«. In: *Der Tagesspiegel*, 25. Juli 2002; www.tagesspiegel.de/berlin/holocaust-mahnmal-streit-um-gedenkstatte-fur-sinti-und-roma-cdu-politiker-gegen-gedachtnismeile-grune-reagieren-emport-698293.html (abgerufen am 28.8.2023).
8 »Eins an jeder Ecke«, a. a. O.
9 Roman Herzog: »Der Völkermord an den Sinti und Roma ist aus dem gleichen Motiv des Rassenwahns, mit dem gleichen Vorsatz und dem gleichen Willen zur planmäßigen und endgültigen Vernichtung durchgeführt worden wie der an den Juden«. Heidelberg, 16, März 1997; www.bundespraesident.de/SharedDocs/Reden/DE/Roman-Herzog/Reden/1997/03/19970316_Rede.html (abgerufen am 19.11.2023).
10 Dazu siehe Christian Gerhard Kelch: *Dr. Hermann Arnold und seine »Zigeuner«. Zur Geschichte der »Grundlagenforschung« gegen Sinti und Roma in Deutschland unter Berücksichtigung der Genese des Antiziganismusbegriffs*. Nürnberg 2018.
11 Herman Arnold: *Falsche Gleichsetzung*. In: *FAZ*, 28. Dezember 2004; https://fazarchiv.faz.net/faz-portal/document?uid=FAZ__FD12004122841857 (abgerufen am 28.8.2023).
12 Eberhard Jäckel: *Sinti, Roma oder Zigeuner?* In: *FAZ*, 7. Juli 2005; www.faz.net/aktuell/feuilleton/denkmal-streit-sinti-roma-oder-zigeuner-1213650.html (abgerufen am 28.8.2023).
13 Interview Alexandra Senfft mit Noa Karavan-Cohen am 24. Oktober 2022 in Berlin.
14 »Einer der größten Tage meines Lebens«. Dani Karavan im Gespräch mit Deutschlandfunk Kultur, 23. Oktober 2012; www.deutschlandfunkkultur.de/einer-der-groessten-tage-meines-lebens-100.html (abgerufen am am 26.11.2023).
15 Ebenda.
16 Siehe auch Karoline Kuhla: »Keine Opfer zweiter Klasse«. In: *Der Spiegel*, 23. Oktober 2012; www.spiegel.de/kultur/gesellschaft/denkmal-fuer-ermordete-sinti-und-roma-wird-eingeweiht-a-862953.html (abgerufen am 3.9.2023).
17 Dani Karavan: »I can say that because I am a Jew. They don't care about the Sinti and Roma.« In: *Exberliner*, 10. Januar 2013; www.exberliner.com/politics/just-gypsies-dani-karavan/?fbclid=

IwAR3D_MzdeEpd9A3dYSdC8gXKLX_MxeoTLzpFU5CrVJ-dSbQL15gUdIyMEdBQ (abgerufen am 31.8.2023).

18 »Zentralrat trauert um Reinhard Florian«; Pressemitteilung, 18. März 2014; https://zentralrat.sintiundroma.de/zentralrat-deutscher-sinti-und-roma-trauert-um-reinhard-florian-2/ (abgerufen am 31.8.2023).

19 Siehe auch Stiftung Denkmal für die im Nationalsozialismus ermordeten Sinti und Roma Europas; www.stiftung-denkmal.de/denkmaeler/denkmal-fuer-die-im-nationalsozialismus-ermordeten-sinti-und-roma-europas/ (abgerufen am 2.9.2023).

20 Rede von Dani Karavan anlässlich der Einweihung des Denkmals; www.stiftung-denkmal.de/wp-content/uploads/Rede_Dani_Karavan.pdf (abgerufen am 31.8.2023). Mit Dank an Noa Karavan-Cohen für die volle Wiedergabe des Zitats.

21 Rede von Zoni Weisz anlässlich der Einweihung des Denkmals; www.stiftung-denkmal.de/wp-content/uploads/Rede_Zoni_Weisz.pdf (abgerufen am 31.8.2023).

12 Mare Manuschenge – Für unsere Menschen

1 Siehe zum Beispiel EU Fundamental Rights Agency 2023 Report; https://fra.europa.eu/sites/default/files/fra_uploads/fra-2023-fundamental-rights-report-2023_en_1.pdf (abgerufen am 5.9.2023).

2 European Commission: Roma Equality, inclusion and participation in the EU; https://commission.europa.eu/strategy-and-policy/policies/justice-and-fundamental-rights/combatting-discrimination/roma-eu/roma-equality-inclusion-and-participation-eu_en#roma-people-in-the-eu (abgerufen am 14.9.2023).

3 Dazu siehe: »Prominente Roma und Sinti«. In: *Der Spiegel*, 24. Februar 2018; www.spiegel.de/fotostrecke/roma-und-sinti-von-marianne-rosenberg-bis-jesus-navas-fotostrecke-158648.html (abgerufen am 20.11.2023). Zu bekannten Persönlichkeiten mit einem Sinti- oder Roma-Hintergrund siehe auch: Ian Hankock: *We are the Romani People. Ame sam e Rromane džene*. Hatfield 2002, S. 125–138.

4 Ebenda.

5 Rede von Romeo Franz, 7. Juli 2018 im Europa-Parlament; www.youtube.com/watch?v=Za--wrnkhbk (abgerufen am 7.9.2023).

6 *Die letzte Instanz – Der Meinungstalk mit Steffen Hallaschka*: »Das Ende der Zigeunersauce: Ist das ein notwendiger Schritt?«, 29. Januar 2021; www.youtube.com/watch?v=v32zQTd7JwA 20. November 2020 (abgerufen am 6.9.2023).

7 Matthias Dell: »Ungenial daneben«. In: *Die Zeit*, 1. Februar 2021; www.zeit.de/kultur/film/2021-01/wdr-sendung-letzte-instanz-thomas-

gottschalk-rassismus-janine-kunze?utm_referrer=https%3A%2F%2Fwww.bing.com%2F (abgerufen am 6.9.2023).
8 Ben Becker beim *Kölner Treff*, 3. November 2023; https://www1.wdr.de/mediathek/video/sendungen/koelner-treff/video-schauspieler-ben-becker-100.html, ab Minute 27:00, und www.focus.de/regional/koeln/nach-zigeunerspruch-von-ben-becker-im-wdr-talk-wird-es-still-im-studio_id_239598232.html (abgerufen am 20.11.2023).
9 Oliver Decker, Johannes Kiess, Ayline Heller und Elmar Brähler (Hrsg.): *Autoritäre Dynamiken in unsicheren Zeiten. Neue Herausforderungen – alte Reaktionen.* Gießen 2022.
10 Ebenda, S. 70.
11 Noa Karavan-Cohen im Gespräch mit Alexandra Senfft am 19. November 2022.
12 Alexandra Senfft im Telefoninterview mit Dani Karavan, 31. Juli 2020. Siehe auch Alexandra Senfft: »Das Verschweigen brechen«. In: *Der Freitag*, 2. August 2020; www.freitag.de/autoren/alexandra-senfft/das-verschweigen-brechen (abgerufen am 7.9.2023).
13 Stiftung Denkmal: »Lasst unser Denkmal unberührt, damit unsere Toten ihre ewige Ruhe finden«, 21. Mai 2021; www.stiftung-denkmal.de/aktuelles/lasst-unser-denkmal-unberuehrt-damit-unsere-toten-ihre-ewige-ruhe-finden/ (abgerufen am 7.9.2023).
14 Ebenda.
15 Romani Rose: Statement zum Denkmal für die im Nationalsozialismus ermordeten Sinti und Roma, 21. Mai 2021; https://zentralrat.sintiundroma.de/statement-zum-denkmal-fuer-die-im-nationalsozialismus-ermordeten-sinti-und-roma-europas/ (abgerufen am 19.11.23).
16 Stellungnahme des Zentralrats zur geplanten S-Bahn-Trasse in Berlin und dem Schutz des Denkmals für die ermordeten Sinti und Roma Europas, 16. Oktober 2023; https://zentralrat.sintiundroma.de/stellungnahme-des-zentralrats-zur-geplanten-s-bahn-trasse-in-berlin-und-dem-schutz-des-denkmals-fuer-die-ermordeten-sinti-und-roma-europas/ (abgerufen am 19.11.23).
17 Offener Brief: »Rettet das Berliner Denkmal für die ermordeten Sinti und Roma Europas!«; https://save-sinti-roma-memorial.org (abgerufen am 19.10.23). Siehe auch: Christoph Schuldt und Sarah Vojta: »Brandbrief an Berliner Senat. Streit um das Sinti-und-Roma-Mahnmal spitzt sich zu«. In: *Der Spiegel*, 12. Oktober 2023; www.spiegel.de/politik/deutschland/berlin-streit-um-sinti-roma-mahnmal-spitzt-sich-zu-brandbrief-an-senat-a-c5233597-c4c3-4573-8107-d9b73da63686 (abgeru-

fen am 13.11.23); sowie Daniel Bax: »Angriff auf Gedenken. Mehr als nur ein paar Bäume«. In: *taz*, 13. November 2023; https://taz.de/Angriff-auf-Gedenken/!5969451/ (abgerufen am 19.11.23); außerdem Christian Latz: »Streit um Berliner Sinti-und-Roma-Denkmal. Künstlerfamilie droht Senat mit Klage gegen S-Bahn-Tunnel«. In *Tagesspiegel*, 20. November 2023; www.tagesspiegel.de/berlin/streit-um-berliner-sinti-und-roma-denkmal-kunstler-familie-droht-senat-mit-klage-gegen-s-bahntunnel-10797214.html (abgerufen am 21.11.23).

18 Sinti und Roma, der Beginn der Verfolgung. In: zwangsarbeit-archiv.de; www.zwangsarbeit-archiv.de/zwangsarbeit/ereignisse/sintiundroma/index.html (abgerufen am 3.9.202).
19 Siehe zum Beispiel Merfin Demir, Julianna Orsos u. a.: Sinti und Roma. »Die größte Minderheit in Europa«. In: *Aus Politik und Zeitgeschehen*, 25. Mai 2011; www.bpb.de/shop/zeitschriften/apuz/33281/die-groesste-minderheit-in-europa/?p=all (abgerufen am 18.9.2023).
20 https://2august.eu (abgerufen am 10.9.2023).
21 https://ternype.eu (abgerufen am 10.9.2023). Siehe auch www.romarchive.eu/de/roma-civil-rights-movement/roma-youth-activism-we-are-present/ (abgerufen am 11.9.2023).
22 Estera Stan, David Paraschiv, siehe auch www.stiftung-denkmal.de/aktuelles/maremanuschenge/ (abgerufen am 14.9.2023), und Elisei Nedelcu in dem Theaterstück »WIR SIND HIER!«; https://kuringa.de/en/2023/05/16/wir-sind-hier-tour/ und www.stiftung-denkmal.de/aktuelles/maremanuschenge/ (abgerufen am 14.9.2023).
23 WIR SIND HIER!; https://romatrial.org/projekte/wir-sind-hier/ (abgerufen am 14.9.2023).

Zeittafel

1407
Erste urkundliche Erwähnung von Sinti und Roma in Deutschland, Hildesheim.

1498
Der Reichstag zu Freiburg erklärt die »Zigeuner« reichsweit für »vogelfrei«. Es war nun rechtlich, gegen sie Straftaten bis zum Mord zu begehen. Bis 1774 folgten in den deutschen Kleinstaaten über 146 Edikte, die sich gegen Sinti und Roma richteten und sie sogar zur Versklavung freigaben.

1883
31. Oktober 1883: Bundesratsbeschluss, nach dem an »ausländische Zigeuner« keine Gewerbescheine mehr erteilt werden.

1886
Verfügung vom 1. Juli 1886: Nur »Zigeuner«, die eine deutsche Staatsbürgerschaft nachweisen können, werden als deutsche Reichsbürger anerkannt.

1887
Laut preußischem Ministerialerlass vom 29. September 1887 sind »Zigeuner«, die ihre preußische oder deutsche Abstammung nicht nachweisen können, wie Ausländer zu behandeln. Gewerbeverbote für »ausländische Zigeuner«. Vielen seit Jahrhunderten in Deutschland lebenden Sinti wird die Staatsbürgerschaft verwehrt, was zu ihrer Ausweisung führt.

1899
In München entsteht eine polizeiliche »Zigeunerzentrale«, um Sinti und Roma in einem Zentralregister zu erfassen. Bis 1925 werden aus

ganz Deutschland über 14 000 Personalakten über Sinti und Roma in der Münchner Behörde angelegt.

1905
Das von Alfred Dillmann für die Polizeidirektion München zusammengestellte »Zigeuner-Buch« für den polizeilichen Gebrauch erscheint, darin enthalten sind die Namen und Daten von 3350 Sinti und Roma, teils sogar mit Fotos. Das Buch kommt im gesamten deutschsprachigen Raum zur polizeilichen Anwendung.

1906
Laut den preußischen »Anweisungen zur Bekämpfung des Zigeunerunwesens« vom 16. Februar 1906 soll nicht deutschen Sinti und Roma nun die Einreise ins Deutsche Reich verwehrt werden.

1911
Der erste polizeiliche »Nachrichtendienst für die Sicherheit in Bezug auf Zigeuner«, kurz »Zigeunerkonferenz« genannt, wurde in München gegründet, mit dem Ziel, Sinti und Roma von der gesellschaftlichen Teilhabe auszuschließen. In ganz Bayern werden die Fingerabdrücke von »Zigeunern« gesammelt. Dieser Nachrichtendienst machte national Schule, fand aber auch international Entsprechungen.

1914
Beginn des Ersten Weltkriegs am 28. Juli.

1918
In Bayern werden »umherziehende inländische Zigeuner« zur Zwangsarbeit in Lager verschafft. Der Erste Weltkrieg endet am 11. November.

1919
In Württemberg wird das »zigeunermäßige Umherziehen und Lagern« verboten.

Ab 1920
Reichsweit Verbote für »Zigeuner«, sich in Kurorten oder an Heilstätten aufzuhalten. Im gesamten Deutschen Reich verschärfen sich die Auflagen gegen Sinti und Roma.

1924
Bayerische »Anordnung zur Bekämpfung der Zigeuner«, darunter das Verbot, in »Horden« unterwegs zu sein.

1926
Der Bayerische Landtag verabschiedet am 16. Juli gegen die Stimmen von SPD und KPD das »Gesetz zur Bekämpfung von Zigeunern, Landfahrern und Arbeitsscheuen«. Es erlaubt, Sinti und Roma ohne festen Arbeitsplatz bis zu zwei Jahre in »Arbeitsanstalten« zu internieren. Die Münchner »Zigeunerzentrale« wird in »Zigeunerpolizeistelle« umbenannt.

1927
Erlass des preußischen Innenministers Albert Grzesinski, Sinti und Roma sollten »Sonderausweise« tragen, der vom Norddeutschen Bund von den Hansestädten Hamburg und Lübeck übernommen wird.

1929
Im Oktober beginnt die Weltwirtschaftskrise.

1933
Das »Berufsbeamtengesetz« wird auch auf Sinti und Roma angewandt, sodass »nicht arische Beamte« in den vorzeitigen Ruhestand versetzt werden können. Das »Gesetz zur Verhütung erbkranken Nachwuchses« vom 14. Juli bereitet die Zwangssterilisationen von Sinti und Roma vor, die ein Jahr später beginnen. Erste Einweisungen in Konzentrationslager.

1935
Der Reichstag beschließt am 15. September die »Nürnberger Gesetze«. Nur noch Angehörige »deutschen oder artverwandten Blutes« können jetzt politische Rechte beanspruchen, sie richteten

sich zunächst nur gegen die deutschen Juden, doch auch Sinti und Roma waren nun als »außereuropäische Fremdrasse« stigmatisiert. Das »Gesetz zum Schutze des deutschen Blutes und der deutschen Ehre« verbietet es Jüdinnen und Juden sowie Sinti und Roma unter Androhung von Gefängnis, Ehen oder Beziehungen mit Nicht-Juden und -Jüdinnen bzw. Gadje einzugehen. Laut dem damit verbundenen verabschiedeten »Reichsbürgergesetz« werden nur »Staatsangehörige deutschen oder artverwandten Blutes« als Reichsbürger anerkannt. In diversen Städten entstehen erste Zwangslager für Sinti und Roma. Die »Reichstheaterkammer« (RTK) schließt »Nicht-Arier« aus ihren Reihen aus.

1936
Die Nationalsozialist:innen stellen Sinti und Roma am 3. Januar 1936 Jüdinnen und Juden im Sinne der Diskriminierung gesetzlich gleich. Entzug des Wahlrechts und Anordnung vollständiger Erfassung. Deportationen von Sinti nach Dachau. Erlass des Reichsinnenministers »zur Bekämpfung der Zigeunerplage«.
In Vorbereitung auf die Olympischen Spiele entsteht das Zwangslager Berlin-Marzahn, um Berliner Sinti und Roma dort zu konzentrieren, festzusetzen und zur Zwangsarbeit zu verpflichten. Am 15. Juli 1936 bestimmte eine Polizeiverordnung, »Zigeuner und nach Zigeunerart umherziehende Personen« zu verhaften und ins Zwangslager Marzahn zu schaffen. Es werden jedoch auch gemeldete Bürger mit festen Wohnsitzen dorthin verschleppt. Im August 1936 wurde die »Rassenhygienische und Bevölkerungsbiologische Forschungsstelle« (RHF) des Reichsgesundheitsamtes gegründet, die sich unter Leitung des Psychiaters und Rassentheoretikers Robert Ritter und seiner Assistentin Eva Justin sogleich an die Arbeit macht. Bis zum Kriegsende legt die RHF 24 000 »rassenkundliche Gutachten« an, die zur entscheidenden Grundlage für die Deportationen in Vernichtungslager, für Zwangssterilisationen und Schwangerschaftsabbrüche werden.

1937
Der Ausschluss von Sinti und Roma aus der Wehrmacht beginnt. Der »Asozialenerlass« vom 14. Dezember 1937 gibt der Polizei freie Hand, Sinti und Roma als unerwünschte »Elemente« in Konzen-

trationslager zu deportieren. Zur Jahreswende 1937/1938 verlieren Sinti und Roma die Mitgliedschaft in der Reichskulturkammer beziehungsweise der Reichsmusikkammer sowie in der Reichsfilmkammer, was einem Berufsverbot gleichkommt.

1938

Der »Anschluss« Österreichs im März. Die Aktion »Arbeitsscheu Reich« vom Juni 1938 führt dazu, dass von nun an reichsweit Sinti und Roma in Konzentrationslager und Sammellager transportiert werden. Den Pogromen vom 9. auf den 10. November 1938 fallen auch Sinti und Roma zum Opfer, ihre Verfolgung verschärft sich. Im Zuge der Zentralisierung durch die NS-Behörden zieht die Münchner »Zigeunerpolizeistelle« in die neu gegründete »Reichszentrale zur Bekämpfung des Zigeunerunwesens« nach Berlin um.

Mit dem »Runderlaß zur Bekämpfung der Zigeunerplage« vom 8. Dezember 1938 leitet Heinrich Himmler die vollständige Erfassung aller Sinti und Roma in Deutschland ein. Er verfügt, »die Regelung der Zigeunerfrage aus dem Wesen dieser Rasse heraus« in Angriff zu nehmen, mit dem erklärten Ziel der »endgültigen Lösung der Zigeunerfrage«.

1939

Besetzung der Tschechoslowakei am 15. März, Beginn des Zweiten Weltkriegs am 1. September. Im Juni lässt Heinrich Himmler 3000 burgenländische Roma in »polizeiliche Vorbeugehaft« nehmen und in Konzentrationslager transportieren. Reinhard Heydrich, Chef der Sicherheitspolizei, beschließt am 21. September, die Juden und »restlichen 30 000 Zigeuner« aus dem Reichsgebiet in das besetzte Polen zu deportieren. Ab 17. Oktober 1939 gilt deshalb Himmlers »Festsetzungserlass« oder »Festschreibungserlass«. Dieser sieht vor, Sinti und Roma unter Androhung von KZ-Haft zu zwingen, in den Landkreisen und Ortschaften zu bleiben, in denen sie sich gerade aufhalten, gleichgültig, ob sie dort überhaupt gemeldet oder heimatberechtigt sind.

1940

Am 27. April werden 2500 Sinti und Roma aus dem Westen und Nordwesten des »Dritten Reichs« in das »Generalgouvernement

Polen« deportiert. In zahlreichen Lagern und Ghettos müssen sie Zwangsarbeit leisten. Viele haben sich durch Sonderausweise und Armbinden mit der Aufschrift »Z« zu kennzeichnen. Zahlreiche Opfer durch Exekutionskommandos.

1941
Juden und Jüdinnen sowie Sinti und Roma verlieren am 31. Januar durch eine Verordnung zum Reichsbürgergesetz von 1935 die deutsche Staatsangehörigkeit und ihren Status der »Schutzangehörigkeit«. Das »Rassenhygienische Forschungsinstitut« hat bereits 20 000 Sinti und Roma erfasst. Seit Oktober 1941 werden nun auch die Berliner Juden und Jüdinnen deportiert. Systematische Massenerschießungen von Roma in der besetzten Sowjetunion und anderen besetzten Gebieten in Ost- und Südeuropa. An die 5000 Roma aus dem Burgenland werden im »Zigeunerlager« innerhalb des »Judenghettos Litzmannstadt« (Łódź) im besetzten Polen interniert; über 700 sterben an den Lebensbedingungen (Seuchen). Die restlichen Überlebenden werden im Dezember und Januar 1942 im Vernichtungslager Kulmhof (Chełmno) in mobilen Gaskammern erstickt.

1942
Die meisten verbliebenen Sinti und Roma werden aus rassenpolitischen Gründen nun konsequent aus der Wehrmacht entlassen, einige müssen allerdings bis zum Kriegsende weiter Dienst leisten. »Vernichtung durch Arbeit« ist weiter die Maßgabe. In den Konzentrationslagern werden Zwangssterilisationen durchgeführt. Sinti und Roma müssen wie Juden und Jüdinnen eine Zusatzsteuer als Sozialausgleichsabgabe in Höhe von 15 Prozent ihres Einkommens entrichten. Heinrich Himmler befiehlt am 16. Dezember 1942 den »Auschwitz-Erlass«. Alle im »Deutschen Reich« und in einigen anderen besetzten Ländern lebende Sinti und Roma sind nach Auschwitz-Birkenau in ein innerhalb weniger Wochen eigens dazu angelegtes »Zigeunerfamilienlager« zu deportieren.

1943
Himmler bestimmt in einem Schnellbrief, wer nicht deportiert und zwangssterilisiert werden soll. Dazu zählen die noch nicht entlassenen Wehrdienstleistenden und andere in der Rüstungsindustrie

notwendige Personen, fest Ansässige mit regelmäßiger Arbeit und solche, die mit »Deutschblütigen« verheiratet sind. Ab Februar 1943 verschleppt die SS rund 23 000 Frauen, Männer und Kinder aus fast ganz Europa in das als Vernichtungslager angelegte Auschwitz-Birkenau. Manche werden sofort in den Gaskammern ermordet; die größte Gruppe unter ihnen sind die über 14 000 deutschen und österreichischen Sinti und Roma. Sie sterben an Hunger, Krankheiten und Gewalttaten durch die SS sowie – vor allem Kinder – durch Experimente des SS-Lagerarztes Josef Mengele. Dieser nimmt seinen Dienst im »Zigeunerfamilienlager«, auch »Zigeunerlager« genannt, im Mai auf.

1944

Am 16. Mai 1944 wehren sich die 6000 Sinti und Roma, die überlebt haben, anfangs erfolgreich gegen die Auflösung des »Zigeunerfamilienlagers«. Ungefähr ein Drittel von ihnen wird als Zwangsarbeiter:innen für die Rüstungsindustrie auf andere Konzentrationslager im Reichsgebiet verteilt. In der Nacht zum 3. August wird das Lager schließlich doch aufgelöst, um Platz für die aus Ungarn deportierten Juden und Jüdinnen zu schaffen. Viele der verbliebenen 4300 Sinti und Roma leisten Widerstand, doch sie alle werden in den Gaskammern von Auschwitz-Birkenau ermordet.

1945

Das Konzentrationslager Auschwitz-Birkenau wird am 27. Januar von der Roten Armee befreit, das KZ Bergen-Belsen am 16. April von britischen Truppen. Am 8. Mai kapituliert die deutsche Wehrmacht bedingungslos. Schätzungen nach sind 500 000 Sinti und Roma Europas dem Völkermord durch die Nationalsozialist:innen zum Opfer gefallen, die genaue Zahl der Ermordeten ist nicht bekannt. Das Bayerische Landeskriminalamt (BLKA) führt die von den Nationalsozialist:innen angelegte Erfassung der Sinti und Roma in der »Landfahrerzentrale« nahtlos weiter fort. Sinti und Roma kämpfen erfolglos um »Wiedergutmachung«.

1953
Die Bayerische Landfahrerverordnung tritt am 22. Dezember in Kraft, die Sinti und Roma kontrolliert, erfasst und massiv im Alltag behindert.

1956
Der Bundesgerichtshof beschließt, dass die Verfolgung von Sinti und Roma erst ab 1943 juristisch greife; sie seien davor nicht aus rassistischen Gründen verfolgt worden. Dieses Urteil wirkt sich negativ auf die vielen Entschädigungsanträge von Sinti und Roma aus, deren Anrecht auf Zahlung damit zunichtegemacht wird.

1963
Revidierung des Urteils von 1956: Der Bundesgerichtshof beschließt am 18. Dezember, dass die Verfolgung der Sinti und Roma doch spätestens mit dem Erlass zur »Bekämpfung der Zigeunerplage« vom 8. Dezember 1938 anzusetzen ist. Neuanträge durften nun von denjenigen gestellt werden, deren Anträge 1956 aufgrund des Urteils abgewiesen wurden. Doch für diejenigen, die wegen dieses Fehlurteils überhaupt keinen Antrag mehr gestellt hatten, erlosch jeglicher Anspruch auf Entschädigung.

1979
Vinzenz und Romani Rose übergeben dem Kanzleramt am 2. November 1979 ein Memorandum, in dem sie die Ziele der Bürgerrechtsbewegung darlegen. In Bergen-Belsen findet die erste öffentliche Gedenkfeier für die ermordeten Sinti und Roma statt.

1980
In der Gedenkstätte Dachau gehen am Karfreitag elf Sinti, darunter Überlebende des NS-Völkermords, und die Sozialarbeiterin Uta Horstmann erfolgreich in einen einwöchigen Hungerstreik gegen die fortgesetzte Sondererfassung auf Basis der NS-Akten.

1982
Im Februar entsteht der Zentralrat Deutscher Sinti und Roma, Romani Rose wird zu dessen Vorsitzendem gewählt. Am 17. März er-

kennt der damalige Bundeskanzler Helmut Schmidt den Baro Marepen/Porajmos politisch als NS-Völkermord an.

1997
Am 16. März erklärt der damalige Bundespräsident Roman Herzog: »Der Völkermord an den Sinti und Roma ist aus dem gleichen Motiv des Rassenwahns, mit dem gleichen Vorsatz und dem gleichen Willen zur planmäßigen und endgültigen Vernichtung durchgeführt worden wie der an den Juden. Sie wurden im gesamten Einflussbereich der Nationalsozialisten systematisch und familienweise vom Kleinkind bis zum Greis ermordet.«

2005
Jede Form von Sondererfassung der Sinti und Roma sei nun beendet, verspricht der bayerische Innenminister Günther Beckstein dem Zentralrat der Sinti und Roma.

2012
Feierliche Einweihung des Denkmals der ermordeten Sinti und Roma Europas in Berlin am 24. Oktober.

2022
Festakt zum zehnten Jahrestag des Denkmals mit Eröffnung der ergänzenden Freiluftausstellung am 24. Oktober.

Glossar

Grundbegriffe
Rom *m* | Roma *Pl.*
Romni *f* | Romnja *Pl.*
Roma *Pl.*

Sinto *m* | Sintos *Pl.*
Sintitsa *f* | Sintitsas *Pl.*
Sinti *Pl.*

Gadjo *m* – Nicht-Sinto und Nicht-Rom
Gadji *f* – Nicht-Sintitsa und Nicht-Romni
Gadje *Pl.* – Nicht-Sinti und Nicht-Roma

Einzelne Vokabeln
Awa – Ja
Bibi – Tante
Kako – Onkel
Kher – Haus
Mami – Name für Großmutter/Oma
   Alte Mami – Ehrenbezeichnung für Ur-/Großmutter
   Puri Mami – Urgroßmutter
Mal *m* | Maletsa *f* | Mala *Pl.* – Freund | Freundin | Freunde
Mangap – Bitte
Mangap tut – Bitte dich
Marepen – Morden
Merepen – Sterben
Nebudetsa – Cousine
Nebudo – Cousin
Na-a – Nein
Papo – Großvater/Opa (Großonkel)
Pawi – Apfel

Rom – Mensch
Romno – Kultur
Sastepen – Gesundheit (auch Trinkspruch)
Sharepen tuke – Gratuliere (sinngemäß: Ehre sei dir)
Shukar – Schön
Tate/Tata – Vater
Tchum – Kuss
Wurdin – Wagen

Gängige Umgangsformen
Har djalla tuke – Wie geht es dir?
Har djall tuke – Wie geht's dir?
Latcho Diwes – Guten Tag
Latcho Mal – Lieber Freund
Latcho Bashepen – Gute Musik
Latchi Rati – Gute Nacht
Parkrau man – Bedanke mich
Me parkrau man – Ich bedanke mich
Rakeren tumhea romanes? – Sprechen Sie Romanes?
Rom Som – Ich bin ein Mensch

Begriffe im Zusammenhang des Genozids der Nazis an den Sinti und Roma
Baro Marepen – Das große Morden, Begriff der Sinti für den Völkermord an den europäischen Sinti und Roma
Baro Merepen – Das große Sterben, Begriff der Sinti für den Völkermord an den europäischen Sinti und Roma
Manushengromarepen – Wörtliche Übersetzung von »Völkermord« an den europäischen Sinti und Roma
Mare Manuschenge – Für unsere Menschen/Unseren Menschen
Mare Manusha – Unsere Menschen
Porajmos – Das Verschlingen, Begriff der Roma für den Völkermord an den europäischen Roma
Samudaripen – In Frankreich verwendeter Begriff für den nationalsozialistischen Völkermord an den europäischen Sinti und Roma

Literaturauswahl

Benz, Wolfgang: Sinti und Roma: Die unerwünschte Minderheit. Über das Vorurteil Antiziganismus. Metropol, Berlin 2014

Bogdal, Klaus-Michael: Europa erfindet die Zigeuner. Eine Geschichte von Faszination und Verachtung. Suhrkamp, Berlin 2011

Bundesministerium des Innern, für Bau und Heimat: Perspektivwechsel. Nachfolgende Gerechtigkeit. Partizipation. Bericht der Unabhängigen Kommission Antiziganismus. Frankfurt am Main 2021

Cavaljeti-Richter, Mirano: Auf der Flucht über den Balkan. Die Kindheitserlebnisse eines Sinto-Jungen während der NS-Zeit. Herausgegeben und mit einem Nachwort von Annette Leo. Metropol, Berlin 2022

Fings, Karola: Sinti und Roma. Geschichte einer Minderheit. C. H. Beck, München 2016

Franz, Romeo, und Cornelia Wilß (Hrsg.): Mare Manuscha. Innenansichten aus Leben und Kultur der Sinti & Roma. edition faust, Frankfurt am Main 2019

Hanstein, Ewald: Meine hundert Leben. Erinnerungen eines deutschen Sinto. Donat, Bremen 2005

Horvath, Stefan: Katzenstreu. edition lex lizt, Oberwart 2008

Janoska, Katharina: KriegsROMAn. Die Geschichte einer Familie. Bu&Bu Verlag, Frauenkirchen 2019

Lauenberger, Janko, mit Juliane von Wedemeyer: Ede und Unku – Die wahre Geschichte. Das Schicksal einer Sinti-Familie von der Weimarer Republik bis heute. Gütersloher Verlagshaus, Gütersloh 2018

Krechel, Ursula: Geisterbahn. btb, München 2020

Krokowski, Heike: Die Last der Vergangenheit. Auswirkungen nationalsozialistischer Verfolgung auf deutsche Sinti. Campus, Frankfurt am Main 2001

Leo, Annette: Das Kind auf der Liste. Die Geschichte von Willy Blum und seiner Familie. Aufbau, Berlin 2020

Lotto-Kusche, Sebastian: Der Völkermord an den Sinti und Roma und die Bundesrepublik. Der lange Weg zur Anerkennung 1949–1990. De Gruyter, Berlin/Boston 2022

McCann, Colum: Zoli. Rowohlt, Reinbek 2007

Mechelhoff-Herezi, Jana, und Uwe Neumärker (Hrsg.): Zilli Schmidt: Gott hat mit mir etwas vorgehabt! Erinnerungen einer deutschen Sinteza. Stiftung Denkmal für die ermordeten Juden Europas 2020

Mechelhoff-Herezi, Jana, und Uwe Neumärker Uwe (Hrsg.): Reinhard Florian: Ich wollte nach Hause, nach Ostpreußen! Das Überleben eines deutschen Sinto. Stiftung Denkmal für die ermordeten Juden Europas 2020

Pientka, Patricia: Das Zwangslager für Sinti und Roma in Berlin-Marzahn. Alltag, Verfolgung und Deportation. Metropol, Berlin 2013

Pankok, Moritz, Raabe, Isabel, und Romani Rose (Hrsg.): Widerstand durch Kunst. Sinti und Roma und ihr kulturelles Schaffen. CH. Links Verlag, Berlin 2022

Reuss, Anja: Kontinuitäten der Stigmatisierung. Sinti und Roma in der deutschen Nachkriegszeit. Metropol, Berlin 2015

Rosenberg, Otto: Das Brennglas. Aufgezeichnet von Ulrich Enzensberger. Wagenbach, Berlin 2012

Stojka, Ceija: Wir leben im Verborgenen. Erinnerungen einer Rom-Zigeunerin. Picus, Wien 2013

Tuckermann, Anja: »Denk nicht, wir bleiben hier!« Die Lebensgeschichte des Sinto Hugo Höllenreiner. dtv, München 2018

Wippermann, Wolfgang: Niemand ist ein Zigeuner. Zur Ächtung eines europäischen Vorurteils. edition werkstatt, Hamburg 2015

Wuttke, Walter: Familie Eckstein. Lebensschicksale einer Musiker-Sinti-Familie. Anton H. Konrad, Weißenhorn 2022

Danksagung
von Romeo Franz und Alexandra Senfft

Ich danke von Herzen meiner Ehefrau Angelique Gina Franz sowie meinen Kindern Venetia, Sunny und Suny, die mich während der Arbeiten an diesem Buch geduldig und liebevoll begleitet haben. Beim Eintauchen in die Vergangenheit gab es viele emotionale und schwierige Momente für mich, in denen sie mir zur Seite standen. Mein Sohn Sunny war mir bei so manchen Recherchen behilflich.

Auch meinen Eltern Mery und Romeo Franz möchte ich für wichtige Hinweise auf die Familiengeschichte danken; vor allem dafür, dass sie uns das letzte Lebenszeichen meiner Großtante Bärbel, ihren Brief aus dem KZ, zur Verfügung stellten.

Felix Büchner, mein Mann, hat dieses Buch mitlesend verfolgt, viele eigene Gedanken eingebracht und mich während des Schreibens sensationell bekocht. Seine und die Unterstützung meiner Kinder Magda und David sowie meiner Freund:innen hat mich sicher durch diese anspruchsvolle Zeit getragen.

Gemeinsam danken wir den Familienangehörigen Cilli Blum, Robert Pohl, Dimon Männele Franz, Angelique und Mirano Cavaljeti-Richter für ihre Erinnerungen an die Familien Franz, Pohl und Blum, für ihre wertvolle Zeit und die zur Verfügung gestellten Fotos und Dokumente.

Wir danken ganz besonders Daniel Strauß, der unser Manuskript aufmerksam gelesen und kommentiert hat. Insbesondere war er auch ein wichtiger Ratgeber bei der Schreibweise des Romanes.

Die Historikerin Jana Mechelhoff-Herezi hat unser Buch historisch begleitet und es durch kluge Anmerkungen und wertvolle Anregungen außerordentlich bereichert: Danke!

Die Historikerin Eve Rosenhaft stellte uns großzügig Ergebnisse ihrer eigenen Recherchen über Berliner Sinti um die Jahrhundertwende zur Verfügung und gab uns wichtige weiterführende Hinweise.

Ebenfalls danken wir besonders den Historiker:innen Eveline Diener und Patricia Pientka für ihre Forschungsarbeiten und Ratschläge, ferner Karola Fings, Annette Leo, Kai Müller und Michael Wildt. Nicht zuletzt Dank an die italienische Historikerin Donatella Vivian, die sich für uns ins Archiv von Auer/Ora begeben hat, um nach Spuren der Familie Franz auf der Flucht in Südtirol zu suchen. Der Musikwissenschaftlerin Sonja Neumann sei für Hinweise über die Situation von Musikkapellen in der Weimarer Zeit gedankt.

Noa Karavan-Cohen danken wir für ihre Erinnerungen an ihren Vater Dani Karavan und dessen Kunstwerk, das Denkmal für die ermordeten Sinti und Roma in Berlin.

Von Beginn an hat unsere Literaturagentin Elisabeth Ruge fest an unser Buch geglaubt und es mit uns auf den Weg gebracht, wofür wir ihr sehr verbunden sind. Wir danken dem Goldmann Verlag mit Johannes Engelke für die engagierte und empathische Begleitung im Entstehungsprozess; unserer Lektorin Marion Preuß, die dieses Projekt mit viel Enthusiasmus mit uns begann, unserer Lektorin Sita Bertram, die uns dann mit scharfem Sinn und sprachlicher Sicherheit durch den Schreibprozess begleitete; und nicht zuletzt Regina Carstensen, die dem Buch den letzten Schliff gab. Dank auch an Matthies van Eendenburg für so manchen juristischen Rat.

Für die Erforschung der Familiengeschichte waren die Mitarbeiter:innen folgender Archive unermesslich hilfreich:

Arolsen Archives
Auschwitz-Birkenau, Archives of the State Museum,
    Team of the Bureau for Former Prisoners
Bayerisches Hauptstaatsarchiv München
Landesarchiv Berlin
Landesamt für Finanzen – Dienststelle München,
    Landesentschädigungsamt
Landesamt für Finanzen. Amt für Wiedergutmachung
    Saarburg
Mauthausen KZ-Gedenkstätte
Stadtarchiv Kaiserslautern
Landesarchiv Nordrhein-Westfalen
Mahn- und Gedenkstätte Ravensbrück
Gedenkstätte und Museum Sachsenhausen

Register

Adlon (Hotel) 148, 182 f.
Adorno, Theodor W. 246
Albrecht, Jan Philipp 313
Alternative für Deutschland (AfD) 247, 324
Altmaier, Peter 309 f.
Antisemitismus/antisemitisch 86, 132, 153, 336
Antiziganismus/antiziganistisch 42, 44 f., 48, 56, 72 f., 86, 108, 122, 130, 153, 167, 201, 226, 230, 250, 267, 269, 284, 290, 308, 317 f., 321, 329, 326, 332, 334
Antiziganismusbeauftragter der Bundesregierung s. Daimagüler, Mehmet
»Arbeitsscheu Reich« (ASR) 127, 366 s. auch Asozialenerlaß
»Arbeitszwang Reich« (AZR) 194
Arnold, Hermann 297
»Asozialenerlaß« 126, 365
Auer/Ora (Stadt Südtirol) 212 f., 376
Auer, Leopold von 64
Auschwitz-Birkenau s. Konzentrationslager Auschwitz-Birkenau
»Auschwitz-Erlass« 185, 274, 276, 367
Autoritarismus-Studie 2022 (Leipzig) 317 f.
Awosusi, Anita 286 f.

Bajohr, Frank 86
Barenboim, Daniel 323
Baro Marepen 24, 36, 95, 202, 223, 234, 236, 259, 285 f., 305, 307, 315, 322, 370, 372
Bauer, Yehuda 227
Bawelino, Joe 202, 251
»Bayerisches Hilfswerk für die durch die Nürnberger Gesetze Betroffenen« 245, 260
Bayerisches Landeskriminalamt (BLKA) 264, 267 ff., 368
Beck, Kurt 290
Becker, Ben 317
Benz, Wolfgang 104 ff., 106, 232, 373
Berben, Iris 323
Bernadac, Christian 281
Bihari, János 111
Bizet, Georges 72
– Carmen, Opfer 72 f.
Blum, Albertine Lisbeth (Munza), 17, 173,
Blum, Alfons Renz (Dommeli) 17, 23–25, 36, 113, 156 f., 161, 166, 173–175, 179, 187, 198, 237, 244, 269–271, 278, 333
Blum, Alfred 24, 172–175, 198, 240
Blum, Jakob (Dschamba) 17, 166, 168 f., 172
Blum, Latchi (Lani) 166, 169
Blum, Peter (Bondi) 17, 19 f., 25, 28, 30 f., 35, 39, 70, 76, 98 f., 110, 113, 115–117, 136, 187 f., 238, 244 f., 255, 270, 333
Blum, Maria Susanna (Muschel) 168 f., 172
Bongusto, Fred 71
Boning, Wigald 249
Boulanger, Georges 64 f., 245
Bozen (Bolzano) 131, 212, 215,
Bozen-Gries (Durchgangslager) 258 f.
Braun, Berthold 17, 261
Braun, Dora (Kirsche) 17, 261
Braun, Julius 16, 260
Breitfeld, Dubianca 109, 161
Brynner, Yul 223

Bündnis 90/Die Grünen (Partei) 15, 287, 289, 290, 308 f., 314,
Bürgerrechtsbewegung 43, 223, 231, 275 f., 280, 369
Bütow (Bytów) 78 ff, 85 f., 126,
Bukarest 178 f., 187, 196, 240
Bulgarien 187, 310
Bund, Uli 163, 202
Bundesentschädigungs(-Schluss)gesetz 224, 276, 278
– »Skandalurteil« 276 f.
Bundesgerichtshof (BGH) 276 f., 369
Bundeskriminalamt (BKA) 222, 224 f.
Bundesvereinigung der Sinti und Roma (BVSR) 322
Bund-Länder-Vereinbarung zur Sicherung von Grabstätten 292

Cavaljeti-Richter, Mirano 149 f., 169, 171 f., 174, 176, 179, 186 f., 196 ff., 271 f., 373, 375
Chaplin, Charlie 67, 72, 148
Clinton, Bill 311
Comitato di Liberazione Nazionale (CLN, ital. Befreiungskomitee) 217 f.
Constantine, Simon 41
Conti, Leonardo 129

Dagover, Lil 85
Daimagüler, Mehmet – Antiziganismusbeauftragter der Bundesregierung 318, 329
Danzig (Gdańsk) 79, 126, 129 f., 209
Darrow, Henry (The High Chaparral) 28
Delfeld, Jaques 232 ff., 289
Denkmal für die im Nationalsozialismus ermordeten Sinti und Roma Europas 227, 296–305, 319 f., 374, 376
– Jahrestag Gedenkfeier 328 f.
– Einweihung 301 ff., 370
– »Mare Manuschenge«-Komposition 301, 304, 307, 328
– Petition zum Schutz des Denkmals 323

– S-Bahn-Trasse, Planung 318–321, 323
Denstädt, Doreen Landesbeauftragte Antiziganismus Thüringen 318
Deportationen 23, 36, 101, 106, 109, 127, 152, 158 f., 161, 178, 180, 183, 185 f., 189, 192, 194 -197, 199, 209, 213 f., 239, 245, 264, 273, 297, 333, 338, 365, 367 f.
Deutscher, Drafi (Sänger) 311
Die Zeit (Zeitung) 317
Diener, Eveline 267, 376
»Dienststelle für Zigeunerfragen« 152, 157
Diepgen, Eberhard 297
Dietrich, Marlene 148
Dikh He Na Bister, Jugendgedenkinitiative 326
Dirlewanger (SS-Sondereinheit) 240
Djangela, Mirando 96
Drews, Jürgen 248

Eckstein, Angelique (Gina) 17, 253 f., 313, 328, 375
Eichberger, Josef 265
Eissler, Kurt Robert 280
Eitinger, Leo 256 f., 274
Empowerment 13
Engholm, Björn 290
Entschädigung 226, 270, 271, 273, 274, 276, 278, 283
Entschädigungsansprüche 275 ff.
Entschädigungsbehörden/-amt 104, 264, 270, 273, 279
Entschädigungsprozesse/-verfahren 107, 272, 274, 279
Erlass zur »Bekämpfung der Zigeunerplage« 127, 275, 363, 364, 367
Epstein, Curt 269
Europäisches (EU) Parlament/Parlamentarier 308, 314, 332

Familiengruft Hauptfriedhof Kaiserslautern 291, 293
Färber, Kurt 139
Fete des Gitans 97 f.
Fings, Karola 93, 189, 373, 376
Florian, Reinhard 194 f., 301, 323

Fluchtroute
- Bertha und Robert Franz Bildteil S. 20/21
- der Familie Julius Pohl Bildteil S. 18/19
- Ursula und Alfons Blum Bildteil S. 22/23

Fortuin, Pfarrer Arnold 93 f.
Frank, Hans 129 f.
Fiehler, Karl 237
Flamenco 82, 96
Franz, Albert (Schanno) 16, 36, 78 ff., 85, 134, 208 f., 211, 258 f., 261 f., 292, 304, 328
Franz, Angiola Grazia 16, 218 f.
Franz, Bertha (alte Mami) 16, 77 ff., 84, 119, 124, 126, 134, 208, 210 f., 214, 219, 220 f., 258 f., 261 f., 282, 295
Franz, Celona Celina (Cilli) 16, 78 f., 84, 201, 207, 214, 217 f., 259 ff., 279 f., 293, 326, 373
Franz, Dimon (Männele) 112, 170 f., 375
Franz, Emil (Chinko) 17, 27, 78, 85, 123 f., 131, 134, 157, 166, 208 f., 211 f., 216 f., 219 ff., 260–263, 281 ff., 293, 328
Franz, Helene (Patschka) 16, 78, 81, 125, 134, 208 f., 216, 220, 296
Franz, Hugo (Pekell) 169 f., 174
Franz, Hugo (Moritz) 16, 27, 76 ff., 86, 119, 121, 123, 125, 134, 208, 211, 213, 216 f., 219 ff., 263, 282 f., 292 ff., 328
Franz, Karl (Rankeli) 17, 27, 76 ff., 119 ff., 123, 134, 208, 216, 218 ff., 258, 263, 282 f., 294 ff., 328
Franz, Lasso Romeo (Gugo/Tate) 17, 19 f., 21, 26, 28, 33, 34 f., 37, 39, 69 ff., 76 f., 91 f., 95 f., 110, 112, 117 ff., 134 ff., 140, 203, 205, 222, 224 f., 259, 279, 281, 289, 327 f., 375
Franz, Luise (Perle) 169, 172
Franz, Manolito Mario (Bruder) 17, 19, 26, 28, 30, 39, 69, 71, 72, 95, 164, 204, 235, 247, 253, 285
Franz, Maria (Fitzela) 16, 78, 123, 130, 220, 263, 279, 294 ff., 328
Franz, Maria (Modsche/Mami) 17, 96, 124, 131, 143, 157, 208 f., 214, 218, 260, 281 ff., 293 ff., 328
Franz, Maria Ursula (Beere) 16, 124 f., 208, 219, 261, 263
Franz, Mery Manola (Mama) 17, 19, 25 f., 34, 29, 37, 39, 70, 73 f., 77, 95, 110, 113, 118, 140, 144, 175, 179, 192, 238, 244 f., 270, 295, 328, 375
Franz, Paul (Vinko) 16, 27, 36, 78 ff., 84, 122, 134, 209 ff., 229, 258 f., 261 f., 292 f., 295, 304, 327 f.
Franz, Philomena 254
Franz, Rebecca 17, 75
Franz, Robert (Pilli) 16, 27, 77, 79 f., 84 f., 119, 122–126, 130, 134, 208, 262, 295
Franz, Romeo-Manolito (Sunny) 17, 247, 253, 291, 312, 327, 328, 375
Franz, Romeo Peter Sischo 17
- Bürgerrechtler 291
- Bürgerrechtsarbeit 225, 233
- Demo BKA Wiesbaden 1983 222, 224 f.
- Diskriminierungen als Kind 32
- EU-Parlament 313–315
- Fischerrückschule Kaiserslautern 27, 29 f.
- Geigenbogen 27, 122, 258, 289, 292 f., 304, 328
- Hildegard Lagrenne Stiftung 308 f.
- Jugend in Homburg 110 f., 117, 135, 138, 141
- Kindheit in Spesbach 27, 32–34, 91, 98, 115, 138
- Parteieintritt Die Grünen 287

Franz, Sarah (Suny) 17, 253, 375
Franz, Venetia Dina 17, 245, 251, 375
Franz, Wilja (Wana, Silvana) 17, 281 f.
Franz, Wolfgang Amadeus (Sischo) 16, 112, 131, 208, 261, 263, 282 f., 293
Funès, Louis de 224

Gauck, Joachim 301
Geldentwertung 60

Gesellschaft für bedrohte Völker, Göttingen 222
Gesetz zur »Wiedergutmachung nationalsozialistischen Unrechts« 274 f., s. a. *Bundesentschädigungsgesetz*
Geißler, Heiner 290
Gibe, Hiroshi 118
Gilsenbach, Reimar 108, 152 f., 181
Gottschalk, Thomas 316
Grützmacher, Friedel 290

Hallaschka, Stefan 316
Hanau, Terroranschlag 324
Hanstein, Ewald 159, 239, 373
Hanstein, Paul 157 f., 160, 185, 194 f., 239
Hayworth, Rita 311
Heinzmann, Gerhard 120
Henkell, Schaumweinproduzent 123
Herbig, Michael »Bully« 249
Herzberg, Regina s. Rosenbach, Regina 200
Herzog, Roman 297
Hess, Alois 139
Heydrich, Reinhard 129, 366
Himmler, Heinrich 127, 129 f., 185, 274, 277, 366 f.
Höcke, Björn 325
Hoff, Berta Afra (die kluge Klare) 16, 50-54
Hoff, Ella 17, 52, 54, 68
Hoff, Hugo 16, 50 f., 54 f., 57, 59, 61, 100, 102 f., 107, 124
Hoff, Waidemann Wilhelm 16, 40, 48 ff. 54, 57 ff., 63 f., 68 f., 99 f., 102 f., 106, 109, 124, 146, 148, 175, 181, 200, 245
Höllenreiner, Hugo 239 f.,
Höllenreiner, Josef 237 ff., 374
Horney, Brigitte 150, 159
Horstmann, Uta 223
Horvath, Gilda 320

Illic, Bata 249
Illingen, Illinger Bergkapelle, Wallfahrt 93 ff., 224
- Illingen Kerpenschule 94

Inflation (Hyperinflation) 60, 83
Internationale Roma Union (IRU) 11
Internationales Hilfswerk für Sinti und Roma 120
Italien 46, 74, 130, 131, 150, 170, 172, 211-221, 258 f., 281, 292, 315
Italienische Lager 219
Italienische Sozialrepublik (Republik von Sàlo) 215

Jacob Sisters 248
Jäckel, Eberhard 297 f.
Jo Lauer Band 138-140, 144
Jürgen (Jo) Lauer 138 f., 145, 163
Judenverfolgung/-deportation/-vernichtung 86, 100, 104, 108, 126-129, 132, 153, 180, 186, 187, 192, 213-215, 240, 296 f., 333, 365-368, 370
Justin, Eva 153 f., 365

Kali Sara 96 f.
Kapelle Franzens 27, 81, 84, 119, 122 f., 211 f., 213, 262, 292, 294, 327
Karavan, Dani 227, 296 f., 299 f., 319, 323, 327, 376
Karavan-Cohen, Noa 299, 319, 376
Kattowitz (Katowice) 134, 210, 264
Kenrick, Donald 132
Kiefer, Hans 139
Kirche 49 f., 64, 68, 78, 91 ff., 97, 120, 181 f., 203, 227
Kling, Siegfried (Schmitto)
Köhler, Wedeli 95, 165, 253
Konzentrationslager/KZ 24, 106, 127, 129, 130, 133, 148, 159, 189, 192, 196, 210, 215, 254, 257, 264, 283, 297, 319, 364, 366, 368
- KZ-Syndrom 256 f.
- Auschwitz-Birkenau 42, 101, 152, 158, 160, 161, 183, 185, 189-194, 197, 205, 209 ff., 213, 227, 238, 245, 246, 260, 261 f., 292, 293, 302, 303, 328
- Bergen-Belsen 223, 246, 368, 369
- Dachau 236

- Dubnica nad Váhom 133
- Jasenovac 178
- Mauthausen 194, 255, 377
- Ebensee, KZ-Außenlager 195
- Melk, KZ Außenlager 194, 255
- Natzweiler-Struthof 207, 211
- Ravensbrück 16, 192 f., 246, 279, 338, 377
- Sachsenhausen 109, 182 f., 185, 193 f., 377
- Sterntal 197
- Stutthof 127

»Kraft durch Freude« (KdF) 171, 187, 196, 209
Krems an der Donau 198
Kroatien, Unabhängiger Staat (USK) 172, 177 f., 187, 196, 198
Krokowski, Heike 190, 280, 373

Lagrene, Ilona 234
Lagrene, Reinhold 234
Lakatos, Sándor/Roby 111
Lammert, Norbert 301
Landesentschädigungsamt 270, 276, 377
»Landfahrerbuch« 266
»Landfahrerlager« 244
»Landfahrerordnung« 265 f., 268
Landfahrerzentrale 222, 264, 267, 368
Lanza, Mario 28
Lass Maro Tschatschepen 233 f.
Laubinger, Kelly 324
Lauenburger, Erna (Unku) 100 f.,
Lauenberger, Janko 101, 375
Lehmann, Anton 224
Lehmann, Caruso 145
Lehmann, Franz 93 f., 226
Leo, Annette 178, 180, 197, 375
Leoncavallo, Ruggero 85
Levi, Primo 210
Liebknecht, Karl 59
Limperg, Bettina 277
Lincke, Paul 72
Lindemann, Steff 272
Liszt, Franz 83, 111, 326
Lombroso, Cesare 57
Lora, Alfred 95

Ludin, Hanns Elard 132
Lulu Weiss Quartett 144 f., 162
Luxemburg, Rosa 59

Machtergreifung der Nationalsozialist:innen 99, 102, 106, 146, 199, 222
Mann, Thomas 148
Mare Manuscha 235, 373
Mare Manuschenge 39, 301, 304, 307, 328
Marburg an der Drau (Maribor) 197, 275
Margalit, Gilad 245, 267 f., 272, 275
Martin, Dean 71
Marzahn, s. Zwangslager Marzahn
Mechelhoff-Herezi, Jana 374, 376
Mengele, Josef 190, 238, 368
Menuhin, Yehudi 225
Merkel, Angela 303, 305
München 25, 41, 149, 200, 229, 236–239, 241, 244 f., 256, 259 ff., 266, 269, 271, 276, 292, 362 f., 377
- Anschlag Münchner Einkaufszentrum (2016) 324

Musik, Bedeutung/Einfluss Sinti und Roma 72 f., 81 ff.
Musikkapellen 82, 376
Mussolini, Benito 171, 215
Müller, Kai 183, 366, 376

Nationalsozialismus 11, 42, 189, 296, 307
Nationalsozialistischer Untergrund (NSU) 246, 324
Naujoks, Harry 183
Navas, Jesús 311
Neumärker, Uwe 318, 194, 374
Novemberrevolution (1918) 59
NSDAP 100 f., 105, 123, 210, 276,
NS-Verfolgung 13, 264, 270, 275, 279 f., 286, 297, 299
»Nürnberger Gesetze« 104, 246, 262, 366

Odessa 187, 237, 255, 278, 333
Opel, Adam 85
Orbán, Viktor 315

Ostseebäder 27, 71, 86 f., 122, 214
- Łeba 82, 84, 86 f., 122,
Pankow (Berlin) 49, 91, 103, 108, 146, 157, 181,
Partisanen 133, 176, 196, 217
Paul VI., Papst 91 ff.
Pasquali, Karl 184
Pavarotti, Luciano 85
Pechstein, Max 82
Petry, Christian 309
Pfälzische Volkszeitung 282 f.
Pferdehandel/Pferdemarkt 52, 55, 102 f., 123, 167, 213, 221, 320
Pfretzschner, Richard 122, 259
- Pfretzschner-Bogen 122, 259
Pientka, Patricia 99, 104 ff., 158 f., 374, 376
Pohl, Albertine 62, 169, 271, 275
Pohl, Bärbel Afra 16, 36, 67, 103, 148, 151, 185, 188–193, 199, 245, 255, 257 f., 278, 292, 304, 328, 338, 374
Pohl, Frieda (alte Mami) 17, 34–40, 50–55, 58 f., 61–65, 67–70, 100, 102 f., 110, 137, 143 f., 147 ff., 151, 156, 181 f., 185, 192, 199 f., 219, 241, 245 f., 254 ff., 257 f., 271, 277 ff., 304, 327
Pohl, Joschi 16, 25, 35, 64, 68, 103, 148, 151, 157, 160, 182–185, 193–195, 199, 239, 245, 255–257, 279, 304, 328
Pohl, Julius Max (Weißkopf/Weißkopp) 17, 35, 62–68, 100 ff., 122, 124, 146 f., 149 f., 166, 169–175, 177 f., 179, 186 f., 196–198, 237, 240, 245, 270–277
Pohl, Mabel Erika 16, 67 f., 137, 143, 148, 199 f., 203 f., 254, 275 f.
Pohl, Nana Angelika 16, 64, 103, 143, 148, 185, 199 f., 271, 275 f.
Pohl, Robert 16, 137, 199 f., 203, 375
Pohl, Ursula Dina (Mami) 13, 16, 19, 21–23, 25–30, 34–40, 55, 61, 64, 68 f., 73, 75, 98 f., 101 ff., 110, 113, 115, 136 f., 141, 144–149, 151, 156 f., 161, 166, 172, 174–176, 178 f., 187 f., 198 ff., 203 f., 234–237, 244–247, 253, 255, 269 ff., 275 f., 278, 294, 304 f., 330
Porajmos 223, 284, 322, 331, 370, 372

»Protektorat Bähmen und Mähren« 131 f.
Puxon, Grattan 132

»Rassenhygienische und bevölkerungsbiologische Forschungsstelle« (RHF) 107, 127 f., 130, 151, 153, 177, 223, 267, 337, 365
Rassismus/rassistisch 27, 30, 42, 45, 107 f., 143, 222, 229, 246, 249, 265, 268, 281, 284, 308, 311, 315, 317, 332, 335
Rastplatz 105, 157
Reichsbürger 246, 324, 362, 365, 367
»Reichsgewerbeordnung« 41
»Reichskulturkammer« 125, 366
»Reichsmusikkammer« 125, 366
Reichssicherheitshauptamt (RSHA) 129
»Reichszentrale zur Bekämpfung des Zigeunerunwesens« (RKPA) 107, 109, 123, 127 f., 265, 366
Reinhardt, Django 71, 83, 93, 251
Reinhardt, Franz (Schnuckenack) 71, 93, 251 ff.
Reinhardt, Josef 93
Reuss, Anja 243
Ribbentrop, Joachim von 123
Riefenstahl, Leni 158 f.
Ritter, Robert 107, 128 f., 153–156, 181, 223, 267, 297, 365
Rohde, Alfred Werner 210 f.
Roma - Überblick 46
Romanes 9–12, 23, 40, 43, 47, 55, 61, 75, 96, 99, 144, 148, 153 f., 166, 171, 174, 231, 234, 253, 285, 301, 371 f., 376
Romani Project 11
RomArchive 226
ROMLex 11
Romeo Franz Ensemble 164, 202, 251, 307, 312 f.
Rose, Oskar 205, 267
Rose, Romani 43, 205, 223 f., 229, 296, 298, 301, 303, 321, 326, 369,
Rose, Vinzenz 205, 208, 221, 259, 265, 367,
Rose, Wirtsa 65, 102, 149, 192, 245
Rosenbach, Hugo 17, 185, 200

Rosenberg, Marianne 311
Rosenberg, Otto 153, 374
Rosenhaft, Eve 63, 154 f., 374
Roth, Claudia 13 ff., 290
Rumänien 64, 178 f., 186 f., 308, 324

Saintes-Maries-de-la-Mer 95 ff.
Salamander (Schuhfirma) 183
Salvini, Matteo 314
Scharnagl, Karl 140
Schmidt, Helmut 223
Schmidt, Unge 251, 286, 312–314
Schmidt, Zilli 190 f., 327
Schmidt-Degenhard, Tobias 154 f.
Schmitt, Dorado 163
Schöneberger, Barbara 249
Schwarzkopf (Haarkosmetikfirma) 68
Segev, Tom 227
Sido (Rapper) 311
Sinti – Historischer Überblick 44, 46 f.
Sinti Allianz Deutschland, Verein 298, 322
Sinti und Roma, Bezeichnung/Eigenbezeichnung 43 f., 46 f.
Sinti-Jazz 95 f., 202, 251, 253, 304
Sinti-Swing 95, 251, 304
Slowakei 46, 131 ff., 261, 310, 337
 – Slowakische Roma 132 f.
Snétberger, Ferenc 326
Solo, Bobby 72
Sozialdemokratische Partei Deutschlands (SPD) 66, 223, 290, 364, 309
Spataru, Irina 326
Staatsvertrag 286, 292
Stiftungen
 – Denkmal für die ermordeten Juden Europas 320, 327
 – Erinnerung, Verantwortung und Zukunft (EVZ) 12, 309
 – Freudenberg 309
 – Hildegard Lagrenne Stiftung 307, 310 f., 323
 – Manfred Lautenschläger 309
Stojka, Ceija 180, 202, 246, 374
Stolz, Robert 272

Strauß, Daniel 226, 285 f., 292, 307, 322, 329, 332, 334, 376
Stützel, Thomas 145, 163
Suitner, Otmar 118
Suzuki-Methode 118
Suzuki, Shinichi 118
Swing Manouche 163

»tern Ype«, Roma-Jugendnetzwerk 326
Terracina, Piero 214
The Reinhardt Sinti Jazz Ensemble (Sunny Franz) 247
Thesen, Zwangsarbeitslager 197, 273
Todesmarsche 183, 193,
Tramitz, Christian 249
Trauma/Traumata 11, 38, 109 f., 141, 155 f., 170, 253, 272, 237, 239, 255 f., 274, 280, 295, 330, 337
 – posttraumatisches Belastungssyndrom (PTBS) 110, 205
Trollmann, Johann (Rukeli) 54, 94

Überlebensschuld 208
 – Schuldgefühle 205
Uhu-Alleskleber (Firma) 183
Ungarn 46, 82, 111, 173, 192, 196, 284 ff., 332, 370
Ukraine 187, 284, 299, 329–333
 – Angriffskrieg auf die Ukraine 284, 329 ff., 332
 – Ukrainischen Roma 284, 310, 325, 329 ff.
Uschold, Rudolf 267 f.

Veil, Simone 223
Vivian, Donatella 213, 376
Verband Deutscher Sinti 205, 223, 289
Verband Deutscher Sinti & Roma
 – Landesverband Baden-Württemberg 12, 285, 292
 – Landesverband Rheinland-Pfalz 232, 234 f., 289
Verband rassisch Verfolgter nichtjüdischen Glaubens 205
Verfolgtenpass 244

Verfolgung Juden s. *Judenverfolgung/-deportation/-vernichtung*
Verfolgung Roma 30, 127, 152 f., 215, 257, 259, 260, 274 f., 280, 282, 302, 330, 337
Verfolgung Sinti 11, 13, 14, 23, 27, 30, 36, 42, 93, 95, 100, 127, 152 f., 215, 236, 243, 257, 260, 274 f., 280, 302, 304, 315
Vojak, Danijel 178
Von Thun, Max 247 f.
Vukovar 178

Wandergewerbeschein 41, 48 f., 56, 103, 124, 151, 262
Wedding, Alex s. *Weiskopf, Margarete*
Wehrmacht 129, 152, 161, 173, 185 f., 196, 365, 367 f.,
Weimarer Republik 41, 59, 86 f., 104
Weiskopf, Margarete 100 f.
Weiss, Hänsche 229
Weiss, Johann (Raufeli) 111
Weiss, Lulu 163, 144 f.
Weisskirchen, Gert 309
Weisz, Zoni 303, 319, 326 f.
Weltwirtschaftskrise 83, 364
Wenders, Wim 323
Wiedergutmachung 226 f., 268, 274, 275, 280
Wiedergutmachungsleistungen 264, 298
Wiesel, Eli 227
Wiesenthal, Simon 226 f.
Wildt, Michael 86
Winter, Walter Max (Strampeli) 16, 63, 68, 137, 149, 166, 169, 172, 203 f., 277
Winterstein, Titi 95, 253
Wippermann, Wolfgang 56, 127, 267, 279, 374
WIR SIND HIER! Bildungsprogramm 324
Woller, Hans 268
Wonder, Stevie 285
Wood, Ron (Rolling Stones) 311
Wowereit, Klaus 301

Zacharias, Helmut 71
Zagreb (Agram) 172, 175, 196, 198, 209
Zeller-Plinzner, Sophie Marianne Frieda, 100
Zentralkomitee der Sinti West-Deutschlands 205 s. *Verband Deutscher Sinti*
Zentralrat Deutscher Sinti und Roma 43, 205, 223, 225, 229, 235, 277, 280, 286, 292, 296 ff., 301, 316, 321 f., 369 f.
Zigeuner, Begriff (Schimpf- und Schmähwort) 42 f.
»Zigeunererhebungen« 40
»Zigeunerfamilienlager« Auschwitz-Birkenau 186, 190–192, 367, 368
»Zigeunerlizenzen« 41
»Zigeunernachrichtendienst« 41, 264
»Zigeunerpolizeistelle« München 65, 264, 364, 366
»Zigeunersauce« 249, 316 f.
»Zigeunerzentrale« München 65, 109, 362, 364 s. a. »*Reichszentrale zur Bekämpfung des Zigeunerunwesens*«
Zimmermann, Michael 65 f.
Zoppot (Sopot) 126, 130
Zwangsarbeit 24, 36, 105 f., 132, 152, 158 f., 189, 192 ff., 197, 237, 254 f., 260, 273, 338, 363, 365, 367.
Zwangslager Berlin-Marzahn 104–109, 153, 157, 158, 159 f., 297, 365
Zwangssterilisationen 129, 190, 364 f., 367